法律论证理论

作为法律证立理论的理性论辩理论

〔德〕罗伯特·阿列克西 著

舒国滢 译

Robert Alexy

Theorie der juristischen Argumentation:
Die Theorie des rationalen Diskurses als
Theorie der juristischen Begründung
2.Auflage 1991
© Suhrkamp Verlag Frankfurt am Main 1978
All rights reserved by and controlled through Suhrkamp Verlag Berlin

中译本根据德国法兰克福苏尔坎普出版社 1991 年第 2 版译出

走出"明希豪森困境"(代译序)

舒国滢

一

18 世纪德国汉诺威有一乡绅名叫明希豪森(Baron Münchhausen,1720—1797 年),早年曾在俄罗斯、土耳其参与过战争。退役后为家乡父老讲述其当兵、狩猎和运动时的一些逸闻趣事,从而名噪一时。后出版一部故事集《明希豪森男爵的奇遇》,其中有一则故事讲到他有一次行游时不幸掉进一个泥潭,四周旁无所依,于是其用力抓住自己的辫子把自己从泥潭中拉了出来。

这个故事被卡尔·波普尔(Karl Popper,1902—1994)的门徒、德国当代批判理性主义法哲学家汉斯·阿尔伯特(Hans Albert,1921—)借用来批判启蒙时期的两个传统哲学,即理性主义和经验主义。在阿尔伯特看来,任何科学的命题都可能遇到"为什么"之无穷追问的挑战。也就是说,人们可能会就任何陈述或命题的理由、基础或根基提出疑问。比如,假如一个人支持自己结论的理由是另外一个或一套命题,那么这个命题或一套新的命题就相应地接受人们不断地发问。这个过程将会一直进行下去，直到出现下面三种结果：第一，无穷地递归（无限倒退），以至无法确立任何论证的根基；第二，在相互支持的论点（论据）之间进行循环论证；第三，在某个主观选择的点上断然终止论证过程，例如通过宗教信条、政治意识形态或其他方式的"教义"来结束论证的链条。这三种结果就被阿尔伯特称为"明希豪森—三重困境"（Münchhausen-Trilemma）[1]。

这个三重困境是继"休谟问题"（事实与价值的关系问题）之后困扰我们人类智慧的又一难题。无疑，随着历史的发展，人们发现：无论启蒙时期的理性主义还是经验主义（两者均追求像自然科学那样积累起来的知识）都不再能够担保知识的百分之百（最终）的确实性（endgültige Gewißheit, conclusive certainty）。我们的直觉和通过内在的反思所获得的自我知识看起来也是不牢靠的。于是，知识的"确实性之墙"（the wall of certainty）出现了深深的裂隙。由于找不到知识的生成之根，人们之间有关意见的交流很可能演绎成为"公说公有理、婆说婆有理"或"自说自话"的尴尬局面。更有甚者，那些受非理性的情感所宰制的人们将会把某些毫无意义的争论无止境地进行下去，导致无限递归的恶循环。

职是之故，一方面，寻求"确实性的"或"正确性的"答案，是摆在每一个认识者或决定者面前的迫切任务。不能因为无法找到百分之百的确实性，而让我们人类的决定完全

---

[1] Hans Albert, *Traktat über kritische Vernunft*, Aufl. 3. Tübingen 1975, S. 13. 也见本书（《法律论证理论》，下同）德文版，第223—224页（即本书边码，后同）。

交给无根据的决断或无理由的任性。另一方面，有关人类当下情境的某些即时决定或认识，由于受人的认识能力和时间的限制，又不允许人们完全通过无限回归的方式来寻找到"唯一正确的答案"或这种答案的支点。这个矛盾在法律领域表现得尤为明显：法律的决定（如立法的决策，法官的判决）大多是在时间压力下作出的，但这种决定又绝不能是决定者（立法者、法官）无理性判断的结果。传统的法律独断论（无论是法律理性主义还是法律经验主义）至多揭示了理论理性或实践理性的认识标准，但对于像法律实践这一类实践的活动如何以"实践的方式"来达到理性的结果，却并没有提供更有说服力、更有实践可能性的标准或规则。尤其是，法官和律师的实务更像是一门技艺，而不像是一种纯粹科学的事业[1]，那么寻求其解答问题的方式和结论的正确性则显得更加困难。

在此背景下，建立在现代逻辑、语言哲学、语用学和对话理论基础上的道德论证理论和法律论证理论在哲学和法哲学领域悄然兴起。自20世纪70年代以来，这个以"实践哲学的复归"（Rehabiterung der praktischen Philosophie）为特征的哲学和法哲学运动逐渐获得了它的影响力。在法学领域，法哲学家们承接亚里士多德以来的实践哲学（尤其是康德"实践哲学"）、修辞学、逻辑学（特别是现代逻辑学）、语言哲学的研究，为法与道德哲学寻找到新的理论生长点。在英

---

[1] James E. Herget, *Conremporary German Legal Philosophy*, University of Pennsylvania Press 1996, p.43.

国,实践理性的再发现,推动了法律规范、法律制度、法律推理、法与道德等问题的理论探讨,形成了新的法学研究思潮。约瑟夫·拉兹(Joseph Raz, 1939—)的《实践理性与规范》(1975年)、《实践推理》(1978年)和尼尔·麦考密克(Neil MacCormick, 1941—2009)的《法律推理与法律理论》(1978年)、《制度法论》(1986年,与魏因伯格合著)等著作,是这一研究的最具代表性的成果[1]。与此相适应,在德国、奥地利、比利时、荷兰、北欧诸国,法律论证理论也已经成为一个强势的法哲学研究方向。1971年,国际法哲学与社会哲学协会(IVR)在比利时首都布鲁塞尔召开的第五届世界大会上将"法律论证"作为大会的议题,此后法律论证理论就成为各种国际和国内法哲学学术研讨会的主题,一大批法学家在此领域进行开拓性的研究,取得了令人瞩目的成果。正如当代德国法哲学家乌尔弗里德·诺伊曼(Ulfried Neumann, 1947—)于1986年出版的《法律论证学》中所指出的:"在最近20年内,法律论证理论在法学研究领域已取得了统治地位。……目前,法律论证的各种问题继续居于国际法学理论讨论的前台。"[2] 荷兰阿姆斯特丹大学语言交往、论证理论与修辞学系的埃维里那·T.菲特里斯(Eveline T. Feteris)也承认:"法律论证业已成为一个重要的研究对象。在过去数十年间,法律论证的研究不仅在论证理论、法的理论、法律学和法哲学中,而且也在大学和法学院有关法律推

---

[1] 参见舒国滢:《战后德国法哲学的发展路向》,载《比较法研究》1995年第4期。

[2] Ulfried Neumann, *Juristische Argumentationslehre*, Darmstadt 1986, S. 1.

理的课程中扮演着重要的角色。"[1]

在法律论证理论发展的过程中,罗伯特·阿列克西(Robert Alexy,1945—)的贡献无疑是独特的,其理论是任何想从事法律论证理论研究的人都无法绕开的高地。有人称,阿列克西曾经而且至今仍然是该理论的主导者[2]。

二

罗伯特·阿列克西1945年9月9日出生于德国下萨克森州的奥尔登堡(Oldenburg)。中学毕业后在德国国防军服役3年,曾升任陆军少尉。自1968年夏季学期起,开始在哥廷根大学(die Georg-August-Universität zu Göttingen)学习法学和哲学。其哲学专业,主要师从德国分析哲学大家京特·帕茨希教授(Günther Patzig,1926—2018)。1973年他在通过第一次法学国家考试之后,直到1976年一直在撰写博士论文《法律论证理论》(Theorie der juristischen Argumentation,1976),其指导教师为京特·帕茨希和哥廷根大学法哲学教授拉尔夫·德莱尔(Ralf Dreier,1931—2018)。博士论文通过后,1978年由著名的法兰克福苏尔坎普出版社出版。1982年,阿列克西因为这本博士论文而获得哥廷根大学科学院哲学与历史学部的大奖。1984年开始做拉尔夫·德莱尔教

---

[1] Eveline T. Feteris, *Fundamentals of Legal Argumentation: A Survey of Theories on the Justification of Judicial Decisions*, Kluwer Academic Publishers, Dordrecht/Boston/London 1999, preface.

[2] Herget, a.a.O, p. 44.

授所主持的"一般法学理论"教席（Lehrstuhl für Augemeine Rechtstheorie）的助手工作，并于同年通过教授资格论文《基本权利论》（Theorie der Gundrechte，该书于 1985 年由巴登—巴登出版社出版），在哥廷根大学取得公法和法哲学专业的教授资格。1986 年，在回绝了德国雷根斯堡大学（die Universität Regensburg）的聘请后，其应邀赴基尔大学（die Christian-Albrechts-Universität zu Kiel）任教，主持公法与法哲学教席，并很快形成强项专业。在公法方面，该教席的研究重点在于基本权利与宪法审判制度。在法哲学方面，其研究重点是法与道德的关系、规范论、正义论和法律论证理论。1991 年 3 月回绝奥地利格拉茨大学（die Karl-Franzens-Universität zu Graz，接替奥塔·魏因伯格）的邀请。自 1991 年担任汉堡约阿希姆·朱尼厄斯科学学会理事，1994—1998 年任国际法哲学与社会哲学协会德国分会主席（Präsident der Deutschen Sektion der Internationalen Vereinigung für Rechts- Und Sozialphilosophie）。1992 年出版专著《法概念与法效力》。1997 收到哥廷根大学聘请（接替拉尔夫·德莱尔），但于 1998 年 2 月回绝。自 2002 年起开始担任哥廷根科学院文献—历史学部委员（ordentliches Mitglied der Philologisch-Historischen Klasse der Akademie der Wissenschaften zu Göttingen）。从 2008 年起，获得多个大学（其中包括西班牙阿利坎特大学、阿根廷布宜诺斯艾利斯大学、图库曼大学、比利时安特卫普大学、秘鲁利马圣马科斯市长国立大学、里卡多·帕尔马大学、巴西特雷西纳巴西利亚州立大学、捷克布拉格大学、葡萄牙科英布拉大学、巴西圣卡塔琳娜大学圣奥斯特分校、里约热内卢州立大学、哥伦比亚波哥大罗萨里奥大学）荣誉博士学位。2010 年获得联邦德国一等十字勋章（das Verdienstkreuz 1. Klasse des Verdienstordens der Bundesrepublik Deutschland）。2013 年获得德国基尔市科学奖（der Wissenschaftspreis der Stadt Kiel）。至 2017 年，阿列克西已出版学术专著 8 部、个人文集 15 部，主编文集 11 部，发表论文、书评或学术报告 150 多篇（见附录"罗伯特·阿列克西著作目录"）。其论文和著作迄今已被译成十几国文字。

《法律论证理论》是阿列克西的成名之作，也是其后来有关基本权利、法与道德之关系、规范理论和正义论研究的奠基性作品，已经有英语、西班牙语、意大利语、葡萄牙语、汉语、立陶宛语、克罗地亚语、韩国语等多国译本。有关其思想的主题，在阿列克西于 1999 年撰写的一篇文章《我的法哲学：理性的制度化》中曾做过这样的概括：

> 制定和实效构成了法的现实的或制度化的维度，而正确性则构成其理想的或可论辩性的维度。我的主张是：一个适当的法概念只能导源于这两个维度的关系。这个关系只能在法律制度的包容性理论中获得。民主宪政国家之论辩理论将提供这样一种理论。我试图从 4 个步骤来发展这个理论。第一步研究确定整个理论的基础，即正确性要求问题。它将揭示这个要求必然与法相关联。……第二步研究作为实践正确性理论的论辩理论。这将不仅揭示论辩理性的可能性，而且也将揭示其局

限性。后者将引导我们进入第三步：法的必要性。法的必要性不意味着对论辩理性的解除。这一点必须在第四步加以解释，其在法律制度的不同层面上讨论现实的或制度化的法与理想的或可论辩的法之间的关系。[1]

《法律论证理论》这本书的副标题为《作为法律证立理论的理性论辩理论》，表明：其讨论的核心问题是通过程序性的技术（论证的规则和形式）来为正确性要求提供某种理性的（可靠的、可普遍化的或可以普遍接受的）基础，试图在其设定的限度内于普遍实践论辩和法律论证领域走出"明希豪森困境"。阿列克西注意到，理性（Rationalität，合理性）不应等同于百分之百的确实性，只要遵守了一定的讨论（论辩）规则和形式，那么规范性命题就可以按照理性的方式来加以证立，讨论的结论就可以称为理性的结论。这突出地表现了理性实践论辩理论之基本思想的特征[2]。很显然，阿列克西理论的目标是有限的：通过程序规则的设计来寻求克服"明希豪森困境"的途径。在这里，论证（Argumentation）和论辩（Diskurs，一译"商谈"）就变成了弥合"（知识）确实性之墙"裂隙的必经工序。因为按照阿尔伯特的说法，既然任何陈述或命题的理由、基础或根基都是可以提出疑问和批评的，那么论证就显得十分重要。而所谓论证，简单地讲，

---

[1] Robert Alexy, My Philosophy of Law: The Institutionalisation of Reason, in: Luc J. Wintgens (ed.), *The Law in Philosophical Perspectives: My Philosophy of Law*, Kluwer Academic Publishers, Dordrecht/Boston/London 1999, pp. 23-24.

[2] 见本书德文版，第223—224页。

就是举出理由（证立或证成）支持某种主张或判断[1]。任何（包括法律上的）正确性标准的寻求都必须要经过论证。这种论证表现为对规范性命题的证立或证成过程，这个过程就是"实践论辩"（praktischer Diskurs），相应地，有关法律决定的证立过程就是"法律论辩"（juristischer Diskurs）。在阿列克西看来，"法律论辩"是"普遍实践论辩"的特殊情形，故此，法律论证理论应当建立在普遍实践论证理论的基础之上。阿列克西正是基于这个思路来一步一步构建其法律论证理论的。

从认识论上讲，百分之百的确实性总是认识的终极根据[2]，任何命题或反命题、任何论证或反证、任何主张或反驳总是建立在这种确实性（理由）的基础之上的。与确实性相关的，又有两个维度：一个是有关命题的真假（真实性、客观性的维度）；另一个是有关命题的对错（正确性、正当性的维度）。在它们之间还有两个交叉的维度，即有效性（有关命题的有效或无效）维度和合理性（有关论证的合理[理性]或不合理[非理性]）维度。阿列克西要解决的问题是：用什么方式找到可靠的理由（前提），来证明命题或主张（包括法律决定）的有效性与真实性，进而达到其合理性和正确性？这就是"可证立性"（justifiability, Begründbarkeit）问题。

---

[1] 参见颜厥安：《法、理性与论证——Robert Alexy 的法论证理论》，载《政大法学评论》（台湾地区）总第25期，第35页。

[2] 维特根斯坦曾强调："某些命题不容怀疑，好像就是这些问题和怀疑赖以转动的枢轴"（见[奥]路德维希·维特根斯坦：《论确实性》，张金言译，广西师范大学出版社2002年2月版，第53页）。

任何命题的结论，如果缺乏可证立性，那么就根本谈不上有真实性和正确性。在法律领域，所谓可证立性是指：无论一般规范还是个别规范（司法判决）都必须有合理的根据（理由）来加以证立（证成）。进一步讲，所谓证立的过程，即属论辩和说服的过程；可证立性也就是规范性命题及其结论的可接受性（acceptability, Akzeptabilität）[1]。由于规范性命题的可接受性总是与一定的证立程序相关联，所以在这个意义上，阿列克西把自己的论辩理论称为一种"实践正确性的程序理论"（a procedural theory of practical correctness）[2]。

三

在《法律论证理论》中，阿列克西分三个相互关联的部分（三编）来展开其"实践正确性的程序理论"。

阿列克西用大部分篇幅来讨论实践论辩的某些有代表性的理论，为自己的学说清理出一个大致清晰的进路和思想框架。具体而言，在这第一编中，他详细考察有关规范证立的各种理论，讨论了道德分析哲学中的实践论辩（包括自然主义和直觉主义，斯蒂文森（Ch.L.Stevenson, 1908—1979）的情感主义及对道德判断和道德论证的分析，语言哲学：维特根斯坦（Ludwig Wittgenstein, 1889—1951）的语言游戏概念和约翰·奥斯汀（John L.Austin, 1911—1960）的言语行为理论，

---

[1] 参见本书德文版，第98页及以下页。
[2] Robert Alexy, My Philosophy of Law: The Institutionalisation of Reason, p. 28. 也见：Eveline T. Feteris, a.a.O., p.92.

黑尔（R.M.Hare，1919—2002）的道德语言理论与道德论证理论，图尔敏（St.E.Toulmin，1922—2009）的道德论证分析和一般论证理论，拜尔（K.Baier，1917—2010）对道德论证的分析），哈贝马斯（J.Habermas，1929— ）的真理共识论，埃尔朗根学派（Erlangene Schule）的实践商谈理论以及沙伊姆·佩雷尔曼（Chaïm Perelman，1912—1984）的论证理论。

当代有关道德哲学乃至整个知识论的讨论都绕不开"休谟问题"。18世纪英国经验主义哲学家休谟（David Hume，1711—1776）认为，在以往的道德学体系中，普遍存在着一种思想的跃迁，即从"是"或"不是"为连系词的事实命题，向以"应该"或"不应该"为连系词的伦理命题（价值命题）的跃迁，而这种思想跃迁是不知不觉发生的，既缺乏相应的说明，也缺乏逻辑上的根据和论证[1]。这个有关事实与价值的"二分法"以及价值判断不可能从事实判断中推导出来的主张，就构成了后世、特别是20世纪道德分析哲学讨论的一个主题。自然主义伦理学用自然（事实）的属性去规定或说明道德（或价值），譬如"A是善的"可以表述为"A为大多数人所欲求的"。持直觉主义伦理学的摩尔（G.E.Moore，1873—1958）把此种观点称为"自然主义谬误"，他认为："善"等基本概念是不可定义的，而是通过人类自身的某种特殊能力（直觉）来不证自明地察知的。情感主义（如斯蒂文森）则认为，伦理或价值语言不过是主体情绪、情感

---

[1] 参见孙伟平：《事实与价值》，中国社会科学出版社2000年10月版，第4页及以下页。

或态度的表达,从而割断了事实与价值之间的联系。黑尔以维特根斯坦后期的日常语言哲学和约翰·奥斯汀的言语行为理论为基础对价值语言的日常用法进行考察,提出了一种"普遍规定主义"的思想:道德或价值判断既有规定性,又是可普遍化的,是规定性与可普遍化性的统一。图尔敏从经验性—定义性的视角出发,论证一定的事实断定(G)可以作为一定的价值判断的充足理由(N),试图为事实与价值的"二歧鸿沟"找到勾连的通道。最后,拜尔则通过对道德视点(立足点)的分析揭示了可普遍化概念的诸多方面(如"可普遍传授性")。阿列克西基于对这些有代表性的道德分析哲学之进路、方法和主要观点的梳理,得出如下结论:(1)道德语言的功能并没有局限于描述经验的或者非经验的对象、性质或关系;(2)道德论辩是受规则支配的、以理性的方式平衡利益的独特活动;(3)实践论证的规则必须与各式各样的论述形式加以区别;(4)规范性命题是可普遍化的;(5)实践论证对规则的遵从,不同于自然科学的论证[1]。

哈贝马斯的论辩理论是阿列克西理论的主要来源之一[2]。在其论辩理论中,哈贝马斯提出了一种理想的言谈情境,即所有的人都有资格参与论辩;任何主张都可以被问题化并交付考量;任何被主张之事都能够加以评论。由此,他主张真理(知识)的"共识论",认为真理是通过所有的人的共识来加以确定的。阿列克西对哈贝马斯有关理想的言谈

---

[1] 参见本书德文版,第132页及以下页。
[2] Herget, a.a.O, p. 44ff.

情境的所谓"超验语用学的"证立进行了考察,并由此归纳出建立在一般证立规则基础上的3个理性规则和2个证立规则。它们构成了理性的实践论辩之一般(普遍)理论的基本规则[1]。

埃尔朗根学派(洛伦岑和施韦默尔)的实践商谈理论以及沙伊姆·佩雷尔曼的论证理论为理性的论证理论各自做出了独特的贡献。埃尔朗根学派有关"规范体系的批判生成"思想是颇有价值的,阿列克西从中得出这样一个规则:"在论辩中提出的任何一个规范必须既能够经得起其社会生成的检验,也能够经得起其个人生成的检验。"[2]佩雷尔曼论证理论中的一些基本概念(如论述图式、普泛听众)对阿列克西思想的形成也颇有影响,尤其是他所提出的"惯性原理"(Prinzip der Trägheit,即:诉诸既存之实务[实践]者,无须证成,只有改变者才需要证成)[3]直接构成了阿列克西的论证负担规则之理论资源。这个原理也在一定程度上解决了作为"明希豪森—三重困境"之一的无限递归问题,它对禁止漫无边际的怀疑(universelles Zweifel)提出了正当化的论证。

根据对上述诸学说的总结提炼,阿列克西在第二编中提出了理性实践论辩的一般(普遍)理论,这个理论的核心由5组总计22个明确表达的规则和6个论述形式的图表构成。其中包括5个"基本规则"、4个"理性规则"、4个"论证负担规则"、6个"证立规则"和3个"过渡规则"(见附

---

[1] 参见本书德文版,第169页及以下页。
[2] 同上书,第195页。
[3] 同上书,第216页。

录"普遍实践论辩理论和法律论辩之规则和形式一览表")。第一组"基本规则"所规定的是规范性命题真实性或正确性之言语交往合理性(理性)的基本条件(如不矛盾规则,参与讨论者的真诚性要求,可普遍化原则,表达的清晰性,语言表达的共通性);第二组"理性规则"所表达的是对论辩理性的最大化要求(普遍证立的要求,论辩的平等权利要求、普遍性要求和无强迫性要求);第三组"论证负担规则"(也称"论证负担分配规则")是为防止无限递归或循环论证而设定的一套规则(区别对待的论证负担,惯性原理要求,反证的要求,持不相干立场或主张的论证负担);第四组"证立规则"是涉及论辩中欲证立的命题或规则之内容的规则(可普遍化要求,可普遍传授的要求,规范的批判生成要求,可实现性要求);第五组"过渡规则"是有关转入其他形式的论辩之可能性的规则,这些规则设定的目的是为了保证事实(尤其是后果的预测)问题,保证语言(尤其是理解)问题以及有关实践论辩自身的问题[转入理论上(经验上)论辩的可能性,转入语言分析的论辩的可能性,转入论辩理论的论辩可能性]。通过上述规则和论述形式的表达,阿列克西试图创立某种像实践理性法典(Gesetzbuch der praktischen Vernunft)之类的体系[1]。

在简要地论述理性实践论辩的一般(普遍)理论之后,阿列克西在第三编中提出了自己的"法律论证理论"。

阿列克西认为,法律论辩所讨论的是实践问题,即什么

---

[1] 参见本书德文版,第35、234页。

应做、什么不应做或什么允许去做、什么不允许去做的问题；而且这些问题的讨论与正确性的要求相关联。所以它与普遍实践论辩在正确性要求上存在着局部一致性，在规则、形式方面存在着结构上的一致性[1]。但法律论辩与普遍实践论辩之间又有区别：法律论辩不讨论所有的问题；它们是在受限的条件下进行的，最主要的一点，即法律论辩要其受现行有效法的约束。此外，尽管法律论辩的确也可以提出正确性要求，但这个要求又明显地区别于在普遍实践论辩中提出的正确性要求。它并不要求所主张、建议或作为判断表达的规范性命题绝对地符合理性，而只是要求它们在有效法秩序的框架内能够被理性地加以证立。再者，普遍实践论辩的程序不能保证有某个决定，或者说：尽管有完善的理性程序，但由于参与论辩者的规范性确信有时是不相容的，因而不能最终达成一致；而法律争论必须要有一个最终清楚的结论。这表明：一方面，由于两者均有正确性的要求，普遍实践论辩的规则和形式可以用于论证法律的规范性命题（尤其是那些"既非经验命题，亦非实在法规则的前提"）；但另一方面，法律论辩又不是普遍实践论辩的简单应用，确切地说，前者是后者的特殊情形[2]。在法律论辩（例如诉讼）中，（法律）角色不是对等地分配的，参与被告的一方也不是自愿的，陈述实情的义务受到限定；论辩的程序有时效上的限制；各当事人允许以自己的利益为取向：他们经常，也许通常所关心

---

[1] 参见本书德文版，第351页及以下页。
[2] 同上书，第261页及以下页。

的并不是达到某个正确的或公正的判决,而在于达到于己有利的判决[1]。

法律论辩主要涉及对法律判断的证成。这种证成可以区分为两个层面:内部证成(interne Rechtfertigung)和外部证成(externe Rechtfertigung)。内部证成处理的问题是:法律判断是否从为了证立而引述的前提中逻辑地推导出来;外部证成的对象是这个前提的正确性问题[2]。

由于内部证成涉及如何从前提中推导出结论,故此,它在本质上不过是对应用逻辑的操作。阿列克西运用现代符号逻辑来推证一些必要的条件以使内部证成更加合理。他从内部证成的最简单的形式出发,推导出一系列内部证成的规则,比如:"欲证立法律判断,必须至少引入一个普遍性的规范"(J.2.1),"法律判断必须至少从一个普遍性的规范连同其他命题逻辑地推导出来"(J.2.2),"需要尽可能多地展开逻辑推导步骤,以使某些表达达到无人再争论的程度,即:它们完全切合有争议的案件"(J.2.4),"应尽最大可能陈述逻辑的展开步骤"(J.2.5),等等。必须指出:(1)内部证成并不是法律给定的大前提的简单逻辑涵摄;(2)内部证成也不是简单复述法律决定者(如法官)实际思考的过程,应当把法律的"发现过程"(Entdeckungsprozess)与法律决定的"证成过程"(Prozess der Rechtfertigung)区别开来[3],因为对决定的证成而言,唯一相关的问题是可以引入什么样的思考

---

[1] 参见本书德文版,第262—263页。
[2] 同上书,第273页。
[3] 同上书,第282页。

来支持决定者的决定,而不是法官如何进行实际决定的过程。阿列克西指出,内部证成具有三个方面的功能:第一,在内部证成的过程中,显得愈来愈清楚的是:到底什么样的前提需要通过外部加以证成;第二,通过内部证成的分析,提高了识别错误和批判错误的可能性;第三,对一般规则进行论述最终将能够容易做到裁判(决定)的一致性,并同时促进达成正义和法的安定性[1]。

内部证成中的前提条件的证成构成了外部证成的对象,后者的目的在于为论述的前提确立理性(合理)的基础。在阿列克西看来,外部证成是所有法律论证的核心焦点,因而也构成法律论证理论的主题。外部证成的中心问题是:按照法律的标准,在内部证成中所运用的论述是否可以接受?[2]

阿列克西指出,外部证成所要证立的前提条件大致上可以分为三类:(1)实在法规则;(2)经验命题;(3)既非经验命题,亦非实在法规则的前提。与这三类前提相对应的有三类证立方法。对某个规则(如实在法规则)的证立,通常通过下列方式来进行,即指出它符合该法秩序之有效标准。而对经验前提的证立则可能要引出一整套的程式。它们的范围涵盖从经验科学的方法到合理推测的准则直至诉讼的证明负担规则。最后,那种可以称为"法律论证"的东西,则被用于那些既非经验命题,亦非实在法

---

[1] 参见本书德文版,第283页。
[2] Eveline T. Feteris, *Fundamentals of Legal Argumentation*, p. 103.

规则的前提之证立[1]。

外部证成的规则和论述形式分为六组：（1）解释的规则和形式；（2）教义学论证的规则和形式；（3）判例适用之规则和形式；（4）普遍实践论证的规则和形式；（5）经验论证的规则和形式；（6）所谓特殊的法律论述形式。外部证成理论的首要任务，是对这六组中概括在一起的论述形式进行逻辑分析。这些分析的最重要的成果在于审视它们之间相互联结的必要性和可能性。考察各种不同形式的论述之互动，主要是要搞清楚经验论证和普遍实践论证在法律论辩中的作用[2]。

在外部证成中，第一组，也是最重要的一组是法律规范解释中的论述形式。这些论述形式所依据的是所谓"解释规准"（Die canones der Auslegung），即语义学解释方法、发生学解释方法、目的论解释方法、历史解释方法和体系解释方法。这些规则和方法均与用于内部证成的命题之证立相关联，但它们也各有不同的重要性，这个重要性的衡量则只能在各个解释情境和法律部门中来加以确定[3]。

第二组外部证成的规则涉及对法教义学语句的应用。这些法教义学语句包括：（1）"纯法概念"之定义；（2）其他概念的定义；（3）不能够从实在法中引申出来的规范所表达的语句；（4）对事态（事实状态）的描述和称谓的教义学语句；（5）对原则的表达的语句。应用这些教

---

[1] Eveline T. Feteris, *Fundamentals of Legal Argumentation*, pp. 283, 284.
[2] 同上书，第285页。
[3] 同上书，第306页。

义学语句，有一些是由这些教义学语句连同经验语句，或者通过补充对实在法规范的表达，来推导出那些有待证立的语句；有一些需要有更进一步的规范性前提。第一种情形可以说是纯粹的教义学证立（reine dogmtische Begründung），第二种情形可以说是非纯粹的教义学证立（unreine dogmtische Begründung）。在非纯粹的教义学证立的情形中，除了教义学论证外，还需要有普遍实践论证[1]。阿列克西认为，法教义学论证在法律论证中具有独特的地位，发挥着6个方面的功能：稳定功能；进步功能；减负功能；技术功能；检验功能；启发功能[2]。

第三组外部证成的规则是有关判例的适用。判例适用的基础是可普遍化原则，它要求我们对同样的事情（案件）应同样地对待。故此，若有人想要偏离（判例），则要被施加论证负担。这应适用佩雷尔曼的惯性原理：只有当能够为此提出充足的理由时，才允许改变一个（先前的）裁决。为此，阿列克西设定了两个原则。其一为："当一项判例可以引证来支持或反对某一裁决时，则必须引证之"（J.13）；其二为："谁想偏离某个判例，则承受论证负担"（J.14）。

第四组规则是关于特殊法律论述形式的应用，它们是法学方法论上所研究的特种论述形式，诸如类推（Analogie）、反面论述（argumentum e contrario）、当然论述（argumentum

---

[1] Eveline T. Feteris, *Fundamentals of Legal Argumentation*, pp. 315-320.
[2] 同上书，第326页及以下页。

a fortiori)、悖谬论述（argumentum ad absurdum）等。在阐述特殊法律论述形式的过程中，阿列克西也讨论了经验论证的作用，但他并未为此而表达一些特殊的规则。

紧接着讨论的是普遍实践论述在法律论辩中的作用。他指出，在下列情况下，普遍实践论述可能是必要的：（1）对各种不同的论述形式达到饱和所需要的前提条件进行证立；（2）对将会导致不同结果的各种不同论述形式之选择进行证立；（3）对各种法教义学语句进行证立和检验；（4）对区别（技术）或推翻（技术）进行证立；（5）直接对在内部证成中应用的语句进行证立[1]。在此意义上，普遍实践论证构成了法律论证的基础。

在本书的最后一章，阿列克西对法律论辩与普遍实践论辩之间的关联关系进行了总结。他把这个问题主要分为四个方面：（1）从普遍实践论辩性质的角度看法律论辩的必需性；（2）在正确性要求上的局部一致性；（3）法律论辩规则、形式与普遍实践论辩规则、形式在结构上的一致性；（4）在法律论证框架内普遍实践论证之必需。此外，阿列克西分析了理性法律论辩理论的局限性，例如：普遍实践论辩的缺点虽然在法律论辩中的相当程度上得到缓解，但还不可能完全得到根除；法律论辩理论作为程序理论也像普遍实践论辩理论一样，不能保证得到唯一正确的答案和百分之百的确实性。不过，阿列克西也同时指出：绝不能把理性与确实性混为一谈，单纯根据不可能达到确实性这一事实，几乎还

---

[1] Eveline T. Feteris, *Fundamentals of Legal Argumentation*, 346f.

不能够作为一个足够的理由来否认法学具有科学性,也不能否定其属于一种理性的活动。他说:"(本书的)目标是较为有限的。假如本书能够做到稍微有点清楚地说明法学能够以及如何能够作为实践理性的一个特殊领域,那么这些目标也就达到了。"[1]

四

阿列克西以普遍实践论辩理论为基础所建立起来的理性法律论辩理论,也许是当今德国法哲学中企图心最强的理论研究。他拾起哲学论辩理论(die philosophische Diskurstheorie,主要是哈贝马斯的论辩理论及其建构性的超验语用学证立方案)并将它应用于讨论法哲学、法学方法论的问题[2],这种努力不仅拓展了法学的问题领域,而且其自身也关涉当代伦理学的理论争议[3],因而其理论不仅受到法学界的瞩目,而且也引起哲学界(包括伦理学界)的兴趣。该书出版以后的二十年间,不仅有十几个语种的译本,而且还有数不清的来自法学、哲学、语言学和论辩学杂志的转摘、介引和评论,多数评论者对阿列克西

---

[1] Eveline T. Feteris, *Fundamentals of Legal Argumentation*, p. 359.

[2] Vgl. Eric Hilgendorf, Rechtsphilosophie im vereinigten Deutschland, in: *Philosophische Rundschau* vol. 40, Heft 1-2, 1993, SS. 3, 8. 埃维里那·T. 菲特里斯在《法律论证的基础》中谈到法律论证的对话理论进路以及法律论证研究哲学因素、理论因素、重构因素时均提及阿列克西的问题取向(See Eveline T. Feteris, *Fundamentals of Legal Argumentation*, pp. 19-23.)。

[3] 颜厥安:上揭文,第29页。

在法律论证理论上的贡献给予了积极的评价[1]。阿列克西本人也正因为这本书而获得学界的肯定,其频频出入国际和国内的各种学术讲坛,一时名扬欧陆和南美,后来在英语世界[由于1989年英国人权专家拉什·阿德勒(Ruth Adler, 1944—1994)及其导师尼尔·麦考密克将此书译成英文出版]亦产生了广泛的影响[2]。

---

[1] 例如,德国著名法学家卡尔·拉伦茨(Karl Larenz, 1903—1993)在其《法学方法论》第5版中用专门的篇幅正面介绍阿列克西的理论(Vgl. Karl Larenz, *Methodenlehre der Rechtswissenschaft*, 5Aufl., Springer-Verlag Berlin/Heidelberg/New York/Tokyo 1983, S. 147-149.)。瑞典隆德大学的佩岑尼克教授(Aleksander Peczenik, 1937—2005)在《法律论证基础》中称:阿列克西提出了一种包含实践理性诸原理(原则)的较强的理论(Aleksander Peczenik, *Grundlagen der juristischen Argumentation*, Springer-Verlag Berlin/New York 1983, S.189ff.)。德国不莱梅大学的赫尔穆特·吕斯曼教授(Helmut Rüßmann, 1943—)在自己的评论中指出:"法律论证理论多年来也是紧缺的东西。那么现在阿列克西为弥补这个紧缺迈出了巨大的一步。"(Helmut Rüßmann, Rezension: Alexy, Robert, Theorie der juristischen Argumentation, in: *Rechtstheorie* 10 [1979], S. 120.)乌尔茨堡大学的希尔根多夫教授(Eric Hilgendorf, 1960—)指出,阿列克西与德尔夫·布赫瓦尔德(Delf Buchwald)、雅恩—莱因哈德·希克曼(Jan-Reinhard Sieckmann, 1960—)构成哥廷根"帕茨希学派"的三剑客(Eric Hilgendorf, a.a.O, S.16)。荷兰阿姆斯特丹大学的埃维里娜·T. 菲特里斯在书评中称赞:"(阿列克西的)这本书对分析法理论做出了重要的贡献……。它对来自论辩理论和法学理论的审视之间的互动提供了一个良好的概观,并且由此而发展出一个包含普遍理性论证和特殊理性论证特性的论证理论。"(Eveline T. Feteris, Rezension: Alexy, Robert, Theorie der juristischen Argumentation, in: *Argumentation and Advocacy* 27 [1991], p. 179.)

[2] See Eveline T. Feteris, Rezension: Alexy, Robert, *Theorie der juristischen Argumentation*, p. 179. 美国纽约大学法学院的大卫·理查兹(David A. Richards)将阿列克西的理论与罗纳德·德沃金(Ronald·Myles·Dworkin, 1931—2013)的学说作类比,认为广大的英语世界的读者将从中受益匪浅(David A. Richards, Rezension: Robert Alexy, A Theory of Legal Argumentation., in: *Ratio Juris* 2 [1989], p.305.)。此外,英国格拉斯哥大学格尔奥基奥斯·巴夫拉科斯教授(Georgios Pavlakos, 1970—)认为,罗伯特·阿列克西的《法律论证理论》是目前内容最为详尽的法律论证理论(See Georgios Pavlakos, The Special Case Thesis. An Assessment of R. Alexy's Diskursive Theory of Law, in: *Ratio Juris* 11 [1998], p.126.)。

当然，阿列克西的理论也遭到法学和哲学界人士的某些批评和反驳。当代德国法哲学大家阿图尔·考夫曼（Arthur Kaufmann，1923—2001）曾指出："罗伯特·阿列克西创制了令人印象深刻的规定性论证规则和优先规则。但这些规则虽然适合于理性的商谈，但不适合法院的程序。法院的程序不是无控制的，参与人受法律，也受有缺陷的法律约束，程序不可能被推至无限延续……法院的判决，也包括不公正的判决，产生法律约束力，这在合乎理性的商谈中完全不可能。"[1] 法兰克福学派的哲学家于尔根·哈贝马斯认为，罗伯特·阿列克西根本上是以程序条件的分析来开始研究理性论辩的。依此，法律的论辩理论似乎只是按照论辩伦理学模式的拓展。然而，事实上，我们不能径直得出结论说，法律论辩就是道德论辩的一个部分。阿列克西提出的所谓特殊情形命题，也许在启迪学的视点下是可靠的，但它也可能产生某种欺骗的、无法完全摆脱自然法意味的法对道德的臣属[2]。也有人认为，法律论辩理论歪曲了正确性概念，因而提出了一种人为的理性概念[3]。法兰克福大学犯罪学研究所的克劳斯·京特（Klaus Günther，1957—）曾评论说，阿列克西的论辩理论不能得出适用法律上的结论。由该理论所证成的若干"有效的"规范经常在特殊的语境中陷入冲突。这个"相互抵触的

---

[1] 阿图尔·考夫曼、温弗里德·哈塞默尔主编：《当代法哲学和法律理论导论》，郑永流译，法律出版社2002年1月版，第187页（中文个别译文有调整）。

[2] Vgl. Jürgen Habermas, *Faktizität und Geltung. Beiträge zur Diskurstheorie des Rechts und des demokratischen Rechtsstaats*, 2 Aufl. Suhrkamp Verlag Frankfurt am Main 1992, S.282-286.

[3] Herget, a.a.O, p. 58.

规范"问题需要"适用论辩"的程序技术。其目的在于从相互冲突的有效规范中找到支配某个案件的"妥当"规范[1]。奥地利格拉茨大学的奥塔·魏因伯格教授（Ota Weinberger，1919—2009）在《作为法律论证基础的逻辑分析》这篇长文中对阿列克西理论的出发点、证成的概念、理性的程序观念、程序的规范证立、普遍实践论辩和法律论辩等问题进行了细致的分析，得出结论：说意见争论（论辩）的结论靠遵守规则来保证其命题的真实或实践态度的正确是完全站不住脚的，甚至是极端错误的[2]。还有的学者从某些技术的层面对阿列克西的法律论证理论提出修正的建议。例如，阿姆斯特丹大学的埃维里那·T. 菲特里斯指出，阿列克西的理论应在下述两个方面加以完善：第一，它应该阐明内部证成的结构与外部证成的结构具有什么关系；应该说明外部证成的各种形式与基本规则之间有什么关系；第二，它应该更具体地描述外部证成的某些论述形式，应该陈明什么类型的命题在法律决定的证立过程中是至关重要的[3]。近年来，有关阿列克西的理论的讨论已经不仅限于法律论证理论本身，阿列克西的其他学说（如基本权利论，法与道德相关性的命题等）也构成了学界论战的一个主题［阿列克西与阿根廷布宜诺斯

---

[1] Vgl. Klaus Günther, *Der Sinn für Angemessenheit: Anwendungsdiskurse in Moral und Recht*, Fankfurt am Main 1988, S. 293ff. Ders., Critical Remarks on Robert Alexy's 'Special Case' Thesis, in: *RatioJuris* 6(1993), p.143.

[2] Vgl. Ota Weinberger, Logische Analyse als Basis der juristischen Argumentation, in: Werner Krawietz/Robert Alexy(hsg.), *Metatheorie juristischer Argumentation*, Duncker & Humblot/Berlin 1983, S. 188.

[3] Eveline T. Feteris, *Fundamentals of Legal Argumentation*, p. 118.

艾利斯大学的欧根尼奥·布柳金教授（Eugenio Bulygin,1931— ）的论战尤其引人注目[1]。

面对众多的批评，阿列克西对一些主要的反对意见作了回应。

1991年，阿列克西专门写了一篇文章《对若干批评者的回应》（附在《法律论证理论》1991年2版作为"跋文"），针对批评者们集中论及的两个问题（论辩理论本身的问题和特殊情形的命题问题）进行了补充论证和说明。在此，阿列克西再次强调：论辩理论是一个程序理论。依照这个理论，一个规范，当且仅当其能够成为通过论辩规则界定的程序之结果时，那么它就是正确的。就魏因伯格在这一点上的批评，阿列克西指出：还没有任何其他程序比论辩程序更合适来同时展开人的辨别和判断能力并对此理性地加以控制，根据这种方式能够更接近正确性的结果[2]。针对有人提出作为程序的论辩似乎与实践正确性概念之间没有必然联系的观点，阿列克西对程序和正确性的概念、标准及两者的关系等问题进行了分析，指出：问题不在于一个程序方案由于其带有的标准性质是否合适，而

---

[1] 有关阿列克西与布柳金的论战，参见：*La pretensión de corrección del derecho. La polémica Alexy/Bulygin sobre la relatión entre derecho y moral* (zusammen mit Eugenio Bulygin; eingeleitet und übersetzt von Paula Gaido), Bogotá 2001; Robert Alexy, Bulygins Kritik des Richtigkeitsarguments, in: *Normative Systems in Legal and Moral Theory. Festschrift für Carlos E. Alchourrón und Eugenio Bulygin*, hg. v. E. Garzón Valdés/W. Krawietz/G. H. v. Wright/R. Zimmerling, Berlin 1997, S. 235-250;Robert Alexy,On the Thesis of a Necessary Connection between Law and Morality: Bulygin's Critique, in: *Ratio Juris* 13 (2000), S. 138-147.

[2] R. Alexy,Antwort auf einige Kritiker, in: Ders., *Theorie der juristischen Argumentation*, 2. Aufl., Frankfurt/M. 1991, S.399-403.

在于它本身是否合适。为了回答这个问题，必须对理想的论辩和实际的论辩加以区分。在理想的论辩中所涉及的主要问题是达成共识和无矛盾性，而做到这一点则必须经过（论辩）程序；论辩理论为正确性的绝对程序方案奠定了基础[1]。谈到法律论辩是不是普遍实践论辩的特殊情形这个命题，阿列克西指出，法律论辩首先也是一个实践论辩，而不完全是一个理论论辩；即使是法教义学论辩也是一个有关实践问题的论辩，因而也是普遍实践论辩的特殊形式[2]。同时，特殊情形的命题也要求对法律理性（合理性）通过论辩理论来予以说明。故此，在法院的程序中，对法官的判决必然提出如下要求：法应当正确地适用，即使这个要求实现起来可能还很弱[3]。特殊情形的命题的最大难题在于正确性的内容。法律的主张和决定（裁判）不是要求其绝对地正确，而只是说：它们在有效法秩序的前提条件下，即：假如它们在遵守法律、判例和法教义学的情况下能够理性地证立的话，那么它们就是正确的[4]。后来，阿列克西还撰写了一系列文章，对哈贝马斯、克劳斯·京特等人的观点做了专门的回应，这里恕不一一介绍[5]。

---

[1] R. Alexy, a.a.O, S.414.
[2] R. Alexy, a.a.O, S.428.
[3] R. Alexy, a.a.O, S.429.
[4] R. Alexy, a.a.O, S.429f.
[5] 有关哈贝马斯观点的回应，参见 R. Alexy, The Special Case Thesis, in: *Ratio Juris* 12 (1999), S. 374-384；有关克劳斯·京特观点的反驳，见 R. Alexy, Normenbegründung und Normanwendung, in: *Rechtsnorm und Rechtswirklichkeit. Festschrift für Werner Krawietz*, hg. v. A. Aarnio/S. L. Paulson/O. Weinberger/G. H. v. Wright/D. Wyduckel, Berlin 1993, S. 3-17, 该文也见其英译本：R. Alexy, Justification and Application of Norm, in: Ratio Juris 6 (1993), pp. 157-170.

如果我们对以上所述做一个总结,则似乎可以得出以下几点结论:第一,阿列克西的法律论证理论至少是在法学领域试图走出"明希豪森困境"所迈出的坚实的一步。它在普遍实践论辩的框架内考察法律论辩,并且对法律决定的证立结构和论述形式给予了详细的描述,揭示出证立过程的不同层面和具体的步骤,把规范的研究和描述性的研究纳入法律论证之中,所有这些都是值得肯定和赞赏的。第二,尽管法律论证理论偏重于程序理论,而且即使这个程序理论也还不是完美无缺的,但阿列克西的立足点和理论框架从其自身的逻辑上看还是站得住脚的。事实上,任何理论都不可能解决人类所有的理论和实践难题,但只要其推进了解决这些问题的过程,哪怕只是提出了解决这些问题的难度所在,那么也是应当予以正面评价的。何况阿列克西的理论贡献不仅仅限于后面这一点呢。第三,在评价阿列克西的理论时,应当以"同情地理解"其理论为前提,如果我们一方面要求阿列克西的理论应当在理论性格上做到滴水不漏,而又要求其解决诸如"百分之百的确实性"之类的恒久难题,那么这对一个理论家来讲就有些苛求了。诚如阿列克西本人所指出的,法律论证理论的目标是较为有限的。但这种自谦并不构成一个理由来否定其法律论证理论的价值及其贡献。我们的任务就是在这个理论所提出的问题及解答问题方案的基础上继续前行。

目　　录

本书所用的逻辑符号一览表 ·· i
德文版序 ··· v
英文版序 ··· vii
中文版序 ··· viii

导论 ··· 1
 1. 法律判断的证立之难题 ··· 1
  1.1　法律的证立和评价 ··· 6
  1.2　有关的若干解答尝试 ··· 11
 2. 本书研究的基本思路 ·· 17
 3. 有关论题学的界定 ··· 25
 4. 关于当代方法论讨论中是否需要理性
  法律论证理论的评估 ·· 30

第一编　对若干实践论辩理论的反思 ······························ 37
 第一章　道德分析哲学中的实践论辩 ························· 37
  1. 自然主义和直觉主义 ··· 39
   1.1　自然主义 ··· 39
   1.2　直觉主义 ··· 43
  2. 情感主义 ·· 45

2.1　斯蒂文森对道德判断的分析 …………………46
　　2.2　斯蒂文森对道德论证的分析 …………………49
　　2.3　实践论述的有效性问题 ………………………52
　　2.4　对斯蒂文森理论的若干反驳意见 ……………54
　3. 作为受规则支配之活动的实践论辩 ………………56
　　3.1　语言哲学的奠基：维特根斯坦和奥斯汀 ……57
　　　3.1.1　维特根斯坦的语言游戏概念 ……………58
　　　3.1.2　奥斯汀的言语行为理论 …………………65
　　3.2　黑尔的理论 ……………………………………72
　　　3.2.1　黑尔的道德语言理论 ……………………72
　　　3.2.2　黑尔的道德论证理论 ……………………80
　　　3.2.3　关于黑尔的道德论证理论的评论 ………97
　　3.3　图尔敏的理论 …………………………………99
　　　3.3.1　伦理学的功能 ……………………………99
　　　3.3.2　图尔敏的道德论证分析 …………………101
　　　3.3.3　图尔敏的一般论证理论 …………………103
　　　3.3.4　图尔敏理论的难题 ………………………109
　　　3.3.5　对一些术语的提炼 ………………………114
　　3.4　拜尔的理论 ……………………………………116
　　　3.4.1　拜尔对道德论证的分析 …………………116
　　　3.4.2　道德的立足点 ……………………………118
　　　3.4.3　关于拜尔理论的批评 ……………………123
　4. 一些暂时的结论 ……………………………………124

第二章　哈贝马斯的真理共识论 ………………………127
　1. 哈贝马斯对真理符合论的批评 ……………………128

2. 言语行为理论和真理论的结合 ················ 130
   3. 行为和论辩的区别 ···························· 132
   4. 规范性命题的证成 ···························· 135
   5. 论辩的逻辑 ·································· 140
   6. 理想的言谈情境 ······························ 150
   7. 哈贝马斯理论的批评性讨论 ···················· 156
      7.1 系统理论的若干反驳意见 ················· 156
      7.2 可证立性要求 ··························· 159
      7.3 理性规则 ······························· 163
      7.4 论述形式与证立规则 ····················· 165
      7.5 论辩和可反证性 ························· 170
      7.6 论辩与歧见 ····························· 171
      7.7 论辩与真理 ····························· 172

第三章 埃尔朗根学派的实践商谈理论 ················ 174
   1. 建构方法的纲领 ······························ 174
   2. 建构主义伦理学预设为前提的目的 ·············· 177
   3. 建构主义伦理学的原则 ························ 179
      3.1 理性原则 ······························· 179
      3.2 道德原则 ······························· 185
   4. 规范体系的批判生成 ·························· 187
   5. 应坚持的几点 ································ 192

第四章 沙伊姆·佩雷尔曼的论证理论 ················ 194
   1. 作为（广义的）逻辑理论的论证理论 ············ 196
   2. 作为听众职能的论证 ·························· 197

3. 推证与论证 …………………………………… 198
4. 普泛听众的概念 ……………………………… 200
5. 劝说与说服 …………………………………… 205
6. 佩雷尔曼对论证结构的分析 ………………… 206
7. 论证的合理性 ………………………………… 212
8. 应坚持的几点 ………………………………… 217

第二编 普遍理性实践论辩理论概要 …………… 218
1. 关于规范性命题的证立问题 ………………… 218
2. 各种可能的论辩理论 ………………………… 222
3. 论辩规则的证立 ……………………………… 222
   3.1 技术性的证立 …………………………… 223
   3.2 经验性的证立 …………………………… 225
   3.3 定义性的证立 …………………………… 226
   3.4 超验性的或普遍语用学的证立 ………… 228
   3.5 上述证立方式之间的关系 ……………… 229
4. 普遍实践论辩的规则和形式 ………………… 231
   4.1 基本规则 ………………………………… 232
   4.2 理性规则 ………………………………… 236
   4.3 论证负担规则 …………………………… 241
   4.4 论述形式 ………………………………… 244
   4.5 证立规则 ………………………………… 250
      4.5.1 可普遍化原则的变体 ……………… 250
      4.5.2 发生学的论述 ……………………… 252
      4.5.3 可实现的条件 ……………………… 254
   4.6 过渡规则 ………………………………… 254

5. 普遍实践论辩的局限 ………………………………… 255

第三编 法律论证理论 ……………………………………… 258
第一章 作为普遍实践论辩之特殊情形的法律论辩 …… 258
1. 法律论辩的种类 ……………………………………… 258
2. 特殊情形命题 ………………………………………… 260
  2.1 作为实践问题讨论的法律讨论 ………………… 261
  2.2 正确性要求 ……………………………………… 261
  2.3 法律论证与论辩概念 …………………………… 266
3. 过渡至法律论证理论 ………………………………… 269

第二章 法律论证理论概要 ……………………………… 270
1. 内部证成 ……………………………………………… 270
2. 外部证成 ……………………………………………… 282
  2.1 外部证成的六组规则和形式 …………………… 283
  2.2 关于经验论证 …………………………………… 284
  2.3 解释规准 ………………………………………… 286
    2.3.1 关于各个具体的论述形式 ……………… 287
    2.3.2 解释规准在法律论辩中的作用 ………… 299
  2.4 教义学论证 ……………………………………… 307
    2.4.1 关于法教义学的概念 …………………… 307
    2.4.2 法教义学语句 …………………………… 315
    2.4.3 教义学语句的应用 ……………………… 320
    2.4.4 教义学语句的证立和检验 ……………… 321
    2.4.5 教义学的各种功能 ……………………… 326
    2.4.6 教义学论证和普遍实践论证 …………… 333

2.5　有关判例的适用 ·················· 335
　　　　2.5.1　论证负担规则 ··············· 336
　　　　2.5.2　判例的适用与法律论证 ············ 340
　　2.6　关于特殊法律论述形式的应用 ············ 341
　　2.7　关于普遍实践论述在法律论辩中的作用 ······ 348

第三章　法律论辩和普遍实践论辩 ················ 350
　1. 从普遍实践论辩性质的角度看法律论辩的
　　　必需性 ······························ 350
　2. 在正确性要求上的局部一致性 ············ 352
　3. 法律论辩规则、形式与普遍实践论辩规则、
　　　形式在结构上的一致性 ················ 353
　4. 在法律论证框架内普遍实践论述之必需 ······ 355
　5. 理性法律论辩理论的局限性和必要性 ········ 356

**附录：普遍实践论辩理论和法律论辩之规则和
　　　形式一览表** ························ 361
参考文献 ···························· 368
人名索引 ···························· 410
内容索引 ···························· 416

罗伯特·阿列克西著作目录 ········ 舒国滢整理 425
后记 ······························ 458

本书所用的逻辑符号一览表

¬ = 并非（否定词）
∧ = 并且（合取词）
∨ = 或者（析取词）
→ = 如果，则（蕴涵词）
↔ = 当且仅当（等值词）
(x) = 对一切的 x 均适用（全称量词）
O= 应当（道义逻辑算子）

献给爱迪特

德文版序

德国宪法法院第一审判庭于1973年2月14日发布的一项决议（法律续造的决议）中规定：所有法官的司法裁判必须"建立在理性论证的基础上"[1]。这一对论证理性的要求可以延伸至法律职业人参与讨论的任何场合。故此，什么是普遍的理性论证以及什么是理性的法律论证，有关这个问题就绝不仅仅是令法学理论家们或哲学家们感兴趣的问题。它对于从事日常实务的法律职业人也是十分迫切的，同时也是每一个参与公共事务的公民很关心的一个事情。法学是否具有科学性，法官的判决是否具有正当性，均取决于理性的法律论证的可能性。

理性的法律论证如何理解，它是否可能以及在什么程度上是可能的，这个问题就是本书考察的对象。书的副标题《作为法律证立理论的理性论辩理论》暗示着上述这些问题将如何作答。解答将分为两个步骤。本书的第一编和第二编将提出普遍理性实践论辩理论，第三编则提出在上面的理论基础上建构起来的法律论证理论。前两编占有的篇幅相对地比第三编要多一些，这说明其设定的目标是为法律论证理论奠定

---

[1]《联邦宪法法院判例》（BverfG）E34, 269（287）。

一个基础。这一理论（在未来）的进一步发展不仅是可能的，而且也是值得期待的。如果本书的研究达到了该目标，那么它就将为此铺垫一些基石。

这本书的原稿作为博士论文于1976年提交给了哥廷根乔治—奥古斯特大学法学院。若没有多方面的友好襄助，它或许不会问世。在本书形成过程中给予帮助的诸多人中，我特别要感谢拉尔夫·德莱尔教授（Prof. Dr. Ralf Dreier）。正是他在（过去数年）持续不断的讨论中第一个给予我相当多的启发。我同样也要感谢马尔特·狄塞尔霍斯特教授（Prof. Dr. Malte Dießelhorst），他的批评使我避免了某些讹误。在此我也尤其要感谢我的哲学导师京特·帕茨希教授（Prof. Dr. Günther Patzig）。假如他的方法论典范在我这本书的研究中得到承认的话，那我将感到十分荣幸。最后，还要感谢德意志民族研究基金会（Die Studienstiftung des deutschen Volkes），该基金会多年来给予我智识上和经费上的支持。

罗伯特·阿列克西
1978年1月于哥廷根

英文版序

本书首次以德文出版于1978年。现在它即将出版英译本,我感到这是一个莫大的荣幸。我想对两位译者——拉什·阿德勒(Ruth Adler)和尼尔·麦考密克(Neil MacCormick)特别表示感谢。他们在交付出版社之前,把自己的译稿送我阅读,我非常高兴地发现:他们已经完全理解了我的意思,即使在用两种语言逐字逐句地翻译出现差异的地方也是如此。我相信这本书已经通过他们的工作而得到认同。我也多谢威廉·特文宁(William Twining),他最早支持重新启动翻译当代学者法学理论著作的想法。最后,我还必须向牛津大学出版社在整个出版过程中负责译稿校阅,特别是在参考文献上提供具体帮助的编辑人员致以谢意。

罗伯特·阿列克西
1988年9月于基尔

中文版序

　　本书目前也要以中文出版，对此我感到特别高兴。我衷心感谢舒国滢教授，他为本书由德文移译中文付出了巨大的辛劳。我知道，唯有当译者不仅熟通两种语言，而且对所及之事有充分把握时才能够完成学术著作的翻译。寻找到舒国滢教授作为本书的译者，我认为非常幸运，他最大限度地满足了这个先决条件。翻译本身也总是一种解释，而解释则使文本保持鲜活的生命。所以，我不仅祝愿本书穿上了新装，而且也期盼其被注入了新生。

罗伯特·阿列克西

2002年11月于基尔

导　论

1. 法律判断的证立之难题

"没有人能够……再郑重其事地宣称：法律规则的应用只不过是在概念上形成的大前提之下的逻辑涵摄。"[1] K.拉伦茨（Karl Larenz）的这一论断代表着在当代法学方法论讨论中存在的极少数观点中的一个。在许多情形（案件）中，那种对某个法律纠纷作出裁决且可以用某个单称的规范性语句来表达的法律判断，并不是在逻辑上[2]从预设有效的法律规范[3]连同被认为是真实或证明是真实的经验语句之表达中推导出来的。

说明这一点至少有4个方面的理由：（1）法律语言的

---

[1] K.拉伦茨：《法学方法论》，柏林/海德堡/纽约1975年第3版，第154页。

[2] 关于逻辑后果的概念，参见A.塔尔斯基：《论逻辑后果的概念》，载氏著：《逻辑学、语义学、元数学》（英文），牛津1956年版，第409页及以下页。关于规范性语句之间推论关系的可能性，参见下文第235—236页（指德文原著页码，参见本书边页码，下文译者一律加以"边页码"表示。——译者）。

[3] 这里，什么算作是"预设有效的法律规范"，仍然可能是一个悬而未决的问题。本文中所提出的这一宣称也适用于下列场合：除了立法和习惯法外，还有其他一些法律渊源（如法官法），也是被承认有效的。

模糊性[4];(2)规范之间有可能发生冲突[5];(3)可能存在这样的事实,即有些案件需要法律上的调整,但却没有任何事先有效的规范适合来用于调整[6];(4)在特定案件中,所作出的裁判有可能背离规范的条文原义[7]。

一个法律判断 U,若是基于预设有效的法律规范 N_1, N_2, ……N_n 和经验的语句 A_1, A_2, ……A_n 的表达被逻辑地推导出来,那么它就能够称为可以通过 N_1, N_2, ……N_n 和 A_1, A_2, ……A_n 加以证立的。假如现在有某个判断不是根据

---

[4] 对此,参见 H. L. A. 哈特:《法律的概念》(英文),牛津 1963 年版,第 121 页及以下页;同一作者:《实证主义及法与道德的分离》,载氏著:《法和道德》(德文,由 N. 霍尔斯特尔编辑并翻译),哥廷根 1971 年版,第 29 页及以下页。

[5] 对此,参见 H. 凯尔森:《纯粹法学》,维也纳 1960 年第 2 版,第 210 页及以下页。

[6] 对此,参见 K. 拉伦茨:上揭书,第 354 页及以下页。

[7] 这里的列举可能是不全的,人们可能还会认为它所包含的原因太多了。譬如,一方面,(3)和(4)漏掉了凯尔森所引证的关于"法律适用行为的非确定性"的原因,另一方面,他又引证规范制订当局意志与表达之间的不一致作为原因(5),补充原因(1)和(2)。(H. 凯尔森:上揭书,第 348 页;凯尔森:《关于解释理论》,载 H. 克勒卡茨基、R. 马契克、H. 沙姆贝克编:《维也纳法学派》,维也纳/法兰克福/苏黎世/萨尔茨堡/慕尼黑,1968 年版,第 2 卷,第 1365 页。)但(5)也可以看作是(4)或(1)的一个原因。问题是:归属于(3)和(4)项下的裁判是否以及在多大程度上得到宪法的允许。在此两种情况下,法官踏人了按照分权原则似乎应属于立法机关的权限范围。不过,该问题不可能在此处讨论。只想指出的是:有一些涉及(3)(间接违约)和(4)(无形损害的赔偿)的案件,它们通过司法裁判以及法律规范的不适用而创立了新的法律规范,也应是普遍认可的,或根据德国联邦宪法法院的宣告,也应是不违宪的(《德国联邦宪法法院判例集,第 34 卷 [BverfGE34],第 269 [286—287 页])。本书探讨的对象不是归属于(3)和(4)项下的裁判的合宪性问题,而是这样一个问题,即上述裁判能否在法学方法的框架内也得到理性地证立。然而,这一问题的回答对于它们的宪法许可问题也应当是具有重要意义的。

N_1, N_2, ……N_n 连同 A_1, A_2, ……A_n 逻辑地推导出来的，那么就提出了一个问题：该判断是如何能够被证立的。这个问题就是法学方法论问题。

法学方法论，假如其能够提供规则或程序，那么它就可以解决法律判断的证立问题；根据这些规则或程序，要么表明即使法律判断 U 不是从 N_1, N_2, ……N_n 和 A_1, A_2, ……A_n 逻辑地推导出来的，那么从 N_1, N_2, ……N_n 和 A_1, A_2, ……A_n 过渡到 U 也是允许的；要么表明预设有效的法律规范和已经得到检验的经验语句之表达可能获得更多带有规范内容 N'_1, N'_2, ……N'_n 的语句，以至于判断 U 可以从 N_1, N_2, ……N_n 连同 N'_1, N'_2, ……N'_n 和 A_1, A_2, ……A_n 逻辑地推导出来。

能够担当此任的规则或程序之候选者，被人们讨论得最多的是解释规准（die canones der Auslegung）。

这些解释规准的数目有多少，本来就颇有争议。例如，萨维尼（Fr. C. v. Savigny）区分为语法的要素、逻辑的要素、历史的要素和体系的要素[8]。而根据拉伦茨的看法，有5个方面的解释标准：法律的文义；法律的意义脉络（der Bedeutungszusammenhang）；历史上的立法者（作出规定）的意图、目的和规范性旨意；客观—目的论的标准；符合宪法解释的应然要求[9]。再举一例，沃尔夫（H. J. Wolff）承认有文法解释、逻辑解释、体系解释、历史解释、比较解释、

---

[8] Fr. C. 冯·萨维尼：《当代罗马法体系》，第1卷，柏林1840年版，第212页及以下页。

[9] K. 拉伦茨：上揭书，第307页及以下页。

发生学解释、目的论解释[10]。

比解释规准的数目问题更重要的是它们的排序问题。不同的解释规准会导致完全不同的结果。鉴于这一事实，只有在能够为它们的排序确定严格标准的情况下，它们才可能通过证立来保证获得某种（正确的）结果。不过，直到今天，还没有人能够做到这一点[11]。

更进一步的缺陷是这些解释规准的不确定性[12]。假如有这么一个规则，譬如规定"请解释任何规则以便实现其目的"，而当两个解释者分别对所及规范的目的抱有不同的看法时，那么该规则就可能导致彼此不统一的结果[13]。

这里所说的解释规准的缺陷，并不意味着它们毫无价值，

---

[10] H. J. 沃尔夫、O. 巴霍夫：《行政法》第1卷，慕尼黑1974年第9版，第28节 III.c.（这一段所选内容所指的是该教材中由沃尔夫撰写的部分）。

[11] 参见 M. 克里勒：《法律获取理论》，柏林1976年第2版，第85页及以下页；J. 埃塞尔：《法律发现中的前理解和方法选择》，法兰克福1972年第2版，第124页及以下页。拉伦茨曾试图做一些排序的工作，他也断定：根本不存在"任何固定的位序关系"。（拉伦茨：上揭书，第334页）位序证立的困难与确定解释目标的困难紧密相关。有关解释目标的决定是以有关司法裁判之功能的理论为前提的，而这又相应地取决于对下一问题的回答，即：理性的法律论证是否以及在多大程度上是可能的。在此方面，恩吉施的观点应得到认同，他写道：需要"更为具有深度穿透力的观点，以便使每一种解释方法分配有其相对的权利和特定的逻辑地位"。（K. 恩吉施：《法律思维导论》，斯图加特/柏林/科隆/美因兹1971年第5版，第84页）这里想提出的法律论证理论就是要力图找到这个"更为具有深度穿透力的观点"。

[12] 对此，参见 M. 克里勒：上揭书，第86页。

[13] 考虑到解释规准的非确定性，它们究竟算不算规则，还可能是有疑问的。故此，缪勒（Müller）把它们看作是"一定的考察路向之速记标志"，而罗特洛伊特纳（Rottleuthner）则视之为"追问相关性观点"的导引。（Fr. 缪勒：《法学方法》，柏林1976年第2版，第167页；H. 罗特洛伊特纳：《法官的行为》，法兰克福1973年版，第30页）关于解释规准的逻辑地位问题将在本书下文第300—301页（边页码）详细讨论。

必须弃之一旁。但它们确实不再可能足以把它们自身看作是法律判断证立的规则。

那么，有人就可能考虑与其追求一个证立规则的体系，不如试图建立一个语句（命题）的体系（System von Sätzen），基于该体系那些证立所必需但又被遗漏掉的规范性前提就可以被引申或推导出来。只有这个体系单单由根据预设有效的规范可以推导出来的语句构成时，基于该体系所作的这样一种证立或许才是有说服力的。不过，在此情况下，该体系并不包含任何超出预设有效的语句之外的规定（Regelung，规制）内涵[14]。

与此相反，假如有人（例如卡纳里斯[Canaris]）把这样一个体系理解为某个法秩序之普遍原则体系（一个"价值论—目的论的"体系）[15]的话，那么马上就提出这样一个问题：这些原则是怎样能够获得的？它们不是在逻辑上从预设有效的规范中推导出来的。因此，应用这些原则作为法律判断证立的根据还是成问题的。"原则允许有例外，它们相互间可能陷入对立或矛盾；它们不要求绝对的排他性（全有或全无的适用性）*；它们只有在相互补充和限定的作用过程中才展现其本来的涵义；它们可以通过下位的原则和具有独立

---

[14] 参见 M. 克里勒：《法律获取理论》，第 98 页。

[15] G.-W. 卡纳里斯：《法学中的体系思维和体系概念》，柏林 1969 年版，第 46 页及以下页。

* 括号部分为该书英译本的译文，可资参考（See Robert Alexy, *A Theory of Legal Argumentation*, transl. by Ruth Adler and Neil MacCormick, Oxford 1989, p. 4）。——译者

实质内涵的单个评价来实现具体化。"[16] 价值论—目的论的体系自身绝不可能决定这些原则在个案中到底应当如何相互起作用以及人们应该从事什么样的单个评价[17]。

这并不是说，基于价值论—目的论的体系或任何其他一种体系进行论证是根本不可能的。事实上，无论在法庭实践中，还是在法学领域中，根据任何随时有待描述的体系进行的论证总是起着很重要的作用[18]。不过，大家也很清楚，这种论证的说服力也是相当有限的。

1.1 假如有这样一些情况，即个案的裁判既不是从预设有效的规范，又不是从随时有待构想的体系之严格证立语句（连同经验语句）中逻辑地推导出来的，而且它还不能够完全借助法学方法规则进行有说服力的证立，那么在这种情况下，裁判者就因为案件不完全受制于法律规范、方法论规则和法律体系语句而具有自由裁量的空间，其中有多种解决办法可供选择。

---

[16] 同上书，第52页及以下页（强调符号为作者所加）。另见拉伦茨的著作，他曾谈道："在任何具体化的阶段，补充性的价值判断都是必要的，它们首先要由立法机关来进行，然后只有在保留有司法裁判的空间范围内，才必须由法官来进行。"（拉伦茨：上揭书，第462页）

[17] 鉴于这种情况，维亚克尔考虑：是不是可以建议"也许最好放弃一个（相对）封闭推导关系的体系假定"。(Fr. 维亚克尔：《评G.-W. 卡纳里斯〈法学中的体系思维和体系概念〉》，载《法的理论》杂志，第1期[1970年]，第112页）也见J. 埃塞尔：《法律发现中的前理解和方法选择》第100页；他谈道："原则评价内容的多重原子价"，并且主张："在这里扮演角色的不是原则，而是法律发现者。如果没有审查冲突的问题，正确的关系是不可能从体系中'引申'出来的。"

[18] 迪特里希森曾列举一系列例证，正好强调这一点。参见U. 迪特里希森：《法学中的论题学思维和体系思维》，载《新法律周刊》（NJW），总第19期（1966年），第698页及以下页。

正是裁判者的这一选择决定着,到底什么样的单称规范性语句(例如在某一项法学研究中)可以被确认,或者什么样的判断可以被表达。这个单称的规范性语句包含着某种主张或规定,要求特定的个人必须做什么、禁止做什么或可以做什么[19]。故此,无论在哪个证立层别上所碰到的裁判,均属于是有关应当或准许做什么或不做什么的裁判。通过这些裁判,一个人或多个人的行为或行为方式就被赋予了比这些人的另一些行为或行为方式更优先的状态。不过,这种优先行为是以对所作的选择属于更好的选择进行判断为基础的,就这一点而言也是以某个评价[20]为基础的[21]。当今,

---

[19] 这里并不是主张说,所有的法律判断都直接表达命令、禁止或许可。例如,这种情况就不适用于形成判决(Gestaltungsurteil,即确定或改变法律关系的判决。——译者)。而且这里也不应提出那些较弱的命题,即便有若干论证能够支持这些命题;这些命题让所有的判断都建立在只包含用道义逻辑的基本算子如"命令""禁止""允许"等规范性陈述上。所以在这个语境中,说法律判断至少蕴涵着命令、禁止或许可,就足够了。关于这个问题域,参见 W. N. 霍菲尔德:《法律推理中应用的若干基本法律概念》,载氏著:《法律推理中应用的基本法律概念和其他法律论文》(W. W. 库克编),纽黑文 1923 年版,第 23 页及以下页;此外,还应特别参阅 A. 罗斯:《命令和规范》(英文),伦敦 1968 年版,第 106 页及以下页。

[20] 对于"优先""选择""更好"这样的概念,参见 G. H. 冯·赖特:《优先的逻辑》,爱丁堡 1963 年版,第 13 页及以下页。"价值判断"这个表述,既可以用来指优先行为,又可以指对选择何者更好的判断,还可以指以这种判断(连同优先)为基础的优先规则。关于这最后一点,参见 A. 波德莱西:《法律评价与法律价值》,载《公法档案》(AöR)总第 95 期(1970 年),第 195—196 页。许多人使用这个表述,来同时指上述这些内容,可能还会更多。但由于这里没有必要就此展开详谈,故可以存而不论。

[21] 对此,参见 F. 维亚克尔:《关于当代德国法学中的论题学讨论》,载 E. 冯·凯默雷尔、J. H. 凯泽尔、G. 克格尔、W. 缪勒-弗莱因菲尔斯和 H. J. 沃尔夫编:《警句——P. J. 策ώ斯祝寿文集》,雅典 1973 年版,第 407 页:"除了可以涵摄的法律内核之外,特别是在法律续造范围内……,所有的法律适用问题……都可以表达为是各种价值选择之间的决定。"

几乎在所有的方法论论著中均强调：没有这些评价，法律（Jurisprudenz）*寸步难行。因此，拉伦茨谈及"要认识到：法律的应用并不仅限于（三段论的）涵摄，它在更大范围内也需要法律应用者的评价"[22]；缪勒（Fr. Müller）的观点是："一个没有裁判和评价的法律……（似乎）既不是实践的，也不是现实的"[23]；埃塞尔（J. Esser）断言："评价……在差不多所有疑难裁判中，均具有核心的意义"[24]；克里勒（M. Kriele）得出的结论是：人们绝对不可能"逃脱那些潜伏在任何解释中的评价性的、规范—目的论的和法律政策性的因素"[25]；恩吉施（K. Engisch）也不得不承认："甚至在今天，各法律部门中的法律本身仍然是按照下列方式来建构的：法官和行政官员不仅仅是通过固定的法概念下的涵摄来发现和证立其裁判的（这些法概念的内涵绝对是由于解释才得以展开的），而且，他们也立足于自己独立进行评价，间或也照着立法者的样子来作出裁判和发布命令。"[26]

然而，根据这些论断，难题只是得到承认，而远未解决。问题是：在何处以及在什么样的范围内，评价是必需的；这种评价与法律解释的方法以及法教义学语句和概念之间的关

---

* 本书在此处参照英译本把德文"Jurisprudenz"译为"法律"（Law）。（See Alexy, *A Theory of Legal Argumentation*, transl. by Ruth Adler and Neil MacCormick, p. 6ff.）——译者

[22] K. 拉伦茨：上揭书，第150页。
[23] Fr. 缪勒：《法学方法》，第134页。
[24] J. 埃塞尔：《法律发现中的前理解和方法选择》，第9页。
[25] M. 克里勒：《法律获取理论》，第96页。
[26] K. 恩吉施：《法律思维导论》，第107页。

系是如何确定的;这些评价是如何能够理性地证立或证成的。

对这些问题作出回答,具有重大的理论意义和实践意义。至少,法学的科学性质就取决于我们对此如何作答。而且,这种回答对于通过法官判决调整社会冲突的合法性问题也具有相当重要的分量。因为假如法官的判决是以评价为根据的,而这种评价又不可能得到理性地证立的话,那么至少在大量的案件中,某些实际先在的规范性确信以及职业群体的决断[27],就构成了冲突调整之未经进一步正当化、也难以正当化的基础。

下述问题不可能预先在导论中作答:(1)在何处以及在什么样的范围内,评价是必需的;(2)这种评价与被称为"特定法律上的"论证及法教义学是什么样的关系;(3)该评价能否加以理性地证立。它们构成了本书研究的对象。

然而,为了避免某些很可能出现的误解,这里我先要就某些问题设定一个基本的立场。

没有评价,法律寸步难行,这个主张不是说没有任何一个案件是不存在任何疑问的,除非它们必须根据预设有效的规范,或是参照教义学语句或判例来作出裁判*。事实上,

---

[27] 这至少适用于专门拥有职业法官的法院。

* 这一句德文本原文为:"……daβ es nicht Fälle gibt, in denen kein Zweifel darüber besteht,……"(没有任何疑问的案件是不存在的……,见:Robert Alexy, Theorie der juristischen Argumentation, Suhrkamp, Frankfurt.a.M, 2.Aufl., S.24f.)不过,这句话是令人费解的。英文译本的翻译为:"……这个主张不是说:任何一个案件的结果都是不确定的。法律规范或教义学原理或判例将经常提出某种唯一的答案"(See Robert Alexy, *A Theory of Legal Argumentation*, transl. by Ruth Adler and Neil MacCormick, Oxford 1989, p. 8)。其虽然通俗明了,但已经改变了原句子的结构。——译者

我们甚至可以设想：这些（根据后者做出裁判的）案件的数量明显地多于所谓有疑问（疑难）的案件[28]。不过，一个案件的清晰性绝不是这么简单的事情[29]。谁要是主张某个裁判是清晰无疑的，那么他就可能要这样来理解问题：没有任何论证明显地可以引起严肃的怀疑。然而，这种论证总是可以想到的。不过，说所有这样的反证都不好或在法律上是无关紧要的，这个主张并不能绝对有说服力地从预设有效的规范中推导出来。因此，鉴于这些情况，人们可能会说：把它们作为"清晰的"案件来对待，包含着某种诉诸一切潜在反证的"消极评价"[30]。但这触及此处还不需要接着进一步讨论下去的一个难题。

在（法学）论著中有一些观点把司法裁判所必需的评价看作是道德评价。譬如，克里勒就写道："据此，最终的面纱就滑落下来了：司法判决以社会道德的考量为取向。"[31]而在另一方面，哈特（H. L. A. Hart）采取另一种观点，认为裁判者不仅仅限定于道德理由，他也可能总是受在道德上进

---

[28] 参见 G.-W. 卡纳里斯：《法学中的体系思维和体系概念》，第146—147页注[58]。

[29] 参见 M. 克里勒：《法律获取理论》，第212页及以下页。

[30] 这样一个消极评价的想法是由 Th. 赫勒尔提出的，他写道："在任何法律涵摄行为中，首先就牵涉价值判断，以至于，法律为了得到适用，必须以不断流传的方式找到被认为是具有价值的东西。"（Th. 赫勒尔：《类推法律适用的逻辑和价值论》，柏林1961年版，第59页）也见 J. 埃塞尔：《法律发现中的前理解和方法选择》，第175页："原则上，只有当人们亲眼所见的结果不会令人感到吃惊时，法律规范的文义才算得上是'清晰的'。"

[31] M. 克里勒：《显在和隐在的判断根据——论当今哲学和法学的关系》，载 E.-W. 博肯弗尔德等编：《哲学院：J. 里特尔祝寿文集》，巴塞尔/斯图加特1965年，第112页。

行评价的社会目标观念的引导[32]。

为了解决这些难题,似乎有必要澄清诸如"社会道德的考量""道德理由"等的概念。不过,这样一种澄清目前可以暂置不论,因为这里的讨论还不取决于下面这个强命题,即必需的评价都应总是看作是道德评价,而更多地取决于这样的弱命题,即它们经常是与道德有关的评价。

假如我们承认下述两点:(1)每一个司法裁判均触及至少某个人的利益;(2)对某个人的利益进行限制是否有理的问题,也总是可以作为一个道德问题提出来,那么这至少总是不可否认的。

认为在许多司法裁判中所必需的评价是与道德有关的,这一论断本身并不说明太多的问题。它只不过是下面有待进一步证立的这个主张的前提条件:裁判者应当在法律上相关联的意义上以道德上正确的评价为取向。

1.2 仅仅根据"没有评价,法律寸步难行"这样一种主张,就得出下面这个结论说:在评价所需要的范围内,法律适用者的主观道德确信的空间是完全自由的,那么这似乎是一个错误的推论。只有当根本不可能有评价的客观化情形存在时,

---

[32] 哈特:《实证主义及法与道德的分离》,载氏著:《法和道德》(德文),第31页及以下页。也参见 N. 霍尔斯特尔:《分析法学的基本命题》,载《法社会学与法的理论年刊》,第2期(1972年),第123页。那种在司法裁判中非常必要但还不是直接从法律本身引申出来的评价是否可以被视为道德评价的问题,同那种能否把司法裁判与道德裁判从根本上区别开来的问题,这两者之间完全是不相干的。后一个问题必须根据在法律论辩理论所阐释的法律证立的特殊性来重点做出肯定的回答(对此,参见 W. K. 弗兰克纳:《社会哲学上的决定论和分离论》[英文],载 C. J. 弗里德里希编:《规范》杂志[Nomos],第7卷[1964年],第18页及以下页)。

27 这一推论才显得是有说服力的。对此,过去有人曾提出过许多截然不同的方案,而且还尝试过部分地去着手研究这些方案。其中有三种方案与本书研究的特别旨趣相关。

首先,裁判者必须坚持"普遍共同体或特定群体的评价"[33],这一建议表面上看起来还是牢靠的。不过,对此也可能有一系列反对意见提出来。普遍共同体的评价,在许多情况下并不很容易准确地断定。即使借助社会科学的方法,我们也常常不能以足够具体的方式把握民众的评价,并用来作为裁判的根据。为此,普遍共同体自己必须熟知所有待裁判的情况(案件)。而且,这也经常会产生截然相异的评价。如果这样,那么,裁判者应何去何从?同样的问题还表现在:相关的评价是由"特定群体"、特别是由法律家群体或属于该群体一部分的法官作出的。即使在他们中间,存在完全相反的观点,也并非少见。况且,如果有谁要以特定群体的确信为根据,那么他就必须给出理由证明为什么他径直把该群体成员的意见当作是决定性的意见。最后,必须提出的问题是:一个规范性确信,仅仅因为它是被人们共同信守这一点,

---

[33] K. 恩吉施:《法律思维导论》,第 124 页。也参见 Ch. 佩雷尔曼:《正义五讲》,载氏著:《论正义》,慕尼黑 1967 年版,第 144 页,他要求法官"应当按照他们所代表的职业共同体的期望来执行自己的命令"。他希望把对理性评价的追求留给哲学家。(《论正义》,第 146 页及以下页)还参见 R. 齐佩利乌斯:《法学方法论入门》,慕尼黑 1974 年第 2 版,他建议首先要告诉人们"什么样的法律解释或法律补充最好应与在共同体中占主导地位的法伦理观点相一致"。(第 76 页)假如按照这种方式证明不可能达到清楚的结论,那么就应该允许法官遵循"他自己的正义感、他个人的合目的性观念"(第 85 页)。(英文译本将"合目的性观念"[Zweckmässigkeitsvorstellungen]翻译为"notions of expediency"[权宜观念]。——译者)

能否就算作是司法裁判的一个正当化基础？针对这一点，人们可能会争辩说：某些规范性确信之所以广为流行，仅仅是因为它们的支撑点还没有足够的机会受到批判性检验。不过这一点在说明法律家们的确信时还是有一些局限。因为法律家们的确信在理想的情形中通常是持续不断的、制度化的批评讨论的结果。

其次，必须指出：因为担任法官角色的裁判者总以"人民的名义"发布判决，他就不应该对以其名义作出判决的人民的确信采取无所谓的态度[34]。而且，由过去一代又一代的法律职业人持续进行讨论而得出的结论，也是法官所不能忽视的。由此表明，这里的抉择不可能是说：法官不是以自己的观念为依据，就是受代表其名义进行司法的人民以及长期以来讨论法律问题的人们所左右。这里所需要的，毋宁是一种模式，该模式一方面考虑到所有人共同奉守的确信和前人进行法律讨论的结果，另一方面又要给正确的标准留有余地。这里以及其他地方所陈述的理论，就是要提供这样一种模式。

几乎比引用广泛奉守的确信更诱惑人的，是诉诸所谓"法秩序的内在评价整体"[35]或"法秩序的意义整体"

---

[34] 参见 R. 齐佩利乌斯：上揭书，第21页："民主的思想已承认这一点：应尽可能让更多的人民参与决定社会制度模式的确定过程；法官作为这个共同体的代表，应当遵循这个共同体中占主导地位的观念。"

[35] Fr. 维亚克尔：《关于当代德国法学中的论题学讨论》，载上揭书，第408页；类似的提法，还见维亚克尔：《论较严格的和不严格的法律发现程序》，载 H. 施奈德、V. 克茨编：《W. 韦伯纪念文集》，柏林1974年版，第439页。

（Sinnganze）[36]。但这样做同时既是正确的，却又是不充分的。说它不充分，是因为譬如"法秩序的内在评价整体"这样的概念，没有任何固定的意义范围（外延），使裁判者对此有一个确定的评价。不同的规范把完全不同，甚至经常冲突的评价观点固体化（具体化）了。本来就没有任何原则是可以无限度地加以实现的。而且，规范的评价这个术语究竟应作何理解，也常常是相当不清楚的。但这意味着，对于各种各样显见的评价观点应拥有的分量，必须要重新加以决断。

如果说司法裁判不能根据上述理由借助法秩序的内在评价整体来严格加以证立的话，那么另一方面，对于下面一点却不可能是有异议的：那些在宪法或其他法律中所确定或在无数规范、判决中所表达的评价观点对于潜在的裁判是有关联的。这样，在有待考量普遍共同体奉守的确信的情形中，我们与其说是要对尊重这些评价观点做出设定，不如说是要更精确地规定其中的形式和规则，根据这些形式和规则，这些评价观点才可能和应当进入某个裁判的证立过程。

第三种可能性在于：它似乎要么诉诸根本独立于法律而存在的、要么在基本法（宪法）或法秩序整体之中所表达的客观价值秩序，或者诉诸客观承认的自然法原则，这就像德国联邦宪法法院（Bundesverfassungsgericht）[37]和

---

[36] K. 拉伦茨：《法学方法论》，第420页。
[37] 参见《联邦宪法法院判例》（BverfG）E 2, 1（12）；6, 32（40f.）；7, 198（205）；27, 1（6）；30, 173（193）。

联邦最高法院（Bundesgerichtshof）[38]所做的那样[39]。然而，这样一种尝试，正像其一再重复表明的，包含着极有问题的哲学前提[40]。对此，我们将在讨论直觉主义元伦理学（metaethischer Intuitionismus）时还要谈其原则性的方面。同样有分量的反对意见是：证立裁判所必需的相对特定的规范性命题，是几乎不可能从价值秩序中推导出来的，无论这种价值秩序以什么样的方式存在着[41]。

另一方面，我们还必须得承认，某些以这种方式建构的命题，例如"自由和平等是国家统一的持久的基本价值"[42]，尽管还极端模糊，但绝对还是可以接受的。这里所缺乏的，是为这些命题找到某种更好的证立方式和精确化的程序。

目前业已讨论过的试图将评价问题客观化的建议，大体上可以分为三类：

（1）以实际先在的确信和共识以及事实上有效或被奉守的非法律规范为基础；

（2）诉诸无论通过什么方式从现行法律素材（包括以往的判例）中能够引申出来的评价；

---

[38] 参见《联邦最高法院民事判例》（BGHZ）E 8, 243（248）；《联邦最高法院刑事判例》（BGHSt）E 6, 47（53）。
[39] 构成这些司法裁判基础的，是带有浓厚神学色彩的自然法动机与舍勒-哈特曼价值伦理学原理的结合。关于这个问题，参见 H. 韦尔策尔：《自然法与实质正义》，哥廷根1962年第4版，第225页。
[40] 参见 W. 魏舍德尔：《法和伦理》，卡尔斯鲁厄，1956年版；H. 韦尔策尔：同上书，第226页及以下页；A. 波德莱西：《法律评价与法律价值》，载《公法档案》（AöR），总第95期（1970年），第201页及以下页。
[41] 关于这一点，参见 Fr. 维亚克尔：《法律与法官技艺》，卡尔斯鲁厄1958年版，第10页。
[42]《联邦宪法法院判例》（BverfG）E 2, 1（12）。

(3)依靠各种超实在的原则(überpositive Prinzipien)。

还有一种建议尚未讨论,即:

(4)诉诸各种经验的认识(除了建议[1]所设定为前提的情况)。

这样一些经验的认识在证立过程中具有相当重要的意义,但从它们身上还不能单独地推导出任何规范性前提[43]。

对此还必须多说几句:上述(1)—(4)所列的程序没有任何一个可以解决法律判断的证立问题,而且即使所有这些程序纯粹加在一起也做不到这一点。至少在现代社会中,对几乎所有的实践问题,都存在着截然不同的观点。事实上的共识,至少就其足以切合具体的实践问题而言,是非常少见的。在法秩序的整体之内,人们总可以找到截然不同的评价,在具体的情境中,这些评价可能以各种不同的方式被融入生活关系之中。诉诸不言自明的真理或作为前提条件的自然法则,(至少从方法论的角度看)是一个极其值得怀疑的程序。而且,以这种方式建构的各种原则是可以根据截然不同的形式加以具体化的。最后,根据各种事实判断完全可能引申出截然不同的规范性结论。

---

[43] 这里触及从实然推导出应然的问题,关于此点,参见 E. 摩舍尔的文献报告:《实然—应然的问题的逻辑考察——当前讨论状况概览》,载《概念》杂志(*conceptus*),第 8 期(1974 年),第 5 页及以下页;N. 霍尔斯特尔:《论在道德分析哲学中从实然推出应然的问题》,载《法哲学与法社会学档案》(ARSP),总第 55 卷(1969 年),第 11 页及以下页;Fr. 冯·库切拉:《规范、价值和决定逻辑导论》,弗莱堡/慕尼黑 1973 年版,第 66 页,以及本书下文,第 55 页、第 84 页(边页码)。

那么，我们是否由此可以得出结论说：裁判者的评价（尽管其不可在主体间得到检验）起着决定性的作用，而这些评价也许可以在社会学或心理学上得到解释，但却不能（在逻辑上）加以证立？这个结论，就它牵涉法官的法律发现活动的正当性和以讨论规范问题为己任的法学之科学品性而言，至少还不是我们所期望的。那么，这样做尽管本身绝不是一个理由去反对推断结论，但却是一个理由去要求寻找进一步的解决办法。

2. 本书研究的基本思路

根据现代伦理学讨论、当代语言哲学以及目前处在发展中的论证理论的成果来寻找解决途径，看起来绝对是很有前途的，上述几个领域的研究在很多关节点上具有趋同性。批判性地讨论这些不同领域中得到发展的若干理论，并用来为法学根本问题的研究服务，这是本书考察要达到的目的[44]。

在这一点上，法律论证就被理解成是一种发生在不同场合（比如诉讼和法学研讨）的言语活动。这个言语活动在还有待进一步精确化的意义上来讨论规范性命题的正确性。

---

[44] 德莱尔根据瑞典法学者伊法尔·阿格（Ivar Agge）的说法，把当前法的理论的特征概括为是一种"边缘学科"（Grenzpostendisziplin），它的任务是检验"无论是经验的相邻科学，还是理论的相邻科学与狭义的法学之间的关联性"。（R. 德莱尔：《一般法学的意义与目的是什么？》，图宾根1975年版，第21页）这种看法可以看作是一种尝试，对本书研究任务的完成有所裨益。

我们也可以权且把这个活动称为"论辩"（Diskurs*），而且由于它牵涉到规范性命题的正确性，还可以进一步地称之为"实践论辩"。法律论辩是普遍实践论辩的特殊情形（Sonderfall**）[45]。

我们可以根据完全不同的方式来考察法律论辩。这种考察方式可能是经验性的、分析性的，也可能是规范性的。

举例来说，假如某种考察方式是要描述和说明特定论述的频度（Häufigkeit）[46]、特定谈话群体和谈话的情境的相互关系、特定论述的应用、论述的影响力、运用特定论述的动机或运用特定群体在论述的有效性问题上占主导地位的观点的动机，那么它就是经验性的。这个理论属于是运用社会科学方法来研究法律行为（特别是法官行为）的理论的一部分[47]。

---

* "Diskurs"（英语"discourse"），来自拉丁文 *discors*（不同意、争执），后世西方学者用此语所表达的涵义均不尽一致，例如法国哲学家福柯用它来指语境复杂的所谓"话语"，而德国哲学家哈贝马斯则在后期著作中强调它的语用学特征，如论辩、对话过程，所以在有些中文译本中，将哈氏的概念译为"商谈"。根据阿列克西在这里的解释和其论证规则和形式的逻辑表达，将"Diskurs"译作"论辩"或"言谈"均是可取的。本译文取"论辩"一词，说明证立的对话辩诘之意。——译者

** 在本书中，"Sonderfall"这个术语是核心概念之一，译者曾向德国帕骚大学孟文理教授（Prof. Urlich Manthe）请教，他建议译为"特案"。但这个译名容易引起误解。故最后还是直译为"特殊情形"。相应地，另一个重要概念"Sonderfallthese"应译成"特殊情形命题"（语见本书德文原版，第263页）。——译者

[45] 关于这些命题的证立，参见本书第63页及以下页（边页码）。

[46] 对此，参见 E. 艾兴霍菲尔：《法律论证的频度分析研究》，载《法的理论》杂志，总第5期（1974年），第216页及以下页。

[47] 这方面的论述，参见 H. 罗特洛伊特纳：《法官的行为》，法兰克福1973年版，第61页及以下页。

假如所涉及的是实际已出现或可能将出现的论述的逻辑结构,那么这种考察就是分析性的。最后,假如考察是要提出和证立法律论辩的合理性(理性)标准,那么它就是规范性的。

在传统的法学方法论中,这三种考察方式是相互混杂在一起的。但这不完全是一个缺陷,因为在它们之间事实上存在着一系列关系。譬如,经验性的考察方式至少以各种不同论述的大致分类为前提条件。规范性的考察方式要求透视可能的论述之逻辑结构。稍微有点问题的是规范性考察和经验性考察之间的关系。例如,人们可不可以说:特定群体在论述的有效性问题上占主导地位的观点,也是其合理性(理性)的一个标准?我们在这里只可能将诸如此类的问题提出来,它们将在研究展开的过程中再详加讨论。

法律论辩的理性标准问题逐渐进入这里应予思考的前台。由于阐明这个标准包含着对证立的逻辑结构的分析,本书所追寻的一个进路可以称为"规范—分析性的"考察。它试图发展的是一种法律论辩的规范—分析理论。

在此方面,把法律论辩当作普遍实践论辩之特殊情形这一想法具有核心的意义。法律论辩和普遍实践论辩的共通性在于:这两种论辩形式均探讨规范性命题的正确性。其所要证立的观点是:无论是普遍实践命题的主张,还是法律命题的主张或宣称,都将提出正确性的要求[48]。法律论辩所涉及的是一种特殊情形,因为法律论证是在一系列受限的条件

---

[48] 参见本书(德文版)下文第264页及以下页(边页码)。

下进行的。在这一点上，特别应当指出它须受制定法的约束，它必须尊重判例，它受制于由制度化推动的法学所阐释的教义学，以及它必须受诉讼制度的限制（当然法学论辩并不以此为限），等等。

根据法律命题所提出的要求涉及的是下面一点：法律命题在遵守这些限制性条件的前提下，才可以理性地加以证立。这个要求与《德国基本法》（GG）第20条第3款命令司法判决须受"法律和法（权利）"约束是相一致的。问题是："在遵守这些限制性条件的前提下，才可以理性地加以证立"这个说法到底所指的是什么呢？

为了回答这个问题，最好首先考察：到底凭什么可以说，一个规范性命题是可以理性地得以证立的。为此目的，本书将要详细地讨论一系列相关的理论。这些理论涉及属于分析伦理学领域的斯蒂文森、黑尔、图尔敏、拜尔的学说，哈贝马斯的真理共识论，埃尔朗根学派的实践商谈理论以及佩雷尔曼的论证理论。这些理论讨论的结果将概括成理性实践论辩的一般（普遍）理论。这个理论的核心由5组总计22个明确表达的规则和6个论述形式的图表构成[49]。这些规则和形式明确（以逻辑式）表达可能初看起来显得学究气、累赘，甚至还有点自以为是。但也许其最重要的目的就在于要让自己的缺陷清楚地暴露出来。这些缺陷可能既涉及规则的内容，罗列数目的不完整，涉及某个具体论证规则和形式的

---

[49] 见本书下文第234页及以下页（边页码）。关于论述形式的概念，见本书下文第123页（边页码）。关于论证规则和论述形式的区别，见下文第234页（边页码），注29。

多余，也可能涉及这些规则和形式在表达上的不够精确，等等。倘若这些缺陷尚没有使所表达的规则和形式在根本上失去意义的话，那么这样做还是可以用来陈述像实践理性法典（Gesetzbuch der praktischen Vernunft）之类的东西的。

这些论证规则和形式的功用既不应高估，也不应低估。它们本身不是一些从中可以推导出一定规范性命题的公理；而是一组具有完全不同逻辑地位的规则和形式；对这些规则和形式，论证（论辩）过程必须予以满足，这样由此而得以证立的结论才可能提出正确性的要求。在这一点上，这些规则绝不是在任何情况下都对论证的结论予以确保。尽管它们基于一类可能的规范性语句排斥某些（作为"论辩之不能的"）语句，而与这些（被排斥语句相对立的）语句（作为"论辩之必须的"语句），却是规则所要求的；但是，就大量的规范性语句来看，只要人们单单采取这些规则，那么无论是正在涉及的规范性语句，还是它们的否定形式，均与论辩规则是可以协调起来的（即属于"论辩之可能的"）。由此也可以说明：理性实践论辩规则并不预先规定论辩的双方参与者到底应当从什么样的前提条件出发。谈话者最初既定的（也就是说，实际先在的）规范性确信、愿望、需求解释以及经验性信息构成了论辩的出发点。论辩规则可以说明从这一基点出发如何能够达到得到证立的规范性命题，但并不对每一推导步骤完全地加以确定。由于截然不同的规范性确信、愿望和需求解释均有可能作为出发点，而且至少还不易肯定地说：需求解释自身如何发生变化，规范性确信如何必须加以修改，愿望如何应当受到限制，故此截然不同的结论恐怕仍然有可能存在。

有人可能会说，论辩规则规定了裁判（决定）的程序，但该程序却还不断定：到底是什么应被接受为裁判（决定）的基础；同时，它也不可能对每一个推导步骤加以规定。这一方面是一个缺陷；另一方面，却又是一个优势。其缺陷是明显的。其优势则在于：裁判（决定）的基础和一系列个别裁判（决定）的推导步骤不是随便哪个必然从自己的观点出发的裁判（决定）理论专家所确定的，而是留待每个有关的当事者来加以确定的。这样，提出规则，就可能被直接看作是论辩理论的任务；这些规则，一方面是相当弱的，即它们几乎没有规范性内涵，以至于，即使是持截然不同规范性观点的人，也可能对它们表示同意；但另一方面，它们又是相当强的，因为任何一个按照这些规则进行的讨论都可以被称为"理性的"。

上面提及的论辩规则的弱点更突出地表现在：有些规则具有这样的特性，即它们只能近似地得以实现。然而，所有这些并不能使上述规则完全没有意义。它们确实不可能在"论辩之可能的"领域内产生任何百分之百的确实性，但作为对正确性要求的阐释，作为判断规范性命题之正确性的标准，作为不合理证立的批评工具以及某种值得追求的理想的精确化，它们又是具有相当重要的意义的。

这样做也证明了论辩理论是对法学理论的一种有益的尝试。某个规范或某个具体的命令，一旦其满足了论辩规则所确定的标准，就可以被称为公正的。同时，论辩理论用来分析法学中的核心概念，是也许更为可行的方式之一。

上文业已提及,法律论辩不同于普遍实践论辩,原因在于:简单地说,其(活动的)自由要受到法律(制定法)、判例、法教义学限制,在诉讼的情形中,还要受到程序法律限制。

纯粹论辩之可能领域的广泛性,任何一个结论的暂时性以及在规定的时间内解决大量实践问题的必要性,这三个方面不仅让上述限制显得是可以接受的,而且显得是合理的和必需的。可以这样认为:某种将普遍实践论辩的局限作为对象的理性商谈(vernünftige Beratung)之参与者,无论对于实在法律规则之创制程序的引入,还是对于学术阐释和法律规则的应用程序的引入,以及对于学术论辩和无论哪一种法庭论辩形式(并不必然是当今的法庭实践)的制度化,都可以加以决断。实在法律规则的引入、它们的司法形式的适用以及它们的强制执行,尤其是担负着确保普遍实践论辩之可能性的任务。

因此,说法律论辩是在受限的条件下进行的,还并不表明这种限制到底应如何实际地进行。为了达到这一目的,就有必要更精确地规定那些必须考量各种受限条件的规则和对它们能够加以引证的论述形式。

这里应当把对所有种类的法律论辩均适用的规则和形式,同那种只在特定论辩形式中具有意义的规则和形式区别开来。本书只可能讨论一些此类普遍适用的规则和形式。

在此方面有待讨论的一个特别重要的问题就是追问法律论证和普遍实践论证之间的关系。特殊情形的命题可能至少有三个方面的含义。

其第一个方面的含义,是宣称:所有真正的证立或商谈过程均应按照普遍实践论辩的标准进行（而且理想的情况下也的确是这样进行的）；法律证立只对按照这一方式获得的结论的派生合法化（sekundäre Legitimation）服务。这个命题可以称为"派生性命题"（Sekundaritätsthese）。根据这一命题，在所有其答案不可能从法律上绝对引申出来的情形中，法律论辩其实不过就是披着法律外衣的普遍实践论辩[50]。

如果有谁否定派生性命题，那么他就面临着两种可能性。他可能宣称：法律论辩进行至某个特定的点，在这一点上不再可能有任何特定的法律论述（论点）。此时，必须引入普遍的实践论辩。这一主张可以称为"补充性命题"（Additionsthese）。不过，他也可能持另一看法，认为特定法律论述的运用应当在各个层次上与普遍实践论述连接在一起。这一看法可以用"统合性命题"（Integrationsthese）这个术语来称呼，它也是本书所应赞成的一种命题。

当然，仅仅根据统合性命题的主张，我们还得不到更多的东西。有待讨论的问题是：其所要求的连接应该是什么样子的，或者用埃塞尔的话说，在考量其他的立法解决方案、教义学原理中涉及实在法律体系提供的解决方案之协调性时，应该怎样确定"正确性检验"（Richtigkeitskontrolle）和

---

[50] 缪勒断定：克里勒赞成这种命题（Fr. 缪勒：《法学方法》，第93页及以下页，第196—197页）。克里勒所表达的某些意见，可以按照这一方式来理解（参见 M. 克里勒：《法律获取理论》，第218页）。不过，克里勒也谈到法律证立的"固有价值"，认为它能够"至少在其变化值的限度内对结果产生影响"（同上书，第220页）。最近，克里勒明确地表示反对缪勒的解释（M. 克里勒：《法律获取理论》，第2版"跋文"，第319—320页）。

"一致性检验"(Stimmigkeitskontrolle)之间的关系[51]。本书提出的法律论证理论试图要做到的就是这样一种确定。

3. 有关论题学的界定

如果谁要构建法律论证理论,那么他看起来很快就会认同法律论题学(die juristische Topik),这门学问在近20年来的方法论讨论中起着十分重要的作用。但对法律论题学的认同也可能会产生另一种结果,即针对论题学提出的任何反对意见,不经进一步的审察,就套用在这里所提出的法律论证理论上。为了避免出现这种情况,简要地探讨一下我们这里要发展的理论和菲韦格(Th. Viehweg)的主张[52](法学应当在论题学意义上来理解)之间有什么样的关系这个问题,应该说是合适的。

为了回答这一问题,就有必要知道,"论题学"这个词究竟应当怎样理解[53]。根据奥特的见解[54],该词大致可以

---

[51] J.埃塞尔:《法律发现中的前理解和方法选择》,第19页。

[52] Th.菲韦格:《论题学与法学》,慕尼黑,1974年第5版(慕尼黑,1953年第1版)。

[53] 有关论题学的广泛文献,参见 M.克里勒:《法律获取理论》,第114—153页;G.奥特:《论题学讨论20年:成就和任务》,载《法的理论》杂志,第1期(1970年),第183页及以下页;F.维亚克尔:《关于当代德国法学中的论题学讨论》,载 E.冯·凯默雷尔、J. H.凯泽尔、G.克格尔、W.缪勒—弗莱因菲尔斯和 H. J.沃尔夫编:《警句——P. J.策波斯祝寿文集》,雅典1973年,第391页及以下页;A.博克罗:《论题学对法律获取的贡献》(博士论文),哥廷根,1972年。

[54] G.奥特:《论题学讨论20年:成就和任务》,载《法的理论》杂志,第1期(1970年),第184页。

从三个方面来解释：（1）前提寻求之技术；（2）有关前提属性的理论；（3）将这种前提用于法律证立的理论。

作为前提寻求之技术，论题学提出要寻求一切在根本上可能合适的观点。在这一点上，各种论题目录（Topoikataloge*）应该说是非常有用的[55]。施特鲁克（G. Struck）曾企图以批判的眼光将64个这样的论题编排在一起。不过，在他那里，也存在一些互不相容的论题，如"后法本应废止前法"（Lex posterior derogat legi priori）[56]，"没有指望的东西不要去渴望"[57]，"目的"[58]等。这种编排工作的启迪价值必须受到怀疑[59]。无论如何，本书的研究绝不想做类似的工作。

较为令人感兴趣的是论题学对前提之属性的观点。根据这一理论，无论是谁，如果他要在论题学上论证问题，那么他既不能从被证明是所谓真理的语句（命题），也不能从绝

---

* 论题目录（Topoikataloge）是菲韦格（Th. Viehweg）在《论题学与法学》中所使用的概念。论题（Topoi）这个词来自希腊文"τοπos"（"Topos"，其复数形式为"Topoi"）原义为"所在地""处所""位置"。后来用于古代论题学（辩证法）和修辞学。德国比勒菲尔德大学法学院法律史、民法和法学方法论教授格哈德·奥特（Gerhard Otte, 生于1935）在1971年出版的《辩证法与法学：注释法学派的方法研究》一书中，根据亚里士多德和西塞罗对"论题"的用法，指出：论题就是人们能够从中寻找论据（论点）的地点，或者让人想起某种合适前提的词目（Stichwort）（Siehe Gerhard Otte, *Dialektik und Jurisprudenz: Untersuchungen zur Methode der Glossatoren*, Vittorio Klostermann, Frankfurt am Main 1971, S.186.）。——译者

[55] Th. 菲韦格：上揭书，第35页。
[56] G. 施特鲁克：《论题学法学》，法兰克福1971年版，第20页。
[57] 同上书，第33页。
[58] 同上书，第34页。
[59] 对此，参阅G. 奥特：《论题学讨论20年：成就和任务》，载《法的理论》杂志，第1期（1970年），第187页。

对专断的语句(命题)出发,而应当从所谓"ενδοξα"[60],即从"或然性的""意见性的""普遍接受的"或"有可能根据的"语句(命题)出发[61]。这也许是对的,但也可能造成误会,甚至是太一般化,部分可能还是错的。说它太一般化,是因为它不能够足以在法律证立过程中有待引证的各种不同的大前提之间作出区分。施特鲁克说:"法律是其中的一个论题,但却是一个极端重要的论题。"[62]这个命题并不适合来说明预设有效的法律规范在法律论辩中所起的作用[63]。此外,论题学还有一个弱点,它不可能使法律论证与由制度化推动的法教义学[64]联系起来,也不可能使之与判例的语境[65]联

---

[60] 参见亚里士多德:《论题篇》,100b。
[61] 有关希腊文"ενδοξα"一语的翻译五花八门。罗尔菲斯用"或然性"来表达(见亚里士多德:《论题篇》德文版,E.罗尔菲斯译,莱比锡1922年版,第1页)。菲韦格则喜欢用"意见性的"(meinungsmässig)(Th.菲韦格:上揭书,第35页)。克里勒接受英语的翻译,认为译作"普遍接受的意见"最合适(M.克里勒:《法律获取理论》,第135页)。维亚克尔则认为"有可能根据的"虽有些意译但也适宜(Fr.维亚克尔:《论法教义学的实践功用》,载《解释学和辩证法:H.-G.伽达默尔祝寿文集》第2卷,图宾根1970年版,第328页注46)。
[62] G.施特鲁克:上揭书,第7页。
[63] 关于这个批评观点,参见G.-W.卡纳里斯:《法学中的体系思维和体系概念》,第142页及以下页;U.迪特里希森:《法学中的论题学思维和体系思维》,载《新法律周刊》(NJW),总第19期(1966年),第702页。
[64] 参见U.迪特里希森:同上文,第698页及以下页。
[65] 这一弱点,即使援用菲韦格所考量的所谓论题学体系的思想,也不会得以排除。按照菲韦格的理解,这个论题学体系可以通过4个标志来界定:(1)以问题为取向;(2)根据相应的问题来排列论题;(3)不停地移动,通过(4)理性论证(Th.菲韦格:《法律推理的若干思考》[英文],载G.休斯编:《法律、理性和正义》,纽约/伦敦,1969年版,第268页;类似的观点,见菲韦格:《法教义学和法研究中的体系问题》,载A.迪耶默编:《科学和文献汇编中的体系与分类》,迈森海姆1968年版,第104页)。引入按这种方式界定的论题学体系概念,不过是为以前被简单称为"论题学"(Topik)的东西引入了一个新的名称而已。

系在一起。而一个适格的法律论证理论则必须既包含法教义学理论，又包含判例适用的理论。

除了不能抓住法律、教义学和判例的重要性之外，论题学主要以标准论述的表面结构为取向，也是颇成问题的。最为典型的是施特鲁克所提出的论题。根据诸如"目的""没有指望的东西不要去渴望"这样的说法，我们几乎无法着手工作。而这一点上，关键的问题却是要对如此的论述进行逻辑分析。只有按照这种方式，它们作为由不同的、特别是规范性语句构成的结构，才有可能被人们所理解，而这些语句必须成为讨论（假如讨论应该是理性的话）的真正对象[66]。

然而，如果有人想要深入分析比如"不可承受的东西不合法"[67]这种论题之应用的深层结构（在这个一般的表达中由于其具有某种或然性，该论题必须算作"ενδοξα"之列，即："它们在一切人或大多数人或其中的贤哲们看来是真实的，亦即，要么在贤哲们看来真实、要么在一切人或多数人或最负盛名者或最受尊敬者看来是真实的"[68]），那么，他就会发现这些标准绝不能径直适用于某些更为特定的规范性语句。但确切地说，正是这些语句却至关重要，因为当就什么是"不可承受的东西"发生争执时，最后根据"不可承受的东西不合法"这种语句根本无法再着手工作。如果通过对

---

[66] 关于要求"优先公开评定论题学证立"，参见 F. 维亚克尔：《关于当代德国法学中的论题学讨论》，载 E. 冯·凯默雷尔、J. H. 凯泽尔、G. 克格尔、W. 缪勒—弗莱因菲尔斯和 H. J. 沃尔夫编：上揭书，第 409 页。

[67] G. 施特鲁克：上揭书，第 33 页。

[68] 亚里士多德：《论题篇》，100b。

普遍性层次做进一步的表达来把这个争论进行到底,那么就有点离题了。

最后,通过论题学来构想将前提用于证立个别判断的理论,也是很成问题的。此处尊重一切观点[69]这个有效规则,并没有说明哪一种观点是决定性的,它甚至也不能断定,什么观点在根本上是较为合适的。就这一点而言,菲韦格的论断,即"讨论显然是唯一的检验法庭"[70],只是前后勉强一致。然而,这里的"检验法庭"所指的是什么呢?任何一个事实上达成的共识都应当看作是正确性的可靠保证吗?所以,这一点是不可能有效的,因为以后的讨论可以暴露出以前所达成的共识之缺陷。这就至少要求在讨论中必须遵守一定的规则,它们可以称为理性的规则。施特鲁克已经提到若干个这样的规则[71]。但(施特鲁克的)这些规则并不充分,因为它们根本就没有涉及有关法律、教义学和判例的作用。

也许,这里对论题学所描述的形象有些过于消极。无论如何,人们至少可以说,本书的研究在一定意义上已经采纳了论题学的一些意图[72]。然而,正是这样做,才显得有必

---

[69] 参见 G. 施特鲁克:《论题学法学》,第 7 页。
[70] Th. 菲韦格:《论题学与法学》,第 43 页。
[71] G. 施特鲁克:上揭书,第 99 页及以下页。
[72] 这特别适合说明由菲韦格所提出的"形式论题学"的建议。这种形式论题学的对象应当是语用学规则。按照莫里斯著名区分,菲韦格的"语用学"可以理解为有关"符号""讲话(言谈)者"和"情景"三者关系的理论。(参见 Ch. W. 莫里斯:《符号学基础》[英文],载《统一科学国际百科全书》,第 1 卷,第 2 条,芝加哥 1938 年版,第 1 页及以下页。)对此,菲韦格参阅了现代逻辑语言哲学、道德哲学的研究成果(Th. 菲韦格:《论题学与法学》,第 5 版,第 111 页及以下页)。在本书的研究中也采纳了这一用法。

要以尽可能明晰的方式来暴露其缺陷。法律论证理论必须考量的问题是：它能否以及在何种程度上能够避免这些缺陷。再重复一遍，这些缺陷在于：它们轻视法律、教义学和判例的重要意义，不足以深入分析论述的深层结构，不足以使讨论的概念精确化。

不过，下面这个论题学主张还是应当坚持的：在不可能存在有说服力的证立的地方，并不必然要把地盘留给非理性的决断；理性证立的概念和合理讨论的概念是密切地交织在一起的。

4. 关于当代方法论讨论中是否需要理性法律论证理论的评估

这里要构建的法律论证理论可以理解为是对法学方法论文献中能够发觉的大量论述的一个拓展。不只是菲韦格一个人认为有必要建构出一种"经过进一步发展了的、当代修辞学的论证理论"[73]。哈塞默尔（W. Hassemer）也曾谈到，法律论证理论属于"是法学中最为紧缺之物"[74]。罗特洛伊特纳（H. Rottleuthner）所持的观点是："法学作为规范的学科……"，本身也必须理解成是一种"论证—理论"[75]。

---

[73] Th. 菲韦格：上揭书，第 111 页。
[74] W. 哈塞默尔：《法律论证理论与法律教学方法》，载《法社会学与法的理论年刊》，总第 2 卷（1972 年），第 467 页。
[75] H. 罗特洛伊特纳：《作为社会科学的法学》，法兰克福 1973 年版，第 188 页。

勒迪希（J. Rödig）指出："单单根据在逻辑上推出正确结论的技艺，法官还根本"不可能"作出任何判决"。"因此，他也必须要在逻辑证明的前提条件尚未事先给定的领域懂得如何理性地加以论证。有这样一些领域存在，这一点是十分清楚的；但尚不特别清楚的是每一次'理性地'进行论证的方法。"[76]

"理性的论证"这个术语到底可以作何理解，德国联邦宪法法院在最近的一份判决中的若干解释似乎正是我们所期待的。宪法法院首先就强调指出：鉴于《基本法》第20条第3款的规定，"法……并不完全等同于成文法律整体"。因此，根据《基本法》，法官"并不拘泥于（法律的）可能的字面含义而把立法者的指令应用于个案"。司法裁判的任务有时就可能"特别要求那些宪法性秩序所固有的、但尚未在成文法律文本上得到表述或只有不完整表述的价值立场，应当通过某种评价行为（即使其也可能具有某些主观意志因素）加以澄清，并在实际的判决中得以实现。在此过程中，法官必须防止恣意专断；其判决必须以理性论证为依据。必须能够让人们注意到，成文法律并不都能够实现其公正地解决法律难题这一职能。在这种情况下，法官判决就根据实践理性的标准和'社会共同体的普遍接受的正义观念'来弥补其漏洞"。[77]

---

[76] J. 勒迪希：《法官认识的程序理论》，柏林/海德堡/纽约1973年版，第116页。

[77]《联邦宪法法院判例》（BverfG）E 34, 269（287）；强调符号为笔者所加。

人们可能会认为联邦宪法法院的这一解释从宪法的理由上讲是有一些疑问的。在法学的层面上所要提出的问题是：到底如何能够理解"理性论证"和"实践理性"这些概念？这个问题应当在这里予以追问。自然，回答这个问题对于宪法难题的解答也具有重要意义。假如事实证明像理性论证之类的东西根本不存在或其功用非常微不足道，那么我们宁愿力图限制法官权限的范围。

在法律上相关的理性论证是可能存在的，这一点，特别为埃塞尔和克里勒所主张。

埃塞尔在其所著的《法律发现中的前理解和方法选择》一书中试图指出："事实上，只要有关解决方案的合理性之共识的达成在法律既定的选择框架之内构成有关'法'的真正说服程序的话，那么在法教义学体系及其'方法'之外，就存在有这样一种论证的理性。"[78] 然而，埃塞尔既未将理性论证的概念，也未将共识的概念特地当作讨论的主题。所以，其中仍然有一些不甚清晰之处。与其所称的"正确性检验"（Richtigkeitskontrolle）相一致的普遍实践论证，同所谓"一致性检验"（Stimmigkeitskontrolle）相一致的特定法律论证之间到底有何关系[79]，这一点就特别不清楚。如果看他的共识概念，也同样存在问题。根据埃塞尔的一些表述，可以大致推断出：他所理解的共识是指事实上的共识。因此，他曾经谈到"社会的正确性，对此，共识是唯一可以加以证

---

[78] J. 埃塞尔：《法律发现中的前理解和方法选择》，第9页。
[79] 参见埃塞尔：同上书，第19页。

实的一个标识"[80]。另一方面，他又谈到"可以先行把握某种有待确立或有待实现的共同观念"[81]，谈到"通过理性明智的论述而可加以攀谈的伙伴"[82]。这里，有关的问题还有待做进一步的清理。

在克里勒看来，理性概念是法学的一个中心概念；"理性法的衡量彻底主宰着法律"。[83]在克里勒认为是有可能和有必要的理性论证中，有关奠定判断基础的公理之后果的考量，起着决定性的作用。这些后果应当是从普遍性利益的观点出发，或者，在发生利益冲突的场合，从根本的利益的观点出发来予以评判[84]。这个说法绝非是直接可以应用的标准。它的应用以下面这个问题的回答为前提，即：什么东西符合普遍性利益，或者，什么东西应当被看作是根本的利益[85]。为此，就需要表述更为精确的标准或规则。克里勒本人曾呼吁要加强当代伦理学与法学之间观点的相互交流，从而指出发现这些标准或规则的路径[86]。在此方面，他着重提到埃尔朗根学派、哈贝马斯和佩雷尔曼的理论、现代语言哲学的结论以及有关可普遍化原则的最新研究成果。把这些理论成果吸纳进法学基础问题的讨论之中，也构成了本书考察的一个对象。

---

[80] 埃塞尔：同上书，第28页；也见该书第132、165页。
[81] 同上书，第23页。
[82] 同上书，第25页。
[83] M. 克里勒：《法律获取理论》，第227页。
[84] 同上书，第198、314页。
[85] 对此，参见K. 拉伦茨：《法学方法论》，第146页。
[86] M. 克里勒：《法律获取理论》，第2版"跋文"，第343页及以下页。

当然，还有一些作者会持这种观点：本书所采纳的这个进路注定达不到设定的目标。这里首先要引述是卢曼（N. Luhmann）的看法："无论菲韦格、佩雷尔曼、克里勒、哈贝马斯和其他一些人所关心的事情多么有理由否认在理性的逻辑和作为认识论迷思的非理性价值决断之间有一个显然不可逾越的鸿沟，但对于可接受和不可接受的价值立场进行清理的所谓论辩和理性的形式，至今仍然陷入纯粹体验的领域。实践哲学的核心前提是：在就今天被称为'价值'的东西进行论辩过程中，我们不会在目前这个如此充满变数的世界规定的条件下再保留那些可能更接近于行动的价值；为此，选择体验的方式特别明显地不同于选择行动的方式。"[87]鉴于当代社会的复杂性，仅仅有"理性神话"[88]的符咒好像是不够的。就裁判（决定）的合法性而言，其关键"几乎不再是受动机驱使的信仰，而是免于动机的、不依赖于个人人格中的独特癖性……的接受"。[89]

这里不可能就卢曼的理论进行讨论。在讨论哈贝马斯的观点时将在有限的范围内对此加以分析。届时将要指出：系统理论的进路与这里所主张的进路在一定意义上是可以统一起来的。故此，本书的研究不应理解为对卢曼立场的直接抨击。不过，假如本书在这里所阐释的理论站得住脚的话，那

---

[87] N. 卢曼：《当代社会法律系统中的正义》，载《法的理论》，总第4期（1973年），第144页注33。

[88] 卢曼：《正义的系统指涉：回应拉尔夫·德莱尔的评论》，载《法的理论》，第5期（1974年），第203页。

[89] 卢曼：《通过程序的合法化》，达姆施塔特/诺伊维德1975年第2版，第32页。

么它的确是对抗系统理论之全能诉求（Totalitätsanspruch）的一个强有力的论据。

下面的考察分为三个编。第一编包含对斯蒂文森、黑尔、图尔敏、拜尔、哈贝马斯、洛伦岑、施韦默尔以及佩雷尔曼等人理论的详细讨论。这一讨论的结果，将在第二编里概括成为理性实践论辩的一般（普遍）理论。在此基础上，第三编将勾勒出理性法律论辩理论之概要。

根据上述设想，还有哪些工作需要去做，就变得更加清楚了。首先特别需要分析研究具体裁判[90]和科学讨论中的论述结构，分析研究在各种不同法律部门所遵守的规则和所运用的论述形式[91]，分析研究裁判链条[92]上的论证结构以及分析研究诉讼中的论证结构[93]*。这些分析研究必将通过对司法裁判行为的经验考察来予以补充。

所有这些事情目前都没还来得及做，人们可能会把这看作是一个不足。不过，所有的事情也不可能一夜之间发生。

---

[90] 关于这方面的分析，参见 K. 吕德尔森：《作为法源的经验》，法兰克福 1972 年版，第 109 页及以下页。

[91] 对此，参见 E. 冯·萨维尼、J. 拉尔夫、U. 诺伊曼：《法教义学与知识论》，慕尼黑 1976 年版。

[92] 关于此点，参见 M. 狄塞尔霍斯特：《作为法外法源的事物的本性：以差额说（Saldotheorie）的司法裁判为考察线索》，图宾根 1968 年版，第 50 页及以下页。

[93] 关于"论述结构"（Argumentstruktur）、"论述形式"(Argumentform) 和 "论证结构"(Argumentationsstruktur) 的概念，参见本书（德文版）下文第 123—124 页（边页码）。

＊ "论述结构""论述形式""论证结构"这三概念，采用了台湾大学法律系颜厥安教授的译法。对三者的说明，见颜厥安：《法、理性与论证——Robert Alexy 的法论证理论》，载《政大法学评论》（台湾地区）总第 25 期，第 34 页注释 2。——译者

假如这里提出的研究对理性法律论证理论的奠基能够所有贡献的话，那么这就足够了——这个理论，正像人们所期望的那样，也许有一天会有很牢固的基础并得到广泛的发展，以至于，它不仅能够阐明法学作为规范学科的特性，而且也将为从事法律实务活动的法律职业人提供（论证上的）支撑点。

第一编　对若干实践论辩理论的反思

第一章　道德分析哲学中的实践论辩

为了搞清规范性语句、规范性命题或规范性陈述[1]能否被证立以及如何能够被证立，我们必须要搞清楚什么是规范性语句、命题或陈述。其可证立性（Begründbarkeit）之理论是以规范性语言的理论为前提条件的[2]。

在最近几十年里，一般的规范性语言，特别是道德语言的分析，在分析哲学的框架内已经成为无数课题研究的对象。

---

[1] 这三个概念暂时可以按照下列方式来加以界定：一个语句是口语符号或书写符号的一定结果，一个陈述是在特定情境中对语句的使用，一个命题就是通过语句所要说出的东西，即意义。这些概念还需要作进一步的说明。特别是，为什么谈"规范性命题"是颇有意义的，这将来还要加以证立。在没有作区别的场合，下文所讲的既是"命题"，也是"语句"。

[2] 参见 J. O. 厄姆森：《伦理学的情感理论》（英文），伦敦1968年版，第9页："但我们一旦提出下面这个问题，即：一定类型的主张，例如道德的、元数学的或美学的主张，如何能够合理地达到或能够合理得到辩护，那么很清楚马上就有必要确定这些主张的一般性质，阐明他们在什么领域做出什么样的主张。"

其结果形成了自称是"元伦理学"（Metaethik）的学科*。由于规范性语言理论构成了规范性语句、规范性命题等等之可证立性理论的基础，这里应当首先就各种不同的元伦理学理论加以讨论。而且，这样一种讨论之所以也有必要，主要是因为有一系列元伦理学理论，它们与本书所要提出的理性论辩理论不统一。

实践论辩的最简单模式是两个人之间就下面的问题进行讨论：到底 a 应不应该去做，或者 a 是不是善的？他们对此怎样能够达成一致意见，存在着两种可能的方式。第一种方式是：讨论者一方向另一方证明其主张是真实的，是能够证成的、能够证立的，如此等等。第二种方式是：对此采取任何其他的手段使讨论的另一方同意。这方面的手段是很多的。其中包括所有劝说的方法，心理影响的方法和宣传鼓动的方法等。第一种情况是对道德信念的证成（Rechtfertigung）[3]。第二种情况最多只能在心理学上对其

---

* 英译本这里不是用的"学科"（discipline），而是"特殊的研究领域"（a special field of study）。See Robert Alexy, *A Theory of Legal Argumentation*, transl. by Ruth Adler and Neil MacCormick, Oxford 1989, p. 33.——译者

[3] 确信、主张和命题等的证成（Rechtfertigung）和证立（Begründung）概念之间有若干的区别，但也有重要的一致性。一方面，证成的概念比证立的概念更加宽泛。譬如，假如讲话（言谈）者承认说某个陈述尽管没有被证立但为了避免灾难却又很有必要，或者说，他已经对此进行了证立，那么这两种情况都可能是在对陈述的证成。另一方面，证成的概念又较为狭窄。尤其是，当举出理由来回应某个反证或怀疑时，那么才能谈得上证成。不过，在多数语境中，这两个术语可以通用。因此，在下文里，它们基本上是作为同义词来使用的。（英文本译者在脚注中说明："无论如何，这还不够清楚，毕竟在英语中差别还是存在的，特别是，还有另外一个德文词'证实'[substantiation]。故此，两个德文词全部都译作'证立'[justification]。"[Robert Alexy, *A Theory of Legal*

成功过程（Zustandekommen）加以说明。接下来需要讨论的问题是：道德信念的证成是否可能？假如可能的话，那么它又是如何可能的？

1. 自然主义和直觉主义

有两种元伦理学理论，即自然主义和直觉主义，它们在正面的意义上直白而毫不含糊地对上面这些问题作了回答。假如这两种理论随便哪一个是站得住脚的话，那么我们再如此这般地提出一种理性的实践论辩理论似乎就是多余的了。

1.1 自然主义

按照摩尔的说法，凡从下面一点出发的理论，即认为像"善""应当"这样的规范性陈述均可以通过描述性陈述来加以界定，都应该被称为"自然主义的"[4]。假如这样做是可

Argumentation, transl. by Ruth Adler and Neil MacCormick, Oxford 1989, p. 34, n. 3.]实际上，以英语"substantiation"［证实］来对译德文"Begründung"是颇为勉强的。本译者以"证立"译"Begründung"，"证成"译"Rechtfertigung"。这两个汉语单词，就像其对译的德语单词一样，本身是可以互换的。但为忠实原文，我们仍然在上下文中分别使用两个词来对译相应的德文词汇。——译者）

[4] 参见 G. E. 摩尔：《伦理学原理》（英文），剑桥1903年版，第40页："故此，我就把自然主义之名赋予对伦理学进行认识的一种特定方法……该方法在于用某个自然客体或集合的自然客体的某个属性来代替'善'；因而也在于通过某个自然科学来取代伦理学。"自然主义，长期以来被认为绝迹了，但最近又发现了一些追随者。参见 G. J. 瓦尔诺克：《当代道德哲学》（英文），伦敦/贝辛斯托克1967年版，第62—77页；Ph. 福特：《道德论证》，载《心灵》，总第67期（1958年），第502—513页；Ph. 福特：《道德信仰》（英文），载 Ph. 福特编：《伦理学理论》，牛津1967年版，第83—100页。这些标榜为"新自然主义派"之作者的观点，在很大程度上与上面引述的主张有所不同。在讨论晚近的伦理学理论的过程中，我们还得回头再来谈这些观点。

能的,那么在规范性语句中出现的规范性陈述就可以通过描述性陈述来代替。通过这种方式,任何一个规范性语句都将变成一个描述性语句。该语句本身也似乎可以按照自然科学和经验社会科学的程序来加以检验。那么,伦理学的任务也似乎就限定在把规范性陈述转译成描述性陈述。由于规范性语句好像就等于是描述性语句,那么有关从实然能否推出应然的这一古老的问题也似乎就迎刃而解了。

1.1.1 摩尔在本世纪*之初对这一(很少以明确的形式提出来的)主张进行抨击而导致了元伦理学的发展。他指责自然主义是一个谬误,即所谓"自然主义谬误"(naturalistic fallacy)〔5〕。摩尔的这一指责,主要根据的是其著名的"开放—问题的论述"(open-question argument)〔6〕。

假如通过某个经验性的谓词(Prädikat),例如通过"为大多数人所欲求的"来定义"善",那么无论在何种情况下,"善"都可以通过"大多数人所欲求的"来替换。那么,这就可能提出一个问题:"A 为大多数人所欲求,但 A 是否也是善的?"如果定义命题(描述主义理论)是正确的话,那么这个问题恰如下一个问题一样必定几乎没有什么意义:"A

---

* 此处本世纪指 20 世纪。——译者

〔5〕 选择这个术语有点不舒服。正如弗兰克纳所指出的,摩尔所指责的核心内容在于从根本上对"善"下定义。所以,摩尔不仅仅抨击根据描述性陈述来表达的定义。他对通过形而上学陈述所作的定义也使用"自然主义谬误"这个术语(参见 G. E. 摩尔:同上书,第 39 页,第 114 页)。因此,弗兰克纳曾谈到"定义主义谬误"(definist fallacy)一词;参见 W. K. 弗兰克纳:《自然主义谬误》(英文),载 Ph. 福特编:《伦理学理论》,牛津 1967 年版,第 57 页。

〔6〕 参见 G. E. 摩尔:上揭书,第 15 页及以下页。

为大多数人所欲求,但A是否也为大多数人所欲求*?"然而,这不是那么回事。第一个问题是很有意义的,而第二个问题则没有意义。故此,"善"的涵义与"为大多数人所欲求"的涵义至少不完全一致。我们可以用任何其他的谓词或任何谓词的合成词来代换"为大多数人所欲求"这个谓词。"无论提出什么样的定义,我们都可以意味深长地对所定义的合成词进行发问:它本身是否就是善的?"[7]由此得出结论:自然主义的定义命题(描述主义理论)不可能切合实际。

1.1.2 开放—问题的论述出于各种不同的原因而受到激烈的批评。这里拟提及3个特别重要的批评性观点[8]。

一种批评性观点是:即使该论述切合目前为止所考虑的所有定义之建议,但仍然不排除未来总有一天会找到一种定义是该论述所不可能论及的[9]。然而,考虑到许多情况下(摩尔的)这个论述还是站得住脚的,所以只有当(寻找某个令人满意的定义)这种情形之纯粹抽象的可能性以某种形式加以具体化时,此种反对意见才可能受到更大的重视。

另一种批评性观点建立在"隐在的同义性"(verborge Synonymität, covert synonymity)这个可能性上。依此,两

---

* "A是否也为大多数人所欲求?"这后一句话是上一句话"A是否也是善的?"之谓词替换的结果,好像是一句语义重复的废话。——译者

[7] G. E. 摩尔:同上书,第15页。

[8] 关于更进一步的反对意见,参见K. 涅尔森:《伦理学的问题》(英文),载P. 爱德华兹编:《哲学百科词典》,纽约/伦敦1967年版,第3卷,第127—128页。

[9] 参见G. C. 克尔纳:《伦理学理论上的革命》(英文),牛津1966年版,第19—20页;N. 霍尔斯特尔:《论在道德分析哲学中从实然推出应然的问题》,载《法哲学与法社会学档案》,总第55卷(1969年),第20—21页。

个陈述的涵义可能是等同的，尽管不那么直接明显。在这种情况下，"善"好像就可以加以定义，即便开放—问题的论述对此表示反对[10]。像第一种意见一样，这第二种反对意见也不可能严格地予以驳回，只是其分量可以打些折扣。然而，只要对开放—问题的论述之存在不可能提出什么理由，那么，不给"隐在的同义性"的可能性赋予太多的意义，看起来还是符合道理的[11]。故此，开放—问题的论证力仍然是立得起来的，因为目前还没有人令人信服地提出这样的（反对）理由[12]。

还有一种批评性观点指出：尽管"善"作为最普遍的道德陈述不可能脱离各种不同的语境来加以界定，但在特定的语境里，它的确又设定了某种确定的描述性意义，所以对其下定义似乎是可能的。然而，对于此点，也能够提出相反的看法：在特定的语境和具体的道德陈述中，尽管可以被称作"善"或"放肆"（ungezogen）之类的东西的界限或许是很狭窄的[13]，但是在这些界限之内，怀疑和观点的冲突绝对是可能存在的。不过，就开放—问题论述的适用性而言，有这一点就足够了。

---

[10] R. 勃兰特：《伦理学理论》（英文），恩格尔伍德·克利弗斯，N. J. 1959 年版，第 165 页；N. 霍尔斯特尔：上揭文，第 19—20 页。

[11] 参见 K. 涅尔森：《隐在的同义性和显在的同义性：勃兰特、摩尔与"自然主义谬误"》，载《哲学研究》，总第 25 期（1974 年），第 53—54 页。

[12] 参见 K. 涅尔森：同上文，第 55 页。

[13] 下文还将进一步讨论的新自然主义的主张认为有这样一些界限（参见 G. J. 瓦尔诺克：《当代道德哲学》，第 66 页及以下页），该主张属于上面这一理论最忠实的采纳。但它不应与这里所讨论的定义的主张（描述主义理论）混为一谈。

1.1.3 上面讨论的反对意见清楚地表明:自然主义最终也不会被开放—问题的论述所完全驳倒。然而,对它们的讨论也显示出:开放—问题的论述毕竟提供了一个良好的理由,说明规范性陈述的意义与描述性陈述的意义至少不完全一致[14]。只要自然主义还主张(有一致性)这一点,那它因此就不可能被接受。同时,道德论辩(Der moralische Diskurs)也不可能还原为一个纯粹的经验论辩。

1.2 直觉主义

既然像"善"或"应然"这类术语不可能通过经验性的陈述来加以定义,那么就必然引出这样的假设:它们代表着某种非经验的特性或关系。这就是直觉主义的命题。以此命题为基础的观点被称为"直觉主义的",因为这些非经验的实体不是通过五官而是根据其他的官能来加以认识的。有些作者把这个官能看作像是第六感之类的东西,另一些作者把它看作有点像是先验洞观的能力[15],还有些人把两者结合起来看[16]。确切地说,到底什么样的实体能够按照上述方

---

[14] 这些理由还通过元伦理学理论主张(它们强调规范性陈述之特殊功能)而得到根本的强化。参见 R. M. 黑尔:《道德语言》,伦敦/牛津/纽约1952年版,第91页:"价值术语在语言中具有一种特殊的功能,即赞许的(commending)功能;所以很明显,它们不能够用其自身不能履行这个功能的其他言辞来定义。"(汉语译文,也可参见[英]理查德·麦尔文·黑尔:《道德语言》,万俊人译,商务印书馆1999年版,第89页。——译者)这一点将在下文进一步探讨。

[15] 参见 W. D. 罗斯:《伦理学基础》,牛津1939年版,第320页。

[16] 参见 M. 舍勒:《伦理学上的形式主义与实质的价值伦理学》,柏林/慕尼黑1966年第5版,第87页:"所有的先验价值(当然也包括伦理上的先验价值)的根基是在感知、喜好中,最终也是在爱和恨中自我建构起来的价值认识或价值直观。"

式来加以感知，也还是颇有争议的事情。摩尔的观点是：只有一种唯一可以直接认识的道德属性，即"善"的属性。这种属性，就如同"黄（色）的"的属性一样，简单而不可分析[17]。根据罗斯（W. D. Ross）的看法，存在两种这样不可定义的术语，即"善"和"正当"（right）[18]。相反，按照舍勒（M. Scheler）的观点，有4种类型的价值：快与不快的价值、生命的价值、精神的价值以及神圣的价值。在这些价值之间存在着某种先验的类别位序：快与不快的价值类别位序最低，神圣的价值的位序最高[19]。据此，只有（上述这）少数的观点被称为直觉主义的观点。

在所有有待称为直觉主义的理论看来，实践论辩的事情都将通过任何一种直白的证明（Evidenz）来完成。只要这些直白的证明得到满足，就不会再有任何论述的余地。摩尔表达的意见极为清楚地说明这一点："它不真实，是因为它不真实，没有其他别的理由；但我宣称它不真实，是因为它的不真实对我显而易见，我坚信我的断定有足够的理由。"[20]

人们对直觉主义提出了很多反对的论点[21]。或许最强的一种论点是：鉴于不同的人所体验到的直白的证明不同这

---

[17] G. E. 摩尔：上揭书，第7页。
[18] W. D. 罗斯：《正当与善》，牛津1930年版。
[19] M. 舍勒：上揭书，第122页及以下页。
[20] G. E. 摩尔：同上书，第144页。
[21] 参见 P. H. 诺维尔—史密斯：《伦理学》，哈蒙兹沃斯1954年版，第36—47页；P. 爱德华兹：《道德论辩的逻辑》，纽约/伦敦1955年版，第94—103页；St. E. 图尔敏：《理由在伦理学上的地位》（英文），剑桥1950年版，第10—28页；埃克·冯·萨维尼：《规范语言哲学》，第1版，法兰克福1969年版，第196—199页。

个事实，直觉主义不可能为正确的和不正确的、真实的和不真实的直白证明提供任何标准[22]。但这一理论如果想要证立其在道德领域内能够建立起客观知识和道德真理，那么它就必须得提供这样的标准。若缺乏这样一个裁判（决定）标准，那么直觉主义就会走到伦理主观主义同样的结果[23]。所以，无论直觉主义怎样滴水不漏地反驳自然主义，但它本身也同样是难以站得住脚的。

2. 情感主义

由此，规范性命题既不等同于有关经验对象的命题，也不等同于有关非经验对象的命题。根据这一点，似乎可以引出下面这个逻辑推论：在规范性命题中使用的陈述所具有的功能，并不仅限于指称事物。它们要么履行与指称功能完全不同的功能，要么（并非太极端的主张是）除指称功能外还履行其他的功能。在各种不同的情感主义理论看来，这个额外的功能在于表达或激发情感或态度。这样，与自然主义和直觉主义不同，情感主义代表着一种新的道德语言观[24]。

---

[22] P. F. 斯特劳森：《伦理直觉主义》，载《哲学》，总第24期（1949年），第27页。另见 A. 波德莱西：《法与道德》，载《法的理论》，总第3期（1972年），第135页。

[23] 参见 G. C. 克尔纳：《伦理学理论上的革命》，第33页。

[24] Ch. L. 斯蒂文森在《伦理学与语言》（英文，纽黑文/伦敦1944年版，第117页）中很清楚地强调这一点："把语言的功能看作好像总是认识性的，这个错误天真得几乎令人难以置信，而传统的伦理学理论的不切实际的弊端，大体上正是这一错误造成的。"（汉语译文，也参见［美］查尔斯·L. 斯蒂文森：《伦理学与语言》[中译本]，姚新中、秦志华等译，中国社会科学出版社1991年版，第132页。——译者）

情感主义,通过主观主义[25]因素和描述主义的因素而得到强化,其给人留下印象最深的,当属斯蒂文森所主张的理论[26]。

根据斯蒂文森的观点,道德判断的本质用途不在于指称事实,而在于影响人们。"不是仅仅要描述人们的兴趣,它们还会改变或强化人们的兴趣。"[27]道德陈述是心理影响的工具[28],它们除了认识功能外,还有情感功能。正如厄姆森(J. O. Urmson)所指出的,斯蒂文森通过这篇1937年发表的文章,最早提出了一个新的伦理学纲领,该纲领一方面属于非认识主义的,另一方面却又郑重其事地把伦理学当作一门独立的学科[29]。

2.1 为了对其情感功能中的道德陈述加以分析,斯蒂文森使用了两种分析模型(pattern of analysis)。他在按照第一

---

〔25〕 必须把主观主义与情感主义区别开来。根据主观主义的观点,规范性命题并不是用来表达或激发情感或态度,而是描述讲话(言谈)者的情感或态度。故此,主观主义是自然主义之特殊情形。关于此点,参见 G. 格雷温道夫、G. 梅格勒:《论元伦理学论辩的结构》,载《研讨会:语言与伦理》,法兰克福1974年版,第13—14页;J. O. 厄姆森:《伦理学的情感理论》,第15页。

〔26〕 除了上已引证斯蒂文森的主要著作《伦理学与语言》外,另见 Ch. L. 斯蒂文森的文集《事实与价值》(英文,纽黑文/伦敦1963年版)。这一理论的另一些代表人物,尤其是在逻辑经验主义领域广泛传播这一理论的,还有艾耶尔(A. J. 艾耶尔:《语言、真理与逻辑》,第1版,伦敦1936年版,新版,哈蒙兹沃斯1971年版,第26—29页,136—151页),卡尔纳普(R. 卡尔纳普:《哲学与逻辑句法》,伦敦1935年版,第22—26页),以及奥格登和理查兹(C. K. 奥格登、I. A. 理查兹:《意义的意义》,伦敦1923年版)。关于情感主义的历史发展,参见 J. O. 厄姆森:上揭书,第12—23页。

〔27〕 Ch. L. 斯蒂文森:《伦理学术语的情感意义》,载《事实与价值》,第16页。

〔28〕 斯蒂文森:同上书,第17页。

〔29〕 J. O. 厄姆森:上揭书,第22页。

种模型进行分析的过程中,使用了下面被其称为"工作模型"(working models)*的一些定义:

(1)"这是错的",意思是说:"我不赞成这个;你也别赞成吧!"。

(2)"他应该做这个",意思是说:"我不赞成他不做这个;你也别赞成吧!"。

(3)"这是善的",意思是说:"我赞成这个;你也赞成吧!"[30]

在所有这3个定义中,每个定义句(Definiens)都由两部分构成。第一部分是有关讲话(言谈)者态度的语句(命题),其所表达的是被分析术语的描述性(descriptive)意义;第二部分是一个祈使句(Imperativ),其所表达的是它们的情感(emotive)意义。按照斯蒂文森的理解,一个词的情感意义是指"该词由于历史上长期用于情感情境之中而获得的激发或直接表达态度的能力,而不是描述或指称这些态度的能力"[31]。不过,在定义句中所包含的祈使句,其表达这些意义还不够完善。"道德判断改变态度,不是诉诸自我意识的努力(譬如使用祈使句的情形),而是靠更为灵活的联

---

* 有关斯蒂文森"工作模型"概念的解释,参见〔美〕查尔斯·L.斯蒂文森:《伦理学与语言》,姚新中、秦志华等译,中国社会科学出版社1991年版,第25页。——译者

[30] Ch. L.斯蒂文森:《伦理学与语言》,第21页。(中文译文,参见斯蒂文森:《伦理学与语言》〔中译本〕,第27页。——译者)

[31] 斯蒂文森:同上书,第33页;另见第41页、59页、61页。

想（suggestion）机制。也就是说，情感术语把它们自己所从属的主词以或明或暗的形式显示出来，并由此引导而不是命令人们改变自己的态度。"[32]听者（至少在通常情况下）并没有意识到由道德陈述所引起的心理压力[33]。

根据第二种模型进行的分析所使用的是描述性意义和评价性意义之间的区别。为其确立基础的是下面这个定义图式：

> "这是善的"，除了"善"这个术语有一种赞扬的情感意义，该意义使之表达出讲话（言谈）者的赞成（意见）并倾向于激发听者的赞成外，此陈述还有另一层意义，说明"这具有X、Y、Z……等等的性质或关系"。[34]

如果说描述性意义在第一个图式上还是固定不变的话，

---

[32] 斯蒂文森：同上书，第33页。

[33] 后来，还是斯蒂文森自己对自己的第一个分析模型产生了疑问。根据他的新看法，"我赞成X"不再是"X是善的"这个意义的一部分。"X是善的"只不过是倾向于要表达讲话（言谈）者的肯定态度（斯蒂文森：《回应性评论》，载《事实与价值》，第210页及以下页）因此，"让我们赞成X"这一表达对于分析"X是善的"，远比分析"我赞成X；你也赞成吧！"更为合适（斯蒂文森：同上书，第214页）。这里还不想深入探讨这个（后来）修改的东西。斯蒂文森原来观点的实质意义和历史意义唯有在对待它们本身时，还是站得住脚的。"这些观点令人感兴趣，我所探讨的正是这些观点，而不是后来一段时期其新思想的作者。"（J. O. 厄姆森：《伦理学的情感理论》，第8页）此外，斯蒂文森对其理论的修改也没有在本质上触动他的道德论证理论，而他的这部分理论是最令人感兴趣的。

[34] 斯蒂文森：《伦理学与语言》，第207页（中文译文，也见斯蒂文森：《伦理学与语言》[中译本]，第234页。——译者）。

那么它在第二个图式上几乎[35]是可以随意改变的。这就打开了"劝导性定义"(persuasive definition)之可能性。劝导性定义通过确定或改变保持情感意义之下的描述性意义,从而促成对态度的影响[36]。例如,"民主"一词就具有积极(肯定)的情感意义。这种意义能够把极端不同的政治观点连接在一起,并用这种方式来施加影响。

这两种分析模型相互间并不排斥。它们相互补充[37]。尤其是,选择其中任何一个模型都绝不影响(根据这些模型进行分析的)道德陈述的可证立性问题[38]。

2.2 斯蒂文森研究的相当大一部分集中在这些问题上。斯蒂文森基此而发展出一种道德论证理论。这个理论也许是其著作中最令人感兴趣的部分。

斯蒂文森道德论证理论的基本命题是:除了在少数几组事例中,其争点主要围绕逻辑意义上的无矛盾性(Widerspruchsfreiheit, non-contradiction, 矛盾无涉)[39],在那些赞成或反对某个规范性命题的理由(G)和这个命题(N)[40]本身之间所存在的,绝不是逻辑上的关系(既

---

〔35〕根据斯蒂文森的观点,对什么能够被用来代替X、Y和Z,存在有"一定的界限"。但斯蒂文森只是断定有这样一些界限存在,他并没有说它们存在于何处(参见斯蒂文森:同上书,第207页)。

〔36〕斯蒂文森:《劝导性定义》,载《心灵》杂志,总第47期(1938年),第336—337页;同一作者:《伦理学与语言》,第210页及以下页。

〔37〕斯蒂文森:《伦理学与语言》,第89页、209、227页。

〔38〕同上书,第229页。

〔39〕关于这几组事例,参见斯蒂文森:同上书,第115页及以下页。

〔40〕斯蒂文森所用的字母不是"G"和"N",而是"R"(代表"reasons")和"E"(代表"ethical conclusion")。上面所选的缩写是必要的,因为在本

不是演绎关系,也不是归纳关系),而只是心理学上的关系[41]。"对任何言谈者认为可能改变态度的任何事实问题做任何陈述,都可以归结为赞成或反对某个伦理判断的一个理由。这个理由事实上是否支持或反对这个判断,将取决于听者是否相信它;如果听者相信之,那么就将取决于它实际上是否对听者的态度产生了影响。"[42]

尽管斯蒂文森将道德论证排除出逻辑领域,但他仍然在理性的证立方法与非理性的证立方法之间做了区分。一个证立(过程),如果其引述事实作为理由,那么就是理性的;如果它诉诸其他适合于影响人的手段,那么就是非理性的或劝导性的[43]。在这两种方法之内,斯蒂文森没有要求(对伦理学方法)进行彻底罗列[44]而对大量的论述形式和论证结构做了区分[45]。为了对这些(形式和结构)作出说明,他使用了虚构的对话。根据下文将要进一步讨论的埃尔朗根学派的理论术语,可以将这样一个对话的双方参与者称为"正方"

书中字母"R"另有用途。这一记号上的改变不会产生(理解上的)混乱之危险,原因是这里不牵涉普遍使用的符号,而只涉及斯蒂文森(以及图尔敏)偶尔使用的符号缩写。

[41] 斯蒂文森:同上书,第30—31页、36页、113页。

[42] 同上书,第114—115页(中文译文,也见斯蒂文森:《伦理学与语言》[中译本],第129页。——译者)。

[43] 同上书,第139—140页。

[44] 同上书,第129页。(见斯蒂文森:《伦理学与语言》[中译本],第129页:"本节提供的一系列例证,即使对于说明伦理学方法应该怎样归类,也是不完全的。但更详尽的罗列实际上也没必要。"——译者)

[45] "论述形式"(Argumentform)这个术语是指单个人提出的命题结构,"论证结构"(Argumentationsstruktur)这个术语是指多个人提出的命题结构。下文才能给这些概念下更精确的定义。

(P)和"反方"(O)*。首先让我们来考察理性的证立方法。

这里,有一组特殊的事例构成了上面提及的情况,其中存在着所引述的命题之间在逻辑上的关系。举例来说,假如 P 先主张 N,后又主张 ¬N(非 N),讲的就是这种情形。"O"可以引述这一点作为一个明显的论据来对"P"加以反驳[46]。在实践论辩中,逻辑法则也是有效的。

数量更多,而且也更重要的是另一些情形,其中,一方面作为理由引证的命题不自相矛盾,但另一方面它们又不蕴涵"N"。这里,也可以说在"G"**和"N"之间(所存在)的关系是非逻辑关系。譬如,当"O"向"P"指出其有待评价的事情(事物)的性质[47],指出某个行动或规则的后果[48],指出某个具体行为的动机[49],指出某个行动之普遍化[50]的后果,指出权威的方式(Autoritäten)[51],以及指出"P"自身还不能满足其自己的规范性主张之种种要求[52],那么上述这几种情况所表明的就是非逻辑关系。

---

* 这里的缩写符号"P"代表 Proponent(正方),"O"代表 Opponent(反方)。——译者

[46] 斯蒂文森:同上书,第 115 页及以下页。

** "G"在这里所代表的是理由(Gründe)。——译者

[47] 斯蒂文森谈到过"有关客体(对象)本身事实的偶然陈述"以及(人们)所判断之客体(对象)的"性质"(nature, Natur)。参见斯蒂文森:同上书,第 118—119 页。

[48] 斯蒂文森相当正确地指出:在许多两难的情形(介乎两者之间的情形,Grenzfällen)中,不可能在性质与后果之间做出区分。参见斯蒂文森:同上书,第 119—120 页。

[49] 同上书,第 121 页。

[50] 同上书,第 94—95 页、122 页。

[51] 同上书,第 125—126 页。

[52] 同上书,第 127—128 页。

特别令人感兴趣的，是斯蒂文森所指出的通过领会态度的生成（Entstehung）来改变态度的可能性。根据斯蒂文森的观点，对于通过领会态度的生成来改变态度的这一过程，很难给予心理学上的解释。他把这作为认识证立道德规则的环境已不复存在的一个理由[53]。大概在斯蒂文森之外，埃尔朗根学派也把道德观点之生成的讨论发展成为实践论辩的一个特定的程序[54]。这一点在下文还将详细加以讨论。

假如讨论的当事人（Die Diskussionspartner，讨论的伙伴）就像上面所描述的情形那样将事实作为论据，那么斯蒂文森就他们的论证称作是"理性的"。在所有其他情况下，论证就是非理性的或劝导性的。斯蒂文森引述下面几点来作为劝导性论证的情形：譬如劝导性定义的使用[55]，情感术语的重复[56]，隐喻式的说话方式[57]，教诲式的叙事（die didaktische Erzählung）[58]。这里，具有重要意义的是：按照斯蒂文森的看法，在大多数实践论证中，劝导性因素与理性因素是结合在一起的[59]。

2.3 斯蒂文森本人提出这样一个问题：在其所谓"理性的"情形中，"G"和"N"之间的关系是否在本质上只不过

---

[53] 同上书，第123—124页。

[54] 参见 P. 洛伦岑：《规范逻辑与伦理学》（英文），曼海姆/苏黎世1969年版，第84页及以下页；P. 洛伦岑、O. 施韦默尔：《建构性逻辑、伦理学与知识论》，曼海姆/维也纳/苏黎世1973年版，第190页及以下页。

[55] 斯蒂文森：同上书，第235页，240—241页。

[56] 同上书，第141页。

[57] 同上书，第142—143页。

[58] 同上书，第144页。

[59] 同上书，第142页。

第一编　对若干实践论辩理论的反思

属于纯粹心理的关系？他注意到："也许，推证推理和归纳推理的通常规则需要用从"R"推导出"E"的特殊规则来补充——从种类上讲，这些规则特别像是那些带有有效推理标志的其他规则，而不太像那些带有另一特殊种类之有效性标志的其他规则。"[60]这个问题是本书考察的基本问题的一个变种：到底有没有一些规则，允许在规范性命题之有效证立和无效证立之间作出区分？

斯蒂文森从消极（否定）方面对这个问题作了回答。在《伦理学与语言》这本书里，他就此进行了论证，指出：只有当证立的结果可以被称为"真实"时，"有效"这个用语才似乎是合适的。根据第一种分析模型，道德判断只有在它们透露讲话（言谈）者的态度的情况下，才可能被认为是具有真值（真假）性的（wahrheitsfähig）[61]。但有关讲话（言谈）者态度的透露是真是假问题，不是争论的对象。争论的对象是态度的改变[62]。而态度却又不具有真值（真假）性。故此，在斯蒂文森看来，根本不可能谈得上从"G"到"N"过渡（推导）的有效性[63]。而且，强调理性的方法比劝导

---

[60] 同上书，第153页。由于上述（上文注40。——译者）的理由，这里的字母"R"和"E"应替换为"G"和"N"。

[61] 同上书，第26页、155页。

[62] 斯蒂文森：同上书，第155页；同一作者：《回应性评论》，载《事实与价值》，第212页。

[63] 在《伦理学与语言》中，斯蒂文森就已发觉：日常语言里，即使问题不是有关讲话（言谈）者态度的宣示，规范性命题也绝可被称为"真实的"。在此情形下，"真实"似乎不过只是情感认同的表达。"真实"一语的这一非典型使用不足以作为把道德判断称为"有效的"（判断）之证立根据（斯蒂文森《伦理学与语言》，第169页及以下页）。在《回应性评论》中，斯蒂文森紧扣真理论，

的方法优先也似乎不合适。因为撇开两者都有其各自的合理根据不谈[64]，方法的选择本身也反过来取决于某种评价，同时取决于某种（心理）态度[65]。

2.4 针对斯蒂文森理论所提出的最重要的反对意见集中在道德论辩之心理学考察方式上[66]。根据此一考察方式，道德陈述的情感意义在于它有能力从因果关系上对情感态度的变化或强化产生影响。论述不过就是实施心理影响的工具。那么，语词和语句肯定也有心理上的影响力。不过，领会这种影响力还不等于是领会语词的意义和语句的论述性质（Argumenteigenschaft）。只有当出现了正确和错误的理解时，才能够谈得上"意义"[67]。只有当区分它们两者的规则存在时，才会存在有正确的理解和错误的理解。"意义是一种规约性的事情。"[68]也可以进一步说：只有当引证作为论述（论据）的东西要么有效、要么无效时，才谈得上有"论述"[69]。不管是谁，如果他说："我提出 G 作为论述（论

按照这个理论，凡属"真实的"，在与经验命题相关联的场合，也仅仅为表达被说服或赞同的状态效劳（同一作者：《回应性评论》，载《事实与价值》，第219页）。因此，在正文中引证的论述是颇有疑问的。然而，斯蒂文森的下列主张，即在道德争论中所涉及的关键是态度问题，可能还是直接站得住脚的。

[64] 斯蒂文森：《伦理学与语言》，第156页。

[65] 斯蒂文森：同上书，第158页；《回应性评论》，第197页。

[66] 参见 G. C. 克尔纳：《伦理学理论上的革命》，第52页。

[67] G. 格雷温道夫、G. 梅格勒：《论元伦理学论辩的结构》，载《研讨会：语言与伦理》，法兰克福1974年版，第18页。

[68] J. O. 厄姆森：《伦理学的情感理论》，第34页。另见 G. C. 克尔纳：上揭书，第47页："意义必定总是受语言规则主宰。"

[69] J. O. 厄姆森：同上书，第86页："所有的论述要么有效、要么无效，这可能被认为是属于分析的特性。"

据）反对你的主张；不过这个论述既不有效，也非无效"，那么他所表达的就是没有任何意义的语句。要么 G 根本不是论述（论据），要么 G 有效或无效。然而，当论述（论据）要么有效、要么无效时，必然存在有某些规则或规约（Konventionen），它们能够把有效的论述与无效的论述区分出来。由此，斯蒂文森理论的致命错误在于他不能理解作为受规则支配之活动（regelgeleitete Tätigkeit）的道德论辩的特性。

而且，斯蒂文森在《伦理学与语言》中提出的下列主张也必须受到质疑，即：由于道德判断不具有真值（真假）性，因此不能够谈道德论证的有效和无效。针对此点还应指出：规范性命题的真值（真假）性*这个问题长期以来一直悬而未决。特别是，应该考虑到：一个论述之有效的可能性不取决于其有待证立者（Begründenden）的真值（真假）性，相反，一个命题的真值（真假）性则取决于它所支持之论述有效的可能性。尽管我们不可能在关键的要点上遵从斯蒂文森的理论，但该理论对本书目前所从事的研究仍具有相当重要的意义。

1) 它阐明：道德语言功能本身远不是像自然主义和直觉主义所设想的那样，仅限于描述某种事物。它（至少也）有

---

* 本书德文原版喜欢用"真值（真假）性"（Wahrheitsfähigkeit）这个概念，但对于中国读者而言，阅读起来有些费解。也许，英译本用"（命题）可能真也可能假"（whether it can be true or false）这个译法则更为通俗（See Robert Alexy, *A Theory of Legal Argumentation*, transl. by Ruth Adler and Neil MacCormick, p.46）。——译者

助于引导和调整（人的）行为。

2）斯蒂文森的研究引出本书研究的核心问题，即追问规则的存在，它允许将规范性命题的有效证立和无效证立区别开来。

3）斯蒂文森有关理性的方法和劝导的方法的区分对于理性论辩理论（的建构）具有相当的分量。

4）此外，斯蒂文森有关各种不同论述—论证形式（Arguments-und Argumentationsformen）的分类，尽管并不完善、并不精确，但仍值得牢记在心。对在实践论辩中可能的论述形式进行分析与分类，是实践论辩理论的中心任务之一。故此，斯蒂文森的理论属于是那种尽管由于其本身的缺陷而减弱了重要性，但还不应被丢弃的哲学理论[70]。

3. 作为受规则支配之活动的实践论辩

对斯蒂文森最重要的反驳意见是：他忽视了实践论辩作为受规则支配之活动的特性。下面要考察的元伦理学理论在许多观点上也各不相同。然而，它们在把实践论辩作为受规则支配之活动这一点上则是一致的。因此，对这些理论的讨论将着眼于追问在实践论辩中有效的规则（这个问题）。

---

[70] 有关相似的正面判断，见 J. O. 厄姆森：《伦理学的情感理论》，第148页；G. C. 克尔纳：《伦理学理论上的革命》，第41页。

3.1 语言哲学的奠基：维特根斯坦和奥斯汀

上述道德论辩的视角肇始于后期[71]维特根斯坦和J. L. 奥斯汀的语言哲学的研究。当然，这不意味着当下要讨论的理论就是这些语言哲学观点的简单应用。然而，除了一系列明显的征引以外[72]，这两位作者在许多地方的影响还可以看得出来[73]。即使大家对这种影响的程度评价较低，甚或在某些作者那里完全否认这种影响，但必须得承认：这些作者所提出的元伦理学理论也只有借助维特根斯坦和奥斯汀的语言哲学理论才能够更好地加以理解。

---

[71] 目前通常把早期和后期的维特根斯坦哲学加以区分。早期的最重要的一本著作是《逻辑哲学论》（载《维特根斯坦文集》，第1卷，法兰克福1969年版，第7—83页），第二本是《哲学研究》（载《维特根斯坦文集》，第1卷，法兰克福1969年版，第279—544页）。现在流行的观点是：在维特根斯坦早期和后期哲学之间存在着某种断裂（如W. 斯太格谬勒：《当代哲学主流》，第4版，斯图加特1969年版，第524页、562页；E. 冯·萨维尼：《规范语言哲学》，法兰克福1969年版，第15页）。但最近有人提出很强的理由说维特根斯坦的（前后）哲学是统一的（参见A. 肯尼：《维特根斯坦》，法兰克福1974年版，第255页及以下页）。接下来的内容将只谈其后期哲学。

[72] 参见St. E. 图尔敏：《理由在伦理学上的地位》（英文），剑桥1950年版，第83页；R. M. 黑尔：《奥斯汀对语谓行为和语用行为之间的区分》（英文），载R. M. 黑尔：《实践推理》，伦敦/贝辛斯托克1971年版，第100—114页；J. 哈贝马斯：《语言游戏、意图与意义：论塞拉斯与维特根斯坦意义上的动机》，载R. 维格尔斯豪斯编：《语言分析与社会学》，法兰克福1975年版，第324页及以下页。关于在法学方法论领域对维特根斯坦的引用，见K. 拉伦茨：《法学方法论》，柏林/海德堡/纽约，1975年第3版，第178—179页；G. 罗尼雷克：《法学方法论的基本问题与路德维希·维特根斯坦后期哲学》，载Th. 里特斯帕赫与W. 盖格尔编：《G. 缪勒祝寿文集》，图宾根1970年版，第323—339页。

[73] 参见R. M. 黑尔：《自由与理性》（英文），牛津1963年版，第89页。

这里没有可能,而且鉴于此前已有大量的研究[74],也没有必要详细叙述和讨论两位作者的观点。因此,本书将只限于对维特根斯坦的语言游戏概念以及奥斯汀的言语行为概念进行一些评说。

3.1.1 维特根斯坦的语言游戏概念

按照《逻辑哲学论》中提出的理论,语言的功能在于摹写世界。维特根斯坦本人在《哲学研究》的开篇就以下面这句话把他过去的理论特征描述出来:"语言中的单词是对对象的命名——语句就是这些名称的组合。"*

维特根斯坦将这幅"人类语言的本质的图画"[75]与其语言游戏的概念相对照[76]。然而,语言游戏这个概念既没

---

[74] 有关维特根斯坦,参见:A. 安布罗斯与M. 拉察洛维奇编:《路德维希·维特根斯坦:哲学与语言》(英文),伦敦/纽约1972年版;A. 肯尼:《维特根斯坦》,法兰克福1974年版;G. 皮切尔:《维特根斯坦哲学》(英文),恩格尔伍德·克利弗斯,N. J. 1964年版;R. 里斯编:《维特根斯坦讨论》(英文),伦敦1970年版;E. 冯·萨维尼:《规范语言哲学》,法兰克福1969年版,第15—90页;E. K. 施佩希特:《路德维希·维特根斯坦后期著作中的语言哲学与本体论基础》,科隆1963年版;W. 斯太格谬勒:《当代哲学主流》,斯图加特1969年版,第524—696页;皇家哲学讲座研究院编:《解读维特根斯坦》(英文),伦敦/贝辛斯托克1974年第4版;P. 温奇编:《维特根斯坦哲学研究》,伦敦/纽约1969年版。

有关奥斯汀,参见:I. 伯林等编:《J. L. 奥斯汀文选》(英文),牛津1973年版;M. 弗尔贝格:《言语与意义》(英文),牛津1971年版;E. 冯·萨维尼:《规范语言哲学》,第127—166页;K. T. 法恩编:《J. L. 奥斯汀研讨会》(英文),伦敦/纽约1969年版。

* 汉语译文,见〔奥〕维特根斯坦:《哲学研究》(中译本),李步楼译,商务印书馆1996年版,第3页。——译者

[75] L. 维特根斯坦:《哲学研究》(德文版),第1段。

[76] 关于维特根斯坦的这个术语的起源,参见E. K. 施佩希特:《路德维希·维特根斯坦后期著作中的语言哲学与本体论基础》,第40—41页;A. 肯尼:《维特根斯坦》,第187页及以下页。

第一编　对若干实践论辩理论的反思

有进行系统地讨论,也没有精确地加以定义[77]。相反,从中所看到的是几乎令人眼花缭乱的提示和例子。从这些提示和例子中似乎可以归纳出这里令人感兴趣的语言游戏这个概念的若干特征。在这一点上,我们不打算对其所有的方面都加以把握[78]。

根据维特根斯坦的说法,存在着语言游戏的"惊人的多样性"[79]。他在《哲学研究》第23节,列举了下面这些例子:

> 下命令,服从命令——
> 描述一个对象的外观,或给出对它的度量——
> 从一种描述(一张绘画)构成一个对象——
> 报告一个事件——
> 就一个事件进行推测——
> 形成并且检验一个假说——
> 用图表来表示某个实验的结果——
> 编故事,讲故事——
> 演戏——

---

[77] 参见 A. 肯尼：同上书,第192—193页；H. 伦克：《论维特根斯坦的语言游戏理论》,载《康德研究》,总第58期(1967年),第464页。

[78] 一系列的作者都试图精确地把握这个概念。参见 E. K. 施佩希特的限定和区分:《路德维希·维特根斯坦后期著作中的语言哲学与本体论基础》,第41页及以下页；W. 斯太格谬勒:上揭书,第589页；G. 皮切尔:《维特根斯坦哲学》,247—248页；H. 伦克:上揭文,第466页及以下页；P. F. 斯特劳森:《评路德维希·维特根斯坦〈哲学研究〉》,载《心灵》杂志,总第63期(1954年),第71页,脚注1。

[79] L. 维特根斯坦:《哲学研究》(德文版),第537页(也见其英文版,第224页；中译本,第343页。——译者)。

> 唱一段歌——
>
> 猜谜——
>
> 编笑话，讲笑话——
>
> 解应用算术题——
>
> 把一种语言翻译成另一种语言——
>
> 提问、致谢、诅咒、问候、祈祷。[80]

根据上面罗列的例子，很清楚：我们不可能通过揭示若干确定的特征来界定语言游戏的概念。毋宁说，在各式各样的语言游戏之间所存在的，是被维特根斯坦称为"家族相似性"*的东西："一种错综复杂的相互重叠、交叉的相似关系的网络：在总体上和细节上的相似性。"[81]

还有，这些例子也表明：语言的描述（叙述）功能只是诸功能中的一种。对伦理学而言，这意味着根本没有任何必要以描述性的或说明性的科学范式（无论它是自然主义的，还是直觉主义的）为指向。道德论辩和法律论辩都是自成一格（独特）的语言游戏。

这些例子的另一个特点在于：在它们身上，语言与行为

---

[80] 维特根斯坦：同上书，第23节（中译本，第17—18页。——译者）；关于另外一些例子，见 A. 肯尼：《维特根斯坦》，第193—194页。

* "家族相似性"德文为"Familienähnlichkeit"，英文为"family resemblance"。——译者

[81] 维特根斯坦：同上书，第66、67节。（值得注意的是，这里的后半句是译者根据德文版翻译的，其原文为："Ähnlichkeiten im Grossen und Kleinen." 英译本将此句译为："Sometimes overall similarities, sometimes similarities of detail."《逻辑研究》中译本根据英文本将这句话译作："有时是总体上的相似，有时是细节上的相似。"[见中译本，第48页。]——译者）

是紧密联在一起的。确切地说，"语言游戏"这个术语应这样表达："我也将由语言和行动（指与语言交织在一起的那些行为）所组成的整体叫作'语言游戏'。"[82]

像任何游戏一样，语言游戏也是受规则支配的活动[83]。这不意味着在它们身上所有的东西都是确定的。"并不是在任何地方都要由规则来作出约束的，正如在网球赛中也没有什么规则规定球可以抛多高，或者球可以抛多重，但（尽管如此）网球仍然是一种游戏，而且它也有规则。"[84] 进一步讲，规则的种类是完全各式各样的。就像语言游戏一样，在规则之间也只存在着家族相似性[85]。建构语言游戏的规则，其范围包括从技术性规则（如烹饪规则）到句法规则（如变格规则）[86]。

因此，语言游戏的概念表明需要有规则的概念。而这个规则概念（在维特根斯坦那里）也只是通过例子和具体的提示来说明的。维特根斯坦列举了下面一些例子，即：单词与图画相互归属的图表[87]，一个路标[88]，以及（国际）象

---

[82] 维特根斯坦：同上书，第7节；相似的表述，也见第23节。（引文翻译，见《逻辑研究》中译本，第7页。——译者）

[83] W. 斯太格谬勒：《当代哲学主流》，第590页；Fr. 冯·库切拉：《语言哲学》，慕尼黑1971年版，第223页；A. 肯尼：《维特根斯坦》，第199页。

[84] 维特根斯坦：同上书，第68节（引文翻译，参见《逻辑研究》中译本，第49页。——译者）。

[85] 参见 H. 伦克：《论维特根斯坦的语言游戏理论》，第477页。

[86] 有关大量的规则种类，参见 A. 肯尼：上揭书，第200—201页。

[87] 维特根斯坦：同上书，第86节；同一作者：《哲学观察》（维特根斯坦的所谓"棕皮书"），载《维特根斯坦文集》，第5卷，法兰克福1970年版，第132页。

[88] 维特根斯坦：《哲学研究》，第85、198节。

棋规则[89]。为了使规则能够存在，必须要求更多的人在更多的时刻遵守规则。"仅仅一个人只单单一次遵守规则是不可能的……遵守规则，作报告，下命令，下棋都是习惯（习俗，制度）。"[90] 而且，在规则概念与错误概念之间也存在着紧密的关系[91]。一方面，当且仅当一个规则允许对正确和不正确的行为进行区分时，错误才可能存在；另一方面，语言游戏的参与者对错误的反应是一个规则存在的重要标志[92]。

与语言游戏概念紧密相联的是另一个概念，即生活形式（Lebensform）的概念。维特根斯坦把这个概念理解为确定具体的语言游戏之基础、通过一定的基本信念和规则塑造的共同日常生活实践[93]。界定生活形式的规则和基本信念构

---

[89] 维特根斯坦：同上书，第197节。
[90] 维特根斯坦：同上书，第199节。
[91] 参见 P. 温奇：《社会科学理念及其与哲学的关系》，法兰克福1974年版，第45页。
[92] 维特根斯坦：同上书，第54节。关于维特根斯坦的规则概念，参见 A. 克默尔灵：《路德维希·维特根斯坦分析视野中的规则与效力》，载《法的理论》杂志，总第6期（1975年），第104页及以下页。
[93] 生活形式这个概念的界定，主要依据的是维特根斯坦最后一本著作《论确实性》（"Über Gewißheit"，英文"On Certainty"，由 G. E. M. 安斯康姆与 G. H. 冯·赖特编，法兰克福1970年版；英文版本，牛津1969年版；其中中译本，见［奥］路德维希·维特根斯坦：《论确实性》，张金言译，广西师范大学出版社2002年版——译者）。这本书，参见第7节、第358节。在《哲学研究》中，这个概念在第19节、23节、241节以及（德文版）第485页和539页（英文版第174页和226页，中译本第265页和345页。——译者）中使用。有关在此基础上对该概念进行界定的尝试，参见 J. F. M. 亨特：《维特根斯坦〈哲学研究〉中的"生活形式"》（英文），载《美国哲学季刊》，总第5期（1968年），第233—243页。

成了一个总是可以加以确定的体系[94],它们形成了被维特根斯坦称为"世界图像"(Weltbild)的东西[95]。这个世界图像构成了"我的一切探讨和论断的根基"[96]。它本身还可以"被当作是某种超越于有理和无理的东西,仿佛是某种动物性的东西(Animalisches)"[97]。据此,世界图像和生活形式既说不上正确,也说不上错误。如果有谁想促使其他什么人接受某个东西,那么他这样做则只能依靠劝说,而不能靠证立[98],因为理由只存在于某个生活形式或某个世界图像之内[99]。

这里,对语言游戏概念以及与此相关联的规则和生活形式概念所做的勾勒,应该说就足够了。对理性的实践论辩理论而言,它们有4个令人感兴趣的命题比较明显:(1)语言的描述性和说明性的用法只是许多用法中的一种。它本身不能够被看作是根本的或本质的用法。因此,把规范性语言归结为描述性语言或认为前者没有后者重要、没有后者有价值,则是根本没有道理的。(2)(维特根斯坦广义概念上的)语言游戏的逻辑只有通过非言语性的(nicht-verbal,非动词

---

[94] L. 维特根斯坦:《论确实性》,第102节、141—142节、144节、410—411节、603节。

[95] 关于世界图像概念与生活形式概念的内容关联,参见G. H. 冯·赖特:《维特根斯坦论确实性》,载G. H. 冯·赖特编:《知识论的问题》(英文),海牙1972年版,第58页。

[96] L. 维特根斯坦:《论确实性》,第162节(参见《论确实性》中译本,第29页。——译者)。

[97] 维特根斯坦:同上书,第359节(参见《论确实性》中译本,第57页。——译者)。

[98] 维特根斯坦:同上书,第612节、262节。

[99] 参见维特根斯坦:同上书,第105节。

性的)行为和其他实际的条件才能够被把握。(3)语言游戏,当然也包括道德论辩与法律论辩,都是受规则支配的活动。(4)确定语言游戏之基础的世界图像和生活形式是不可证立的,因此也是不可评论的。

其中,前3点是值得坚持的。相反,其第4点则颇有疑问。假如大家采取下面的观点,认为存在着各种各样的人类生活形式,却又赞同它们不可证立与不可评论的主张,那么我们就得被迫抛弃道德论辩之普遍性的想法。这样,道德论辩似乎对生活形式只是相对的。然而,针对这种主张,必须提出异议:实际上,有关生活形式和世界图像已经经过讨论了[100]。因此,在基督徒和共产主义者之间进行一场对话也绝对是可能的。下面一点也许更为重要一些:我们必须在下面两者之间作出区分,即一方面注意到,若没有预设某些前提条件[101]则既不可能进行证立活动,也不可能进行任何评论;另一方面主张,作为前提条件所预设的东西最终不可以讨论(既不能证立,也不能评论)。从前者推不出后者。所有的前提条件都具有可以讨论的可能性,这一看法,受到下面这个意见的反驳,认为在讨论一个前提时必须再预设一个前提,以便达到在一切方面都得到证立的状态,是不可想象的[102]。然而,所有的前提条件

---

〔100〕 在这个上下文中,B. F. 麦袁尼斯提到笛卡儿对他那个时代的哲学之世界图像的变化所进行的论证。参见 B. F. 麦袁尼斯:《评冯·赖特教授的〈维特根斯坦论确实性〉》(英文),载《知识论的问题》,第65页。

〔101〕参见 L. 维特根斯坦:《哲学研究》,第217节;同一作者:《论确实性》,第204节。

〔102〕 这样一种情况似乎只有当允许循环证立的时候,才似乎是可以想象的。

都可以讨论,这个主张并不是说所有的一切都能够同时得到证立,而只是说:绝没有任何命题是先验地排他的*,所以人们无论赞成它还是反对它都可以提出某种论据[103]。

3.1.2 奥斯汀的言语行为理论

像维特根斯坦一样,奥斯汀也反对将语言的唯一的,甚或最根本的任务看作是对世界的描述这一观点。他把这称为"描述的谬误"(deskriptiven Fehlschuss, descriptive fallacy)[104]。不过,奥斯汀又不同意维特根斯坦关于语言用法的"惊人的多样性"之主张[105]。而且,他还坚持这样的观点:为了分析有限数量的语言用法,必须要有比维特根斯坦所采取的语言用法更精确的概念框架(概念体系,Begriffssystem, conceptual framework)[106]。正是通过论述

---

* 这里,"先验地"(a priori)是英译本加上的,根据行文逻辑看很有必要(Robert Alexy, *A Theory of Legal Argumentation*, transl. by Ruth Adler and Neil MacCormick, Oxford 1989, p. 53.)。——译者

[103] 对此,可参见波普尔对他所称的"框架之神话"的批评:"我得承认,在任何时候,我们都是被囚禁于我们的理论框架、我们的期待、我们过去的经验以及我们的语言之中的囚徒。但我们都是匹克威克意义上(Pickwickian sense)的囚徒:如果我们尝试的话,我们本可以随时打破我们的框架。不可否认,我们将发现我们自己再度陷入框架之中,但它可能是一个更好的,也更开阔的框架;况且我们可以随时再打破它。核心的一点是:各种不同框架的批评性讨论和比较总是可能的。"(K. R. 波普尔:《规范科学及其危险》,载 I. 拉卡托斯与 A. 马斯格雷夫编:《批评与知识的增长》,剑桥 1970 年版,第 56 页。)

[104] J. L. 奥斯汀:《如何以言行事》(英文),伦敦/牛津/纽约 1962 年版,第 3 页;同一作者:《施为性话语》,载 J. L. 奥斯汀:《哲学文集》,伦敦/牛津/纽约 1970 年版,第 234 页;同一作者:《论真理》,载《哲学文集》,第 131 页。

[105] 参见 L. 维特根斯坦:《哲学研究》(德文版),第 537(见上注 79。——译者)。

[106] J. L. 奥斯汀:《施为性话语》,第 234 页。

这样一个概念框架，他的理论比语言游戏理论获得了更大程度的确定性和具体性[107]。

奥斯汀理论的基本概念是言语行为的概念。言语行为是通过说出某事而完成的行为[108]。比如，如果有谁说："我答应我明天会来"，或者"我断定我看到了皮特"，那么他不仅在说某事，而且在做某事：第一种情况，他在作出承诺；第二种情况，他在表达断言（主张）。按照奥斯汀的说法，在一个言语行为之内，可以分为2种，常常也是3种行为[109]：语谓行为（locutionary act）、语用行为（illocutionary act）和语效行为（perlocutionary act）*。

---

[107] 奥斯汀的言语行为理论，尤其被 J. R. 塞尔进一步论述（参见 J. R. 塞尔：《言语行为》，剑桥1969年版）。塞尔的理论在许多论述上与奥斯汀有区别。特别具有重要意义的是他对确立言语行为基础的规则的分析。

[108] 参见 J. L. 奥斯汀：《如何以言行事》，第6页；同一作者：《施为性话语》，第235页。在其理论的早期阶段，奥斯汀还区别了观察某事的话语（表达）（记述性话语，"constative utterances"，一译"记述式表达""记述话语"。——译者）和通过做某事的话语（表达）（施为性话语，"performative utterances"，一译"完成行为式表达""施事话语"。——译者）。后来，他把记述性话语只理解成某些言语行为中的一种。（参见 J. L. 奥斯汀：《如何以言行事》，第132页及以下页，146页）。下面的内容仅仅讨论奥斯汀后期理论被一般化了的阐释。关于奥斯汀理论的发展，参见 R. M. 黑尔：《奥斯汀对语谓行为和语用行为之间的区分》（英文），载 R. M. 黑尔：《实践推理》，伦敦/贝辛斯托克1971年版，第100—105页。

[109] 这些行为类别并不指前后相继的行为要素，譬如像烹饪那样可以将它们区别开来，而是指一个行为的不同方面。因此，奥斯汀也谈到"'语句用法'或'语言用法'的不同意义或不同维度"（J. L. 奥斯汀：《如何以言行事》，第108—109页）。

* 关于奥斯汀所使用的这三个概念，即"locutionary act""illocutionary act"和"perlocutionary act"，汉语学界曾有不同的译法。例如，杨玉成先生将它们译作"话语行为"（locutionary act）、"话语施事行为"（illocutionary act）和"话语施效行为"（perlocutionary act）（见杨玉成：《奥斯汀：语言现语谓行为是由带有一定涵义的语句的表达构成的。它又相应地可以再分出3种行为：发声行为（phonetic act）、出语行为和表意行为[110]*。发声行为是一定的发声的表达，出语行为是按照一定的语法说话的表达，表意行为是使用语词以说出某些指称（reference）的涵义（sense）[111]。由此，表意行为决定着在传统上被称为"意义"（Bedeutung, meaning）的东西。所以，奥斯汀也谈到言语行为的"语谓意义"（locutionary meaning）[112]。

奥斯汀理论真正创新的东西是语用行为的概念。语用行为是指在说某种事情的过程中做某种事情[113]。在说某种事情的过程中做某种事情，必须与通过说某种事情而做某种事

象学与哲学》，商务印书馆2002年7月版，第81页）。英语专家许国璋教授曾将此分别译为"以言表意行为""以言行事行为"和"以言取效行为"，这在相当长时间被视为权威译法。后来，蔡曙山博士在其著作《言语行为和语用逻辑》（中国社会科学出版社，1998年版）中则将它们译作"语谓行为""语用行为"和"语效行为"，取词简洁而表意贴切，为学界接受。译者亦采此译法。——译者

[110] J. L. 奥斯汀：《如何以言行事》，第92—93页。

* 出语行为（phatic act），一译"发语行为"；表意行为（rhetic act），一译"发言行为"。——译者

[111] 奥斯汀：同上书，第93页。关于"涵义"和"指称"的概念，参见J. L. 奥斯汀：《如何说话》，载《哲学文集》，第134—135页。

[112] 奥斯汀的语谓意义概念并不是没有问题的。按照奥斯汀的说法，"要关门！"这个命令与"要关门（了）"这个主张具有相同的语谓意义。在两种情形中，说同一件事来指称同一个对象。针对这一点，斯特劳森指出：在诸如祈使句和陈述句之间进行区分，即使在语谓意义的层面上也是很有意义的（参见P. F. 斯特劳森：《奥斯汀与"语谓意义"》，载《J. L. 奥斯汀论集》，第56页及以下页；类似的观点，也见R. M. 黑尔：《奥斯汀对语谓行为和语用行为之间的区分》，载《实践推理》，第105页及以下页）。对这一评论，将在讨论黑尔论述的框架（范围）内详述。

[113] 参见J. L. 奥斯汀：《如何以言行事》，第99页。

情区别开来。前者依赖于约定俗成的东西（Konventionen，规约性的东西），后者取决于在特定的情境下实际发生作用（faktisch bewirkt）的东西。当我对某人说"我答应帮你搬家"时，我就在作出承诺，而我通过这样对他说，可能既让他感到惊喜、愉快，也让他感到惊讶。透过表达带来这样一些影响，就是奥斯汀所称的语效行为[114]。斯蒂文森的错误在于只考察语效行为[115]。

在奥斯汀的理论中，处于核心的是作为语用行为，也就是，作为规约性行为（konventionelle Handlungen）的言语行为。言语行为作为规约性行为，意味着若没有为之奠定基础的规则的存在，它们是不可能存在的[116]。因此，言语行为概念，像语言游戏概念一样说明需要有规则的概念。与塞尔（J. R. Searle）不同[117]，奥斯汀没有试图清楚地表达这些规则。取而代之的，他勾勒出言语行为之可能出错的类别。在这个措辞不当原理（doctrine of the infelicities）里所描绘的是：根据何种方式，作为行动的言语行为可能成功，或可能失败[118]。

---

[114] 参见奥斯汀：同上书，第101页及以下页。把语用行为同语效行为进行划界具体地产生了一系列难题。对此，可参见E. 冯·萨维尼：《规范语言哲学》，第131页及以下页。

[115] 参见J. O. 厄姆森：《伦理学的情感理论》，第27页，第130页及以下页。

[116] 参见J. L. 奥斯汀：《如何以言行事》，第118页。参见J. R. 塞尔：《言语行为》，第37页。关于言语行为（行动）的规约性（Konventionalität），还可参见D. 冯德利希：《论言语行为的规约性》，载D. 冯德利希编：《语用学》，法兰克福1972年版，第11页及以下页。

[117] 参见J. R. 塞尔：《言语行为》，第62页及以下页。

[118] J. L. 奥斯汀：《如何以言行事》，第14页及以下页。

例如，当某人对某事作出断言却又不相信确有其事时，那么这种失败的（措辞不当的）言语行为就出现了。谁要是对某事作出断言，那一定表明他信有其事。我们不可以说："猫躺在垫子上，但我不相信这个"，尽管这句话无论在逻辑上还是在语法上都没有毛病[119]。由此表明：除了逻辑和语法规则以外，还需要有另一些规则，它们将确定作为行为的语言之基础。言语行为理论的功用之一在于它已经澄清了这些规则（现在我们通常可以称之为"语用学规则"）的涵义。

据此，言语行为之所以可能有毛病，不仅因为说出的东西错误或不正确，而且像奥斯汀本人所讲到的，还因为它作为行为也许是"不当的"（unhappy）。这样，奥斯汀就区别了两个评论的维度：一个是语用行为的"适当与不当的维度"（happiness/unhappiness dimension），另一个是语谓意义的"真与假的维度"（truth/falsehood dimension）[120]。

奥斯汀两个评论维度的学说特别令人感兴趣的是，他坚持这一观点：规范性命题也可以在真与假的维度按照基本上与描述性命题相同的方式来加以判断[121]。

根据奥斯汀在《如何以言行事》中的看法，"真"和"假"所代表的并非是一种简单的关系，它也不代表一种简单的性质或任一简单的事情，而是"代表着某个一般的维度，即在这些情况下，为了这些目的以及根据这些意图，要对听众说

---

[119] 奥斯汀：同上书，第15页、第39页及以下页。
[120] 奥斯汀：同上书，第147页。
[121] 奥斯汀：同上书，第147页及以下页。

81 出与错误的事情相对的属于正当或适当的事情"[122]。当问题涉及某个建议是好是坏或某个裁断是否公正,当人们对某个断言的真实性进行争论时,这样的一种判断才出现。在所有这些场合,问题的关键在于:根据基本上相同的方式,考虑到事实、说话者的意图以及整个情境,言语行为是否会合理地(zu Recht)表达出来[123]。

为了证实他的这个论点,奥斯汀指出:一方面,即使像裁断、警告和建议这样的言语行为也能够根据事实来加以验证,另一方面,要对描述性命题进行判断,除了引证事实以外还需要大量进一步的思考(Überlegungen)。

那么有人可能会说:这尽管可能是切合实际的,但根据事实来对待像"这个池塘很深"之类的描述性命题,仍然不过是一个特殊的情形。为反驳这个反对意见,奥斯汀举出了一系列的例证。比如,"法国是六角形的"这个命题不能简单地根据事实的引证而称之为真实的。这个说法对一个站在大街上的路人而言或许是真的,但对一个地理学家而言则不然。特别是,这个说法太粗略。"它是一个大而化之的描述;它既不是一个真命题,也不是一个假命题。"[124]无论如何,

---

[122] 奥斯汀:同上书,第144页;类似的说法,见同一作者:《施为性话语》,第250—251页;同一作者:《施为性话语与记述性话语》,载 R. 勃布纳编:《语言与分析》,哥廷根 1968 年版,第 152—153 页。奥斯汀并不总是持这一观点。在《论真理》(载《哲学文集》。——译者)这篇文章中,他拥护真理符合论。但即使在这里,他也还谈到"成功地作出表达的各种不同程度及维度"(见《论真理》,第 130 页)。

[123] 奥斯汀:《如何以言行事》,第 144 页。

[124] 奥斯汀:同上书,第 142 页;类似的说法,见同一作者:《施为性话语与记述性话语》,第 152 页。

对该命题进行判断需要大量的思考，这些思考与那些用于判断建议、警告和裁断上的思考相类似。

规范性命题即使在真与假的层面也应当按照基本上与描述性命题相同的方式来加以判断，这一论点是否足以得到证立，可能还值得怀疑[125]。但它至少指出：说这里绝没有任何共同之处，还不是那么回事。这一点绝非无足轻重。在本书研究的过程中，将会阐明：除了奥斯汀所强调的以外，还有一系列其他的共同点确实是存在的。这些共同之处一起能够提供足够的理由，根据具有真值（真假）性（这一点）而把规范性命题和描述性命题这两者至少在原则上加以等置。

因此，奥斯汀的言语行为理论基于三方面的理由而对本书目前的研究有重要意义。这些理由包括：（1）它是对所谓"讲一种语言是受规则支配的活动"这个说法的精确化；（2）它阐明：在若干重要的方面，规范语言的用法本身与描述语言的用法没有区别；（3）它提供了一个基本概念的框架（体系），这个基本概念的框架（体系）在本书研究过程中将日见成效。

下面的内容将讨论某些元伦理学理论，这些理论要么直接受到维特根斯坦和奥斯汀的影响，要么只有根据他们两人观点的背景才可以更好地加以理解。在此方面，记住上文已使用过的道德论辩的简单模型是很有用处的。正方（P）和反方（O）提出赞成或反对"N"的理由（G），由此而对某个规范性命题（N）进行争论。对论辩（讨论）过程加以引

---

[125] 参见 P. F. 斯特劳森：《奥斯汀与"语谓意义"》，载《J. L. 奥斯汀论集》，第62页及以下页。

导的问题是：在这个论辩中什么样的规则是有效的，特别是，有没有一些规则，它们将一定的理由"G"描述成赞成或反对"N"的良好理由？

3.2 黑尔的理论

在分析语言哲学框架内提出元伦理学理论，也许最具影响力的莫过于牛津大学的哲学家 R.M. 黑尔。

根据黑尔在《道德语言》中所表达的观点，伦理学乃是"对道德语言的一种逻辑研究"[126]。然而，正如他在 11 年后出版的另一本著作《自由与理性》中所强调的，伦理学不应停留在这一点上："它必须不纯粹是要达到对道德概念的理解，而且要运用这一理解以便*对道德论证给出解释*——说明道德论证是如何按照其所是的样子进行着的，因为概念的逻辑特性就在于它实际是什么。"[127]

因此，伦理学有两个任务：道德陈述的逻辑分析和道德论证的考察。这两个领域并非互不关联。道德陈述的分析揭示出道德论证的规则。相应地，这里将首先要讨论的是黑尔关于道德陈述的考察。

3.2.1 黑尔的道德语言理论

黑尔的道德语言理论并不是直接依据奥斯汀的言语行为

---

[126] R.M. 黑尔：《道德语言》，伦敦/牛津/纽约 1952 年版，"前言"，第 3 页（也见其中译本［万俊人译］，第 1 页。——译者）。

[127] R.M. 黑尔：《自由与理性》（英文），牛津 1963 年版，第 4 页（强调符号为作者所加）。

理论发展而来的[128]。但他后来通过对奥斯汀理论的结论给予批判性阐释,而修正了自己的理论并加以具体化。然而,这样做并没有影响其理论要旨。所以,这一理论还应该首先是原封不动地来加以讨论。

黑尔的理论由密切相联的两个部分组成:祈使句的分析和价值词(value-words,Wertwörter)的分析。这两个部分的联系,在于下面这个命题(主张):道德判断蕴涵着祈使句[129]。这也是黑尔的一个核心命题,即规定主义命题(die These des Präskriptivismus)。

在研究祈使句的过程中,黑尔引入了已经变得有名的指陈(phrastic)和首肯(neustic)之区分*。两个语句"关上门"和"你将要去关门",相对应的语句是:"请很快关上门"和"是的,你很快将关上门"。黑尔把前两句称为"指陈",把后两句("请"和"是的")称为"首肯"[130]。按照这一分析,命令和主张有相同的指陈,它们只不过由于各自的首肯而有所区别。这一区别构成了黑尔反对从纯粹描述性命题可以推导出祈使句之论证的核心。在黑尔看来,只有前提

---

[128] 黑尔也许第一次引证言语行为理论是在另一作品中。见 R.M. 黑尔:《基奇:善与恶》(英文),载《分析》杂志,总第 17 期(1956—1957 年),第 105 页注 1。

[129] 黑尔:《道德语言》,第 171—172 页。

* 按照黑尔在《道德语言》中的解释,"phrastic"源于希腊词"phrazo",意为"我告诉"(I tell)、"我忠告"(I counsel)或"指示或指出";"neustic"源于另一个希腊词"neuo",意为"我点头同意"(I nod assent)。《道德语言》一书的中文译者万俊人教授将二者分别译作"指陈"和"首肯",本译文从之(见《道德语言》中译本,第 20 页)。——译者

[130] 黑尔:《道德语言》,第 18 页(见《道德语言》中译本,第 20 页。——译者)。

所蕴涵的东西,才可以从一套前提条件中推导出来。根据定义项,纯粹描述性命题不包含任何祈使句的首肯[131]。因此,从纯粹描述性命题不可能推导出任何祈使句[132]。价值判断也不可能从中推导出来。但按照黑尔的说法,价值判断蕴涵着祈使句。假如价值判断可以(从描述性命题)推导出来的话,那么祈使句也同样可以从中推导出来。据此,规定主义的这一命题导致下面这个命题:"绝不可能有从事实陈述中进行道德判断的逻辑推论。"[133]

在分析价值词的过程中,黑尔主要集中讨论的是"好""应然"等语词[134]。在祈使句领域对指陈和首肯的区分,在这

---

[131] 黑尔:同上书,第164页、168—169页。
[132] 黑尔:同上书,第28页、第32页。
[133] 黑尔:《自由与理性》,第2页。
[134] 黑尔所称的价值判断,既是指"X是好的"这个命题,也是指"A应当做X"这个命题(参见黑尔:《道德语言》,第168—169页)。不过,他承认:为了一定的目的而(在它们之间)作术语上的区分可能是很有意义的(见黑尔:《自由与理性》,第27页注1)。这个区分在这里被认为很有用。所以,价值判断和义务判断应当区别开来。价值判断的原型是"X是好的"命题,义务判断的原型是"A应当做X"命题。把某个判断归并进这两个下位类别(Teilklassen)中的任何一个都不那么简单。例如,"他的决定是不公正的"这个命题怎样归类?其中,它要援用若干可以借助义务判断表达的规则的适用。要克服这个难题,做一个简单的规定是很有意义的。借助道义逻辑的基本术语"应当""禁止""允许"而可以设定的所有规范性命题均应称为"义务判断";所有其他的命题称为"价值判断"。大家可能对这个术语有些反感,因为甚至像"X是允许的"这样的一个判断,也应称为"义务判断",即使其所表达的不是义务而是允许。但"X是允许的"可以变换为"X是不被禁止的"或"X是不被禁止的,也是不被命令的"。关于"价值判断"和"义务判断"的概念,参见P.爱德华兹:《道德论辩的逻辑》,纽约/伦敦1955年版,第141页;W.K.弗兰克纳:《分析伦理学》,慕尼黑1972年版,第27页及以下页。

里也就是对评价性意义或规定性意义[135]与描述性意义的区分。"好"这个词的评价性意义在于：它被用来对某事进行赞许[136]。这种评价性意义与斯蒂文森的情感意义应当严格地加以区别。后者所指的是表达的效果，即语效行为；前者所指的是表达蕴涵的东西，即语用行为。描述性意义是由被称作好的事物以此为据的性质和关系构成的。简单的思考显示出："好"一词除了有评价性意义外也总还有其描述性意义。我们不可以说："这个对象在所有的方面都酷似另一个对象：但后者却不是好的。"[137]这清楚地说明："好"的应用与一定性质的呈现是连在一起的。把某物称作是"好的"，是在说：某物符合一定的标准，满足一定的标准。这些标准就是"好"的描述性意义。与评价性意义不同，描述性意义随着谈话者、谈话的对象以及情境的改变而改变。称赞好车的赛车手所适用的标准就不同于把某个国家形式称为好的国家形式的哲学家的标准。

"应然"这个术语可做类似的分析。它也不仅仅有规定性意义。说某个行为"A"是应当做的，蕴涵着：某个要求"A"的原则是被接受的[138]。这就把那些"应然"词出现（义务

---

〔135〕黑尔在《道德语言》中只使用了"评价性意义"这个表达；"规定性意义"是在《自由与理性》中采用的，为的是说明道德词语的规定性（见 R. M. 黑尔：《自由与理性》，第 27 页）。

〔136〕黑尔：《道德语言》，第 91—92 页、117 页、148 页。

〔137〕黑尔：同上书，第 80—81 页。

〔138〕黑尔：同上书，第 156—157 页。什么是黑尔所理解的"蕴涵着"这个词，他以下列陈述给予了说明："C 型句（你应当还他钱）却是在更强意义上蕴涵着 B 型句（一个人总是应当偿还他已承诺偿还的钱），即：当否认有任何其所依赖的任何原则时，对 C 型句作出规定在逻辑上是不合法的。我

判断）的语句同祈使句区别开来。我们尽管能够为祈使句举出理由，但当我们说绝没有任何（这样的）理由时，我们并没有犯任何逻辑上的错误[139]。

黑尔对道德陈述的分析遭到了尖锐的批评。

塞尔反驳黑尔说：像"好"这样的道德词语尽管经常被使用，旨在实施赞许的言语行为（Sprechakt der Empfehlung），但用来分析道德陈述的意义，仍然是不够的。还有一系列"好"的用法，其中，"好"并不用来旨在实施赞许的言语行为，而且，这些用法也不能被称为推导出来的或派生的用法[140]。塞尔以下面的陈述作为例子："如果这是好的，那么我们就应当去买它"，"这通常是好的"，"我不知道这是不是好的"[141]。黑尔的确没有能够处理好这些陈述。他太急于把"好"的其中一种用法同其整个意义等同起来。据此他太拘泥于维特根斯坦关于意义和用法相等同的命题[142]。塞尔把这称为"言语行为的谬误"（speech act fallacy）[143]。

针对这种批评，黑尔修改了自己的理论。在原来的文

所讲的'在逻辑上不合法'，意思是说：我对'应然'这个词的用法可能太有悖常理，导致人们不知道我用它到底指什么。"（黑尔：同上书，第157页。括号内包含的黑尔的例句在第156页。）（译文参见《道德语言》中译本，第149—150页。——译者）

[139] 黑尔：《道德语言》，第157页；同一作者：《自由与理性》，第36页。
[140] 对此，参见黑尔：《道德语言》，第124页及以下页。
[141] J. R. 塞尔：《言语行为》，第139页。
[142] 参见L. 维特根斯坦：《哲学研究》，第43页："在我们使用'意义'这个词的各种情况中有数量极大的一类——虽然不是全部——，对之我们可以这样来说明它：一个词的意义就是它在语言中的使用。"（译文见《哲学研究》中译本，第31页。——译者）
[143] J. R. 塞尔：上揭书，第147页。

本里，像"好"这样的评价词以及祈使句形式是陈述的语用作用（即以言行事）的指示器。根据这一点，黑尔的描述性意义似乎与奥斯汀的语谓意义相等同，也就是，可以理解为以言表意的东西。现在他的理论的修改在于：评价性意义自身并没有止于语用的作用，它也是语谓意义的部分。语谓意义涵盖一切比如作为陈述句（Aussage，直陈句）、祈使句和疑问句所说出的东西的一种普遍特性描述（allgemeine Charakterisierung）〔144〕。黑尔把这个普遍特性描述称为"表态"（tropic）〔145〕。*故此，在其修改的形式中，黑尔的分析是以下列图表为基础的〔146〕：

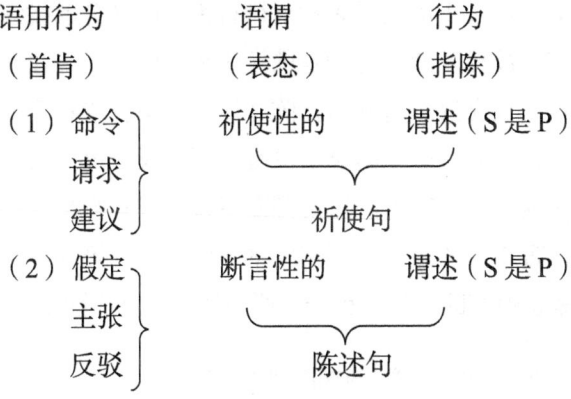

---

〔144〕R. M. 黑尔：《奥斯汀对语谓行为和语用行为之间的区分》，第107页。

〔145〕R. M. 黑尔：《意义与言语行为》，载R. M. 黑尔：《实践推理》，伦敦/贝辛斯托克1971年版，第90页。

* 黑尔在"首肯"和"指陈"之后所使用的第三个词"tropic"源于希腊词"tropos"，原意指"心情"（mood）。这里根据黑尔的文本意思译为"表态"。——译者

〔146〕类似的分析以及对黑尔原来关于指陈和首肯之区分的批评，参见A. 罗斯：《命令与规范》，伦敦1968年版，第12页及以下页。

在价值判断和义务判断中，与其说是在谈祈使性的表态，不如说是在谈规定性或评价性的表态。在义务判断的场合，这个表态可以通过一个道义逻辑算子，例如，通过"应当……"（O）这个逻辑算子来表达。难题在于：在价值判断的场合，表态是如何能够表达的呢？黑尔在这里给予了某些指点。他把包含像"好"这种词的陈述称为"潜在地赞许的"（陈述）[147]。由此，也引出了下面的结果，即把"值得赞许的"（empfehlenswert）这个词选作表态的表述[148]。运用这种方式，塞尔所提出的困难就可以得到克服。

黑尔后来的分析不仅仅是对其以前观点的修正，而且也包括对奥斯汀关于语谓行为和语用行为之间区分的批评。这个批评与上面提及的斯特劳森的评论相一致[149]。按照奥斯汀的观点，只有黑尔所称的指陈才属于语谓行为；而根据黑尔的看法，奥斯汀所称的语用只有一部分属于语谓行为的表态。相应地，一个行为的道德判断不仅在以言行事的层面，而且在以言表意的层面区别于它本身的描述。第一种场合所表达的是价值判断，第二种场合所表达的是描述性命题。

---

[147] R. M. 黑尔：《意义与言语行为》，第93页。

[148] 我们也可以考虑比照道义逻辑算子"O"而引入一个评价性的逻辑算子"e"。如果加上"！"用作祈使句的逻辑算子，下列3种规范性陈述固有的语谓行为的基本形式就可以区别开来："！（S是P）"（祈使句），"O（S是P）"（义务判断）和"e（S是P）"（价值判断）。然而，这仍不能确定：引入这样一个逻辑算子"e"是不是有意义。这里有人可能提出异议：在价值判断中所说出的，不是指S具有P特性是值得赞许的，而是指S因为具有这种特性而是值得赞许的，这一点构成了相当大的区别。由于有这样的难题，下文将放弃运用像"e"这样的逻辑算子。

[149] 参见P. E. 斯特劳森：《奥斯汀与"语谓意义"》，载《J. L. 奥斯汀论集》，第60—61页。

相对于奥斯汀的观点,黑尔和斯特劳森的观点具有决定性的优势。根据奥斯汀关于两个评论维度的学说,在真与假维度之间判断的对象是语谓意义。然而,上已述及,尽管在这个评论维度和在像事实陈述、赞许之评论维度有共同之处,但也有很重要的区别。因此,根据语谓意义对这些显然不同的言语行为作出区分是颇有意义的。因此,下文将把黑尔和斯特劳森的分析作为讨论的出发点。

更进一步的批评所针对的是黑尔的规定主义。瓦尔诺克(Warnock)就此指出:道德陈述并不总是用来赞许或规定的。通过道德陈述也能够实施大量的言语行为[150]。情况的确如此。特别是,在作出断言的言语行为中表达价值判断和义务判断是可能的。但这还不必然是对规定主义的否定。规定主义的命题宣称:"根据其核心用法,道德判断把指导行为作为自己的功能。"[151]这些功能可以通过完全不同种类的言语行为来实现。唯一重要的是:(陈述)总是存在着一种对行为的关系[152]。在对价值判断和义务判断作出断言的过程中,这样一种关系也是可能(存在)的。由此,我们不可能径直地断言"X比Y好",然后却选择Y。所以,规定主义的命题看起来是可以与之协调的,因为道德判断即使在断言性言语行为(Sprechakt der Behauptung)中也能够加以

---

[150] G. J. 瓦尔诺克:《当代道德哲学》,伦敦/贝辛斯托克1967年版,第34页及以下页。关于道德陈述的大量不同用法,也参见 P. H. 诺维尔—史密斯:《伦理学》,第98页。

[151] R. M. 黑尔:《自由与理性》,第70页。

[152] 道德陈述和道德行为的分歧有一些具体情形,这个事实还不构成对规定主义命题的否定。对此,参见 R. M. 黑尔:《自由与理性》,第51—85页。

表达[153]。这样一种言语行为具有如下的结构：

语用行为	语谓行为	
（首肯）	（表态）	（指陈）
主张	规定性的	谓述（S 是 P）

价值或义务判断（括住"规定性的 谓述（S 是 P）"）

对此还要再说几句：黑尔的道德语言理论用这里提及的修正方式，无论面对言语行为理论方面的攻击，还是面对规定主义对手的攻击，都还是能够站得住脚的。

3.2.2 黑尔的道德论证理论

黑尔的道德论证理论建立在他对道德语言的分析上。

这个分析的最重要的结论是对描述性意义和评价性（规定性）意义所作的区分。与这个区分相对应的是道德论证的两个基本规则：可普遍化原则（das Prinzip der Universalisierbarkeit）和规定性原则（das Prinzip der Präskriptivität）。

---

[153] 在这种情况下，陈述的规定特性仅在其表态（tropic）上得到表达。这看起来正好与黑尔的下述命题（主张）相一致，即：规定性（Präskriptivität）是评价性术语的意义的一部分（黑尔：《自由与理性》，第67页）。价值判断与义务判断的断言通常只是间接地与行为相关。它们最典型的应用见诸有关行为的商谈之中。在实践问题商谈上的陈述之突出特征在于：单个的陈述对行为还没有直接的关系。确切地说，在采取行动之前而修正某一单个的陈述是商谈的一个目的。即使在某个商谈的过程中不可能顺当地说"X 比 Y 好，那么让我们放弃商谈而选择 Y"，这仍然是适用的。抛开这种对行为的直接联系，假如实践商谈的结果构成应如何行为的一个决定，那么规范性陈述的断言在商谈中仍具有对行为的间接关系。总之，人们因此可以说：规范性陈述的主张在实践商谈中基于评价性陈述相同的理由而根本上具有规定的特性："正因为我们必须做决定，我们对这类语言才有一种用法。"（黑尔：《自由与理性》，第61页。）

这些"实践论证规则"[154]的存在，为论述道德论辩的理性提供了合理的根据[155]。道德论辩的规则尽管不同于自然科学论证的规则，但根据黑尔的观点，若认为只有一种理性的论辩则似乎是一个错误[156]。

3.2.2.1 在对可普遍化原则（PU）进行证立的过程中，黑尔把描述性陈述的可普遍化作为自己的出发点。接着，他指出：评价性陈述由于它的描述性意义要素而享有这个（可普遍化）特性[157]。黑尔所理解的描述性陈述的可普遍化，是指下面的事实：一个命题，如"a 是红的"，负有某种责任，对在所有相关方面类似 a 的任何一个其他对象同样可以说：它也是红的。"这是红的"蕴涵着下面的命题："在所有相关方面像这个的任何东西都是红的。"谁要是赞成第一个命题而不赞成第二个命题，那么他就不正确地使用了"红的"这个词[158]。

当我们把"a"称为"好"时，我们这样做，是因为"a"具有一定的非道德特性(nicht-moralische Eigenschaften)。这些特性是我们在此特定情况下应用"好"这个用法的描述性意义。可普遍化原则（PU）使讲话（言谈）者负有责任，对任何也拥有这些特性的对象同样要称之为"好"。

---

[154] R. M. 黑尔：《科学与实践哲学》（德文），载路德维希·兰德格雷伯编：《哲学与科学：1969 年第九届德国哲学大会》，格兰河畔的迈森海姆 1972 年版，第 82 页。

[155] R. M. 黑尔：《道德语言》，第 45 页；同一作者：《自由与理性》，第 2 页。

[156] R. M. 黑尔：《科学与实践哲学》，第 81 页。

[157] R. M. 黑尔：《自由与理性》，第 10、30 页。

[158] 黑尔：同上书，第 11 页。

"a"具有上已提及的特性，这是作出断言"a 是好的"的一个理由[159]。可普遍化原则（PU）要求这个理由应在一切情况下有效。通过这种方式，它就在"a 是好的"这个断言和我们为之而拥有的理由之间创设了某种联系。

这种联系存在于一定的道德规则之中，该规则规定：某事物具有一定的特性这个事实是自己应被称为"好的"的一个理由。黑尔的下列语句更清楚地表达了理由的概念和规则的概念之间的内容联系："当我们对某事做道德判断时，我们这样做，是因为它拥有一定的非道德特性。故此，两种观点均坚持认为：对特定的事情的道德判断都是为了理由而作出的；理由的观念，总是随身带来规则的观念，而规则规定某些事情是另一些事情的理由。"[160]

道德判断中预设为前提的规则，可能有完全不同的普遍化程度（Generalitätsgrade）。"从不许说谎"的规则具有较高的普遍化程度，而"就钱的事总应向妻子说出实情"的规

---

[159] 黑尔：同上书，第21页。

[160] 黑尔：同上书，第21页。M. G. 辛格在《伦理学上的一般化》（英文）一书中提出了一个与黑尔完全类似的观点："我想说，一般化原则（The generalization principle，黑尔相对应使用的是 principle of universalizability [可普遍化原则]），涉及任何一个真正的道德判断或以此为前提条件，因为它构成了像'正确''错误''应当'这些特定道德术语在特定道德含义上所具有的意义之实质部分。同时，它也是道德论证的一个本质特性，因为它被认为用来企图为道德判断提出理由。故此，它决定着那些可以算作是道德理由的东西……由此可以得出结论：没有任何真正的道德判断可以抛开理由，也没有任何道德理由可以抛开一般化原则。"（M. G. 辛格：《伦理学上的一般化》，纽约1961年版，第34页）根据辛格的观点，可普遍化原则（PU）还履行着其他更重要的功能：想把某A与某B做不同对待的人则要承受证明负担，即证明A与B之间存在着相关的区别（同一作者：《伦理学上的一般化》，第31页）。这一点，下文还将回过头来谈。

第一编　对若干实践论辩理论的反思

则具有较低的普遍化程度[161]。

黑尔把所有这些规则称为道德原则[162]。关键的问题不在于它们的普遍化的程度，而在于它们都是普遍化的，也就是说，在它们身上所存在的绝不是任何单称的陈述（譬如专名）[163]。一下子就表达出（上面）这样一种规则，常常是不可能的。不过，在此情况下，至少可以说：所有类似"a"的情况，都应当像"a"一样对待[164]。这就构成一个规则。我们不妨把这个规则称为"最小规则"（Minimalregel，最弱意义的规则）*。

运用一些普通的逻辑符号可以把黑尔的命题表达得更为清楚。我们可以把为"好"这个用法确定基础的规则赋予如下的形式[165]：

---

[161] 参见R. M. 黑尔：《自由与理性》，第39—40页。关于普遍化的概念，另见同一作者：《原则》（英文），载《亚里士多德学会年报》，总第73期（1972—1973年），第2—3页。

[162] R. M. 黑尔：《自由与理性》，第30页及以下页。

[163] R. M. 黑尔：《原则》，第4页。

[164] R. M. 黑尔：《可普遍化》（英文），载《亚里士多德学会年报》，总第55期（1954—1955年），第306—307页。一个像"类似a"这样的陈述经常可以转换为不带个体常项（Individuenkondtante，individual constants）的陈述。假如对此没有任何陈述可供使用，则可以创造一个新的陈述（R. M. 黑尔：《自由与理性》，第11页）。

* 当然，如果按照汉语的通俗用法，我们也可以把"最小规则"（德文"Minimalregel"，英文"minimal rule"）译为"最低限度的规则""最弱意义的规则"，但本译文采用前者。——译者

[165] "F_1"-"F_n"代表着任何一个描述性谓词。"(x)"是全称量词（……对一切的x均适用），"x"是个体变项，"∧"是联结词符号（合取词），"→"是条件语句联结词（蕴涵词。——译者）符号（如果……则……）。关于用"条件语句"这个术语而不用现在流行的用语"蕴涵语句"的理由，参见W.V.O.奎因：《逻辑概要》，法兰克福1969年版，第38页及以下页；以及G. 帕茨希：《语言与逻辑》，载帕茨希：《语言与逻辑》，哥廷根1970年版，第20页及以下页。对上面引证的这个规则形式可以举一个例子，即："对一切的x，如果x是一个草莓，其个头既大，多汁且红，那么x就是好的。"

$$(x)(F_1x \land F_2x \land \cdots\cdots F_nx \to gut\ x)$$

如此看来，只要价值判断为达到正确，必须从这样的规则连同描述性命题在逻辑上推导出来，那么可普遍化原则（PU）的要求就能够加以表达。因此，下面这个形式的推论图式

. （1）$(x)(F_1x \land F_2x \land \cdots\cdots F_nx \to gut\ x)$
. （2）$F_1a \land F_2a \land \cdots\cdots F_na$
 （3）$gut\ a$ （1），（2）[166]

就确定了正确的价值判断的基础[167]。"a"在这里代表着任一对象的名称或特定描述。

义务判断的分析类似于价值判断的分析："当我告诉某人他应当做某事，那么我就负有责任对完全处在相同情况下的任何人持相同的看法。如果我说"您应当做 x，尽管可能有某人完全处在与您相同的情况下，但却不应当做 x，那么我就是自相矛盾的"。[168]假如像道义逻辑通常所做的那样，

---

[166] 数字左边的黑点的含义是：立于数字右边的表达式不是从其他表达式中推导出来的。表达式右边的数字意指该表达式是从其他表达式中逻辑地推导出来的。所引的这个推论公式没有把所有的步骤都展示出来。为此目的，可以通过前提条件"$F_1a \land F_2a \land \cdots\cdots F_na \to gut\ a$"（1'）来补充。（1'）是根据替换规则通过插入"a"替换"x"从（1）中推论而来，（3）则是从（1'）和（2）根据分离规则推导而来。考虑到简化的原因，下文将放弃引证（1'）。关于替换规则和分离规则，参见 A. 塔尔斯基：《数理逻辑导论》，第 2 版，哥廷根 1966 年版，第 59 页及以下页。

[167] 参见 R. M. 黑尔：《道德语言》，第 145—146 页："对人的特征的陈述（小前提或事实前提）连同从道德上对人们作出判断的某一标准之具体说明一起（大前提）蕴涵着一种对人的道德判断。"（译文也见《道德语言》中译本，第 139 页。——译者）

[168] 黑尔：《科学与实践哲学》，第 86 页。

第一编 对若干实践论辩理论的反思

我们通过道义逻辑算子"O"用符号来表示"应当"[169]，那么我们就可以得到下述确定义务判断之基础的道义逻辑符号表达式：

. （1）$(x)(F_1 x \wedge F_2 x \wedge \cdots\cdots F_n x \rightarrow OHx)$

. （2）$F_1 a \wedge F_2 a \wedge \cdots\cdots F_n a$

（3）OHa　　　　　　（1），（2）[170]

"a"代表着的一个人名称或特定描述，"F_1"-"F_n"和"H"代表着人的任一复合的属性，"H"也许还代表着"赔偿损害"。

黑尔到底如何构想从一个理由"G"过渡到一个规范性命题"N"，有关这一点，两个表达图式给出了（相关的）信息：他通过一个连同"G"一起蕴涵"N"的道德规则"R"作为

---

[169] 究竟是否需要道义逻辑之类的东西来把握义务判断的逻辑结构，目前还有争议。譬如，勒迪希持下列观点：对此，当代的谓词逻辑就足够了（J. 勒迪希：《论特殊的规范逻辑的必要性》，载《法社会学与法的理论年刊》，第 2 卷 [1972 年]，第 163 页及以下页）。这看起来排除不了两种方案都是可行的。有关道义逻辑的讨论，参见 E. 摩舍尔、泽哈：《道义逻辑目的为何？》，载《法哲学与法社会学档案》（ARSP），总第 58 卷（1972 年），第 363 页及以下页。

[170] 针对这里提出的附条件义务的形式化，可能还有异议，因为它将导致一系列悖论（推导义务的悖论，承诺义务的悖论，反义务命令的悖论）（参见 R. M. 齐斯霍尔姆：《反义务命令与道义逻辑》，载《分析》杂志，总第 24 期 [1963 年]，第 33 页及以下页；G. H. 冯·赖特：《道义逻辑论与行动的一般理论》[英文]，阿姆斯特丹 1968 年版，第 77 页；同一作者：《道义逻辑的新体系》[英文]，载 R. 希尔皮伦编：《道义逻辑：分类导读》，多德雷希特/荷兰 1971 年版，第 108—109 页；B. 汉森：《若干道义逻辑的分析》[英文]，载《道义逻辑：分类导读》，第 133 页）。这些悖论就是所谓"实质蕴涵的悖论"（参见 Fr. 冯·库切拉：《规范、价值和决定逻辑导论》，弗莱堡/慕尼黑 1973 年版，第 28 页）。为了克服这些实际的或假想的悖论，人们提出了许多极端不同的（解决）方案。最实用的方案是运用当代的语义学方法（模型论）（参见 D. 弗雷斯道尔、R. 希尔皮伦：《道义逻辑导论》[英文]，载《道义逻辑：分类导读》，第 26 页）。借助于这些方法，对本文所使用的公式进行解释以克服上述难题，似乎是可能的。

中介。

96   这立即产生了下一个问题：这个规则是如何能够证成的？对此，单有可普遍化原则（PU）还无济于事。它只要求按照某个规则来行动，但对这个规则的内容，其并未做任何说明。任何规则与它都是相容的。它只不过要求讲话（言谈）者具有一致性。因此，可普遍化原则为道德论辩的理性表达了一个虽必要，但还不充分的条件。而这里所需要的是一些更强有力的条件。

3.2.2.2 按照黑尔的理解，这样一个更强有力的条件应当来自于可普遍化原则（PU）与规定性原则（PP）的结合。

黑尔试图根据所摘引的圣经寓言[171]的一个简单例子来对此加以阐释[172]。A欠B的钱，B欠C的钱。法律规定：债权人可以监禁债务人以索回债款。B问自己是否应将A监禁起来。他很想这样去做，但他想知道他这样做在道德上是有理呢，还是负有义务去做[173]。他所关注的道德判断是："我应该监禁A，因为他不想还债"（N_1）。此时，B注意到：假如他承认了N_1，那么根据可普遍化原则（PU），他也必须承认下面这个规则有效："任何人处在我的情况下，

---

[171] 《新约·马太福音》，第18章第23节。

[172] R. M. 黑尔：《自由与理性》，第90—91页。

[173] 根据黑尔的例子，B问自己是否应将A监禁起来。值得注意的是，让B问自己是否允许这样做，似乎更为合适。这里不可能详细探讨由这样一个变型而产生的问题。关于此点，参见D.P.戈蒂埃：《黑尔的债务人》，载《心灵》杂志，总第77期（1968年），第400页及以下页; M. T. 桑顿《黑尔的道德视点》（英文），载《心灵》杂志，总第80期（1971年），第617—618页; N. 霍尔斯特尔：《R. M. 黑尔的黄金规则解释》，载《哲学年刊》，总第81期（1974年），第188页及以下页。

在其债务人不想还债时应当将他监禁起来"(R)。从 R 推断出的结论,也对 B 适用:"C 也应当将我(B)监禁起来"(N_2)。假如 B 承认 N_1,那么按照可普遍化原则,他也必须承认 N_2。规定性原则(PP)此时要说的是:如果 B 准备承认下面这个单个的规定:"让 C 把我监禁起来",也就是说,如果 B 本身准备被监禁起来的话,那么他只有承认 N_2。不过在这一点上,他也会不准备这样做,因为这样做与其愿望与利益相冲突。然而,假如他不准备这样做,那么他必然也放弃了 N_1。因此,他要把 A 监禁起来,在道德上是难以证成的。

在引述的这个例子中,A 与 B 的关系完全类同于 B 与 C 的关系。判断者与被判断者所处的情境是相同的。这种事例是极为少见的。不过,根据黑尔的说法,也没有必要有这种处境的事实一致性。有下面这一点,即:判断者假定把自己置于被判断者的处境[174],问自己在这种处境下是否还能够接受有争议的道德规则的后果[175],也就足够了。

---

[174] 关于由此而产生的难题,参见 C. C. 泰勒:《评 R. M. 黑尔〈自由与理性〉》(英文),载《心灵》杂志,总第 74 期(1965 年),第 286 页及以下页;H. S. 希尔瓦施泰因:《对黑尔有关设身处地观点的注解》(英文),载《心灵》杂志,总第 81 期(1972 年),第 448 页及以下页。

[175] R. M. 黑尔:《自由与理性》,第 93 页。在这本书中,黑尔从下面的论点出发:把自己置于被判断者的地位的这个要求是基于可普遍化原则(PU)而产生的。故此,黑尔把"每一个人都有平等考量的资格"这一假定称作是"普遍化要求的自然推论"(黑尔:《自由与理性》,第 118 页)。然而,对于下面这个观点有些话还要说:这里所涉及的是超越于 PU 和 PP 的一个独立要求。假如判断者本人也准备接受其道德判断的后果,那么 PU 和 PP 就得到了实现。假如人们想把它们(PU 和 PP)的用途限制在这样的情形中,即:一定的后果实际上对判断者也有影响,那么这一点也可能与 PU 和 PP 几乎不发生矛盾。当人们知道或者能够从下面一点出发,即:他本人从不想处于相同情境,他也应

98　　黑尔论述的特别之处在于：它声称能够使人单纯根据规范语言逻辑，通过规定性原则（PP）与可普遍化原则（PU），即认识到被判断者的事实、愿望和利益，想象他人的处境，而即使不运用规范性前提也可得到与道德判断的正确性或不正确性的结论[176]。黑尔明确地强调：这不意味着，规范性命题是可以从事实命题中推导出来的。他按照波普尔（Popper）的说法，把自己的（工作）程序称为"试探的种类"[177]。（命题逻辑的）肯定否定式（modus Tollendo Tollens）（$[p \to q] \wedge \neg q \to \neg p$）构成其论述的核心。在上例中，$N_2$是从$N_1$推导出来的。假如B不能承认$N_2$，那他必然也放弃$N_1$。因此，根据黑尔的观点，道德论证的本质不在于从这个或那个原则推演出某个具体的判断，而在于检验它的逻辑结论是否具有可接受性[178]。

当把自己置于他人的处境之下，那么这在相当大的程度上走得就远了。在最近出版的著作中，黑尔本人也不再有把握地说这个假定的角色换位要求还是不是一个独立的条件（参见R. M. 黑尔：《评罗尔斯的〈正义论〉》[英文]，载《哲学季刊》，总第23期[1973年]，第154页）。假定的角色换位要求是以承认他人有相同权利的要求为确立根基的。这一要求作为道德论证的一个基本原则在下文中还要加以证立。因此，黑尔的论证不妨这样来对待：这个（在黑尔的理论上看起来还没有被证立的）假定角色换位要求好像是被证立了的。

[176] 参见R. M. 黑尔：《自由与理性》，第94页。
[177] R. M. 黑尔：同上书，第88页。
[178] 参与讨论者必须准备接受在其道德陈述中预设为前提的规则之结果，这种根据就使黑尔的理论与福特、瓦尔诺克等人的新自然主义理论区别开来。按照后者的观点，尤其在涉及像"粗野""勇敢"这样具体的道德陈述的场合，存在着规定下述内容的规则，即：假如人们赞同某些特定的事实主张，那么他也就必须承认一定的价值判断。在这个意义上，从事实主张中应当可以推导出道德判断（参见Ph. 福特：《道德论证》，载《心灵》杂志，总第67期[1958年]，第509页："任何最终使用道德术语的人，无论他肯定还是否定某个道德命题，

第一编 对若干实践论辩理论的反思

黑尔的程序,遭到一些严肃的反对意见。最重要的反对意见在于:黑尔基于一定的道德判断在某个实际的或设想的情况下是否可被承认这个问题,把支撑的根据建立在判断者的愿望和利益上。这个反对意见与经常针对黄金规则(Die Goldene Regel)*而提出的反对意见相一致,而黄金规则却与黑尔的论述具有广泛的,尽管并非完全的一致性[179]。

阿尔夫·罗斯(Alf Ross)在他的评论中把黑尔的例子转换成当代的术语。他注意到:根据黑尔提出的标准,采取强制性步骤来对待拖欠债务者在道德上是不允许的,因为任何

都必须遵守其使用的规则,包括有关什么应当算作赞成或反对相关道德判断之证明的规则。对那些还没有显示出反证的东西而言,这些规则可能是蕴涵规则,其禁止对与否定道德命题相关联的事实命题作出断言"(福特:《道德论证》,第510页,强调符号为作者所加)。这些"有关理由的规则"(同上书,第511页),是与黑尔在道德判断中预设为前提的规则或原则相一致的。一个论辩是否应被根本上看作是一个道德论辩,应取决于它们的应用(同上书,第510页;类似的观点,见 G. J. 瓦尔诺克:《当代道德哲学》,伦敦/贝辛斯托克1967年版,第68页)。黑尔本人强烈地反对这些观点。在一个既定的社会中,许多坚定确立的道德信仰或许反映在作为道德陈述之规范意义的规则之中,尽管这一点看起来没有错,但那些道德的论辩者们仍不一定严格地受这些规则的约束。故此,对那些不具有这些信仰的个人来讲,总有可能要么根本不去使用一定的评价性陈述,要么完全从不同的角度或完全在某种非评价性的意义上去使用之(R. M. 黑尔:《自由与理性》,第187页及以下页)。关于对福特理论的批评,另见 R. W. 比尔兹摩:《道德推理》(英文),伦敦1969年版,第14页及以下页。

* 所谓"黄金规则"(Die Goldene Regel),即:己所不欲勿施于人。——译者

[179] 关于黑尔的论述与黄金规则之间的区别,参见 N. 霍尔斯特尔:《R. M. 黑尔的黄金规则解释》,载《哲学年刊》,总第81期(1974年),第193页。关于黄金规则,参见 H. 莱纳:《黄金规则》,载《哲学研究杂志》,总第3期(1948年),第74页及以下页;G. 施本德尔:《作为法律原则的黄金规则》,载《Fr. 冯·希佩尔祝寿文集》,图宾根1967年版,第491页及以下页;H. 凯尔森:《正义问题》,载《纯粹法学》"附录",第367—368页。

人也包括债权人，都不喜欢进行起诉自己的法律诉讼[180]。我们可以把这个反对意见推向极端说：根据黑尔的标准，根本不能够指望再有人去限制他的愿望和利益，因为正如黑尔所提出，假如有人唯有从自己的愿望和利益出发，那么任何其他人都希望和愿意这不应该有所限制。

然而，在黑尔那里，我们还可以找到其论述的另外一个变体[181]。在必须考量多个人的利益时，这个变体具有特别重要的意义。黑尔根据一位法官颇受争议的案件对此作了说明，该法官把一个刑事被告人判为有罪[182]。在这个案件中，法官并非完全把自己置于犯罪人的地位上，并讯问他自己在这种处境下喜欢什么，他必须考虑在某种程度上受其判决影响的一切人的愿望与利益[183]。他必须使自己的判决能够被接受，不仅是从犯罪人的角度出发，而且要从判决以这种或那种方式影响的任何一个人的角度出发。因此，下面这个问题摆在面前："当我们考虑所有的人的利益时，我们如何将所有个人的考量统合成（解决）我们的道德问题的唯一答案？"[184]

---

[180] A.罗斯：《论道德推理》（英文），载《哲学年刊》，第1期（1964年），第127页及以下页。

[181] 罗斯在其评论中承认：他有点犹豫，把黑尔的论述还原成目前所讨论的表达式，在这个表达式里，问题的关键唯有取决于判断者的愿望和利益（A.罗斯：《论道德推理》，第127页，注25）。然而，他通过黑尔无数的表述来对自己所做的行为作了证立（黑尔的这些表述事实上也赞成以这种方式来理解它）。黑尔没有足够清楚地阐明两个表达式之间的区别，他也可能为此而应受到指责。他简单地把第二个表达式解释成第一个表达式的延展。

[182] R.M.黑尔：《自由与理性》，第115页及以下页。

[183] 似应强调的是：这意味着，为了检验某个规范性命题，不仅其逻辑后果，而且主要是为其奠定基础的规则有效性的实际后果都是很有重要意义的。

[184] R.M.黑尔：《自由与理性》，第117页。

黑尔的论述不可能解决多个人的利益统合这个问题。黑尔也没有做这样的声称。他的论述只是要求："每一个人都有平等考量的资格。"[185]黑尔相信，这里把他的程序与功利主义伦理学联系起来，可能是有所进益的。不过，他也没有指出到底如何能够这样去做。他只不过是指点出有关功利主义伦理学的若干难题。值得一提的难题有：一个人或不同的个人之各种不同利益、愿望和偏好的可公度性（Vergleichbarkeit, commensurability）难题，所有的人之平等但还不完全的满足能否优先完全满足绝对多数以牺牲少数的问题，以及较高的和较低的需求之区分困难[186]。

不过，由此也表明：黑尔论点的运用是以平衡不同利益的规范性标准为前提条件的。把自己置于一切相关者处境的判断者，必须随时发问：他到底能够把什么样的利益之限制接受为是理性的或者在道德上证成的限制呢？在这一点上，黑尔的程序的绝对优势丧失了。毕竟，没有规范性前提条件是不行的，而这个前提条件在黑尔本人那里则不可能得到证立。

这最后一点适用于所有涉及两人以上之利益的情形（多边的情形）。多边的情形似乎比黑尔所认为的更为常见。例如，在债务案件中，B不仅必须要问他处在A的处境下是否

---

[185] 黑尔：同上书，第118页。
[186] 同上书，第119页及以下页。对于这一点，甚至一般地赞成和反对功利主义的讨论，参见J. J. C. 斯马特、B. 威廉姆斯：《赞成和反对功利主义》（英文），剑桥1973年版。对于功利主义，另见D. W. 布洛克：《功利主义晚近的著作》（英文）一书的参考文献，载《美国哲学季刊》，总第10期（1973年），第241—276页。

愿意接受允许对拖欠债务者采取强制性方式的规则之后果，而且 B 还必须越过此点考虑到依此规则而存在的一切人的利益。黑尔讨论的另一个例子，即两个人作为邻居，其中一个喜欢吹喇叭，另一个喜欢听古典音乐[187]，这个例子也表明：若不诉诸进一步的规范性前提条件，解决双边（利益）案件中的问题也是不可能的。仅仅根据黑尔的程序还只能这样说：双边的利益均应当被考虑。但它们应如何在相互关系中加以确定，仍然悬而未决。双边的利益均应当被考虑，这对于债务案件终究也是可以适用的。没有理由认为：B 必须自动地放弃自己的权利。他还必须既从自己的立足点，也从 A 的立足点出发来对（面临的）情境加以判断[188]。但对于这样一个判断，黑尔没有提供任何标准。

然而，黑尔标准的运用以规范性条件为前提，这并非是毫无价值的。我假如处在其他人的处境下，则对于我认为根据我的道德确信是可接受的东西而对其他人有所期待，这一要求绝对是很有意义的。

但这马上又冒出了一个新的难题。根据这个较弱的说法，随便任何一个道德判断，假如讲话（言谈）者准备承认随之而来的限制在道德上是可以接受的话，那么最终都可以得到证立，即使这些限制对他有不利的影响。在这个语境中，黑尔经常引证纳粹分子（Nationalsozialisten）的例子，纳粹分子认为只要认定某人是一个犹太人的话，那么杀死他就是正

---

[187] 参见 R. M. 黑尔：《自由与理性》，第 112 页及以下页。
[188] 对此，参见 N. 霍尔斯特尔：《R. M. 黑尔的黄金规则解释》，第 195 页。

第一编 对若干实践论辩理论的反思

当的。

黑尔试图通过划分两种道德论证来应对这些难题。第一种论证的特征表现在：讲话（言谈）者在追求自己的利益[189]，相应地受可普遍化原则（PU）与规定性原则（PP）约束，以便在同等的程度上像对待自己的利益一样来决定同类人（Mitmenschen）的利益。第二种论证的特征在于：讲话（言谈）者不关心利益而关心理想[190]。有理想，意味着有某种东西被认为是绝对好（善）的[191]。黑尔的论述尽管被认为是很适合在利益之间形成平衡，但并不适合在利益与理想之间以及理想与理想之间形成平衡。长期以来，这都根本不是问题，除非有人试图用其理想来反对他人的利益，甚至反对其本人的利益。当有人准备为了他自己的理想而牺牲自己的利益和其同类人的利益时，一个严重的问题也就产生了。黑尔把这样一个人称为"狂热分子"（Fanatiker），针对这样的狂热分子，道德论证只能束手无策。

黑尔说明这一点的主要例子是纳粹分子：纳粹分子指证某人是一个犹太人，但他严肃而完全意识到（犹太人）会被

---

[189] 黑尔借助于欲求这个概念来定义利益的概念："有某个利益，是因为那里有某物是人所欲求（或可能欲求）的，或者该物是（可能是）人要（或可能要）获得某物的一个必要或充足的手段。"（R. M. 黑尔：《自由与理性》，第157页；另见上书，第122页）相应地，欲求这个概念反过来又通过某个规定之认同这个概念来加以界定："欲求某物，就是对某种规定的同意"（R. M. 黑尔：《错误与损害》[英文]，载黑尔：《道德概念论文集》，伦敦/贝辛斯托克1972年版，第98页）。

[190] 在这个语境里，黑尔谈到"两种理由"（参见 R. M. 黑尔：《自由与理性》，第149页）。

[191] R. M. 黑尔：《自由与理性》，第159页。

送进毒气室的事实[192]。问题是：通过道德论证还不能把他怎么样[193]。

黑尔对基于利益而进行的论述和基于理想而进行的论述作严格分离，本身也并不是毫无问题的[194]。历史业已表明：纯粹的角色转换还不足以来判断一个道德规则的正确性。对道德上的正确性或利益平衡的正当性，还必须增加一些标准。当然，我们可以把这些标准完全地称为理想。而且应注意到：一个人认为是属于其自我利益的东西，和他认为是属于别人利益的东西，这两者都取决于他对于什么是好或坏、什么是应当做或禁止做这一看法。在黑尔所讨论的关于吸毒者的例子中，这一点表现得更为清晰[195]。黑尔所持的观点是：把吸毒者抓进戒毒所、对其实施强制隔离似乎是符合其个人利益的。这里可能有人持反对意见认为：只有相信一定的生活方式之正确的人才能够这样说。

然而，利益与理想之间的区分有缺点，并不说明它毫无用处。有人是否毫无顾忌地实施某个原则，或者，有人是否总是以自己的形式和意义当作规范性考量的方式来考虑其同类人的利益，这两者之间是有区别的。不过，只应指出一点：黑尔的论述，不论其考虑的是不同种类的愿望、利益以及不同种类的人应置于什么关系这个问题，还是考虑什么应

---

〔192〕 黑尔：《自由与理性》，第170页及以下页。
〔193〕 同上书，第151页。
〔194〕 对这个区分的批评，参见R. N. 别尔基：《利益和道德理想》（英文），载《哲学》杂志，总第49期（1974年），第265页及以下页。
〔195〕 R. M. 黑尔：《自由与理性》，第174页。

算作是愿望、利益等的问题,均是以规范性条件为前提的。假如记住这一点,那么下面这种形式的黑尔之论述绝对是有意义的:

> 任何提出规范性命题者,必须当假设其置身于当事人之处境时,也能够接受该命题预设为前提(满足任何个人利益)的规则所造成的后果。

不过,以这种形式来证成规范性命题也还是不充分的,因为"能够接受"的意思是指"能够作为道德上有理而接受"。但这又以好像有待证成的规范性条件为前提。无论如何,它确实排除了这样一些规范性命题:这些命题基于其规范性确信连判断者本人都不可能承认,即使他把自己置身于任何一个他人的处境上。

3.2.2.3 在什么意义上可以说黑尔已经证立了可普遍化原则(PU)与规定性原则(PP),这个问题目前略而不论。按照黑尔的观点,这些原则所涉及的是有关道德陈述之意义的命题[196]。像"好"和"应当"这些表达即使以非规定性的、非普遍化的方式来使用,也并非不可能。但在这种情况下,我们就不再是在参与道德论辩[197]。我们也不再是谈论道德语言,因此也就脱离了"道德'游戏'"[198]。那么,

---

[196] R. M. 黑尔:《自由与理性》,第 30—31 页、第 97 页。
[197] 同上书,第 98—99 页、第 164 页。
[198] 同上书,第 89 页。

尽管大多数人实际上在玩这种游戏[199]，但人们为什么要这样做，却不可能给出道德上的证立（理由）[200]。而要做到这一点，就必须按照应被认可的规则来进行。

故此，可普遍化原则（PU）与规定性原则（PP）只能够在黑尔所指出的下列意义上被称为是得以证立的，即：它们对某些特定的语言游戏作出界定，只要人们对实践问题进行讨论，这种语言游戏就要在规则中进行。

这一思想使人想起由黑尔在《道德语言》中所提出的决定之完全证成理论（Lehre von vollständigen Rechtfertigung einer Entscheidung），他在《自由与理性》中也还偶尔引用这个理论[201]。"对某一决定之完全证成，应由对该决定之结果的完全说明，连同对其所遵守的原则的完全说明以及遵守这些原则的结果之完全说明一道来构成，——因为当然，正是这些结果（遵守它们事实上也正在于此）赋予这些原则以实际的内容。故此，倘若被迫要为某个决定进行完全的证立的话，那么我们就必须对决定作为其中之一部分的生活方式作出完全具体的说明。"[202] 但生活方式自身是不可能继续加以证成的。我们只能为此作出决定，并尝试着依照所决定的生活方式来生活。这个思想与维特根斯坦的生活形式的理论有亲缘关系，是显而易见的。它也以下面的命题为

---

[199] R. M. 黑尔：《自由与理性》，第98页。
[200] 同上书，第101页。
[201] 同上书，第37页。
[202] R. M. 黑尔：《道德语言》，第69页（强调符号为作者所加）（译文参见《道德语言》中译本，第68页。——译者）。

根据，即：在两个完全不同的理想，例如在纳粹主义理想和自由主义理想之间存在着最终的不可决断性（endgültige Unentscheidbarkeit）[203]。

3.2.3 关于黑尔的道德论证理论的评论

上文已就两个也许最重要的反对黑尔道德论证理论的意见进行了叙述。为了证立黑尔的程序，看起来除了建立在道德语言逻辑基础上的可普遍化原则（PU）与规定性原则（PP）以外，还必须要有像"每一个人都有平等考量的资格"原则这样的规范性原则。这个缺陷看起来并不太严重，因为正如下文所要指出的，先前提及的那种原则是可以得到证立的。较为重要的是那些对这个程序的效用能力（Leistungsfähigkeit）所提出的反对意见。如果人们根据的是利益相关者（个人）所喜好的东西，那么就不会得出可以被接受的结论；换言之，如果有人从他所认为正确的东西出发，那么他就应以另外的规范性条件作为前提。后者并不说明该程序毫无意义，但它确实表明：单有此点还不充分。如果可能的话，它还需要补充。

此外，基于利益而进行的论述和基于理想所进行的论述之严格分离，也颇成问题。无论如何，这个分离不可能被严格地贯彻到底。然而，在根本不考虑利益的论述与考虑利益的论述之间作出区分，仍然是可能的，也是颇有意义的。

还有，有关理想和生活方式不可能证成，因此不可能批评的命题也值得怀疑。确实，任何一种证立事实上都有一个终结。问题只在于：提出进一步的理由，是否总是不可想象

---

[203] 参见 R. M. 黑尔：《自由与理性》，第163页。

的[204]。无论如何,黑尔没有能够考虑到已由斯蒂文森所提及的可能评论线索,即有关理想和生活方式之如何形成的研究。这个程序将在讨论埃尔朗根学派的理性商谈理论的内容时再详加考查。

尽管有这些批评之点,黑尔的理论,对于理性的实践论辩理论仍然包含着一些非常重要的见识。

1)首先应该坚持的是黑尔对奥斯汀有关评价性或规定性言语行为的修改。

2)黑尔对道德判断之普遍化的观点也具有奠基的意义。谁要是表达道德判断,他就应以规则为前提条件。该规则确定:什么东西应构成道德判断 N 的理由 G。故此,理由的概念与规则的概念密切地联系在一起。对于斯蒂文森提出的追问 G 和 N 之间关系而言,这意味着:N 通常是从 G 连同其规定"G 是 N 的一个理由"这个规则 R,来通过逻辑推导出来的。该规则可能是很特定的(speziell),条件在于,它是普适的。

3)同样重要的是黑尔关于道德判断之检验的观点。谁要是表达道德判断,必须准备承认对利益的任何限制,这些限制是在这个判断中预设为前提的规则所要求的,即使它们触及判断者本人的利益。在这一点上,"承认"的意思是指"承认在道德上有理"。

4)最后,值得注意的是黑尔把道德论辩作为带有经验科学之同等地位的理性活动的观点。

---

[204] 见本书上文,第 76 页(边页码)。

3.3 图尔敏的理论

图尔敏像黑尔一样，也反对把道德论证当作是最好在心理学上加以解释的事情这一观点。他把斯蒂文森关于理由 G 和规范性命题 N 之间关系的问题直接作为自己的出发点[205]。他的核心问题是："什么是那个产生一套特定的事实的东西，其构成一个特定的伦理学结论 E 的一个充足理由 R？"[206]为回答这个问题，图尔敏提出下面这个命题：除了逻辑的和科学的推论规则（图尔敏把该些规则理解为归纳推理规则），还有一些推论规则是"伦理学论证所特有的"。这些推论规则允许从事实理由（G）得出规范性结论（N）。图尔敏把这种推论称为"评价性推论"（evaluative Schlußfolgerungen）[207]。

3.3.1 伦理学的功能

为了给这个推论规则定位，换言之，为了寻求何为充足理由的标准，图尔敏抓住了维特根斯坦的下述思想：语言是一个可以用于多种多样目的的工具[208]。其功能的范围包括从描述到拼词游戏（Reimspielen）。其正确使用的标准取决

---

[205] 参见本书上文，第66—67页（边页码）。

[206] St. E. 图尔敏：《理由在伦理学上的地位》，剑桥1950年版，第4页。基于本书上文第64页（边页码）所述的原因，本书将使用字母"G"和"N"以代替"R"和"E"。

[207] St. E. 图尔敏：《理由在伦理学上的地位》，第38页，也见第3页、第56页。

[208] L. 维特根斯坦：《哲学研究》，第11节："想一想工具箱中的工具：有锤子、钳子、锯子、起子、尺子、熬胶的锅、胶、钉子和螺钉。——词的功能就像这些东西的功能一样，是多种多样的。"（译文见《哲学研究》中译本，第9页。——译者）

于它在特定的生活整体（Lebenszusammenhang）框架内必须履行的功能[209]。图尔敏指出：在描述的场合，这个重要的标准是真理符合论[210]；在拼词游戏的场合，它可能就是，譬如，一定语词的开头字母[211]。何为道德语言的正确使用的标准，这可以通过考察其所作用的特定生活整体内的道德语言的功能来加以寻找[212]。

为了找到这个标准，图尔敏对科学说明的功能与伦理学语句的功能进行了比较。在水中放着的一根（直）棍子看起来好像是弯曲的。这令人感到惊奇。按照图尔敏的观点，科学说明的任务[213]在于把这种惊奇（感觉）转化为应让人预期的结果[214]。它根据谓述的可靠性（predictive reliability）标准，把一切可以利用的经验与其他相邻理论的融贯性（coherence）以及简便性（convenience）联结起来[215]，由此而做到这一点。按照这种方式，像"这根棍子看起来好像是弯曲的"这个语句，这个我们人类经验的一个直陈或表达，就变成了"充分成熟的科学判断"："这根棍子实际上没有弯曲；它显现出来的样子，是一个视觉上的幻象。"[216]

---

[209] St. E. 图尔敏：《理由在伦理学上的地位》，第84页。
[210] 同上书，第72页及以下页。
[211] 同上书，第81页及以下页。
[212] 同上书，第84页、第223页。
[213] 在图尔敏的文本中，"任务""功能""目的"等术语是在日常语言意义上使用的。内容包含这样一个术语的语句是可以转换成包含其他一些术语的语句的。
[214] 同上书，第88页。
[215] 同上书，第95页。
[216] 同上书，第122—123页。

那么，重要的是：在伦理学中也有感觉之直接无反思的直陈、表述与充分成熟的道德判断之间的区别。这些充分成熟的道德判断是一切可以获得的经验之阐释的结果[217]。然而，一个重要的区别在于：科学的说明并不改变其所说明的经验。相反，道德论证的本质，在于它们将修正人们无反思地表达出来的道德情感[218]。

故此，科学和伦理学对最初无反思的感觉或情感经验具有共同的阐释。但它们据此所履行的功能是有区别的。所以，它们阐释的逻辑也不完全相同。伦理学的功能是："把我们的情感和行为以每一个人的目标和愿望得到实现这种方式尽可能兼容地连接起来。"[219] "伦理学所考虑的是和谐地满足愿望和利益。"[220] 通过完成这个任务，伦理学所效力的最高目标是避免本可避免的痛苦[221]。

3.3.2 图尔敏的道德论证分析

从这个功能出发，图尔敏相信：什么构成规范性命题的充足理由，什么不构成这个理由，是能够加以说明的。

对于这一点，他区分了道德论证的两种形式和两个层面。

---

[217] St. E. 图尔敏：《理由在伦理学上的地位》，第124—125页。对于经验和感觉的直陈与判断的另一个类似的区别，参见 K. 拜尔：《道德的视点》（英文），伊萨卡/伦敦1958年版，第48页及以下页。

[218] 同上书，第127页。

[219] 同上书，第137页；另见第145页、第168页。

[220] 同上书，第223页。

[221] 同上书，第142页（这里，德文原著使用的"本可以避免的痛苦"[vermeidbares Leid]一词，与英译本所使用的"unnecessary suffering"[没有必要的痛苦]稍有差异。See Robert Alexy, *A Theory of Legal Argumentation*, transl. by Ruth Adler and Neil MacCormick, Oxford 1989, p. 82.——译者）

当根据讲话（言谈）者（所在）社会的有效道德规则之要求而对某个行为加以证成时，就是第一种形式。当某个行为（或某个规则）的证立在于指出它所促成的不是某种痛苦而是对现实的抉择进行讨论时，就是第二种形式[222]。第一种形式要通过引述规则来证成，第二种形式要通过陈述后果来证成。第一种形式是道义论的（deontologisch），第二种形式是目的论的（teleologisch）[223]。第二种形式直接服务于上述避免本可避免的痛苦之伦理学目的。在特定社会有效的道德规范中把社会成员的共同生活相互协调起来，以至于本可避免的痛苦得到避免，只有达到这个程度，第一种形式才适得其所。图尔敏的观点认为：情况通常就是这样[224]。

第一种论述形式把道德论证与现存的道德规范联系在一起。第二种形式则有利于其批判功能的展开。这个批判功能的实现，取决于道德体系适应新的环境并且更贴近避免本可避免的痛苦的目标。故此，道德论证一方面要联系现实状况，另一方面又服务于某个社会的理想，"这个社会，在现存资

---

[222] St. E. 图尔敏：《理由在伦理学上的地位》，第132页。第二种论述形式所涉及的是消极的功利主义的变体。关于这个概念，参见K. R. 波普尔：《开放社会及其敌人》，第1卷"柏拉图的符咒"，伯尔尼/慕尼黑1957年版，第5章注释6，第9章注释2；对此的相关批评，见R. N. 斯马特：《消极的功利主义》（英文），载《心灵》杂志，总第67期（1958年），第542—543页。但图尔敏认为实证的观点与其理论也是一致的（参见图尔敏：同上书，第159—160页）。

[223] 关于这些概念，参见W. K. 弗兰克纳：《分析伦理学》，慕尼黑1972年版，第32页及以下页；C. D. 布罗德：《伦理学理论的五种类型》（英文），伦敦1930年版，第206—207页。

[224] St. E. 图尔敏：《理由在伦理学上的地位》，第136、223页。

源和知识状态之内，人们不忍受任何痛苦或挫折"。[225]

道德论证的两个层面（die beiden Stufen，两阶）必须同其两种形式区别开来。第一个层面（一阶）所涉及的是单个（个别）行为的证成，第二个层面（二阶）涉及的是道德规则的证成。单个（个别）行为的证成发生在第一种形式之中[226]。只有当两个规则发生冲突或讲话（言谈）者（所在）社会之有效规则没有任何一个可以适用时，第二种形式才发生作用[227]。相形之下，只有第二种形式才有助于道德规则本身的证成[228]。

3.3.3 图尔敏的一般论证理论

诚如上述，图尔敏提出这样一个论点：在允许从事实命题（G）过渡到规范性命题（N）的道德论证中，存在着某些特定的推论规则。这些规则的存在使我们能够区分有效的和无效的道德论证。那么现在，图尔敏又向前迈了一步。按照他的观点，假如能够为之引证良好的理由时，那么一个道德陈述就是真的[229]。因此，不仅有效的道德论证与无效的道

---

[225] St. E. 图尔敏：《理由在伦理学上的地位》，第 223 页。

[226] 同上书，第 145—146 页。

[227] 同上书，第 146 页及以下页。

[228] 同上书，第 148 页及以下页。故此，图尔敏的道德论证的观点可以称为规则功利主义（Regelutilitarismus）的变体。这个功利主义变体的特征表现在：个体的行为并不直接根据其后果（行为功利主义）来判断，而是个体的行为根据规则来判断，只有这些规则才根据其后果来判断。关于规则功利主义，特见 J. 罗尔斯：《规则的两种概念》（英文），载《哲学评论》，总第 64 期（1955年），第 3 页及以下页。对此的相关批评，见 J. J. C. 斯马特：《极端的功利主义和限制的功利主义》（英文），载《哲学季刊》，总第 6 期（1956 年），第 344 页及以下页；R. M. 黑尔：《自由与理性》，第 130 页及以下页。

[229] St. E. 图尔敏：《理由在伦理学上的地位》，第 53、72 页及以下页。

德论证之区分,而且规范性命题的真值(真假)性都取决于这样一个规则的存在[230]。借此,图尔敏对上已讨论过的斯蒂文森论证作了颠倒:区分有效的和无效的道德论证的可能性不是以规范性命题的真值(真假)性为前提的,反而是规范性命题的真值(真假)性以作这种区分的可能性为前提条件。

《理由在伦理学上的地位》这本书对评价性推论规则未作任何清晰的表述[231]。它只是描述了上述两种论述形式以及以这些规则为基础而进行的一个具体论证[232]。为了弄清楚这个清晰的表述以及此规则逻辑特征的更进一步的规定性,这里引入图尔敏著的《论证的使用》[233]是很有用的。

这本书研究的对象是实际进行论证的逻辑(工作逻辑[working logic][234],或应用逻辑[applied logic][235])。图尔敏所理解的"逻辑"不是指我们今天所称的数理逻辑或形式逻辑,而是对论证者的断言(主张)和判断进行证成的理论[236]。这样来理解的逻辑,与法学之间,而不是与数学之间具有更多的近似性[237]。如果说法学描述规则,譬如,人

---

[230] 图尔敏把道德论证理论与规范性命题真值(真假)性理论联系在一起,有关此点,参见 G. C. 克尔纳:《伦理学理论上的革命》,第107页及以下页。

[231] 对此,参见 K. 涅尔森:《伦理学上的良好理由:图尔敏与黑尔争论的考察》(英文),载《理论》杂志,总第24期(1958年),第18页注20。

[232] 参见 St. E. 图尔敏:《理由在伦理学上的地位》,第132、150、224页。

[233] St. E. 图尔敏:《论证的使用》(英文),剑桥1958年版。

[234] St. E. 图尔敏:同上书,第9页。

[235] St. E. 图尔敏:同上书,第255页、第95页。

[236] 同上书,第6—7页。

[237] 同上书,第7—8页,第15、96、14、147、171、255页。

们根据这个规则可以提出法律上的主张,那么逻辑则确定规则,根据该规则,人们可以对一般的主张(Behauptungen)*进行证立和反证。按照图尔敏的观点,逻辑和法学是如此相似,以致他提出这样一个论点:"(我们可以说)逻辑……是一般化了的法学。"[238]据此,图尔敏放弃了自亚里士多德以来的逻辑传统,该传统把数学作为追求的理想。他指责这个传统片面地以三段论的知识范型为取向[239],根据他的观点,这个论述形式在实践论证的判断过程中并不太重要。按照这种方式,逻辑与实践论证之间的关系就可能丧失了[240]。为了重建这个关系,似有必要对逻辑理论作根本的重整[241]。这样一个根本重整的要求并不意味着传统逻辑不再有任何价值。任何论述不允许与逻辑相矛盾。毋宁说,重整应该是有必要的,因为传统逻辑不足以来判断非分析论述(实质论述)之优点和缺点[242]。

为了达到这种重整的目的,图尔敏研究了各不相同的领域(如物理学、法学和伦理学)中所使用的论述。他得出的结论是:这些论述在本质上具有相同的结构。在所有这些领域,作出主张的同时提出应予承认的要求[243]。假如这个主

---

* "一般的主张"(claim-in-general)是英译本的用法,本译者从之。See Robert Alexy, *A Theory of Legal Argumentation*, transl. by Ruth Adler and Neil MacCormick, Oxford 1989, p. 84.——译者

[238] St. E. 图尔敏:《论证的使用》(英文),剑桥1958年版,第7页。
[239] 同上书,第149页。
[240] 同上书,第147页
[241] 同上书,第253页。
[242] 同上书,第173页。
[243] 同上书,第11、97页。

张受到怀疑，那它就必须要进行证立。把事实作为理由提出来，就是这么进行的。譬如，"哈里是一个英国公民"（C=主张或结论）这个主张，就可以通过哈里出生于百慕大（D=数据）这个事实加以证立。反方可能以两种方式反击这个论述。他可以对 D 的真实性提出疑问，也可以就 D 是否决定 C 的问题表示怀疑。在第二种情况下，正方必须对从 D 过渡到 C 进行证成。这种证成不能够通过陈述进一步的事实推导而来。所以需要有一个新逻辑类型的陈述，即一个推论规则（推论许可证，inference-licence）[244]。这样一个推论规则具有下面这种形式："像 D 这种数据使人有资格得出像 C 这样的结论或作出像 C 这样的主张。"[245] 图尔敏把这个规则称为"凭证"（W=Warrants，"授权书"或"令状"）。在上述例子中，W 可以这样表达："凡在百慕大出生者，即为英国公民。"这些推论规则也可能受到怀疑。但在前述事例中，人们仍然可以（例如援引一定的制定法由议会发布这个事实来为凭证 W）进行辩解[246]。图尔敏把这种援引称为"佐证"（B=backing，支持）[247]。据此，就得出下面这个论述结构：

---

[244] 认为有一些作为论证（论述）基础的规则，它们允许从一个命题过渡到另一个命题，这个想法是图尔敏从赖尔那里接受过来的（参见《论证的使用》，第 260 页；O. 伯德：《论题学的再发现》[英文]，载《心灵》杂志，总第 70 期 [1961 年]，第 534 页）。关于推论许可证这个概念，参见 G. 赖尔：《心的概念》，纽约/墨尔本/悉尼/开普敦 1949 年版，第 121 页及以下页，第 306 页（《心的概念》中译本将此概念译作"推理许可证"，见 [英] 吉尔伯特·赖尔：《心的概念》，刘建荣译，上海译文出版社 1988 年版，第 125 页。——译者）。

[245] St. E. 图尔敏：《论证的使用》，第 98 页。

[246] 关于应用图尔敏图式的一个并非无足轻重的例子，参见 D. 冯德利希：《语言学基础》，汉堡的莱因贝克 1974 年版，第 71 页及以下页。

[247] St. E. 图尔敏：《论证的使用》，第 103 页。

第一编　对若干实践论辩理论的反思

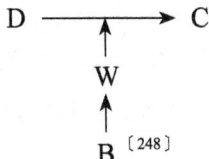

[248]

根据这个结构，C 可以由 D 和 W 在逻辑上推导出来[249]。在所引述的这个事例中，该推论有如下形式：

. (1) (x)(Fx → Gx)　　(W)
. (2) Fa　　　　　　　 (D)
　(3) Ga　　　　　　　 (C)(1), (2)[250]

与这个推论形式相反，在所引述的例子中，通过 D 和 B 推不出 C。但有一种论述，从中也可以通过 D 和 B 推出 C。图尔敏把下列作为论述的一个例子：

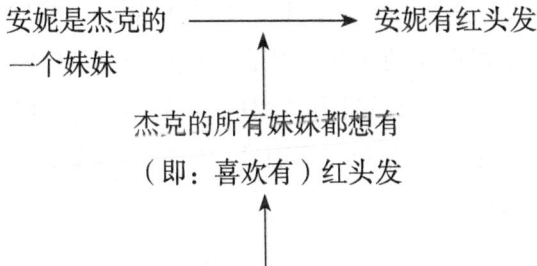

[251]

---

〔248〕同上书，第 104 页。图尔敏引入限定词（qualifier [Q]）和反驳的条件（rebuttal [R]）作为另外的基本概念。限定词决定着模态词（modality，如必然、可能、或许等），由此根据 D 和 W 则可以推断 C；反驳的条件说的是："当 W 不允许从 D 过渡到 C"（同上书，第 100 页及以下页）。

〔249〕同上书，第 119、123 页。

〔250〕据此，图尔敏通过 D 和 W 来证立 C 与黑尔通过 G 和 R 来证立 N 是相一致的。参见本书上文，第 93 页及以下页（边页码）。

〔251〕St. E. 图尔敏：《论证的使用》，第 124 页。

图尔敏把这种论述称为分析性的。他将此与强调 C 不可通过 D 和 B 推导出来的实质性的论述相对照[252]。

借助目前所做的各种区分，就可以说明图尔敏讲的评价性推论规则所指何意。

假设应予证成的规范性命题（C）宣称："A 行为恶劣。"那么，作为理由引证的，可能是："A 说了谎话"（D）。这里，相关的推论规则就会是这样一个语句，内容为："说谎在道德上是恶劣的"（W）。那么相应地，这个推论规则就能够比如通过引证说谎所导致的恶劣后果（B）来加以证成。由此，W 自身就成了第二个层面（C'）证成的对象。那么，具有决定性意义的是，推论规则即使在第二个层面也会被使用[253]。根据图尔敏的道德理论，作为第二层面（二阶）的推论规则必须应用类似下面这个规则："规则的遵守将会避免本可避免的痛苦，则是好（善）的"（W'）。W' 允许从 B(=D')（"说谎[作为惯例]产生本可避免的痛苦"）过渡到 C'，它相当于第一层面证立的 W。故此，上述论述具有下列的结构[254]：

$$
\begin{array}{c}
D \longrightarrow C \\
\uparrow \\
B(=D') \longrightarrow W(=C') \\
\uparrow \\
W'
\end{array}
$$

---

[252] St. E. 图尔敏：《论证的使用》，第 123 页及以下页。

[253] 关于应用推论规则去证立推论规则，参见 St. E. 图尔敏：同上书，第 106 页。

[254] 参见 St. E. 图尔敏：《理由在伦理学上的地位》，第 132、150 页。

那么，这又立即出现了 W' 如何能够被证成的问题。按照图尔敏的观点，这个问题必须予以驳回。假如我们不想把理性的论证限定于分析性论述的话，那么所有推论规则既不能质疑，也不能证成。除非至少若干个推论规则从一开始就被参与谈话者所接受，否则论证就不可能进行[255]。尽管我们可以就推论规则进行争论，但只有当我们对下一个层面的推论规则达成一致时，这样一种争论才是有意义的[256]。

3.3.4　图尔敏理论的难题

3.3.4.1　图尔敏的理论提出了一系列的难题。一个讨论得较多的难题是图尔敏对评价性推论规则之存在的看法。特别是，这个看法受到黑尔强烈批判。按照黑尔的说法，人们只应把逻辑规则称作是推论（推理）规则。而图尔敏的评价性推论规则根本就不是什么逻辑规则。它们并不依赖于陈述的意义，而在这些陈述之间，它们本应创设出某种关系。而且，否认这个规则而又不自相矛盾，却是可能的。实际上，它们更具有实质道德规则的特性[257]，我们径直可以把其理解成实践三段论的大前提[258]。大多数讲话（言谈）者在援引理

---

[255]　St. E. 图尔敏：《论证的使用》，第 100、106 页。
[256]　同上书，第 175—176 页。
[257]　参见 G. C. 克尔纳：《伦理学理论上的革命》，第 103 页。
[258]　R. M. 黑尔：《评斯蒂芬·伊德尔斯顿·图尔敏著：〈理由在伦理学上的地位〉》（英文），载《哲学季刊》，第 1 期（1950—1951 年），第 374 页；黑尔：《道德语言》，第 45 页、第 48 页及以下页；黑尔：《自由与理性》，第 87 页。关于争论的说明，参见 N. 派克：《道德推理中的推论规则》（英文），载《心灵》杂志，总第 70 期（1961 年），第 391 页及以下页。黑尔这里所使用的"实践三段论"这个概念意思是指：有一些推论，在它们那里，某个规范性结论是从一个规范性前提连同至少一个非规范性前提条件一起推导而来的（参见 R. M. 黑尔：《评斯蒂芬·伊德尔斯顿·图尔敏著：〈理由在伦理学

由时放弃把这些规则当作前提条件,这样做并不重要。他们的论述是省略三段论式的(enthymematisch)[259]。

在知识论上存在着一个完全相似的难题。其所涉及的问题是:有待说明的自然法则是应理解成大前提呢,还是应理解成推论规则呢。斯太格谬勒(W. Stegmüller)公允地评述道:这场争辩所引出的可能是一个虚假的讨论。既是这一个又是那一个,则是可能的[260]。

这对伦理学来说也是适用的。不过,根据黑尔的观点,必须指出这样一点:作为评价性推论规则来理解的道德原则不同于逻辑规则。它们具有规范性内涵,而必须特地加以证立。

将黑尔与图尔敏之间的争论归为"虚假的讨论"之列,

上的地位》》,第374页;同一作者:《道德语言》,第26页,注1)。关于亚里士多德的实践三段论概念(例如,亚里士多德:《尼可马克伦理学》,第1147a),见G. H. 冯·赖特:《论所谓实践推论》(英文),载《社会学档案》(Acta Sociologica),总第15期(1972—1973年),第39—40页;G. 卡里诺夫斯基:《规范逻辑导论》,法兰克福1973年版,第15页及以下页。关于"实践三段论"这个术语的另一种应用(它涉及的是意图与行动的关联),参见G. H. 冯·赖特:《论所谓实践推论》,第40页及以下页;G. H. 冯·赖特:《善的多样性》(英文),伦敦/纽约1963年版,第162页及以下页;同一作者:《说明与理解》,法兰克福1974年版,第93页及以下页。

[259] 关于省略三段论这个概念,参见R. 乔治:《省略三段论的后果》(英文),载《美国哲学季刊》,总第9期(1972年),第113—116页;A. R. 安德森、N. D. 贝尔纳普:《省略三段论》,载《哲学杂志》,总第58期(1961年),第713—722页;W. V. O. 奎因:《逻辑概要》,法兰克福1969年版,第240页及以下页。关于亚里士多德的省略三段论概念,参见J. 斯普鲁特:《亚里士多德修辞学中的论题与省略三段论》(英文),载《赫耳墨斯》(Hermes),总第103期(1975年),第68页及以下页。

[260] W. 斯太格谬勒:《知识论和分析哲学的问题与成果》,第1卷:"科学说明与证立",修订重印版,柏林/海德堡/纽约1974年版,第98页。

并不意味着这个讨论无关紧要。我们可以作出推测：不仅所有的道德原则（原理）能够被理解成道德论辩的规则，而且无数的道德论辩规则也能够被理解成道德原则（原理）。这一点可能非常重要。可以想见：作为道德原则（原理）的规则还只能够被决断，而作为有关实践问题的理性讨论规则却绝对可以证立（begründbar）[261]。

3.3.4.2 涉及图尔敏的评价性推论规则理论的另一个难题是它们的证成难题。图尔敏声称，他已经找到了其规则以及有关描述道德论辩的道德论证不同层面和形式之间的区别。"这一描述引导我们去观察：在特定类型的道德问题和论述中，好的推理是如何区别于坏的推理，有效的论述如何区别于无效的论述的。"[262]自然，按照其他的规则和形式进行论辩也是可能的。但是，根据图尔敏的看法，人们在这样做的过程中，所涉及的已经不再是有关道德的论辩（论证）了[263]。故此，由图尔敏提出的规则和形式就对道德的语言游戏进行了定义[264]。不过，我们应不应该进入道德的语言游戏这个问题，不可能作为一个道德问题以非常有意义的方式提出来[265]，尽管图尔敏与黑尔在这一点上是一致的。如

---

[261] 黑尔的可普遍化原则看样子是这方面的一个适例。黑尔本人曾提及下面这个可能性：该原则既可理解成一个有关道德判断之逻辑特性的命题，在一定程度上也可理解成道德论辩的规则，还可以理解成一个（分析的）道德判断。参见 R. M. 黑尔：《自由与理性》，第33页。

[262] R. M. 黑尔：《自由与理性》，第160页。

[263] 同上书，第161页。

[264] 有关"定义"这个术语的用法与语言游戏及规则的关联，参见 L. 维特根斯坦：《哲学研究》，第205页。

[265] St. E. 图尔敏：《理由在伦理学上的地位》，第162页。

果它可以被回答的话，那它也只能是在伦理学之内被回答。但如果有谁想在伦理学之内来回答它，则必须以从前的答案作为前提条件。

由图尔敏选择的证立道德论证规则的程序可以被称为经验性—定义性的。它之所以是经验性（或描述性）的，因为图尔敏是通过描述道德论证的实践来得出其规则的。借用哈特（H. L. A. Hart）的术语，这个描述是从"外在的观点"来进行的[266]。

它是定义性的，因为他把无数实际发生的语言游戏中的某一种游戏称为道德游戏，而否定任何其他的语言游戏具有这个特征[267]。这种把描述与定义合在一起的做法是颇成问题的。为什么唯有图尔敏所描述的语言游戏才能够配称作是"道德的"或"伦理的"[268]？根据其日常语言的用法，"道德的"或"伦理的"这些术语肯定也能够用于指称其他的论证规则。后者特别适用于那些规定避免本可避免的痛苦的规则。这意味着图尔敏只不过提出了道德论证众多可能之定义中的一种定义。我们还可以补上一句：纯粹地引用对规则的

---

[266] 有关这个概念，参见 H. L. 哈特：《法律的概念》（英文），牛津1961年版，第86—87页。

[267] 人们可能会问图尔敏是否用过另外的证立方式。他是这样来表达其规则的：这些规则适宜服务于特定的目的，即：避免本可避免的痛苦，和谐地满足需要与利益。这样一种证立可以被称为"技术性的"，在此，道德论辩的规则被提出来作为达到特定目的的手段。但第一个目的是与待证立的规则的内容相等同的，而第二个目的太一般化，以致图尔敏本人也不用它来进行证立。故此，图尔敏的理论清楚地显示出技术性证立方式的弱点。对这个弱点以及其他形式的证立方式，参见本书下文第226页及以下页（边页码）。

[268] 在这个语境里，图尔敏所用的这两个术语几乎同义（图尔敏：《理由在伦理学上的地位》，第160—161页）。

第一编　对若干实践论辩理论的反思

实际遵守，至多能够在非常弱的意义上被称作是对规则的证立，所以我们必须主张：图尔敏只是很不全面地解决了道德论证（论辩）规则的证立问题。

图尔敏的理论还有一个弱点在于其根本规则的模糊性。一个如"避免本可避免的痛苦"这样的说法只不过表示出某个功利主义理论的普遍理念。什么应被视为痛苦？一个人的痛苦与另一个人的痛苦如何比较？而且最要紧的是：某个人或某几个人的痛苦与避免绝大多数的痛苦如何比较？为了保障后者*是否可以忍受前者（痛苦）？对此，图尔敏的理论产生了更多的问题而未加以回答。

尽管有这些弱点，但图尔敏的理论仍然包含若干见识，对理性的实践论辩理论有所裨益。

1）他的主张认为：有一些道德论辩规则，它们把一定的事实断定（G）称作是一定的价值判断的充足理由（N）；这个主张是相当令人感兴趣的。不过，因为这个论辩（论证）规则的规范性内涵是与道德原则的规范性内涵相一致的，所以又不允许将这个规则与逻辑规则相等置。

2）为了进一步讨论的需要，另一个值得坚持的是图尔敏在下面两者之间所划出的一条平行线：一方面是直接的经验性陈述和有关道德情感的间接陈述；另一方面是充分成熟的科学判断和道德判断。无论在哪一种情况下，充分成熟的判断都是遵守一定的规则对一切有关的材料进行加工的结果。

3）还有一点重要的是，图尔敏注意到：我们在对价值判

---

*　避免绝大多数人的痛苦。——译者

断和义务判断进行证立的过程中,最先考虑现存的道德规范,以便在第二步中对此进行评论。道德论证不可能凭空进行。它与历史上形成的规范材料联系在一起。

4)图尔敏的一般论证理论尽管并不适合来取代形式逻辑,但它对在证立中应用的前提条件的结构却提供了一个有趣的视角,并且对各式各样证立步骤的特性给予了说明。在这一点上,认为必须预设一些条件或规则作为前提以便使任何论证能够得以进行,这个见识颇有分量。

5)此外,值得坚持的还有图尔敏关于论述的不同形式及不同层面的区分,尤其是有关单称规范性命题证立与单个规则证立之间的区分。

6)最后,认为通过分析其功能或目的能够找出语言游戏的规则,这个想法也令人感兴趣。

总之,图尔敏的理论尽管不能被看作是实践论辩的一个充分的理论,但它对于这个理论的发展仍然提供了一些重要的启示。

3.3.5 对一些术语的提炼

以图尔敏提出的区分作为基础,我们有可能对目前所使用的一些术语加以提炼(精确化)。在这方面,我们能够利用的一点是:图尔敏的推论规则(凭证)无论在哪个层面上都可以被理解成前提条件。

"论述形式"(Argumentform)这个术语所指的是一个讲话(言谈)者作出主张的命题(C)以及为支持这个命题而直接提出或作为前提条件之命题(D和W)的结构。其中,"结构"这个词,不仅理解为上述命题的逻辑形式,而且也是指这些命题的特性，比如在经验上、在规范上（由立法者所宣布的道德上）业已被承认或受到质疑等。假如被提出或被作为前提条件的命题（D 和 W）没有任何一个能够被放弃的话（放弃这些命题将使待证立的命题［C］不再能够在逻辑上通过它们推导出来），那么，这些被提出或被作为前提条件的命题将直接地支持有待证立的命题（C）。

某一个论述（Ein Argument）是为支持某个命题而引入的隶属于某种论述形式的命题构成的。相应地，多个论述（Mehrere Argumente）是在比如有待证立的命题从直接提出或作为前提条件之一系列派生命题逐个地推导出来的情况下产生的。一个反对某命题的论述，就是支持一个与该命题相对立的命题之论述。

"论述结构"（Argumentstruktur）这个术语所指的是一个既定讲话（言谈）者的多个论述之间的逻辑关系。最重要的关系是连接（Verknüpfung）。存在有两种连接。一种连接是：一个论述的有待证立的命题本身是另一个论述用于证立的命题。在这种情况下，我们所谈的可能是不同层面的论述。在另一种连接中，同一种形式的不同论述或不同形式的不同论述均用作对同一个命题的证立。这里所讲的是同一个层面的论述。

最后，"论证结构"（Argumentationsstruktur，一译"论辩结构"）这个术语所指的是由多个讲话（言谈）者所表达的命题之逻辑关系。

这些概念规定（Begriffsbestimmungen）在很大程度上还可以进一步加以提炼，然而，对于我们现下追求的目的而言，这已经足够了。

3.4 拜尔的理论

拜尔的道德论证理论（Theorie des moralischen Argumentierens）对目前的研究具有重要性，主要基于两个因由：（1）它包含着超越图尔敏理论而发展了的道德论证结构的分析；（2）它包含着一个与黑尔很不相同的可普遍化概念之阐释。

3.4.1 拜尔对道德论证的分析

按照拜尔的观点，"我应当做什么？"这个问题与"什么是我能够做的最好的事情？"这个问题的意思是相同的[269]。不过，最好的行为是那种"由最好的理由所支持的行为"[270]。

为了确定何为最好的理由，就必需采取特定的活动。拜尔把这些活动称为"商谈"（deliberation）[271]。这个术语既指单个人的思考（Überlegungen），也指多个讲话（言谈）者的商讨（Beratungen，商谈*）。那么，何为良好（充分）的理由就可以在思考或商讨的过程中找到。

拜尔区分了两个层面的思考和商讨。第一个层面要对事实进行考察，要对这些事实的相关意义进行探究（即"事实的考量"，the surveying of facts）；第二个层面要对在

---

[269] K. 拜尔:《道德的视点》（英文），伊萨卡/伦敦1958年版，第85页。
[270] 同上书，第88页。
[271] 同上书，第93页。
* 德文"Beratungen"与英文"deliberation"对译，但尚无合适的汉译词。本译本在与"思考"对应的场合（尤其是在拜尔的理论语境下）将此译作"商讨"，一般情况下译为"商谈"。——译者

第一个层面获得的理由进行衡量（即"理由的衡量"，the weighing of the reasons）。

第一层面的商谈所提出的问题是：什么东西可以合适地作为单称规范性命题的理由？拜尔的回答同图尔敏和黑尔的解决方案近似：他也认为，正是规则使一些东西构成了某个理由。拜尔称这些规则是"形成思考的确信"（consideration-making beliefs）或"理由规则"（rule of reason）。但他对下面一点还犹豫不决：到底应把这些规则，像图尔敏所主张的那样看作是推论规则（推论许可证）呢，还是像黑尔所认为的那样看作是实践三段论的最高命题（大前提）呢？[272]

按照图尔敏的看法，在第一个论证层面有待应用的规则一般允许对什么是应当做的这个事情作出决定。与此相反，拜尔从下面的立场出发：在常规的情形下，无论是赞成还是反对一定行为的理由都可以提出来。命令性的行为（应当遵循的行为）是那种受到最好的理由支持的行为。故此，一个理由G支持某个行为a，仅仅是说：如果再也没有更好的理由反对a，那么a就是应该去做的。所以，这些通过理由规则而被描述为理由的事实所要证立的，仅仅是一个支持什么应当去做的假定[273]。

而且在另一个重要的方面，拜尔的规则与图尔敏的规则也有区别。它们不仅具有能够从理由（G）过渡到某个规范

---

[272] K. 拜尔：《道德的视点》，第94页。
[273] 同上书，第102页。

性命题（N）的功能，而且最主要的是它们有助于从根本上去追踪相关联的事实[274]。这连同通过规则获得的理由之假定特性一起，对埃·冯·萨维尼（E. v. Savigny）所称的那些所谓"相关性规则"（Relevanzregeln）[275]的规则进行证成。

当既有一些理由去做 a，也有一些理由不去做 a，即存在着拜尔适切地称之为"极端频繁"（extremely frequent）[276]的一种情形时，就必需衡量到底哪一种是最好的。

有一些规则规定：在一定类型的理由之内，什么样的理由以及什么类型的理由应属于是最高的；这些规则构成了第二个层面进行衡量（理由衡量）的基础。拜尔把这些规则称为"优越规则"（rules of superiority）[277]或"优先规则"（rules of priority）[278]。

3.4.2 道德的立足点

实践论证的这个大致轮廓抓住了实践论证活动中的一个典型特征：理由的往返（来回）衡量。正是在讨论譬如像法律问题这类复杂问题的过程中，才几乎总是既存在着一些维护某个特定解决方案的理由，也存在着一些反对该解决方案的理由。在优先规则层面可以（对此）加以决定。因此，问题在于：该决定应当如何证成？图尔敏的解决方案似乎是这样的：它们可以跳过"避免本可避免的痛苦"这个规则通过

---

[274] K. 拜尔：《道德的视点》，第94页。
[275] E. 冯·萨维尼：《规范语言哲学》，法兰克福1969年版，第174页。
[276] K. 拜尔：《道德的视点》，第171页。
[277] 同上书，第99页。
[278] 同上书，第106页。

引用其后果来加以证成。据此，拜尔的理论只不过是图尔敏理论的完善（精致化）。但拜尔却选择了一条或许更类似黑尔的路子：道德的立足点（道德的视点）理论。

根据拜尔的看法，道德的立足点是通过一系列规则、标准或条件来加以界定的，道德判断必须与之相一致，以便其本身能够得到认可。在拜尔看来，只有满足这些条件的道德判断才应当算作是真的判断[279]。因此，问题就在于要通过什么样的条件（标准、规则）来对这个立足点加以描述。

3.4.2.1 拜尔对形式的条件与实质的条件作了区分。第一个形式条件是要求行为在根本上必须受规则而不是个人利益所决定的意图所支配[280]。根据第二个形式条件，这些规则必须对每一个人都有效："它们是对每个人都有意义的原则。"[281] 由此而紧接拜尔的下一个重要步骤是：这些规则必须是公开的，并且是可普遍传授的[282]。从这个"可普遍传授"（universal teachability）要求（其也可视为可普遍化思想的一个特殊变种）出发[283]，则产生下列三个道

---

[279] K. 拜尔：《道德的视点》，第 173 页及以下页、第 184 页。关于拜尔对规范性命题之真值（真假）性的主张，参见 K. 涅尔森：《论道德真理》（英文），载《道德哲学研究》（美国哲学季刊），专著系列丛书，第 1 期，牛津 1968 年版，第 9 页及以下页。

[280] K. 拜尔：《道德的视点》，第 191 页及以下页。

[281] 同上书，第 195 页。

[282] 同上书，第 195—196 页。

[283] 拜尔的可普遍传授的要求相一致的是康德的公共性要求："凡是关系到别人权利的行为而其准则与公共性不能一致的，都是不正义的。"（I. 康德：《永久和平论》，载普鲁士科学院编：《康德全集》，第 8 卷，柏林 1912 年版，第 381 页）（中文译文，见〔德〕康德：《历史理性批判文集》，何兆武译，商务印书馆 1997 年版，第 139 页。——译者）。

德规则评判的标准：

1）道德规则不允许自我挫败（self-frustrating）。否则，它们的目的一旦遭到挫败，那么立即实际地产生下面这个普遍的传授结果：没有人会再按照它们来行为。这样一种自我挫败的规则就是如下这个定理："当你陷入困境时，要请求（别人）帮助，但自己从不帮助任何其他陷入困境的人。"[284]

2）进一步说，道德规则也不允许自我损害（self-defeating）。这种情况是指：按照道德规则行为之人的目的一旦造成自我击败，那么大家立刻就明白，他将要追寻这些规则。"即使你不想保守承诺，也要作出承诺"，就是这样一个规则[285]。

3）根据目前提及的规则，对此进行普遍的传授尽管似乎是无意义的，但毕竟又好像是可能的。然而，也有一些规则，它们从来也不可能被传授。这种"道德上不可能"（morally impossible）之规则的一个例子是下面这个规则："你要经常说一些你认为不是那么回事的事情。"这个规则的公开传授将会导致此一结果：听者只不过会以某个附加的否定方式来理解所有的语句。在这种情况下，似乎被传授的不是一种蒙骗，而只是某种新的语言规则[286]。

---

[284] K. 拜尔：《道德的视点》，第196—197页。
[285] 同上书，第197页。
[286] 同上书，第197页及以下页。不过，这样一个规范（规则）并不是人们所期望的。当我知道外面不在下雨时，对于外面是否下雨这个问题，我必须给予肯定的回答。因为提问者知道新规则，他由此想要有其所期望的信息。然而，如果他问几点钟了，那么假如我知道现在是12点，那我就不仅可以说不到12点，而且也可以说：比如6点15分、18点7分，或22点44分。如果我选择了后者，我的信息对提问者来说完全是无用的。他必然会很辛苦地去打听正确的信息。基于这个理由，一个如此的规则是不为人所期望的，但这并不是说它是不可能的。

3.4.2.2 同样，根据道德立足点（视点）的实质条件，拜尔讨论了三个标准。这三个标准被认为是对道德规则必须"对每个人的利益是同样的"（for the good of everyone alike）[287]这个要求的阐释。

1）当某个规则的遵守"直接有利于每个人的共同利益"（the common good of everyone）时，第一个标准就得到了满足。这种直接有利于每个人的共同利益是指：譬如，生产得到提高，每个人的生活标准同时也得到提高。据此表明：这个标准的可应用领域，限定在每个人的利益至少部分地相一致的场合。因此，在所有牵涉利益冲突的场合，该标准不可应用[288]。

2）在本质上更为常见的情况下，被拜尔看作是核心的可逆性（reversibility）标准开始发生作用：当下讨论的行为必须被受其影响的人们所承认，而不管这些人到底站在"给予者"的一边，还是站在"接受者"的一边[289]。这个标准是与上文已作详论的黑尔的程序相一致的。它也具有弱点，因为它不能说出：从受其影响的人之立足点看，一个规则何时在道德上是可以接受（承认）的。不过，情况也已表明，尽管它本身还有弱点，这样一个标准并不是完全无用的[290]。

3）最后，拜尔的第三个条件与辛格（M. G. Singer）的一般化论证是一致的。假如一个行为的一般应用具有坏的结

---

[287] K. 拜尔：《道德的视点》，第 200 页。
[288] 同上书，第 201 页。
[289] 同上书，第 202、208 页。
[290] 参见本书上文，第 104 页（边页码）。

果，那么这个行为就是禁止的[291]。在平常的讨论中，这个标准经常采取如下的问题形式："如果大家都这么做，那该如何是好？"该标准在讨论中起着重要的作用。然而，无论其证立的基础还是其应用的范围都仍然是有争议的。如果每个人都要去制作衣服，那么人类就得去饿死。这是否因此就意味着任何人都不应去制作衣服呢？假若很多人都想去做某个相关的行为以至于无论如何要出现大家都不想要的结果，那怎么办？这个论述是否也有责任要求具体的个人去抑制某个行为（不作为）呢？在相反的情况下，假若断定说肯定不会出现这种坏的结果，那应如何加以判断呢？这些问题及一系列更进一步的问题，紧接着M. G. 辛格的《伦理学上的一般化》这本书（上述论述构成此书的中心点）之后，得到深入地讨论[292]。但在此我们还不可能把这个讨论详细地加以展开。然而，我们不妨做这样的推测：假如该论述具有了某些的限制和资格条件，那么它就能够被称为绝对可加使用的。

问题在于：界定道德观点的规则、条件或标准是如何能够证立的。人们为什么应当接受这种立足点？靠引证个人利

---

[291] K. 拜尔：《道德的视点》，第209页及以下页。为了更精确地理解这一论述形式，参见 M. G. 辛格：《伦理学上的一般化》，第61页："如果每个人都必须做 x，那么结果将是灾难性的（或令人讨厌的）；因此任何人都不应当做 x。"

[292] 参见，比如 N. 霍尔斯特尔：《功利主义伦理学与普遍化》，弗莱堡/慕尼黑1971年版；J. H. 索贝尔：《一般化论证》（英文），载《理论》杂志，总第31期（1965年），第32—60页；W. C. 吕坎、A. 奥尔登奎斯特：《一般化论证能够被重建吗？》，载《分析》杂志，总第32期（1971—1972年），第76—79页；D. 莱昂斯：《功利主义的形式与界限》，牛津1965年版，第198页及以下页。

益是不够的。凡是采取道德立足点的人，必须常常对个人利益加以限定。因此，拜尔的证立按照下列的方式来进行：假如想对道德立足点加以证立，那就没有必要去问某个特定的个人在特定的情况下为什么应当接受这个观点。毋宁说，问题必须这样提出来：从任何一个人的立场看，大家均采取此种（道德）立足点的世界是不是比一个所有的人都做缺德事的世界更好？[293]

3.4.3 关于拜尔理论的批评

这样一个证立是否承受得起，还必须加以怀疑。为了证立道德的立足点，我们必须以任何一个人的立足点为前提。然而，如果谁要是忽视其个人因素进而采取任何一个人的立足点，那他（事实上）已经接受了某种道德立足点之类的东西。故此，证立就变成循环的了。

还有，界定道德立足点的条件是否足以用作检验道德判断的标准，也是有疑问的。一系列极受怀疑的道德规则，同可普遍传授及由此而获得的3个标准的条件可能是相一致的。大家仅仅想一想公开宣扬的种族法就够了。直接有利于所有人的共同利益这个说法还有许多问题悬而未决。当 A 和 B 每个人都得到 4 个（数量）等份而不是 2 个，或者当 A 得到 3 个等份而不是 2 个，B 得到 5 个等份而不是 2 个，这两种情况，都可以说是共同利益。然而，我们几乎不会径直地把后者看作是公正的[294]。可逆性条件（Bedingung der

---

[293] K. 拜尔：《道德的视点》，第310页。
[294] 关于这些分配问题，参见 J. 罗尔斯：《正义论》，剑桥，马萨诸塞1971年，第60页及以下页。

Umkehrbarkeit）遭受针对黑尔的道德论证理论所提出的论点之批评。最后，由于某些行为之普遍实行将导致坏的结果，规则要对这些行为加以禁止，但它们（本身）并没有说明什么是坏的结果。不过，大家必须要知道什么时候我们应当适用这些规则。故此，拜尔的道德立足点的条件还留下很多的问题没有解决。

尽管有这些缺点，拜尔的理论对我们目前的研究还是有一些意义。

1）拜尔对规定理由的规则与在这些规则中规定（优先）顺位的规则作出区分，这是对图尔敏的道德论证分析的一个重要补充。

2）拜尔对道德立足点（视点）的分析揭示了可普遍化概念的诸多方面。这个概念是理性的实践论辩理论的一个核心概念。

4. 一些暂时的结论

在元伦理学乃至整个一般的分析伦理学领域，还有大量的理论来不及在这里选择出来讨论。特别值得一提的是许多有关功利主义伦理学[295]的研究和罗尔斯（J. Rawls）的正义

---

[295] 对此参见 D. W. 布洛克著《功利主义晚近的著作》（英文）一书的参考文献，载《美国哲学季刊》，总第10期（1973年），第241—276页；以及 J. J. C. 斯马特、B. 威廉姆斯：《赞成和反对功利主义》（英文），剑桥1973年版。

论[296]。这些理论的讨论肯定是有益的，但似乎已超出了本书研究的范围。

在过渡到讨论哈贝马斯的理论之前，我们应当对目前讨论的一些特别重要的结论加以概括：

1）与自然主义和直觉主义的宣称相反，道德语言的功能并没有局限于描述经验的或者非经验的对象、性质或关系。

2）毋宁说，道德论辩是受规则支配的、以理性的方式平衡利益的独特活动。实践论辩理论的最重要的任务就是阐明支配该活动的规则。为此，在对实际存在的语言游戏的规则进行描述、分析以及对这些规则进行证成或证立之间作出区分，是很必要的。前者属于实践论辩理论的经验性和分析性的部分，后者属于其规范性的部分。

3）实践论证的规则必须与各式各样的论述形式加以区别。

4）规范性命题是可普遍化的（universalisierbar）*。诚如

---

[296] 作为契约论的一个变体，罗尔斯的正义论与这里所提出的论辩理论有许多共同点，尽管两者间也存在着一些重要的区别。至于它是否足以作为法律论证理论的一个基础（它本身没有如此宣称），还必须看作是一个悬而未决的问题。罗尔斯理论的研究对象是社会的基本结构（J. 罗尔斯：《正义论》，第7页）。与此相对，法律论证理论的研究对象是如何对待具体（单个）的实践问题。在此方面，罗尔斯的理论只包含些微的启示（参见《正义论》，第199—200页、第339页，在这里，罗尔斯根据在其体系中可证立的自然义务而自我发问："这些义务，当它们相互之间发生冲突，或者与职责及通过职责外的行为所能够达到的利益发生冲突时，应如何加以平衡？"他还注意到："解决这些问题，没有明显的规则。"）另一方面，具体（单个）的实践问题的讨论，总是依赖于所涉及的实践问题的社会基本结构。就此而言，罗尔斯的理论对法律论证理论具有重要意义。有关罗尔斯的理论，其同这里所提出的论辩理论之关系以及它对法律论证理论的关联性的讨论，似乎也应成为本书分别考察的对象。

* 可普遍化的（universalisierbar），在译本的上下文中，也被译作"可一般化的"，它与"verallgemeinerbar"基本上通用。——译者

黑尔所指出的，这是指：若要为某个规范性命题 N 引证某个理由 G，则应以表达 G 是 N 的一个理由的规则作为前提条件。除了这个可普遍化概念外，有关可普遍化思想还有其他一系列含义。

5）实践论证对规则的遵从，不同于自然科学的论证。但这绝不构成否定其具有理性活动的性质的一个理由。

总之，可以说，目前所讨论过的理论尽管一方面留有许多问题尚待解决，但另一方面它们对于本书要试图建构的理性实践论辩理论也包含相当多的颇有价值的启示，这个理性实践论辩理论能够足以用作法律论证理论的基础。

第二章 哈贝马斯的真理共识论

对本书的研究而言，在德语圈内发展的各种有关规范性命题证立的理论中，最重要的是哈贝马斯的真理共识论以及埃尔朗根学派的实践商谈理论。在这两种理论中，实践问题的讨论居于核心的地位。下面先就哈贝马斯的理论进行评介。

在其共识论中，哈贝马斯主张：像命令和评价这样的规范性命题可以原则上利用与经验命题相同的方式来加以证立[297]。在此，经验命题的真实性（Wahrheit）与规范性命题的正确性（Richtigkeit）是相一致的[298]。

---

[297] J. 哈贝马斯：《真理理论》，载 H. 法伦巴赫编：《现实与反思：W. 舒尔茨祝寿文集》，普夫林根1973年版，第220页、第242页及以下页、第252页及以下页；同一作者：《晚期资本主义中的合法性问题》，法兰克福1973年版，第140页及以下页。当然，在具体方面，也存在着一系列差别（参见同一作者：《认识与兴趣》，法兰克福1973年版，第390页及以下页）。在讨论的过程中，对这些差别将必须给予提示。

[298] 哈贝马斯：《真理理论》，第220页、第226页及以下页。通常来说，哈贝马斯在有关规范性命题上使用"正确性"一语，在有关非规范性命题上使用"真实性（真理）"一词。但他也谈到实践问题的"真值（真假）性"："假如我们把'真理'宽泛地理解为可以在无强制和无限制地交往中达致理智的合理性，那么在这个意义上，实践问题在那些以实证主义方式重申模写论的真理概念的人或者在像卢曼这种以实用主义看问题的人眼里，就缺乏其'真值性'，后者把真理理解为确实性产生的功能。"（J. 哈贝马斯：《社会理论抑或社会技术学？与尼克拉斯·卢曼的争论》，载 J. 哈贝马斯、N. 卢曼：《社会理论抑或社会技术学——系统论研究有什么功用？》，法兰克福1971年版，第241页；另见哈贝马斯：《晚期资本主义中的合法性问题》，第140页及以下页）。而且，哈贝马斯还常常对命令的正确性与评价的适当性进行区别（参见氏著：《真理理论》，第242页）。

1. 哈贝马斯对真理符合论的批评

为了证立自己的主张,哈贝马斯首先把自己所提出的共识论同古典的真理理论,特别是同(真理)符合论进行了对比。他力图指出各种古典的理论不可能解决与真理概念相关联的问题,以此说明他的理论可以为这些问题提供解答方案。

根据共识论的真理标准,"只有当能够加入同我谈话的任何其他一个人可以就同一个对象作出相同的谓述时,我才可以对该对象作出某种谓述。为了把真命题与假命题加以区别,我引证别人的判断,甚至引证我能够接纳与之谈话的一切人的判断(假如我的生命史与人类世界的历史是有同等长度的话,那么在这一点上我反事实地包括我所能遭遇的一切谈话伙伴)。命题的真实性条件是其他所有人之潜在的同意。"[299]

与此相反,按照真理符合论的观点[300],一个语句(一

---

[299] J. 哈贝马斯:《对交往资质理论的若干准备性评说》,载 J. 哈贝马斯、N. 卢曼:《社会理论抑或社会技术学》,第 124 页;同一作者:《真理理论》,第 219 页。引证的观点表达逐字逐句地见诸两个文本。对于这一点,也参见弗兰克纳当然以更弱的方式所表达的主张,他曾经谈到通过应用像"善""正当""有理""有效""真实""现实""合理"这样的表达,可以提出"对某种假设的共识之默示的要求"(W. K. 弗兰克纳:《社会哲学上的决定论和分离论》(英文),载 C. J. 弗里德里希编:《规范》杂志[Nomos],第 7 卷[1964 年],第 23 页)。

[300] 关于真理符合论,参见 G. E. 摩尔:《事实与命题》(英文),载《亚里士多德学会年报》,增刊第 7 卷(1927 年),第 171—206 页;J. L. 奥斯汀:《论真理》,载氏著:《哲学文集》,伦敦/牛津/纽约 1970 年第 2 版,第 117—133 页;A. 塔尔斯基:《真理的语义学概念与语义学基础》(英文),载氏著:《哲学与现象学研究》,总第 4 期(1943—1944 年),第 341—375 页。

个命题、一个主张或一个断言［陈述］）[301]，当且仅当通过语句表达的事体（Sachverhalt）实际存在时，才应被称为真实的。实际存在的事体就是一个事实（Tatsache）[302]。故此，真理可以被定义为是语句与事实之间的一致性（符合）。

乍一看来，真理符合论似乎是没有问题的，甚至是小事一桩。几乎没有人会否认亚里士多德的下述金科玉律："言存在者存在，言不存在者不存在，即真理。"[303]但仔细地看，问题就暴露出来了。在这一点上，所生发的最棘手的难题之一，就在于回答下面这个问题：假如语句应当是真理的话，那么语句（或命题等）必须与之相一致的那个东西到底是什么；简言之：何为事实？

哈贝马斯恰好抓住了这一点。他根据斯特劳森的观点，首先对事实与经验的对象作了区分。"事实是命题（假如是真实的话）所陈述的东西；它们不是命题存在所涉及的东西。它们不是像物或眼前发生的事情那样被目击，亲耳所听或亲眼所见……。"[304]经验的对象存在于世界中。与此相反，诚如京特·帕茨希指出，"事实……首先不仅仅是它们实际上所是的东西，而且其次它们也还能够通过真实语句来加以

---

［301］人们可以说这是真实的或者是虚假的，有关这一点，参见 A. R. 怀特：《论真理》（英文），伦敦／贝辛斯托克1970年版，第7页及以下页。

［302］有关这些术语，参见 L. 维特根斯坦：《逻辑哲学论》，第2段："发生的事情——事实——是事体的存在。"（中译文，见〔奥〕路·维特根斯坦：《逻辑哲学论》［名理论］，张申府译，北京大学出版社1988年版，第19页。——译者）

［303］亚里士多德：《形而上学》，1011b。

［304］P. F. 斯特劳森：《论真理》（英文），载 G. 皮切尔编：《真理》，恩格尔伍德·克利弗斯，N. J. 1964年版，第38页。

表达。"[305] "没有语句,则不可能有事实;事实在本质上是语言依赖的。"[306]

故此,事实并不是与客体(对象)完全相同的方式在世界中存在着的东西。然而,在哈贝马斯看来,假如说真理符合论还该有什么意义的话,那么事实就必须是其应所是的东西。否则,符合论只应限定在语言领域。但这与下述要求不相一致,即:命题应受事实宰制,而非事实应受命题摆布。所以,一个真理理论,假如它想成为合格的理论,则必须能够足以对待帕茨希所讲的事实概念的"内在两重性"(innere Doppelheit)[307],即:一方面,事实是语言依赖的,但另一方面语句就其真实性而言又是事实依赖的。哈贝马斯认为,只有真理共识论才能够实现这些要求[308]。

2. 言语行为理论和真理论的结合

哈贝马斯的(真理)共识论建立在上文讨论过的[309]言语行为理论的基础之上[310]。

---

[305] G. 帕茨希:《语句和事实》,载《语言与逻辑》,哥廷根1970年版,第43页。
[306] 同上书,第44页。
[307] 同上书,第47页。
[308] J. 哈贝马斯:《真理理论》,第217页。
[309] 参见本书上文第77页及以下页(边页码)。
[310] 参见 J. 哈贝马斯:《对交往资质理论的若干准备性评说》,第102页及以下页。有关哈贝马斯理论与言语行为理论之对照的详细讨论,参见氏著:《什么是普遍语用学?》,载 K.-O. 阿佩尔编:《语用学与哲学》,法兰克福1976年版,第204页及以下页。

按照哈贝马斯的观点，真理是一个"我们将其与记述性言语行为结合在一起的有效性要求。只有当言语行为（我们由此通过语句的应用而对该命题作出断言）之有效性要求是有证成根据的时候，一个命题才是真实的"。[311] 故此，断言（主张）的可靠性（Berechtigung）不应再像人们在传统上所认为的那样，依赖于被断言（主张）之物（Behaupteten）的真实性，相反，被断言（主张）之物的真实性应依赖于断言（主张）的可靠性。真理的概念，假如人们愿意这样来讲的话，就从语义学层面转向语用学层面。

如果这样一个解决方案是可行的，那么就应当到达两个目标：第一，它能够说明，真理并不存在于一个问题化的语句—世界关系之中；第二，它为规范性命题和非规范性命题在其真值（真假）性方面被同等看待（等置）作出重要的一步。不过，也还要指出：规范性命题的可靠被断言（主张）之物也是有的。假如这种规范性命题的被断言（主张）之物存在的话，那么人们甚至可以超越哈贝马斯（的说法），来谈规范性事实（normative Tatsachen）。故此，像"雪是白的"这个语句，可以与雪是白的这个事实相一致[312]；"X

同时，哈贝马斯也把自己的理论理解为维特根斯坦语言游戏分析的继续："如果说维特根斯坦提出了一个语言游戏理论，那么这个理论则必须采用普遍语用学的形式。"（哈贝马斯：《语言游戏，意图和意义：论塞拉斯和维特根斯坦的动机》，载 R. 维格尔斯豪斯编：《语言分析与社会学》，法兰克福 1975 年版，第 327 页。）

[311] J. 哈贝马斯：《真理理论》，第 218 页。
[312] 对此，参见 A. 塔尔斯基：《真理的语义学概念与语义学基础》，第 343 页。

是应该做的"这个语句，可以与 X 是应该做的这个事实相一致[313]。

3. 行为和论辩的区别

哈贝马斯理论关键的一步在于：哈贝马斯把言语行为理论置于普遍的交往理论之中，并且区分出两类根本上不同的交往形式：行为（Handlung）与论辩（Diskurs）*。

行为是言语行为所提出的有效性要求得到默认的语言游戏[314]。相反，论辩则是将成为问题的有效性要求加以课题化，并就其可靠性进行考查[315]。在行为中，还没有提出下列问题：言语行为所主张的命题是否真实，在通过它们所表达的事体是否存在，或者说某个事实是否存在。此时，交往的主题是对世界之客体的经验。各种信息正是针对这些经验而相互交换。这些信息可靠或不可靠，取决于它们是基于主观的经验还是基于客观的经验[316]。假如以之为基础的行为

---

[313] 对这一点，参见 A. R. 怀特：《论真理》，第 59 页及以下页。

* 哲学界大体上把哈贝马斯所用的"Handlung"译作"行动"，把"Diskurs"译作"话语"或"商谈"（在与"行动"区别的意义上，这个译法也有一定的道理）。但为了保持本书前后的统一，这里还是把"Diskurs"译为"论辩"。道理见本书"导论"第 2 节译注。——译者

[314] 关于语言游戏的概念，参见本书上文第 71 页及以下页（边页码）。

[315] J. 哈贝马斯：《真理理论》，第 214 页；同一作者：《理论与实践》，第 4 版，法兰克福 1972 年版，第 25 页。

[316] J. 哈贝马斯：《真理理论》，第 218 页。

第一编　对若干实践论辩理论的反思

颇有成效，那么它们就是以客观经验为根据的[317]。而一旦人们放弃行为的领域而进入"论辩"的交往领域，则信息立刻受到怀疑，也就是说，那种被用来传达信息的命题的真实性立刻就遭到盘问。

论辩应该说没有"为获取信息的过程留有余地；论辩是免于行为（handlungsentlastet）和经验无涉的（erfahrungsfrei）。人们把信息输入给论辩之中，论辩的产出在于对成为问题的有效性要求之承诺（承认）或解除（否认）。在论辩过程中，除了论证（论述）外，不产生其他任何结果"。[318]说论辩是经验无涉的，不意味着在论辩中绝没有任何经验介入，而只是说：在这个过程中绝不可能获得任何经验。在论辩过程中，行为所获得的经验整体应被当作是前提条件，直到将它们加以问题化。通过逐步的问题化（Problematisierung），愈来愈多的既定经验素材就可能得到加工处理。

行为与论辩之间的关系提出了一系列的问题。其中一个问题涉及简单的直观命题（Beobachtungsaussage）。大家可能认为，为了证立"此球是红的"这个命题，可以直接援引相应的经验[319]。这将表明：至少在某些情况下，真理包含着命题与世界之间某种并非透过论辩来作为中介的关系。由

---

[317] 同上书，第388—389页。由此表明：哈贝马斯的客观性理论是实用主义的。哈贝马斯循着K.-O.阿佩尔而谈某种"超验倾向的实用主义"（哈贝马斯：《真理理论》，第233页；另见K.-O.阿佩尔：《从康德到皮尔斯：超验逻辑的符号学转型》，载氏著：《哲学的转型》，第2卷："交往共同体的先验性"，法兰克福1973年版，第157页及以下页）。

[318] 哈贝马斯：《认识与兴趣》，第2版，法兰克福1973年版，第386页。

[319] 同上书，第389页。

此，至少就简单的直观命题而言，行为和论辩之间的区分似乎是多余的[320]。

然而，这一反驳意见不一定站得住脚。波普尔（K. R. Popper）曾指出：简单的直观命题（他本人将其称为"基础命题"［Basissätze］）不是固定不变的东西，而是肯定通过经验来加以确立的东西。由于在它们身上使用"泛称"（谓词），这些命题也具有假设的特性[321]。它们本身是理论依赖的（theorie-abhängig）。所以，"'红'这个词"隐含着某种颜色的理论[322]。这意味着：即使基础命题也并非是毋庸置疑的。它们也可以被证伪。它们被接受也是以合意为根据的[323]。故此，援引简单的直观命题绝不是要反对通过论辩对它们加以检验的可能性。

凡对简单的直观命题有效的，对那些复杂的命题形式则更为有效。故此，否定命题、一般命题和模态命题的真实性也不能够通过其与世界中某物的直接对照来加以确定。

作为区分行为与论辩的结论，我们对事实可以作如下的定义：事实就是（人们）说出来的、通过论辩能够证立的命题。此中存在着语言依赖性。另一方面，论辩（此外，由于经验进入其中，通过这一点，它对事实与世界的相互关联予以保证）确保了命题对事实的依赖性，尽管这些事实并不必然借

---

[320] 值得强调的是，那些坚守符合论的作者们主要讨论的是这类命题。例如，见 J. L. 奥斯汀：《论真理》，第118页及以下页。
[321] K. R. 波普尔：《研究的逻辑》，图宾根1973年第5版，第61页。
[322] 同上书，第76页。
[323] 同上书，第69页及以下页。

此而变成世界中的客体（对象）。由此，事实定义的各种适当条件似乎就得到了实现。

4. 规范性命题的证成

真理并非存在于简单的"命题—世界—关系"之中，这构成了一个重要的论点，来反驳规范性命题不具有真值（真假）性的主张。然而，为了通过实证的方式对它们的真值（真假）性进行证立，则需要更多的东西。必须指出，在共识论的框架内，可以区分出有证立根据的断言（主张）和无证立根据的断言（主张），区分出有效的论述和无效的论述，区分出从事实命题（G）到规范性命题（N）有根据的过渡和无根据的过渡。其前提条件是：能够表达允许作出这些区分的规则。由此，在哈贝马斯理论的语境中，那些处于分析哲学之元伦理学讨论之中心问题也同样被提出来了。

哈贝马斯的解答建立在与言语行为联系起来的有效性要求学说的基础之上。按照哈贝马斯的观点，一个正常进行的语言游戏须以下面4个有效性要求的相互承认为前提条件："话语表达的可领会性要求，其命题构成要素的真实性要求，其施为（performatorisch）构成要素的正确性或合适性要求，以及讲话（言谈）主体的真诚性要求。"[324] 可领会性要求是对每一个言语行为所提出的，真实性要求是对

---

[324] J. 哈贝马斯：《理论与实践》，第24页（楷体强调为作者所加）；另见同一作者：《真理理论》，第220页及以下页。

诸如断言这种记述性言语行为（konstative Sprechakte）所提出的。正确性或合适性要求属于调节性言语行为（regulative Sprechakte）。根据哈贝马斯的看法，下列算作是调节性言语行为：例如命令、建议和承诺等。最后，真诚性要求是在表达讲话（言谈）者意图、态度等的言语行为中提出的。哈贝马斯把这类言语行为称为"表白性言语行为"（repräsentative Sprechakte）[325]*。

在哈贝马斯看来，可领会性要求是交往的条件，而不是交往的对象[326]。真诚性要求也不是通过论辩来解决的。讲话（言谈）者是否诚实，我只能根据其行为来辨别[327]。相反，根据调节性言语行为提出的正确性或合适性要求，同根据记述性言语行为提出的真实性要求一样，其可靠性只能通过论辩来解决。据此，在真值（真假）性方面，价值判断、义务

---

[325] 关于哈贝马斯的言语行为的分类，参见氏著：《对交往资质理论的若干准备性评说》，第111—112页；同一作者：《真理理论》，第228页。对于该分类所提出的一系列问题，这里不拟详论。那么我们仅指出下面一点：哈贝马斯的划分完全不同于奥斯汀的划分（参见J. L. 奥斯汀：《如何以言行事》，第150页及以下页）。

* 有的哲学论著将哈贝马斯《对交往资质理论的若干准备性评说》中提出的四种言语行为分别译作"交往式"（Kommunikativa）、"断言式"（Konstativa）、"调节式"（Regulativa）和"表达式"（Repräsentiva）。见章国锋：《关于一个公正世界的"乌托邦"构想：解读哈贝马斯〈交往行为理论〉》，山东人民出版社2001年8月版，第139页。——译者

[326] 哈贝马斯：《真理理论》，第222页。这一想法并不是没有问题的。顺便说一句，即使对哈贝马斯特别看重的沟通问题（见氏著：《真理理论》，第222页），也是可以加以讨论的。沟通问题的可论辩性将在讨论埃尔朗根学派的主张时予以详述。

[327] 哈贝马斯：《真理理论》，第221页；同一作者：《理论与实践》，第24页。

判断与经验判断原则上可以相等同。

不过,哈贝马斯关于与调节性言语行为相联的要求之观念也包含有若干不甚明了之处。这与其并非完全毫无问题地采用言语行为理论有一定的关系[328]。

言语行为可以通过下列明示的施为性话语(表达)[329]来完成,例如:"我保证明天来",或者:"我肯定已经见到了劳本先生"。借用塞尔的术语[330],哈贝马斯把这种语句的第一部分("我保证……")称为"施为性语句"(performativer Satz);把其第二部分("[我]明天来")称为"具有命题内容的从句"[331]。第一部分所表达的是以言行事,第二部分所表达的是以言表意。奥斯汀把前者称为语用力(illocutionary force),而把后者称为语谓意义(locutionary meaning)[332]。

与记述性言语行为相关的是命题内容,是应受检验的陈述。与此相反,正确性要求所涉及的是调节性言语行为的施为要素。这一施为要素能否被看作是某个已经证成的规范之"施行"(Erfüllung),这一点也要受到检验。故此,论辩

---

[328] 对哈贝马斯继受言语行为理论的批评,参见 Y. 巴尔—希勒尔:《论哈贝马斯的解释学语言哲学》(英文),载《综合法》杂志,总第26期(1973年),第1页及以下页。巴尔—希勒尔的批评在许多细节上必须予以认同。然而,他认为哈贝马斯的不清晰和误解导致其整个理论的缺陷,这一主张是不能被接受的。

[329] 关于这个概念,参见 J. L. 奥斯汀:《如何以言行事》,第68—69页;D. 冯德利希:《论言语行为的规约性》,第16页及以下页。

[330] 参见 J. R. 塞尔:《言语行为》,第24页。

[331] J. 哈贝马斯:《对交往资质理论的若干准备性评说》,第104页。

[332] J. L. 奥斯汀:《如何以言行事》,第99页、第147页;参见本书上文第78—79页(边页码)。

检验的对象不是调节性言语行为本身,而是被认为要由其来施行的规范[333]。这样,譬如,一个命令就能够"通过引用一个授予相应命令资质的有效规范"来加以证成[334]。

对这一点必须提出异议,即使在哈贝马斯称为"调节性"的一系列言语行为方面,何为做出的部分(施为),何为说出的部分(语谓)[335],在这两者的判断之间也可以作出且必须作出区分。所以,人们可以就命令是否在某个命令资质范围内被发布而对这个命令加以判断;但人们也可以就所命令的内容本身是否正确、是否合适而对其加以判断。尤其是,涉及像"我敢肯定这个决定不公平"之类的陈述,在所做(施为)和所说(语谓)的判断之间作出区分的必要性显得更为清楚。谁要是想对这个陈述进行判断,就必须(至少也)对在该陈述中作出肯定的价值判断("这个决定不公平")的可靠性加以检验。在此方面,一如在讨论黑尔的命题(主张)时所表明的那样[336],对这个价值判断中预设为前提的规则(或标准)进行检验,是很有必要的;但这并不妨碍我们去谈论该判断的可靠性。之所以没有如此,是因为判断不仅由于其自身预设为前提的规则不可靠而可能出错,而且还由于错误地估计事实而可能出错。在这样一个价值判断中预设为前提的规则,不允许同那些可以把调节

---

[333] J. 哈贝马斯:《真理理论》,第220页,第228—229页;同一作者:《理论与实践》,第24页。
[334] 哈贝马斯:《真理理论》,第228页。
[335] 这里,"做"涉及的是语用行为,"说"涉及的是语谓行为。
[336] 参见本书上文第92页及以下页(边页码)。

性言语行为视为其"施行"的规则相混淆。一个授权军士有发布命令资格的规则,不同于一个规定在特定情形下必须如何发布一个良好命令的规则。

哈贝马斯的偏颇观点看起来基于以下两个理由。一方面,他没有看出:诚如黑尔和斯特劳森业所阐明的那样[337],在涉及一系列由哈贝马斯本人所称的"调节性"言语行为中,作为价值评价或义务评价而被说出的东西之认定构成了语谓意义的部分。这适用于比如警告("你应当把偷来的钱还他")、推介("这种助人行为是好的"),也适用于此种判断的单纯被断言之物。在这里,哈贝马斯犯了与奥斯汀相同的错误,在后者看来,通过把一定的属性(涵义)赋予一定的对象(指称),语谓意义就得到穷尽了[338]。另一方面,哈贝马斯把下面两类言语行为合并为单一的言语行为类别:一类是具有规范性命题(价值判断与义务判断)作为其语谓意义的言语行为;另一类是像承诺(保证)这样的言语行为,其不具有规范性命题作为其语谓意义,而包含着有关未来行为的命题。他把这些完全不同种类的言语行为按照相同的方式来加以处理[339]。

为了克服这些困难,我们可以把调节性言语行为的概念加以分解。凡言语行为之语谓意义在规范性命题(价值判断

---

[337] 参见 R. M. 黑尔:《奥斯汀对语谓行为和语用行为之间的区分》,第107页;同一作者:《意义与言语行为》,第90页;P. F. 斯特劳森:《奥斯汀与"语谓意义"》,第60页;对此,也见本书上文第87页及以下页。

[338] J. L. 奥斯汀:《如何以言行事》,第92—93页。

[339] 对于这些被哈贝马斯称为"调节性"的言语行为,参见氏著:《真理理论》,第228页。

或义务判断）中存在的，就可以被称为"规范性言语行为"。只要规范性命题的断言（主张）也是一个规范性言语行为，那规范性言语行为就可以是记述性的（konstativ）[340]。那些不属于这个下位类别的调节性言语行为，例如，道歉行为，其检验则将通过下列方式来进行，即：某一单称的规范性命题对这个调节性言语行为——例如，"A的道歉是合适/不合适的"（这个语句也可以用某个规范性言语行为来断言）作出判断。故此，调节性言语行为，若不属于任何规范性言语行为，则可以像任何（区别于论辩意义上的）行为*一样来加以判断。

5. 论辩的逻辑

根据（真理）共识论，无论对于非规范性命题的真实性还是对于规范性命题的正确性，所有的人的潜在同意都是一个条件。这一真理标准有两个弱点：一方面，它不能够得到实现；另一方面，它即使能够实现，也是不充分的。所有的人的同意难以做到，因为那些迄今已死去的人不再能够参加谈话，不可能通过所有的人来确认他们这些人如何表达了自己的意见。而且，即使所有的人都能够表达意见，但偶然达

---

[340] 参见本书上文，第90—91页（边页码）。

* 这里的"行为"一词，德文为"Handlung"，与言语行为（Sprechakte）意义上的"行为"（Akte）不是同一个概念。在哈贝马斯的理论中，是特定的，常常是与论辩（Diskurs）相区别的意义上来使用的，如上所述，也有学者译作"行动"。有关的阐述，请见前一节的注释内容。——译者

成的一次性合意也不能用作真理的标准[341]。它们也可能建立在譬如以错误或强迫的基础上。

在讨论有关真理理论的论文中，哈贝马斯认为只有有证立根据的共识（begründeter Konsens）才足以作为真理标准[342]，由此来试图对付这一难题："真理的要义不在于某个共识被达成这一状态，而在于：无论何时何地，当我们只有进入某个论辩的过程时，才能够达成一定条件下的共识，这些条件证实该共识是一个有证立根据的共识。"[343] 据认为，一个有证立根据的共识就是一个建立在"更好的论证力"（Kraft des besseren Arguments）之上的共识。但那个使某个论述比另一个论述更好的东西是什么？更好的论证力到底存在何处？

哈贝马斯试图在论辩的逻辑框架之内说明这些问题[344]。论辩的逻辑之研究对象是论证整体（Argumentationszusammenhängen）的形式属性。关键的问题是：论证整体不是由语句，而是由言语行为构成的。因此，论辩的逻辑也应该是语用学的逻辑[345]。

论述在论辩逻辑中居于核心地位："论述就是证立，它应该说明我们为什么要去承认某个主张或某个命令以及某个评价的有效性要求。"[346] 为了说明论述的形式结构，哈贝

---

[341] J. 哈贝马斯：《真理理论》，第239页。
[342] 同上书，第239页。
[343] 同上书，第239—240页。
[344] 同上书，第240页。
[345] 同上书，第241页。
[346] 同上书，第241—242页。

马斯利用了上文[347]业已讨论的图尔敏的图式：

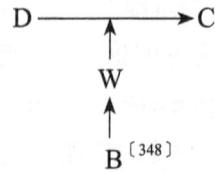

在理论论辩中，这一论述结构被用作说明的提交。在实践论辩中，它奠定了证成的基础。故此，"A 到周末应还给 B 五十马克"之命令（C），就可以通过 B 在此期间借给 A 五十个马克这个事实（D），并且经由"债务应当在规定期限内偿还"这个规则（W）来加以证成。相应地，该规则本身（W），比如通过引用规范遵守的直接后果与间接后果（B）来予以证成[349]。那么，这里关键的问题是，B 和 W 之间所存在的不是推演的关系。W 不是由 B 推导而来的。故此，论证力取决于从 B 过渡（推导）至 W 的可接受性。

上已指出，无论如何，只有当能够预设某个规则 W' 为前提，据此 W 连同 B 能够推导出来时，那么从 B 过渡到 W 才是应被接受的[350]。不过，这也立刻产生下面这个问题：W' 是否能够证成以及如何能够证成？这个问题是与哈贝马斯所讨论的问题（即：从 B 过渡到 W，其共识达成之力到底能够从何而来？）相一致的。该问题所涉及的是斯蒂文森业已讨论过的难题的一个变体，即一个理由 G 与一个规范性命

---

[347] 参见本书上文第 114 页及以下页（边页码）。
[348] 参见 St. E. 图尔敏：《论证的使用》，第 95 页及以下页。
[349] 参见 J. 哈贝马斯：《真理理论》，第 244 页。
[350] 参见上文第 117 页（边页码）。

题 N 之关系：是否存在着从 G 到 N 之有效过渡或无效过渡这样的事情？抑或：准备接受这样一种过渡，唯有倚赖于相关人的心理特质、社会地位和文化亲缘？假如后者切合实际的话，那么准备从 G 跨越到 N，至多能够被说明，但不能够被证成。如此看来，理性论辩的理论似乎是不可能的，而可能的似乎唯有论辩手段的有效进入（effektives Einsatz）理论。故此，这突出表现了最终由哈贝马斯所给出的解决办法之分量。

按照哈贝马斯的观点，从 B 过渡到 W 的共识达成之力是同应用于论辩的语言系统的合适性联系在一起的。应用于论辩的语言系统必须决定：什么样的经验类别作为"佐证"（backing，支持）允许进入论辩过程？在理论论辩中，这些经验是观察与询问的数据，在实践论辩中则是各种需求解释（Bedürfnis-interpretationen）。

在这一点上，语言系统决定什么样的经验类别被允许作为"佐证"，应该说是可行的，因为认知图式为"可靠的证立语言之基本谓词"奠定了基础[351]。哈贝马斯的认知图式概念与皮亚杰（Piaget）的发生认识论是联系在一起的。根据皮亚杰的看法，认识能力的奠基结构是认知图式，这种认知图式既不像经验主义所设想的那样，是外部世界的某个既定秩序的纯粹反映，也不像理性主义所主张的那样，是某种固有的东西或某种在发生学上固定不变的东西。毋宁说，它们更应看作是一些结构（Konstruktionen），这些结构是由具有

---

[351] J. 哈贝马斯：《真理理论》，第246页。

一定发生学遗传的主体，通过其在一定结构世界中、在发展进程中的一定社会范围内之行为所创设的。这些结构预设了一切认知的前提，成为决定它们的因素[352]。

由此，从 B 过渡到 W 将通过认知图式作为中介。根据哈贝马斯的看法，从一系列单称命题过渡到一个普遍命题的归纳（即"经验类型之样本重复"），据此而成为平常之事（Triviales），"在经验类型上，每次进入证立语言之基本谓词的认知图式事先得以形成"。[353]

这样，论述的共识达成之力（Die konsenserzielende Kraft eines Arguments）就"建立在保证描述系统之合适性的认知进化上，该认知进化发生在任何单个的论证活动之前"[354]。那么，大家可能会想到要通过语言系统的合适性来对真理进行界定。然而，哈贝马斯明确地对此予以否定。语言系统和概念系统不可能具有真值（真假）性；真理只能鉴于命题并根据为它的证立而进行的论证来确定。哈贝马斯的关键步骤在于：他要求，"自然演化并内在地调节的"语言系统本身，必须再度成为论证的对象，尽管任何论证最初以它作为支持的依据。通过这种方式，哈贝马斯就得出了其为有证立根据的共识而确立的标准："当且仅当在结构上能够追问、修正和代替当下以之解释经验的证立语言，那么一个通过论证而产

---

[352] J. 皮亚杰：《皮亚杰的理论》，载 P. H. 穆森编：《卡迈克尔儿童心理学手册》（英文），第 1 卷，纽约/伦敦/悉尼/多伦多 1970 年第 3 版，第 703 页及以下页。

[353] J. 哈贝马斯：《真理理论》，第 246 页。

[354] 同上书，第 249 页。

生的共识才可以，而且也只可以被看作是真理的标准。"[355]

可以肯定，这个真理标准并不是没有问题的。然而，这里不可能对其所有的方面都加以探讨。对它的讨论应限定在其作为实践论辩的理性标准是否合适这一方面。下文将要谈到的不再是一般的"论辩的逻辑"，而只是"实践论辩的逻辑"。

据认为，归纳（Induktion）在理论论辩中所起的作用，相当于可普遍化在实践论辩中所应起的作用。哈贝马斯把"普遍化原则"[356]称作是"实践理性所表达出的唯一原则"[357]。遗憾的是，他没有能够对这一充满歧义的原则（就像在乍看黑尔、拜尔和辛格的观点时所显现出的那样[358]）作出系统地考察。

哈贝马斯有关可普遍化思想的阐释所依据的是其"理想的言谈情境理论"（Theorie der idealen Sprechsituation），这个理论在下文还将进一步详细探讨。在理想的言谈情境中，

---

[355] J. 哈贝马斯：《真理理论》，第250页。值得提及的是，在约瑟夫·埃塞尔的法学文章中也表达出了相似的思想。埃塞尔最初强调：语言也是"（人的）前理解的一部分"。"某个语言所特有的社会观模态会随着语言的每一次使用而一再得到落实，即便无人对此予以说明。故此，有时解释过程已受到调控，然而解释者对此却没有解释。所以，伴随着这种语言所固有的思考图式，经常对一代又一代人起作用的'传统关系'（Traditionszusammenhang）就自我构成了……迄今为止，法学对传统的这种无意识的作用力还没有澄清。然而，如果我们发现法律的过程之条件还应当是理性的话，那么就必须要对所有这些指涉架构（Bezugsrahmen）予以考虑"（J. 埃塞尔：《法律发现中的前理解和方法选择》，法兰克福1972年第2版，第10—11页。强调符号部分由作者所加）。

[356] J. 哈贝马斯：《真理理论》，第251页。

[357] J. 哈贝马斯：《晚期资本主义的合法化问题》，第149页。

[358] 参见本书上文第91页及以下页，第127页及以下页（边页码）。

所有的言谈者具有平等的权利；其中没有任何强迫（Zwang）予以宰制。显然，在这样一种情境中，人们只能就"一切人都可能愿意"[359]的那些命令、规范等达成共识。在哈贝马斯看来，规范调节着满足需求以及追求利益的可能性[360]。据此，一个"一切人都可能愿意"的规范，就成了这样一个规范：任何人都能够接受其满足任何个人需求的直接和间接的后果[361]。

这个说法既区别于黑尔，又区别于辛格之一般化论证（Generalisationsargument）。按照黑尔的说法，判断者个人（urteilende Einzelne）只要承认对一切人的后果[362]，就足够了；而辛格则要求：每一个人遵守规范的后果才是可以被承认的[363]。然而，在这三种可普遍化思想的说法（当然还可以加上一种，它通过可普遍化原则表达的是对一致性[364]的要求和对可普遍传授的要求［拜尔］[365]）之间选择哪一种最可取，既没有必要，也没有意义。这更加说明了一点：

---

[359] J. 哈贝马斯：《晚期资本主义的合法化问题》，第148页。
[360] J. 哈贝马斯：《真理理论》，第251页。
[361] 参见哈贝马斯：《晚期资本主义的合法化问题》，第148—149页："通过论辩形成的意志才可以称为'理性的'，因为论辩和商谈情境的形式特性足以保证：唯有对于合适解释过的、有可普遍化能力的利益（我把它理解为通过交往加以分配的需求），可以达成某种共识。"在弗兰克纳那里，我们也可以听到类似的标准。"假如我们的判断经受住了所有参与者进行的批评性检验过程，那么它们事实上就得到了证成（W. K. 弗兰克纳：《分析伦理学》，慕尼黑1972年版，第136页。强调符号部分为作者所加）。
[362] 参见本书上文第100页及以下页（边页码）。这里所涉及的要求应当基于可普遍化原则与规定性原则之结合而产生。
[363] 参见上文第129—130页（边页码）。
[364] 参见上文第91—92页（边页码）。
[365] 参见上文第127页（边页码）。

它们可以相互地结合起来。看起来只有黑尔的论述与哈贝马斯的说法之间可能有些不相容。这可以通过采用优先规则选择哈贝马斯的说法来解决。这样一个优先规则绝没有使黑尔的论述成为多余。由此表明,哈贝马斯的说法通常只能近似地得以实现。毋宁说,它确定的是一个理想,而不是一个肯定的标准。在此情境下,要求满足黑尔的标准作为最低限度的条件,还是很有意义的。

另一个问题是:所引证的各种可普遍化原则的变体之间是否可以相互还原以及在多大程度上可以相互还原?为了找出这一点,似乎需要更广泛的逻辑分析。在接下来的讨论中,这个问题只将偶尔涉及。而一个系统的分析似乎要求有专门的研究[366]。

---

[366] 这样一种分析的结果将同时为康德绝对律令之各种不同说法的解释奠定基础,特别是,对于"要这样行为,从而可以使你的意志的准则同时成为普遍的法则"(I.康德:《伦理的形而上学原理》,载普鲁士科学院编:《康德全集》,第4卷,柏林1911年版,第421页)这个表达,对于康德法哲学中所包含的、建立在可普遍化思想基础上的原则,例如自由原则(它要求:"只有一切人的协调意志,即每个人同时为全体作出决定、全体同时为每个人作出决定,由此普遍联合的民族意志才可能进行立法。"[I.康德:《伦理的形而上学》,载普鲁士科学院编:《康德全集》,第6卷,柏林1907年版,第313—314页]),对于平等原则(它要求:"若他自己不同时服从法律,没有人可以合法地约束另一个人。"[I.康德:《永久和平论》,载普鲁士科学院编:《康德全集》,第8卷,柏林1912年版,第350页,注释]),以及对于公共性(它要求:"凡是关系到别人权利的行为而其准则与公共性不能一致的,都是不正义的。"[I.康德:《永久和平论》,第381页]),则更是如此。这为数不多的引证引出如下的推测:在康德的理论中,上面提到的所有可普遍化思想的变体都可囊括进去。假如这个推测成立的话,那么只要这些可普遍化思想的变体进入理性的实践论辩领域,这个理论就可以称为"康德式的"。为了落实这个推测,似乎必需根据5个(或许可能更多)图式来考察康德的理论;为使这个主张更精细化,则需要对理性的实践论辩理论与康德理论之关系进行分析。

根据哈贝马斯对可普遍化原则的阐释,有关规范的共识取决于下面一点:什么东西可以被看作是有待一切人所承认的需要?为解开这个难题,哈贝马斯又回归到他的认知图式学说。人类的需要不是由自然预先安排的。也许,它能够提出一系列生存的条件。如果我们采纳人类应当生存这个大前提,那么按照这种方式——比如在"最低限度内容的自然法"[367]理论之意义上,我们也就可以解决某些实践的问题。然而,何为人类生存的条件还是颇有疑问的,完全抛开这一点不谈,那么只有很少一部分问题能够依此方式来加以决定。这样一个着眼点不合适的理由在于:诚如卡穆拉(Kamlah)[368]强调指出,人类的需求是通过文化形成的。它们只在一定的解释语境中被个人所经验。这些解释发生在认知图式的框架之内,或者如哈贝马斯偶尔所写到的,发生在世界图景(Weltbilder)[369]的框架之内。

撇开"认知图式"或"世界图景",我们还可以谈论下面一点:作为可以被普遍接受的需求之标题化(Auszeichnung),是由规则来确定的;这些规则也相应地确定了在历史上演化的道德信念之基础,由此同时确定了道德语言之基础。因此,哈贝马斯要求通过论辩检验决定需求解释之语言系统的合适性,就被理解成要求通过论辩检验为

---

[367] 参见 H. L. A. 哈特:《法律的概念》,第189页及以下页。
[368] W. 卡穆拉哈:《哲学人类学》,曼海姆/维也纳/苏黎世1973年版,第52页及以下页。
[369] J. 哈贝马斯:《社会理论抑或社会技术学?与尼克拉斯·卢曼的争论》,第286页。

第一编 对若干实践论辩理论的反思

道德语言奠定基础的道德规则。这些规则的一个适例,似乎是譬如将"勇敢的"这个术语之用法加以规定的规则[370]。

为了能够通过论辩检验那些确定道德陈述之基础的规则,实践论辩的形式特性就必须允许修正最初选择的语言系统。根据哈贝马斯的看法,这预设了下面的事实作为前提:各种不同层面的论辩之间进行自由交换是可能的。它们可以分为4个层面及相应的4个步骤。

在理论论辩中,其第一步("进入论辩")是:通过将主张加以问题化而从行为过渡到论辩。其第二步("理论的论辩")是:至少呈交一个论述。其第三步("元理论的论辩")是:过渡至修正最初选择的语言系统。相应地,最后一步在于过渡至"对证立语言之系统改变的反思"[371],在此,"借助于理性之再建构的特定循环运动,我们就可以弄清楚什么东西应该算作是认识"[372]。在这最后一个阶段,我们要面临的是理论论辩之基本规范的实践基础。

依此相类推,进入实践论辩也是通过把诸如命令和禁止加以问题化而开始进行第一步的。其第二步在于至少呈交一个论述。在第三步,语言系统的合适性就成为论辩的对象。

---

[370] 有关这些规则(其作为确定道德论辩之规则)的观点,参见新自然主义女学者 Ph. 福特:《道德论证》,载《心灵》杂志,总第67期(1958年),第509—510页。针对新自然主义,黑尔强调:道德论辩并不严格地受这些规则约束。它们也可能使用并证成其他的规则[关于此点,参见上文第99页(边页码)]。在黑尔的此一观点和哈贝马斯要求通过论辩检验道德语言系统这两者之间,也存在着某些一致性。

[371] J. 哈贝马斯:《真理理论》,第253页。

[372] 同上书,第253页。

其最后一步在于"对我们的需求结构如何依赖我们的知识与技能层面进行反思:我们根据有关可行与可及之游戏空间的既存信息,在我们的需求之解释上达成一致"[373]。在第四步,实践论辩与理论论辩相互交会。

在两个论辩形式(Diskursformen)中,论述的共识达成之力倚赖于下面这一点:我们能够经常毫无挂碍地在不同层面来回运行,直至达成共识。因此,论辩必须具有这样的形式特性:使论辩层面之间的自由运行得到保障。

6. 理想的言谈情境

这些条件所要实现的形式特性,就是理想的言谈情境的特性[374]。当"交往活动既不受外界偶然因素的干扰,也不受来自交往结构自身之强迫的阻碍"[375],哈贝马斯就把此言谈情境称作是理想的言谈情境。相应地,"只有所有的论辩参与者预先被规定有对称性的分配机会来选择和行使言语行为时",交往才不会导致"任何强迫的阻碍"[376]。从这一普遍的对称性要求出发,哈贝马斯为其所区分的不同等级的言语行为提出四项要求:

"1)所有潜在的论辩参与者必须有同等的机会来应用交

---

[373] J. 哈贝马斯:《真理理论》,第 254 页。
[374] 同上书,第 255 页及以下页。
[375] 同上书,第 255 页。
[376] 同上。

往的言语行为[377]，以便他们能够随时启动论辩，并且通过言说与反诘、提问与答辩将此持续下去。

2）所有的论辩参与者必须有同等的机会提出解释、主张、推介、说明和证成，将它们的有效性要求加以问题化、予以证立或反驳，以便没有任何观点可以长期保持游离于课题化及批评。"[378]

这两项要求直接涉及论辩。接下来的两项要求则涉及将论辩置于行为整体（Handlungszusammenhänge）之中的方式。

"3）只有下列言谈者才允许进入论辩，他们作为行为者有同等的机会来应用表白性言语行为，即表达他们的态度、情感和意图……。

4）只有下列言谈者才允许进入论辩，他们作为行为者有同等的机会来应用调节性言语行为，即发布命令、提出反驳、允许、禁止，作出和接受承诺，作出辩解和说明理由，等等。"[379]

这最后两个要求应该说表达的是下述事实：理想的言谈情境既以日常生活环境的开放性之实现为前提，又以行为自由的现实化（die Realisierung von Handlungsfreiheit）为条件。

将这些条件如此严格地加以表达是否有意义，还是颇有疑问的。无疑正确的是：日常生活的不真实性和强迫性可能

---

[377] 在这第一项要求中引入的交往的言语行为目前还没有被提及。它们不是与某个特殊的有效性要求相联结，而是用来从根本上表达"言说的语用学意义"。属于此类的动词有"说""反对""征引"等（J.哈贝马斯：《对交往资质理论的若干准备性评说》，第111页）。

[378] J.哈贝马斯：《真理理论》，第255页。

[379] 同上书，第256页。

对论辩有负面的影响。但在论辩领域这种影响为什么不能比在行为领域更为广泛呢？比如，完全可以想象得到：在论辩中，一定的规范，即使它们与在行为整体中有效的规范相矛盾，仍然可被证明是正确的。而且，在论辩中，一些行为方式，例如，一定程度的开放性（在论辩之外这种开放性还不是那么常见的）得到实现，这也是完全可能的。还必须考虑到：理想的言谈情境之条件的实现确实完全依赖于被哈贝马斯所称的"纯粹交往行为"的实现，而不可能从论辩出发改变那些实际的关系（条件）。故此，不要把理想的言谈情境的条件严格维系在普遍行为的理想条件上，这是非常有意义的[380]。再者，它也符合哈贝马斯所讲的"充分地实现我们必须在论辩上提出的要求"[381]。所以，"只要外在的及言谈固有的强迫被中立化，以至于（建立在欺人和自欺基础上的）伪共识之危险无法存身"[382]，那么这样一种充分的实现就应当是存在着的。

对以上述相对较弱方式表达出的理想言谈情境观念，立即产生了一系列的反驳意见。

也许最频繁提出的反驳意见涉及下面一点：理想的言谈情境不可能实现[383]。故此，哈贝马斯自己曾断定说：这可

---

[380] 类似的观点，见 F. W. 施托尔贝格：《合法性与论辩——论哈贝马斯对沃尔夫冈·法赫的分析》，载《社会学杂志》，总第4期（1975年），第98页。
[381] J. 哈贝马斯：《真理理论》，第257页。
[382] 1974年12月17日哈贝马斯给本人的一封信，引证得到哈贝马斯的同意。
[383] 参见 N. 卢曼：《系统论的论证：回应于尔根·哈贝马斯》，载 J. 哈贝马斯、N. 卢曼：《社会理论抑或社会技术学》，法兰克福1972年版，第336页；H. 施奈勒：《语言哲学与语言学》，汉堡的莱因贝克1973年版，第41页。

以"通过交往过程的时空界限以及……论辩参与者的身心负荷界限"对此加以排除[384]。可以看出，与这一点相关的反驳意见就在于：我们永远不可能十分有把握地说，理想的言谈情境事实上实现了，还是没有实现。譬如，人们经常可能低估强迫的存在[385]。哈贝马斯用他的理想的言谈情境之反事实性理论（Theorie vom kontrafaktischen Charakter）来回应这种反驳意见。引用哈贝马斯的说法，根据该理论，理想的言谈情境"既不是经验的现象，也不是纯粹的抽象名词，而是在论辩中不可避免地（由当事者）相互预设为前提的支撑架构（Unterstellung）"[386]。这种对理想的言谈情境之先行理解（Vorgriff，先行把握），"是我们可以把实际达成的共识与理性的共识连接在一起的一个保证；同时，它也是一个批评性标准；依此标准，任何实际达成的共识也可以受到怀疑，而且，该共识是否足以作为某个有证立根据的共识之指示器，这一点也可能受到检验"。[387] "下列一点属于可能之言说的结构：在实施言语行为时，我们按照反事实的方式来行为，好像理想的言谈情境不是一个纯粹的虚构，而是一个当下的现实——正因如此，我们把它称为一个支撑架构。因此，语言沟通的规范性基础是两面性的：它在预期中存在，但也总

---

[384] J. 哈贝马斯：《真理理论》，第257页。
[385] 同上书，第257页。
[386] 同上书，第258页。
[387] 同上书，第258页。

是作为预期的基础而发生作用。"[388] "不管相互沟通的主体间性如何可能扭曲,理想的言谈情境的设计都必然随着潜在的言说结构而隐含地存在着;对每一个言说而言,即使是那种意图欺骗的言说,都注定要以真理观念为取向。"[389]

这一理想的言谈情境理论之阐释,具有下列优点:它可以避开不能实际地得以实现的指责。追寻某种从来都不可能实现的理想是绝对可能的。然而,它也有下列缺点:它不能提供总是产生某些清晰明了之结果的决定标准。但这种缺点由于下面两个原因而得到缓解。其一,对理想的言谈情境进行界定的规则构成了规范批评的标准。其二,应当考虑到这一点:理想的言谈情境之接近实现是可能的。在这个意义上,哈贝马斯指出了下面的事实:不平等地分配使用言语行为的机会,是能够通过制度性的预防措施来加以中立化的[390]。

按照哈贝马斯的看法,通过理想的言谈情境来界定的理性言说(vernünftige Rede)之基本规则,不只是在论辩中被预设为前提条件。而且它们也为日常生活行为中所提出的有效性要求奠定了基础。因此,哈贝马斯断言:处在任何一种交往关系中的任何一个人,其以理想的言谈情境为前提,而

---

[388] J.哈贝马斯:《对交往资质理论的若干准备性评说》,第140页。另见同一作者:《历史唯物主义和规范结构的发展》,载氏著:《重建历史唯物主义》,法兰克福1976年版,第11页;在此处,哈贝马斯谈到:交往理论能够在前面已提及的四项有效性要求中"寻找到某种轻柔但倔强的理性要求,某种从不沉默、尽管也很少兑现的理性要求"。

[389] J.哈贝马斯:《交往资质理论》(英文),载H.P.德莱策尔编:《晚近社会学》,第2卷,伦敦1970年版,第144页。

[390] 哈贝马斯:《真理理论》,第257页。

事实上也非常有可能偏离他们的预设条件（Postulaten）[391]。只有脱离所有的交往关系的人才能够摆脱这一点。然而，在哈贝马斯看来，这样的个人将失去其身份[392]。

假如这些思考是切合实际的话，那么在解决理性言谈之基本规范证立问题上，某些结论可能已经得到了。K.-O. 阿佩尔（K.-O. Apel）将这称为一种类似哈贝马斯所提出的"超验语用学的"证立[393]。说它是超验的，因为只有指出这些规则之有效是语言沟通之可能性的条件才使这些规则得到证立。说它是语用学的，因为这些规则所涉及的是语言规则，该规则并不专门研究句法学或语义学，而是超越这一点，也对讲话者及其所提出的表达之间的关系加以规范[394]。哈贝

---

[391] J. 哈贝马斯：《晚期资本主义中的合法性问题》，第153页，第152页注160的延续内容："通过交往而社会化了的个人之社会文化生活形式，在每一个互动的语境产生出纯粹交往行为的'超验的假象'；同时，它在结构上把每一个互动的语境之指称放在了理想的言谈情境的可能性上，此处，在行动中认可的有效性要求可以通过论辩而受到检验。"另见哈贝马斯：《对实践理性的两点评说》，载《重建历史唯物主义》，法兰克福1976年版，第339页："理性的言谈观念——假如我可以这样来讲的话，最初并不是在普遍论辩和证立结构中，而是在语言行为的基本结构中所应具备的。"有关完全相似的看法，参见K.-O. 阿佩尔：《交往共同体的先验性与伦理学的基础》，载氏著：《哲学的转型》，第2卷，法兰克福1973年版，第400页："一切能够用语言交往的人都必须承认其人格，因为他们在其所有行为和陈述的场合都是潜在的论辩伙伴，思想的无限制证成绝不能放弃任何潜在的论辩伙伴及潜在的论辩贡献。"

[392] J. 哈贝马斯：《晚期资本主义中的合法性问题》，第153页，第152页注160的延续内容。类似的内容，见K.-O. 阿佩尔：上揭书，第414页。

[393] K.-O. 阿佩尔：同上书，第395—396页。

[394] 关于句法学、语义学和语用学之间的区别，参见Ch. W. 莫里斯：《符号学基础》（英文），载《统一科学国际百科全书》，第1卷，第2条，芝加哥1938年版，第1页及以下页。

马斯于1973年还在大谈"日常语言的超验性"[395]，其后却对这个打上康德（I. Kant）烙印的术语的应用表示疑虑。他建议使用"普遍语用学的"一语[396]。对于哈贝马斯所选择的证立之特征问题，我们将在下文讨论论辩规则的可能证立方式时进一步考察。这里，首先要发问的是：哈贝马斯所提出的论述，是否以及在多大程度上能够被看作是站得住脚的，而不管它们到底应如何归类。

7. 哈贝马斯理论的批评性讨论

上述问题（将我们）引导至对哈贝马斯理论进行一般的评论性讨论。对此，目前的讨论应主要集中在它作为实践论辩理论是否具有可靠性和有用性这一点上[397]。

7.1 论辩理论的一个最著名的对手就是尼克拉斯·卢曼（Niklas Luhmann）。卢曼提出了下面的主张："在一个非常充满变数的（möglichkeitsreich）世界占主导地位的条件下"，像哈贝马斯这样进行的努力注定要破产[398]。当今所要提出的问题似乎不再是决定或规范在内容上的正确性，而是对复

---

[395] J. 哈贝马斯：《晚期资本主义中的合法性问题》，第152页。
[396] J. 哈贝马斯：《什么是普遍语用学？》，载 K.-O. 阿佩尔编：《语用学与哲学》，法兰克福1976年版，第198页及以下页。
[397] 这一点本身也许最应该被认可。故此，哈贝马斯本人主张："正确性的共识论与真实性的共识论所面对的反对意见并不相同"（哈贝马斯：《真理理论》，第250页）。
[398] N. 卢曼：《现代社会诸系统中的正义》，载《法的理论》杂志，总第4期（1973年），第144页，注33。

杂性的把握。因此，正义问题似应摆脱其古老的真理和可证立性之语境，并作为对"法律系统的适度复杂性"（adäquate［n］Komplexität des Rechtssystems）这一问题的追问来重新加以表达[399]。

这个（完全一般性地反对按照传统方式追问真理、可证立性及现代社会正义之相关性的）意见，所涉及的主张是：根据系统论的进路来进行讨论比根据语言理论的进路来讨论（问题），理解起来可能更为合适。据认为，系统论的进路并未停留在理想条件的要求上。它能够找出任何一个论辩系统的功能（功效）局限，并且能够指明通过可替代的论辩组织体提高功能的各种可能性[400]。

卢曼系统论的一般讨论并不是本书研究的对象。因此，这里只想提出若干论点，针对卢曼反驳论辩理论之可能性和相关性的意见而至少采取更可靠的选择（进路），不使它们把理性的实践论辩理论看作是完全一开始就毫无意义的企图。与卢曼之间更深入的争论本不应在个别论点的交换层面上展开，而应在各种理论全面比较的层面上进行。在此，首先需要的是必须越过初步设想的阶段来拓展理性论辩的理论。特别是，通过把理性的实践论辩理论延伸至法律论证的领域来对这样一种拓展有所贡献，是本书研究的目的。所以，

---

[399] 卢曼：同上文，第142页。关于卢曼之正义理论的批评，参见R. 德莱尔：《论卢曼在系统理论上对正义问题的重新表达》，载《法的理论》杂志，总第5期（1974年），第189页及以下页。

[400] N. 卢曼：《系统论的论证：回应于尔根·哈贝马斯》，载J. 哈贝马斯、N. 卢曼：《社会理论抑或社会技术学》，法兰克福1972年版，第328页及以下页。

在本书里，与卢曼的争论本质上只是以间接的方式进行的。它以间接的方式来进行，是因为这里为论辩理论所提出的论点可以看作是反对系统论的一些论点；在一定程度上，论辩理论与系统理论是不一致的。

论辩理论在多大程度上与系统理论不一致，这个问题还得要回到前面已引述的卢曼的两个反对意见上。

系统理论的进路非常适合来找出任何一个论辩系统的功能及功能局限，并且能够指明通过可替代的论辩组织体提高功能的各种可能性。（卢曼的）这个假定只有当论辩理论事实上被迫继续坚守其理想条件的要求时，它对论辩理论才构成一个反驳意见。然而，情况并不是如此。论辩理论的任务之一是要考察：即使在限定的条件下，理性论辩如何进行，如何能够进行，以及理性论辩的可能性在限定的条件下如何能够得到完善。在这一点上，认识各种不同论辩系统的功能以及提高其功能的可能性，是必要的。只要系统理论对这种认识能够有所帮助，那么它对论辩理论不仅有益，而且甚至是不可或缺的。

因此，这里关键的问题是：论辩理论的进路（着眼点）本身是否有意义；也就是说：传统上追问真理、可证立性及正义的问题，在今天是否已经丧失了其重要性，正义问题是否应相应地摆脱其古老的真实性（真理）及可证立性语境，是否必须作为对"法律系统的适度复杂性"这一问题之追问来重新加以表达。对此，暂时可以加以说明的是：完全可以设想，"适度的复杂性"这个说法包含有对公正决定的必要条件之指涉[401]。然而,说在"当今"的情形下,规范不再与正确性或可证立性要求有什么关联,则必须受到质疑。故此,德莱尔[402]引证哈贝马斯的观点指出:放弃这项要求应以"另一种社会化模式"的形成为前提,该社会化模式"与需要证成的规范相脱钩"[403]。当然,我们可以怀疑这样一种社会化模式事实上是否可能[404]。无论如何,看一看法律政策的讨论、法庭上的论辩、法学家的争论以及日常生活的说理(Räsonieren)等实践,我们有若干理由说,这一模式至少还没有落实。因此,系统理论所提出的反驳意见也许能够揭示出论辩理论的局限性。然而,它作为反对这个理论之可能性和必要性的论述,还是不能够被接受的。

7.2 每个言谈者均应把其话语表达与可领会性要求、真诚性要求、正确性要求、真实性要求连结在一起,这一主张构成了理性言谈基本规范的普遍语用学证立之核心。如果有谁对一个价值判断或义务判断[405]作出主张,提出对正确性

---

[401] 参见 R. 德莱尔:上揭文,第 200 页。
[402] 同上书,第 199 页。
[403] J. 哈贝马斯:《晚期资本主义中的合法性问题》,第 130 页。
[404] 针对这种可能性,有人能够引证说:只要人们能够提问、怀疑、提出主张和进行论辩,那么他们就至少能够对他们依此而生存的规范进行评价,甚或进行证成。假如我们接受下面的大前提——当然这并不是没有问题的,即:人们有某种能力,他们也就有兴趣来利用这种能力;那么就产生这样一个结果:一个与需要证成的规范相脱钩的社会化模式尽管可能不断在扩展,但它不可能普遍地并最终地得以实现。然而,由于兴趣介入理性证成过程的主张本身有缺点,这个主张还是应弃之一旁。这里只要注意到事实上存在着像理性商谈者的实践之类的东西,就足够了。
[405] 关于这个概念,见本书上文第 84—85 页(边页码)。

的要求，那么他就是在提出如下要求：其主张可以通过理性来证立。

比起仅仅认为实践论辩应以实践性决定之可证立性为前提，这个主张则更进了一步，因为它还并不必然是说：价值判断或义务判断的任何一个表述将会提出对可证立性的要求。我们可以认为：尽管任何参与其表述正确性之讨论的人确实可以提出这个要求，但是，在没有做任何这种要求时，我们仍然完全能够表达出道德的观点。据此，理性言谈的基本规范，只对于那些决心参与实践论辩之语言游戏的人来说，才具有重要的意义。哈贝马斯的普遍语用学证立似乎是不管用的。为证明这一观点，有人可能指出下面一点：许多人根本不准备去证立就作出主张。在很多情况下，他们甚至根本没能力这样做。

然而，这个反驳意见不可能被看作是天衣无缝的。有人不能够或不愿意实现某个要求，根本不是在讲这个要求是否存在的问题。与言语行为相关的要求，绝不依赖于讲话者的（主观）愿望，而取决于为言语行为奠定基础的规则。我们可以设想一下，有人作出一个规范性命题，在回答"为什么？"这个问题时，既拒绝给出答案，又不给出拒答的理由，而只是肯定地说其主张不存在任何理由。在这种情况下，就可以用诸如"但你必须得说理"或"如果没有理由说 A 有责任帮助 B，那你就不应当这样作出主张"之类的语句来对此作出回应。在这些语句中出现的道义逻辑术语"必须"或"应当"就是一个标志，其表明：言谈者正在引用某个要求证立（说理）的规则[406]。在通常情况下，接受者把这些表述作为告诫加以接受，并且为此给出理由或者让人认识到他为什么没有给予任何证立。对这些理由，像对初始主张的理由一样，是可以加以讨论的。这些理由通常被人们所接受。

上面的讨论表明：尽管言谈者以需要进行证立（说理）的规则为前提，但这个规则并不要求任何人在任何时候都必须对其作出任何主张向任何其他人说明理由。他只要给出理由说，为什么在现存的情境下不能够或不愿意说明自己的理由，或者，他引用其他的证立资质（证明能力），就足够了。因此，这个规则并不要求对任何主张都要有言谈者本人的证立，但它确保言谈者的表述要有可论辩性。相应地，有关为什么不给出任何理由的理由本身也是可以讨论的。引用其他证立资质的合法性同样可以受到检验。故此，由言谈者所引据的权威根据，能否事实上保证其主张的正确性，值得提出疑问。不过，在这一点上，着手研究其主张在内容上的正确性是可能的，而且常常是必需的。为了保证由权威根据引起的论证的可论辩性，让言谈者本人只以特定的权威根据为（立论的）基础，是很有必要的。他如果不能够为此陈述理由，而只不过认为无论何时、无论何人都将能够对其命题进行证立，则是不允许的。

---

[406] 参见 H. L. A. 哈特：《法律的概念》，第56页："（为了规则的存在）所必需的是：对作为共同标准的一定行为模式应存在着某种批评性的反思态度；这种态度应当在批评（包括自我批评）中，在要求一致性以及在承认这种批评和要求应当证立之中展现自己。所有这些都可以在'应当''必须''应该''正确'和'错误'等规范性术语中找到其特有的表达。"

自然,我们也可以表达涉及实践问题的语句,在这个意义上不必举出理由。然而,在此情况下所出现的表达,绝不是某个价值判断或义务判断的陈述,而是某个情感、某种态度或某一愿望的表示。假如我们想把某个东西看作是某个价值判断或义务判断,那么我们就必须总是将它视为对可证立性要求的服从。

这也与符合帕茨希所写的下面一段话:"只有通过这一对可证立性的本质要求(它总是根据其意义提出道德判断),这种立场的判断感才是根本上可以理解的。假如不想失却这种判断感,那么人们可以不把它们理解为纯粹是情感反应的固有表达,而毋宁必须把它们视为真正的主张;正因为它们是真正的主张,它们可能就是假的(自然也可能是真的)。"[407]

故此,下列要求可以作为作出主张者之言语行为奠定基础的规则来加以表达:

> 任何言谈者必须应(他人的)请求就其所主张的内容进行证立,除非他能举出理由证明自己有权拒绝进行证立。[408]

---

[407] G. 帕茨希:《相对主义与道德规范的客观性》,载氏著:《无形而上学的伦理学》,哥廷根1971年版,第75页。

[408] 对于这种规则,参见D. 冯德利希:《论言语行为的规约性》,第21页;J. R. 塞尔:《言语行为》,第65页及以下页;H. 施奈勒:《语言哲学与语言学》,第42—43页。有争议的是这样一个规则的地位。有人可能持这种观点:它对于作主张者的言语行为而言是构成性的(关于构成性规则的概念,参见J. R. 塞尔:《言语行为》,第33页及以下页)。与此相反,施奈勒的观点认为:作出主张的概念,不同于作出承诺的概念,它不是与这样一个义务的概念连接在一起的。因此,像上面列举的证立规则,就应该仅仅被看作是一般的谈话前提条件〔H.

这个规则应被称为"普遍的证立规则"（allgemeine Begründungsregel）。

可能有下面这种情况：在一系列的陈述中，没有任何一个属于是（言谈者的）主张。然而，某种长期持续进行而又根本没有任何主张的交往只有在某些人为的条件下，比如根据约定，才是可能的。但这样的约定几乎不可能永远保持。况且，它也应以证立规则为前提。假如没有这个规则存在，那么大家就不能够约定不遵守某个规则。故此，任何人想参与交往过程，就得服从证立规则。

7.3 普遍的证立规则与理想的言谈情境的条件有着密切的关系。如果有谁要对某事进行证立，那么至少就证立而言，其要在表面上把他人当作具有同等地位的谈话伙伴，自己不要施加强迫，也不要依附别人施加的强迫。而且，他还要求能够针对任何人（的反驳）来维护自己的主张。语言游戏，若连这些起码要求都满足不了，就不能够被看作是在进行证立。故此，像"若你不信这个，你将失去自己的工作位子"或"F先生可能很容易对此加以驳斥，但基于理由G，你得接受之"诸如此类的表述，几乎不应称为在进行证立。

平等权利要求、普遍性要求和无强迫性要求可以被表

施奈勒：上揭书，第42—43页。关于谈话前提条件（Konversationspostulat）这个概念，参见H. P. 格莱斯：《逻辑与会话》（英文打印稿），第32页及以下页〕。为此要承认以下几点：假如要把真实性/正确性的要求与作出主张的概念联系起来，那么，就必须也把证立规则看作是主张的构成因素。令人感兴趣的，康德给出的主张的下述定义在这里不是作为论据（也不是作为某种权威根据）来引证的："作出主张，也就是说，表达出对所有的人都必然有效的判断。"（I. 康德：《纯粹理性批判》，甲本，第821页，乙本，第849页）

达为三项规则。这些规则与哈贝马斯以上述被接受的较弱方式[409]提出的理想言谈情境之条件是相一致的。第一项规则涉及论辩的进入。它包括下列内容：

(1) 任何能够讲话者，均允许参加论辩。[410]

第二项规则对论辩者的自由做出规范。它可以分为三项要求：

(2) (a) 任何人均允许对任何主张加以问题化。
(b) 任何人均允许在论辩中提出任何主张。
(c) 任何人均允许表达其立场、愿望和需求。

(c) 特别是在实践论辩中具有重要的意义。它所表达的是对开放性的要求。最后，第三项规则的使命是防护论辩免受强迫的阻碍。其内容如下：

(3) 任何言谈者均不得在论辩之内或论辩之外由

---

[409] 参见本书上文，第157—158页（边页码）。
[410] 波普尔对这个规则提出了与上述有别、但有趣的更进一步证立："理性主义态度所考虑的是论证而非论证之人，这一状况具有深远的重要意义。这样一种态度导致下面的看法：我们必须要把我们与之沟通的每个人都当作论证及理性的知识之潜在来源；据此人们之间才建立某种联系，该联系可以被称为'人类的理性统一'。"（K. R. 波普尔：《开放社会及其敌人》，第2卷，伯尔尼1958年版，第277页）（该书的英译本和中译本均漏掉了"据此人们之间才建立某种联系"这句话，中译文，参见〔英〕卡而·波普尔：《开放社会及其敌人》〔第二卷〕，郑一明等译，中国社会科学出版社1999年版，第343页。——译者）

第一编　对若干实践论辩理论的反思

于受到统治强迫的阻碍而无法行使其在（1）和（2）中所确定的权利。

（3）到底算不算一个论辩规则，可能还有疑问。有人也可能把它看作是实现（1）和（2）的条件。然而，这里点出它的特殊地位，应该说也就足够了。

（1）至（3）为论辩的合理性（Vernünftigkeit，理性）限定了一些极为重要的条件。因此，它们也应该被称为"理性规则"（Vernünftregeln）。

那么，大家可能认为，通过提出这些规则并没有获得太多的东西。上已提及，它们不可能完全地得到实现。然而，不应认为，有了这个反驳意见就证明它们是毫无意义的[411]。它们（1）界定了可以近似地得以实现的理想，（2）是无根据地限制论辩伙伴之权利与机会的一个批判工具，（3）因此至少是正确性或真实性的一个假设的、消极的标准，（4）为正确性或真实性要求提供了一种说明[412]。

7.4　不过，理性规则的理想特性及其遵守的程度被错误估计的可能性表明：没有任何事实上达成的共识是论辩结

---

[411] 关于这个反驳意见（即认为上面引述的规则事实上不可能实现）及这些规则的功能，参见康德的中肯评论："的确，可能没有什么比一个哲学家粗鄙地诉诸所谓有争议的经验更有害、更没有价值的了。假如该机构在适当的时候根据理念来加以确立的话，这个经验甚至根本就不会存在……。""这个完善的状态可能从来都没有存在过；但这依然不影响理念的正确性，该理念把这个准则确立为原型，以使人间的法律体制最大可能地接近完善。"（I.康德：《纯粹理性批判》，甲本，第316—317页，乙本，第373—374页。）

[412] 这些规则之功能的详细讨论，参见下文第240页及以下页（边页码）。

果有效性的一个保证[413]。上述规则也没有提供一个比如法律家在特定的情境下应如何解决特定案件的程序。由这一点出发，有人可能得出结论说：尽管哈贝马斯的理论描绘出了某个美好的理想，但是无论对于日常道德论证的实践，还是对于像法学这样的规范科学的实践而言，它都没有解决什么问题[414]。

然而，这一点必须要受到反驳。一方面，从哈贝马斯的理论那里可以推导出进一步的实践论辩规则，另一方面，这个理论不仅需要补充，而且也能够加以补充。

首先必须看到：理性规则本来就排斥某些结果。譬如，一个人，即使其本人同意接受永远处在某种无权状态，即处在奴隶状态，也是与这些规则不相一致的。任何人必须在任何时候都有权能够要求对任何规范通过论辩进行检验。规范若排斥这一点，则是不允许的。它就是论辩之不能的（diskursiv unmöglich）。论辩理论的一个并非无关紧要的功用是：它对于为什么不允许这些规范存在能够加以证立。

论辩之不能的规范之数量肯定是极少的。但哈贝马斯的理论对于论辩之可能的领域也给予了若干的指点。

首先必须提及的是哈贝马斯根据图尔敏的理论对论述形式所进行的引用。不过，哈贝马斯只提及两种论述形式：通

---

[413] 参见 R. 波斯纳：《作为启蒙手段的论辩：论哈贝马斯与阿尔伯特的理性交往理论》，载 M. 格尔哈德编：《语言学与语言哲学》，慕尼黑1974年版，第295页。

[414] 见 H. 吕斯曼：《价值判断的证立》，载《法律学习》，总第15期（1975年），第355页。

过规则来对价值判断或义务判断进行证成；通过引证其满足需求的直接后果与间接后果来对规则进行证成。

诚如在讨论斯蒂文森和拜尔理论时所表明的，我们必须在相当的程度上考虑更多的（论述）形式。而且它们的数目清理及其系统化在下文还将继续进行。那么，我们无疑得承认：论述形式的分析仍然还不能够得出结论说在内容上到底应如何进行论证。但是，为了确立对论证的内容有影响的规则，这个分析还是很有必要的。

这样一个规则构成了哈贝马斯的可普遍化原则。依此，假如某个规范满足需求的直接后果与间接后果可以被全体的任何一个个体所接受（承认）的话，那么它就是可普遍化的[415]。这个规则暂时可以这样来表达：

> 任何满足每个人需求的规范造成的结果，必须能够被所有的人所接受。

据此，论辩与当下占支配地位的需求之合法性解释相联系。哪些需求应被看作是可普遍化的，这取决于言谈者通过个体和社会所形成的道德确信。哈贝马斯有关证立语言之批判的学说正是在这一点上开始的。在某个个体和某个社会发展过程中，也包括人类作为类存在的发展过程中形成的基本道德确信融入道德语言里。它们可能被表达为一些规则，这些规则为诸如"善"或"应当"、"违反道德"或"贪婪"等评价性术

---

[415] 参见上文，第146页及以下页（边页码）。

语的使用奠定了基础。它们主宰着对自己和他人的需求属可普遍化的或不属可普遍化的这个问题所作的解释。那么，在论辩中，核心的问题就是：什么样的解释是正确的？

对此，首先应作出回答的是：这个问题不能在实践论辩理论中说明，而只能在论辩本身中加以解释。像下面这些说法——"在客观上更有价值的需求应优先于在客观上没有多少价值的需求"，或者："满足更根本的需求优先于满足相对不那么根本的需求"，这要么是以如上所述的[416]不牢靠的直觉主义或自然主义元伦理学理论为前提的，要么证明自己是内容空疏的说法。不过，纯粹引用论辩中的说明，无论如何还是不够的。实践论辩理论必须提供能够对需求解释之正确性、进而对为此奠定基础的道德规则之正确性进行检验的规则和形式。

哈贝马斯在其论辩理论的框架内只提到了这样一种程序。在这一点上，他所借助的是"批判的生成"（kritische Genese）之程序，该程序是他按照认识论观点在推进黑格尔（G. W. F. Hegel）、马克思（K. Max）和弗洛伊德（S. Freud）等人思想的过程中所提出[417]，并且由洛伦岑、施韦默尔直至在技术细节上加以阐释的[418]。在这样一个"批判的生成"

---

[416] 参见上文，第54页及以下页（边页码）。

[417] J.哈贝马斯：《认识与兴趣》，第14页及以下页，第36页及以下页，第262页及以下页。

[418] P.洛伦岑、O.施韦默尔：《建构逻辑、伦理学与知识论》，曼海姆/维也纳/苏黎世1973年版，第209页及以下页。关于埃尔朗根学派对黑格尔和马克思的明确援引，参见P.洛伦岑：《规范逻辑与伦理学》（英文），曼海姆/苏黎世1969年版，第84页及以下页；O.施韦默尔：《实践哲学》，法兰克福1971年版，第14页。

中,道德规则之个体及类存在体生活历史的形成,是通过论辩参与者来加以领受的[419]。根据此点可以断定:在不同的发展阶段上,理想的言谈情境之条件到底能够实现至何种程度。与此相应,在这一发展过程中形成的、并对我们的思考和论证加以决定的道德规则也能够受到批评。对此,哈贝马斯按照下列方式加以表达:"一个社会制度的成员,假如其本来能够并且本来愿意通过其论辩性的意志构成、根据对其所在社会之限制条件和功能性命令的充足知识,来就社会交往的组织作出决定,那么他们在生产力发展的一定阶段本来应如何用集体受约束的方式来解释他们的需求?他们本来应该把什么样的规范作为有根据的规范来加以接受呢?"[420]

对于"批判的生成"思想,在讨论洛伦岑和施韦默尔的观点时将进一步论述。这里只想坚持的一点是:当这样一个程序自身证明是有意义的时候,进一步的论辩规则才似乎是可以找到的,该规则暂时可以按照下列方式来表达:

> 作为应普遍接受的需求解释必须能够在批判的生成中经得起检验。

这个规则以及哈贝马斯的可普遍化原则,不同于以

---

[419] 因此,谈"生成的批判性检验"而不是"批判的生成",也许更有意义。
[420] J. 哈贝马斯:《晚期资本主义的合法化问题》,第156页;另见哈贝马斯:《价值判断证立问题的若干评说》,载 L. 兰德格雷伯编:《杜塞尔多夫1969年第九届德国哲学大会》,迈森海姆1972年版,第99页;同一作者:《社会理论抑或社会技术学?》,载 J. 哈贝马斯、N. 卢曼:《社会理论抑或社会技术学》,第164页。

前提及的论述形式，它包含着规范之实质（内容）检验和证立的各种标准。所以，它们应该被称为"证立规则"（Begründungsregeln）。

7.5 根据目前所构想的规则和按照目前分析的形式来进行的论辩，也还不能够对结果的正确性带来任何保证。这一点与某些论辩之必须的规范（diskursiv notwendige Normen）有所不同。然而，大多数的规范只是论辩之可能的。这意味着：它们及其反面与论辩规则是可以协调起来的。由此而产生下面这个可能性：论辩规则不预先规定到底哪些规范性观念（概念）必须作为论辩参与者的出发点，以及这些观念（概念）必须怎样加以修正。然而，将此事委托给论辩参与者（来决定），绝不是论辩理论的一个什么缺点，而是它的一个决定性的优点。正是由此，决定理论（Entscheidungstheorie）之着眼点的缺陷才可以被避免，这些着眼点必须以一定的需求、优先秩序或价值观念为前提，以达到一定的结果[421]。据此，不应该说：决定理论的着眼点与论辩理论的着眼点是不相协调的。对此还要多说几句：它们在论辩理论框架内，也能够取得成效。

假如一个规范仅仅是论辩之可能的，那么即使在有共识

---

〔421〕 对此，参见 O. 赫费：《合理性、决断抑或实践理性：联邦共和国有关决定概念的讨论》，载《哲学年刊》，总第 80 期（1973 年），第 348 页；B. 施林克：《用决定理论的模型应在多大程度上把握并且实际地保证司法裁判？》，载《法社会学与法的理论年刊》，第 2 卷（1972 年），第 332 页："有关信息基础和评价基础的批评回避了决定理论试图达到规范的决定原则这个努力。"有关决定理论对司法裁判过程的可应用性，另见 W. 基里安：《司法裁判与电子数据处理》，法兰克福 1974 年版，第 149 页及以下页。

的情况下，也还不能够说它有最终的证立。因为人们有许多理由来放弃某个目前被普遍接受（承认）的规范。需求的解释可能发生变化。目前起作用的经验知识可能证明是不充分的。一定的直接后果或间接后果也可能不被考量。人们也只有在事后才会发觉规范矛盾。理想的言谈情境的条件证明本来就不可能充分地得以实现。因此，论辩之可能的规范必须看作常常只是暂时得到证立的东西[422]。它们随时可以被证伪[423]。

有人可能考虑通过引入证伪原则来补充论辩理论。然而，这是没有必要的。理性规则本已开启了下面这种可能性：任何规范随时被再度加以问题化，并且可能证明难以有证立根据。不过，它们加以规范化的不是义务[424]，而只是寻求反驳的权利。

7.6 哈贝马斯理论的可操作性还面临一些更进一步的反驳意见。时常被提及的一点是：在许多实际上进行的实践商谈中，绝不可能产生任何共识，尽管所有的参与者都勉力要

---

[422] 参见R. 波斯纳：《作为启蒙手段的论辩》，第295页及以下页。

[423] 关于在经验科学上"证伪"和"可证伪性"的概念，参见K. R. 波普尔：《研究的逻辑》，第47页及以下页。有关波普尔的基本思想在实践哲学上的应用，参见H. 阿尔伯特：《批判理性论》，图宾根1968年版，第73页及以下页。虚假的共识可以建立在（对于理想言谈情境之条件的实现）蒙骗的基础上，这个可能性使哈贝马斯本人把试错论（Fallibilismus）看作是必要的。"从论辩理论可以得出……试错论的准则：我们随时都能够尝试用回溯的方式去确定，虚构的论辩是否事实上在扭曲了的限制之下进行的"（J. 哈贝马斯：1974年12月17日给我本人的一封信）。

[424] 对此，参见H. 阿尔伯特：《批判理性论》，第43页，他提出这样的要求："经常去寻求相关的矛盾，使目前占主导地位的信念暴露出失败的危险，以便它们有机会来经受检验。"

追求一个正确的结果。当比如法官在时间压力下（就某些事项）必须作出决定时，这种情况就更是特别突出。

但即使考虑到有这样的情况，共识理论仍然作出了相当大的贡献。它阐明了这种要求：即使（上面）这种商谈，也应服从。何况它还想追寻某个正确的或公正的结果呢。而且，它还表明：这样的论辩也要通过理性言说的基本规范来加以确定。据此，理性论证的规则就构成了对此种商谈进行评论的一个工具，而由哈贝马斯仅以初探方式所提出的论述形式则构成了对上面提出的证立进行分析的手段。进一步讲，假使没有达成任何合意，那么在这种情况下适用的规则，比如表决规则和宽容原则，则要再度通过论辩来加以证成。最后，我们要可以想到，在时间压力下作出的决定也还应当继续进行讨论。例如，在法学上讨论法律判断（审判）就是这种情况。

7.7 不过，根据这个认识，共识论本身还能不能仍然在根本上作为真理理论立足，就成了一个问题。共识论不包含真和假的确定标准。即使某个实际的共识也绝不是真理的标准。这样的共识在有缺陷的条件下也可能达成。然而，真理概念的说明并非要求阐释（导致某个明晰结论的）真理确立之方法。"论辩理论上的真理概念只不过是将这些理性言说的（受直觉宰制但仍然能够重构的）规范称作是每一个可能的真理检验都必须加以满足的充足条件。"[425]通过对真实性命题或正确性命题之检验程序的基本规则进行阐释，哈贝马斯的共识理论至少澄清了真理概念的某些方面。至于这样

---

[425] J.哈贝马斯：1974年12月17日给我本人的一封信。

做是否足够来分析此概念，以及共识论的着眼点与其他理论的着眼点之间的关系如何，似乎应以独立的考察来加以说明。

总之，可以这样说：哈贝马斯的理论尽管还有一系列可圈可点之处，但对理性的论证理论而言，它仍然包含着许多非常重要的见识。必须保持的东西，在这个理论的讨论过程中已经做了阐释，而且有些部分被重新加以表达和重新加以证立。这里只应再强调的是建立在一般证立规则基础上的3个理性规则和2个证立规则。它们构成了理性的实践论辩之普遍理论的基本规则。

第三章 埃尔朗根学派的实践商谈理论

对实践论辩理论的另一个重要的贡献是埃尔朗根学派的实践商谈理论作出的。这个由洛伦岑（P. Lorenzen）予以构想、特别是由施韦默尔（O. Schwemmer）加以发展的理论，试图把建构的方法（konstruktive Methode）运用于伦理学领域[426]。

1. 建构方法的纲领

建构方法的特征，最初表现为有关数学基础之争论上的一种立场，其以"直觉主义"名称而闻名。1907年，布劳威尔（Brouwer）*对那种认为任何数学命题必须不是真就是假的排中律（das tertium non datur）观点提出质疑[427]。在此方面，布劳威尔从引起有关无限域命题（Aussagen über unendliche Bereiche）的难题出发。我们设想有一个如哥德巴赫猜想的数学命题，即：任何偶数都是两个素数之和。这

---

[426] 目前的研究将主要讨论洛伦岑和施韦默尔两人的著作。有关埃尔朗根学派其他成员的理论，参见 F. 坎巴特尔编：《实践哲学与建构知识论》，法兰克福1974年版; J. 密特尔施特拉斯编：《规范—批判的社会理论的方法论问题》，法兰克福1975年版。

＊ 布劳威尔（Luitzen E.J.Brouwer, 1881—1966），荷兰数学家，近代数学直觉主义的创立者。——译者

[427] L.E.J. 布劳威尔：《论数学基础》，阿姆斯特丹／莱比锡1907年版。

个命题（语句）可以根据任意多数来加以检验，但仍然得不到证实，因为总还有另一些数没有得到我们的检验。那么，传统的逻辑就断言：尽管我们不知道这个命题（语句）是真是假，但我们确实知道它不是真就是假。根据建构主义的观点，确切地说，这是一个无证立根据的假定，一个思想的跳跃[428]。但这样的思想跳跃在科学上无论如何必须加以克服。每一个步骤均应根据确定的规则循序进行。这就预设了下面的前提："存在有一些规则，根据它们能够对某个命题作出主张（或作出否定）的权利加以决定。"[429]

这些规则的一个适例，就是由洛伦岑为逻辑构造目的（Zwecke des Aufbaus）而提出的对话规则（Dialogregeln）。这个对话规则确定到底如何能够攻击和防守一个复合的命题。具有全称量词的命题在对话中的运用，比如可以通过下列方式来加以规范：主张 $(x)Fx$（例如，在一个谈话中说："所有的乌鸦都是黑的"）的任何人，即正方，必须对其对手，即反方，就命题 Fa（"这个乌鸦是黑的"）之任一个体 a（每一个乌鸦）进行辩护[430]。这可按照洛伦岑所用的图表以下面的方式来表示：

O（反方）	P（正方）
	$(x)Fx$
a?	Fa

---

[428] W. 卡穆拉哈、P. 洛伦岑：《逻辑概论或理性言说入门》，曼海姆/维也纳/苏黎世1967年版，第195页。

[429] 同上书，第196页。

[430] 参见 P. 洛伦岑、O. 施韦默尔：《建构性逻辑、伦理学与知识论》，曼海姆/维也纳/苏黎世1973年版，第46页。

在方法论上还不可靠的东西不得承认,这一项要求不仅仅适用于证立的程序,而且也适用于证立的语言。相应地,这也应通过建构的方式来加以构造,而不得诉诸任何假设。特别是,像古典的逻辑所做的那样把日常语言用作元语言(Metasprache)来谈论人工的逻辑语言,是不允许的。为了澄清建构主义的立场,洛伦岑打了一个比方,他把语言比作是一只漂流在公海上而从来不可能驶向港口的船。解释学和分析哲学两者应当说有一点是共同的,即:它们开始在这只过去已建造的船上,并且就着这只船来进行工作。按照建构主义的观点,我们面对此情景必须"鼓足勇气,跳进水里,从头再来"[431]。我们必须想着把自己置于"无船可依的状态,也就是说,置于没有语言的状态,必须力图去领会这些行为,通过这些行为,我们在生命之海泅渡的过程中,能够亲手重新打造一只救生筏甚或一条船。"施韦默尔[432]则以下列要求为每个语词和每个证立步骤在方法论上的规范化总结出按照上述方式所引述的纲领:"在思考的进程(该思考进程一方面用来作出主张,另一方面用来对要求或规范进行论证)中,还没有任何一个阶段,在没有满足其共通用法的情况下,我们就可以使用某个词;我们所提出的任何主张、要求或规范必须一步一步地来加以证立,以便在需要有某个

---

[431] P. 洛伦岑:《方法的思考》,载氏著:《方法的思考》,法兰克福1974年版,第29页。

[432] 在本文中,偶尔要么只谈施韦默尔,要么只谈洛伦岑,尽管所引的书是由他们合著的。这之所以可能,是因为在《建构性逻辑、伦理学与知识论》这本书的前言中已经交代了何人写了哪些章节。

（根据我们自己独特的理解［属于］）新的精神机能（领会或认识机能）来延续现行思考进程的场合，这种机能在每一个独特的步骤中明确地予以要求。通过这些要求，就可以表达出建构方法的纲领。"[433]

2. 建构主义伦理学预设为前提的目的

运用建构方法推进伦理学研究之最初尝试由洛伦岑于1969年出版[434]。施韦默尔在其所著的《实践哲学》（1971年）一书中对这个尝试加以系统地拓展。1973年（俩人合作）出版的《建构性逻辑、伦理学与知识论》这本书有关伦理学的部分也出自他的手笔。这里所引证的内容应该说也主要是这本书。

建构方法的纲领本身还不足以来对伦理学加以证立。它只是规定应保证语词使用的共通性，应一步一步地在方法论上来进行，但它并没有说明应使用什么样的语词，没有说明什么样的步骤是允许的或必要的。

与此相关而提出的问题是：假如没有预设什么作为前提，那建构主义伦理学应如何着手呢？按照施韦默尔的说法，这个问题应通过下列方式加以解决：一开始确实必须从某个假

---

[433] P. 洛伦岑、O. 施韦默尔:《建构性逻辑、伦理学与知识论》，第10页（强调符号部分为作者本人所加）。一个几乎完全相同的说法，见诸 O. 施韦默尔：《规范伦理学基础》，载 F. 坎巴特尔编：《实践哲学与建构知识论》，法兰克福1974年版，第75页。

[434] P. 洛伦岑:《规范逻辑与伦理学》（英文），曼海姆/苏黎世1969年版，第73页及以下页。

定的前提,也就是说,从某个在方法上并不那么牢靠的前理解(Vorverständnis)出发。只有在按照这个前理解来构造伦理学之后,那么对这个前理解本身再加以检验,甚或加以改正,应该说才是可能和必要的[435]。这立即又引起了对循环论证的疑虑。然而,假若伦理学的构造意味着践履某个新的行为,该行为可以用来批评由此而得到发展的前理解,那么上述循环应该说是可以克服的[436]。这个在伦理学中设定为前提的前理解就是伦理学的目的[437]。伦理学的目的在于非强迫地消除冲突[438]。伦理学负有使命来"提出通过言说消除冲突的原则"[439]。由此,目的合理性(Zweckrationalität)的思想就构成了建构主义伦理学的基础[440]。这意味着:在伦理学领域有待证立的理性论证规则只是对那些承认伦理学目的的人有说服力。但这个目的本身却不可能在伦理学领域之内得到证立。因此,意志行为(Willensakt)为论辩规则的接受奠定了基础。"赞成言谈、反对强迫的决定……尽管被证明是可能的,但这种可能性的实现却不再是目的合理性的要求问题,而是践履言谈和实践普遍化(一般化)本身的问

---

[435] P. 洛伦岑、O. 施韦默尔:《建构性逻辑、伦理学与知识论》,第16页及以下页。

[436] 同上书,第19—20页。

[437] O. 施韦默尔:《实践哲学》,法兰克福1971年版,第20页;同一作者:《规范伦理学基础》,第76页。

[438] O. 施韦默尔:《实践哲学》,第106页;同一作者:《规范伦理学基础》,第77页。

[439] P. 洛伦岑、O. 施韦默尔:《建构性逻辑、伦理学与知识论》,第109页。

[440] 参见同上书,第107页、第115页、第116页。目的合理性思想似乎确立了整个建构哲学的基础。任何语言部分的引入都应该通过引述目的而变得有意义(参见同上书,第21页)。

题——就这一点而言,它不是'可强迫的'。"〔441〕为了说服某人去遵守道德原则,"我们只有通过下列方式才能够力图做到,即我们正好也试图与他一道去遵守这些原则"〔442〕。

由此,在哈贝马斯与施韦默尔之间存在着相当大的区别〔443〕。这一区别可以在下面一点表现出来:我们可以说,依施韦默尔的观点,论辩规则的总合构成了某个假定(有条件)命令(hypothetisches Imperativ)的结句*;而按照哈贝马斯的观点,它们对一切可以讲话和思考的人,也就是说,对于一切能够以理性生命对待的存在体,是绝对命令。随着若干的修正,哈贝马斯的论点在上文中已被接受。然而,基于这一点,施韦默尔的想法也不应加以抛弃。谁要是采纳通过哈贝马斯规则定义的实践论辩,那他就是在追求非强迫地消除冲突的目标。在这一点上,哈贝马斯的理论包含着施韦默尔的理论。

3. 建构主义伦理学的原则

为了实现商谈达到其消除冲突的目的,它们应当受制于两个原则:理性原则和道德原则。

3.1 理性原则,施韦默尔也把它称为"商谈原则"

---

〔441〕 O. 施韦默尔:《服从与论辩:实践哲学的使命和局限》,载 F. 坎巴特尔编:《实践哲学与建构知识论》,法兰克福1974年版,第199页及以下页。
〔442〕 P. 洛伦岑、O. 施韦默尔:《建构性逻辑、伦理学与知识论》,第121页。
〔443〕 参见 J. 哈贝马斯:《晚期资本主义的合法化问题》,第150—151页。
* 结句(德文"Hintersatz",英文"apodosis"),是指条件句中表示结论或结果的子句。——译者

(Beratungsprinzip)[444],其要求人们应实现3个层面的理性共通(沟通)(vernünftige Gemeinsamkeit)[445]。

在第一个层面,必须确保讲者和听者有共同的语词使用[446]。这个要求能够径直地(被人们)予以接受。问题只在于它应如何去实现。按照建构主义的纲领,这一点需要创造某种通过建构而构造的语言,即"正宗的语言"(Orthosprache)。"实践哲学的首要任务是重构一个最低限度的词汇表,以便我们能够对规范的接受之赞成或反对进行讨论。"[447]应该说,构造这样一种语言是通过践履共同的行为来进行的[448]。

在此方面,只要日常语言被(共同的)行为所控制(实用的语言)[449],那么它就可以按有利的方式来使用。这样就能够做到描述(语言)引入的情境,而实际地进入这样一个情境,就变得有些多余了[450]。但原则上不经过诉诸日常语言来构建正宗的语言应该也是可行的[451]。

可能值得怀疑的是:一方面这是否可能,另一方面这是否有意义。对此需要多说几句:沟通的问题绝对可以通过

---

[444] O. 施韦默尔:《规范伦理学基础》,第82页。
[445] P. 洛伦岑、O. 施韦默尔:《建构性逻辑、伦理学与知识论》,第115—116页。
[446] P. 洛伦岑、O. 施韦默尔:同上书,第115页;O. 施韦默尔:《规范伦理学基础》,第83页。
[447] P. 洛伦岑:《规范逻辑与伦理学》,第75页。关于构建正宗的语言,参见该书第76页及以下页;O. 施韦默尔:《实践哲学》,第37页及以下页。
[448] 参见 P. 洛伦岑、O. 施韦默尔:《建构性逻辑、伦理学与知识论》,第21页及以下页。
[449] 同上书,第18页、第41页。
[450] 同上书,第18页、第41页。
[451] 同上书,第18页。

第一编 对若干实践论辩理论的反思

分析哲学的方法来加以解决。在这一点上，理应首先从日常语言出发。模糊的情况一旦出现，所运用的陈述就得在逻辑上加以分析。在这样一种分析的基础上就有可能既避免误解，又有可能对语词的共通使用予以确定。人工的语言可以用作分析日常语言表述的工具。故此，比如根据道义逻辑的手段来重构"应然""允许"这样的概念，是很有意义的。

本书的研究，不可能试图说明建构主义的着眼点在根本上是否站得住脚[452]，其是否或许应在分析上优先。就本书研究的目的而言，这样一种说明也是不必要的。分析哲

---

〔452〕有一种反对意见还是在这里提示一下：根据施韦默尔的说法，最早的引入（新的概念）必须发生的共同行为情境必定已经通过共同的目的追求而凸现出来（P.洛伦岑、O.施韦默尔：上揭书，第21页）。然而，是否可能先有目的后有语言，仍然是有疑问的。假如把"有目的的行为"理解为"有意识地指向某个东西的行为"，那么语言看起来也总是被赋予某个目的的，因为还需要承认这样几点：如果不诉诸语言，我们不可能有意识地指向某个东西。相反，假如把"有目的的行为"必须理解为"无意识地获取某个东西（客观合目的）的行为"（例如像蜜蜂寻找蜂蜜），那么这种情况并不适宜于来说明语言学习。假如人们不是一般地依赖于目的，而是像施韦默尔那样，依赖于共同的目的，那么这个反对意见甚至会变得更为强烈。

针对施韦默尔的立场，一个完全类似的意见可能提出来，即：存在有某种"前语言需求之规定的世界秩序"，这个秩序能够借助"符号"在"语言引入的情境中加以固定化"（O.施韦默尔：《服从与论辩：实践哲学的使命和局限》，第171页）。而且，我们谈到蚂蚁，也可以说它们能够利用某种"需求规定的世界秩序"。然而，只有当语言引入情境中的参与者至少在他们还处在发育阶段把它看作是有意义的，也就是说，只有当他们通过语言来理会它时，这种秩序才可能被用作是"自然的理解基础"。所以，埃尔朗根学派的出发点——关于通过建构主义手段来完全地构造语言的主张，看起来是颇成问题的。故此，对于下述观点有些话还要要说：日常语言（诚如施韦默尔正确地指出，它把其保证的可靠性在行动整体中固定下来）必须仍然是保证沟通的基础。

学目前研究的结果显示：利用其手段解决沟通问题是可能的[453]。据此，理性共通（沟通）的第一个层面的要求就能够得到实现。假如建构主义哲学证明还能够超越此点提供某种做相同之功甚或更有价值的工具，那可能也是颇受欢迎的。

阐明沟通问题所进行的讨论本身可以理解为具有独具一格的论辩。这里可以把这个论辩称为"语言分析的（论辩）"。它涉及例如揭示歧义、模糊、意义的情感因素以及荒谬的东西。这种论辩的目标是保证有清晰的、有意义的言说。为了保障这一点，任何言谈者必须能够随时过渡到这样一个论辩。据此，我们可以得出另一个论辩规则：

> 任何言谈者必须能够随时过渡到语言分析的论辩。

按照施韦默尔的观点，"只有当讲者本人也承认了其敦促听者应承认的语句时"[454]，第二个层面的理性共通（沟通）才得以产生。这项要求所诉诸的是讨论的真诚性和严肃性。谁要是建议别人应接受某个语句，那么他必须自己也接受之。该项要求，像可领会性与无矛盾性要求一样，对任何交往（行为）都是基础性的[455]。此观点将在下文更进一步

---

[453] 这方面不可忽视的文献只列出两种作为例子：J. L. 奥斯汀：《哲学文集》，伦敦/牛津/纽约1970年第2版（有关日常语言哲学）；R. 卡尔纳普：《意义和必然》（英文），芝加哥/伦敦1956年版第2版（有关理想语言哲学）。

[454] P. 洛伦岑、O. 施韦默尔：《建构性逻辑、伦理学与知识论》，第115—116页。

[455] 参见J. L. 奥斯汀：《他人之心》，载氏著：《哲学文集》，第82页、第115页。

明确地表达为言谈的基本规则。

最后,在第三个层面,语词和语句的共通性应该说不再局限于每个讲者和每个听者。它进而要求:语词要使任何一个人都可以传授,语句要使任何一个人都可以接受。普遍化应该具有双重性:"一方面,语句指向(处在相应情境中的)任何一个人,另一方面,在语句中所陈述的东西应该被称为'普遍性的',而不是专门指称(Nominatoren)。这个具有双重性的普遍化应该说就构成了理性共通(沟通)的第三个层面。那么,理性原则应该正好要求在最终得出结论的言谈中创设出这一理性共通(沟通)的第三个层面。通过这个原则应当确定到底什么算作是一个理性的商谈。"[456]

按照施韦默尔的观点,在理性的实践商谈中,除了区别理性共通(沟通)的三个层面,还应区别证立的三个层面。第一个(证立)层面所涉及的是通过引述某个目的而对行为进行证立,第二个层面是通过引述某个规范而对目的进行证立,第三个层面是对这个规范(本身)进行证立。

借助于这些区分,实践商谈的理性原则还可以另设一个步骤。根据第二个层面的证立,理性原则的普遍化命令(规则)产生下面的要求:"人们据以证立某个目的设定的任一规范,应允许作为对一切进一步的目的设定,特别是其自身的目的设定之理由。"[457]

不难看出,这个被施韦默尔称为"实践理性原则"的原则,

---

[456] P. 洛伦岑、O. 施韦默尔:上揭书,第116页。
[457] 同上书,第117页。内容相同的表达,见 O. 施韦默尔:《规范伦理学基础》,第85页。

相当于黑尔的可普遍化原则与规定主义原则的结合[458]。不过,在施韦默尔这里,也有一些表达让人想起哈贝马斯普遍化原则的残余,后者要求:任何人都必须能够承认用于论辩的规范[459]。故此,施韦默尔谈道:"最终得出结论所使用的语句之普遍化……在实践商谈中,就是对规范的共同接受。"[460]进而言之,上述理性共通(沟通)第三个层面的条件之一就在于:"语句要使任何一个人都可以接受。"[461]仍然不是十分清楚的是:这一项要求本身与施韦默尔所明确表达的实践理性原则之间是什么关系[462]。然而,考虑到(哈贝马斯与黑尔)两个可普遍化原则说法之间可以相互协调起来[463]这个事实,可以推定施韦默尔也拥护它们两者。

故此,施韦默尔的可普遍化要求既具有黑尔的可普遍化原则的缺点,也具有哈贝马斯的可普遍化原则的缺点。它们均没有告知(在任何情形下,也包括应用于其自身的情境下必须准备加以应用的)规范之内容,它也没有给出任何信息,告知哪一种规范可以被任何人所承认。根据与黑尔的可普遍化原则相一致的实践理性原则,施韦默尔明显地

---

[458] 参见上文,第96页及以下页(边页码)。

[459] 参见上文,第151页、第172页(边页码)。

[460] O. 施韦默尔:《规范伦理学基础》,第84页(强调符号部分为作者所加);一个类似的表达,见诸 P. 洛伦岑、O. 施韦默尔:《建构性逻辑、伦理学与知识论》,第116页。

[461] P. 洛伦岑、O. 施韦默尔:《建构性逻辑、伦理学与知识论》,第116页。

[462] 对这个不清晰之处的批评,参见 F. 坎巴特尔:《实践哲学在建构上如何可能?——论对实践论辩之方法沟通的若干误解》,载 F. 坎巴特尔编:《实践哲学与建构知识论》,第24—25页。

[463] 参见上文,第152页。

注意到这一点。

通过这个原则表达的一致性要求还不足以达到实践商谈之目的,即非强迫地消除冲突。不同的人可能一致地赞成某些无法协调的规范[464]。因此,施韦默尔认为,若有某个原则允许人们去回答在众多不同的、不协调的规范中必须采取哪些规范这个问题,则是很有必要的。

3.2 这个任务应该能够通过道德原则来完成。为了对这个原则加以表达,施韦默尔首先引入了一系列新的术语。假如某人(也)遵守规范N(目的Z),以便能够遵守规范N'(目的Z'),那么N相对于N'应被称为"下位规范"(Subnorm),N'相对于N就被称为"上位规范"(Supernorm)(Z相对于Z'是"下位目的",Z'相对于Z是"上位目的")[465]。

于是,他通过下列要求对道德原则加以表达:"在冲突的场合,对于那些被用作相互不协调目的之理由的规范,应确立相互协调的上位规范,根据这些上位规范来确立相互协调的下位规范。"[466]

这个原则的用途看起来是有局限的。我们假定:A为了能够实现共同的上位规范N'_1和N'_2而遵守N_1和N_2。假定N_1和N_2是不协调的。而N_2与N_3是协调的,后者同样能够被选作是N'_1和N'_2的下位规范。如果A选择N_1还是选择

---

[464] P.洛伦岑、O.施韦默尔:《建构性逻辑、伦理学与知识论》,第118页。
[465] 同上书,第119页。
[466] 同上书,第119—120页。新近的一个略微不同于上述的阐释,见O.施韦默尔:《规范伦理学基础》,第88页。这里所缺乏的是要求确立相互协调的下位规范。然而,这应该是不言而喻的。

N_3 对他来讲无所谓，那么通过 N_3 来代替 N_1 对他而言也是合理的。在这种情况下，道德原则就会得出一个结论。然而，假如 A 不愿意去做这样一种替换，那就不会产生任何结论。为说明这一点，可能有良好的理由。遵守 N_1 可能不只是实现 N'_1 和 N'_2 的一个手段，而且也可能是基于其自身的原因而进行的。A 可能愿意根据 N_1 去实现另外一些没有被 B 所承认的上位规范。N_3 可能会导致某些 A 不愿意忍受的间接后果。A 可以把所有这些作为论据争辩说：不是他，而是 B 应当修改自己的规范。对这样一种要求进行证成，道德原则没有提供任何标准。什么样的不协调规范或目的应当被修改以及用什么样的方式来修改，这个问题仍然是悬而未决的。因此，施韦默尔的道德原则所提供的是一种特殊的、在一定情况下可以应用的论述形式，而不是一个可以普遍应用的道德证立程序[467]。

即使道德原则据此而必须被看作是一个非常有限的可以适用的决定标准，然而为其奠定基础（根据）的想法仍然是值得加以坚持的。这一想法见诸施韦默尔在其《实践哲学》一书所提出的道德原则之表述中："让我们联合起来……形成我们的知识和我们的理解，以及形成我们的意志！"[468] 由此看来，通过把实际现存的愿望和要求置于某些（无论如何也总是有待确立的）最理想的关系之中，也还是不会[469]实

---

[467] 参见 F. 坎巴特尔：上揭书，第 15 页。

[468] O. 施韦默尔：《实践哲学》，第 126 页。

[469] 我们还必须补上一句："不仅仅"。（在德文版中，这个注释的序号为 470，汉译本根据行文的需要与下一个注释的序号做适当的调整。——译者）

现由道德原则提出的"协调性要求"(Verträglichkeitsforderung)的[470];证立这些愿望和要求本身就是论辩的对象。"道德哲学具有使命,表达允许我们试图去影响某些纯属主观上'所与'要求的某些原则,如此去规范它们,以便我们对如何去行为的决定能够加以证立。"[471]故此,实践论辩的使命(其中之一)就在于要克服实际现存的规范性观点的主观性。在这个意义上,洛伦岑把"超主观性"(Transsubjektivität)适切地称作道德的基础[472]。

4. 规范体系的批判生成

尽管道德原则表达出了一些重要的基本想法,但它对于解决规范的证立问题还几乎是无所进益。面对此种境况,洛伦岑在继受黑格尔和马克思主义辩证法的基础上构想出[473]规范体系之事实生成和批判(规范)生成学说,向前跨出了相当大的一步,该学说后来由施韦默尔具体地加以发展[474]。

这个理论部分之所以有意义,不仅因为它包含有规范批

---

[470] 关于这个概念,参见 O. 施韦默尔:《证立与说明》,载 J. 密特尔施特拉斯编:《规范—批判的社会理论的方法论问题》,法兰克福 1975 年版,第 54 页。

[471] P. 洛伦岑:《规范逻辑与伦理学》,第 79 页。

[472] 同上书,第 82 页。

[473] 参见 P. 洛伦岑:《规范逻辑与伦理学》,第 84 页及以下页;同一作者:《科学主义的难题》,载 L. 兰德格雷伯编:《杜塞尔多夫 1969 年第九届德国哲学大会:哲学与科学》,迈森海姆 1972 年版,第 33—34 页。

[474] 主要参见 P. 洛伦岑、O. 施韦默尔:《建构性逻辑、伦理学与知识论》,第 190—221 页;O. 施韦默尔:《规范伦理学基础》,第 89—95 页;同一作者:《证立与说明》,第 72—79 页。

判和规范证立之令人感兴趣的程序,而且还因为它提供了一些方法,揭示出那些受商谈影响之人(而非参与讨论之人)的需求和规范观点是如何能够被采纳的。这一点具有特别重大的意义,因为在大多数实际进行的实践论辩中,那些参与讨论之人和那些受其影响之人的身份不完全一样。大家只要想一想法庭上的论辩(就清楚了)。

在《建构性逻辑、伦理学与知识论》中提出的事实生成和批判生成学说版本是非常复杂的。单单加以规范化的术语就不少于73个[475]。它所论及的,还有至少18个层面、发展阶段或过渡阶段[476]。此外,它目前所进行的工作是否属最终的理论版本,可能仍是一个疑问[477]。基于这些原因,这里只想就(这个理论版本的)某些基本特征加以阐述。

通盘考察事实生成和批判生成是(埃尔朗根学派将其与自然科学相对称的)文化科学的使命。文化科学要完成三个方面的任务,即文化释义、文化批判和文化改革[478]。

文化释义的任务在于确认一个社会或一个群体有效的规范体系。它要求不应简单地进行观察和提问。在这样直接进入观察的过程中,观察者可能会受其主观解释的引导[479],提问者也必定以此为前提:一方面被提问者的自我释义是真

---

[475] 参见上引书(P. 洛伦岑、O. 施韦默尔:上揭书,第233页及以下页)的《正宗词汇》数目表。
[476] P. 洛伦岑、O. 施韦默尔:上揭书,第191页、第192页、第196页、第197页、第201页、第212页。
[477] 参见O. 施韦默尔:《证立与说明》,第43页。
[478] P. 洛伦岑、O. 施韦默尔:上揭书,第191页。
[479] 同上书,第197页。

实的，另一方面它们本身不应再加以释义[480]。所以，为了做到客观地确认有效的规范，那么领会规范体系的历史，应当是有必要的。在此方面，必须从某个确定的基础出发。施韦默尔在自然或文化上恒常不变的需求中找到了这样一个基础[481]。基于这个"释义基础"（Deutungsbasis）[482]，人们必须既要领会随着劳动分工的出现而进一步打上文化烙印之需求的生成，又要领会在这个过程中规范所发生的演进过程。这样一种领会，最终在于要对现行有效的规范进行描述。这个描述要尽可能地通过经验来予以检验[483][484]。

接着这个事实的生成之后所出现的，是批判的生成或文化批判。在文化批判中，那种通过文化释义所确定的规范体系可以根据其是阻碍还是促进对理性原则的遵守来进行判断。假如规范体系导致下列情况出现，即：一定的目的特别表现为纯粹事实的方式，也就是说，有关它的证立不通过理性商谈的方式来进行，那么它对这个理性原则的遵守就会形成阻碍。这种纯粹事实的强调，既意味着商谈情境的某种扭曲，也意味着它对商谈情境之校正的排斥或阻碍[485]。

---

[480] O. 施韦默尔：《证立与说明》，第59页。
[481] P. 洛伦岑、O. 施韦默尔：上揭书，第196页。
[482] 同上书，第195页。
[483] 同上书，第197—198页。有关行为、目的和规范之主张的经验检验，参见 O. 施韦默尔：《证立与说明》，第62页及以下页。
[484] 从文化之恒常不变的需求出发来理解规范体系之生成过程是否可行，这里既没有可能，也没有必要加以讨论。对本书研究的目的来说，一般能够对规范的生成进行描述也就足够了。在这一点上，到底应采取什么样的方法，可能还是悬而未决的。这种可能性之存在，可能几乎是毋庸置疑的。
[485] P. 洛伦岑、O. 施韦默尔：《建构性逻辑、伦理学与知识论》，第209—210页。

为了对这些扭曲和校正加以确认，必须对在文化释义中发生的事实生成之每一阶段构建一个理性的商谈。在此方面，针对每一阶段而必须加以确认的（问题）是："假如它被人所商谈，那么按照商谈原则与道德原则，它到底得到了证立，还是没有得到证立呢？"[486]"对规范和法律所进行的批判性评判（过程），应当被称为事实生成的批判重构，或者干脆说：某个规范体系的批判生成。在采纳这些规范和法律之后，生成的规制过程才得以进行。而对规范和法律所作的批判性评判是应用于规范体系之事实生成的每个阶段的，应用于为事实生成之每个阶段而构建的商谈之中的。"[487]

根据校正性的对话活动来正面地确立规范是特别困难的事情。对这样的规范进行证立须以广泛的社会科学之常规性知识为前提。这就是文化释义和文化批判之后的第三个阶段，即文化改革[488]的任务。文化改革的目标是"使那种符合理性及符合道德原则的行为成为可能"[489]。

即使这个粗略的勾勒也可以让人看得出：事实生成和批判生成的理论包含有丰富的思想。一个规范（也）可以根据其形成过程来加以批判，这一点看起来是完全可信的。在此方面，有两种情况令人特别感兴趣。

第一种情况：假定在早期有这么一个完全合理的规范，

---

[486] O. 施韦默尔：《规范伦理学基础》，第94页。
[487] P. 洛伦岑、O. 施韦默尔：上揭书，第212页。
[488] 关于这一点，参见 P. 洛伦岑、O. 施韦默尔：同上书，第213页及以下页。
[489] 同上书，第193页。

其由于现实环境（条件）的改变而丧失了它的意义[490]。那么，一个即使在环境已改变的条件下也愿意遵守原来这个规范的人，就可能被告知：假如在现实环境每次改变的过程中该规范都经过重新地商谈，那么它现在似乎就不再有效。后面这一点通常或许就意味着：（规范改变）所影响的人在其学习过程中并不一定了解这个特定的规范，因此也可能目前不会赞成这个规范。假如不可能为其找到任何新的理由，那么这甚至可能被引证为反对该规范的一个强有力的论据。

第二种情况所涉及的是：规范并非在理性的条件下形成的，也好像不是通过最初的商谈被批准（赞同）的。相应地，可以想到的是：（规范改变）所影响的人可能颇为有效地受到该规范精神之熏陶，因此不会产生该规范可能是错误的这种想法，从而准备和谐一致地去运用这个规范，准备承受其后果，并且将自己的其他确信与之协调起来。自然，下面一点也是可能出现的：环境本身改变了，以至于在此期间，甚至可以为一个具有如此不符合理性之开端的规范提出一些充分的理由；然而，假如情况不是这样，那么诉诸其不合理的形成过程，可能还会是一个反对该规范的强有力的论据。

可能还会有其他一系列的情况形成。然而，对此我们只好弃而不谈了，因为这里所提出的想法只可能会以更加复杂的方式在它们身上加以应用。更为重要的是，有一个完全不同的发生学论述之变种，是洛伦岑和施韦默尔所没有考虑到

---

[490] 参见 Ch. L. 斯蒂文森：《伦理学与语言》（英文），纽黑文／伦敦1944年版，第123—124页。

的：它确信，规范有效可能不只是在不合理的社会条件下形成的，而且也可能是在个人社会化之不合理的条件下形成的。把这个情况同目前所论述的其他情况区别开来，本身是非常有意义的，即便我们可以把个人社会化的一切扭曲归结为社会发展的扭曲。尽管这种归结常常是不可能的，那么对这种情况的考量却绝对是必要的。正如在对社会发展的扭曲进行分析的过程中必须求助于历史与社会科学一样，在对个人社会化进行分析时也必须求助于心理学，特别是心理分析。

据此，在讨论哈贝马斯理论的过程中临时提出的论辩规则就可以做如下表达：

> 在论辩中提出的任何一个规范必须既能够经得起其社会生成的检验，也能够经得起其个人生成的检验。

5. 应坚持的几点

在本书研究考察的框架内，彻底讨论建构主义的纲领是不可能的[491]。所以，这里，对于建构主义声称在构造科学和伦理学的过程中放弃日常语言的可能性，只是再提示一下上文已表达出的疑虑。而且，这样一种根本性的讨论也是没有必要的。若完全抛开建构主义是否站得住脚这种议论，则

---

[491] 有关建构主义纲领的批评，参见 W. 维兰德：《实践与判断力》，载《哲学研究杂志》，总第 28 期（1974 年），第 17 页及以下页；来自批判理性主义的批评，参见 H.H. 柯伊特：《辩证法对批判理性主义》（英文），载《义理》（Ratio）杂志，总第 15 期（1973 年），第 28 页及以下页。

可以从建构主义伦理学采撷出一系列为理性论辩理论所感兴趣的见解。

1）首先应坚持的一点是对确定词语之共通用法的要求。这一要求与分析哲学（而且我们也必须说：与任何有待认真对待的哲学）对语言清晰性和精确性的要求是相互趋同的。因此，在任何出现语言不清晰的场合，必须能够从实践的论辩过渡到语言分析的论辩。建构的方法是否以及在何种程度上可以被接受为语言分析论辩的方法，应该说仍然是悬而未决的。无论如何，在分析哲学中已经得到发展的方法是可以应用于语言分析论辩之中的。

2）基于理性原则，目前所讨论过的可普遍化原则之不同形式间也产生出若干有趣的平行线。实践理性原则相当于黑尔的可普遍化原则与规定主义原则的结合。此外，（施韦默尔）也有一些表达与哈贝马斯的普遍化原则的版本相一致。

3）道德原则尽管不能够被赋予施韦默尔想让其担当的角色，但它仍然表达出下列应当加以保留的想法，即：实践论辩不（只）是最理想地将既定的主观愿望和规范观点加以协调一致的程序，而（且）首先是一个对规范观点和有关主观愿望之正当性的观点予以修正的活动。

4）批判生成的思想应当被看作是建构主义伦理学对理性论辩理论的最重要的贡献。不过，也必须提请注意：这本书只接受了发生学论述的一些基本思想。在这一点上，对历史发展的批判性检验之要求必须要通过个人规范确信生成的批判性检验之要求加以补充。

第四章　沙伊姆·佩雷尔曼的论证理论

哲学家兼法学家沙伊姆·佩雷尔曼（Chaim Perelman）出生于华沙，其长年在布鲁塞尔任教。在此期间，他开始研究逻辑学家哥特罗布·弗雷格（Gottlob Frege）*[492]。其后，他转向研究价值判断和评价性概念的逻辑分析。他得出如下的观点：价值判断既不能够单纯通过经验的确认（自然主义），也不能够通过任何一种自证（直觉主义）来加以证立[493]。因此，他在1945年出版的有关正义的研究专著中，得出下面的结论：至少任何一种规范体系的一些基本原则是（主观）独断的[494]。但佩雷尔曼本人并不满足于这一结论。自从（20世纪）50年代以后，他在其论辩理论中试图指出：除了经验的检验和逻辑的演绎以外，也还有一系列理性论辩和证立的其他可能性。特别是，他持下列看法：理性的实践用法之可

---

* 哥特罗布·弗雷格（Gottlob Frege，1848—1925年），德国数学家、逻辑学家和哲学家。著有《概念演算》（1879年）、《算术的基础》（1884年）和《算术的基本规律》（1893—1903年）等。——译者

[492] Ch.佩雷尔曼：《弗雷格研究》（法文），博士论文，布鲁塞尔，1938年；同一作者：《哥特罗布·弗雷格研究》（法文），载《布鲁塞尔大学评论》，总第44期（1938—1939年），第224—227页。

[493] 关于自然主义和直觉主义，参见本书上文第54页及以下页。

[494] Ch.佩雷尔曼：《有关正义的研究》，载氏著：《论正义》，慕尼黑1967年版（法文原版：*De la Justice*, Brüssel 1945；德文版由乌尔里克·布吕姆翻译），第83—84页。

能性能够在一般（普遍）论证理论中得到证明[495]。

1958年，佩雷尔曼与L.奥尔布里希茨-泰特卡（L. Olbrechts-Tyteca）合作完成了这样一种极其详尽的理论，题目为《新修辞学：论辩论文集》（La nouvelle rhetorique. Traite de l'argumentation）[496]。佩雷尔曼和L.奥尔布里希茨-泰特卡把他们的理论视为古代修辞学传统的复兴[497]。特别是，他们所倚重的是亚里士多德、西塞罗（Cicero）和昆体良（Quintilian）*的理论。然而，他们的兴趣所在不是历史上的那一类（修辞学），而是逻辑—体系的那一类。因此，他们在多大程度上符合古代的传统，对这个问题，这里可以不去加以回答[498]。

接下来的论述完全集中于下面这个问题：佩雷尔曼[499]是否已成功地为实践论证确立了一个可靠的理论了呢？他有关理性实践用法之可能性的主张是否具有合理根据，这个评

---

[495] Ch. 佩雷尔曼：《正义五讲》，载氏著：《论正义》，慕尼黑1967年版（德文版由O. 巴尔韦格翻译），第136页。

[496] Ch. 佩雷尔曼、L. 奥尔布里希茨-泰特卡：《新修辞学：论辩论文集》（法文），2卷本，巴黎1958年版，布鲁塞尔1970年未修订2版。

[497] 同上书，第1页及以下页；另见同一作者：《论证行为与论证者》（英文），载《伦理学》杂志，总第61期（1950—1951年），第251页；Ch. 佩雷尔曼：《修辞学与哲学》（英文），载《哲学与修辞学》杂志，第1期（1968年），第15页及以下页。

* 昆体良（Quintilian，约35—96年），又译"昆体利安"。古罗马修辞学家。著有《雄辩家的培训》《长篇雄辩术》等。——译者

[498] 关于佩雷尔曼对修辞学历史的评估，参见佩雷尔曼：《论辩的社会语境》（法文），载《国际社会学文汇》（Cahiers internationaux de sociologie），总第26期（1959年），第127—128页。

[499] 基于简化的原因，在下面的内容中，即使我们讨论的这本书是由佩雷尔曼与L. 奥尔布里希茨-泰特卡两人合著的，我们也总是只谈佩雷尔曼。

判（决定）将取决对上述问题的回答。

1. 作为（广义的）逻辑理论的论证理论

论证理论可以作为一种心理学理论来予以追求。在这种情况下，它将考察譬如一定的论述之影响。佩雷尔曼明确地否定了这种研究之可能性[500]。他把自己的理论看作是广义的逻辑理论[501]。"我选择追随哥特罗布·弗雷格，他通过分析数学家的推理而研究了形式逻辑的法则。我开始分析有关好与坏、公正与偏私的各种推理，当时它们散见于哲学家、政治学家、法学家以及神学家们的著述之中。"[502]在这一点上，佩雷尔曼并不是想去取代形式逻辑。他是想对它们加以补充："新修辞学目的不是要取代或替换形式逻辑，而是要把它加进论证（推理）的领域，目前，这个领域已经逃避了所有旨在理性化即实践论证（推理）的努力。"[503]针对其论证理论属逻辑理论而非心理学理论这个观点，佩雷尔曼给出了两个不同的理由：第一，不同论证结构的逻辑分析必须优先于对其心理影响的考察。为了研

---

[500] Ch.佩雷尔曼、L.奥尔布里希茨-泰特卡：《新修辞学：论辩论文集》，第12页。

[501] 参见同上书，第13页。"逻辑"术语的这样一种广义的使用，并非有什么异常。譬如可以参见 K.R.波普尔：《研究的逻辑》，第26页。

[502] Ch.佩雷尔曼：《新修辞学》，载 Y.巴尔—希勒尔编：《自然语言的语用学》（英文），多德雷赫特－荷兰1971年版，第145页。

[503] 同上书，第148页；类似的说法，见 Ch.佩雷尔曼、L.奥尔布里希茨-泰特卡：《新修辞学：论辩论文集》，第13页。

究各种不同论证结构的实效，我们必须要先熟悉这些形式。第二，心理学考察表达不了不同的论证之价值。而它们本身也是某种方法论评价的对象[504]。与这两种论述相一致，佩雷尔曼的理论也可以分为分析性的部分和规范性的部分。尽管其自我标榜属逻辑理论，但在何种程度上，它也可能包含某些心理学部分或社会学部分，（对这个问题）我们将在叙述的过程中逐步加以说明。

2. 作为听众职能的论证

佩雷尔曼理论的基本概念是"听众"（auditoire）概念。听众是一个集合名词，即讲话者想通过其论证来影响的人之总称谓[505]。为了能够确定讲话者通过讲话所及的听众，就需要了解该讲话者的意图。所以，一个议会中的讲话者的听众可能就是他的议会党团、议会或全体国民。任何一种论证的目标在于获得或强化听众的认同（adhesion）[506]。为了达到这个目标，讲话者必须使自己的言说去适应听众[507]。同样一个主张，对一些支持讲话者主张的听众，可能会用作支持的论点，对另一些不支持讲话者主张的听众，也可能会用作反对的论点。故此，希望通过某种特定措施来缓解社会紧

---

[504] Ch. 佩雷尔曼、L. 奥尔布里希茨-泰特卡:《新修辞学：论辩论文集》，第12页。

[505] 同上书，第25页。

[506] 同上书，第18页、第24页、第59页。

[507] 同上书，第31页及以下页；Ch. 佩雷尔曼:《正义五讲》，第158页；同一作者:《新修辞学》，第146页。

张关系的论证,只对那些等待社会平安的人有说服力,而说服不了那些盼望社会冲突的人[508]。所以,在论证中要适用如下规则:"l'adaptation du discours a l'auditoire, quel qu'il soit."[509](其意思是说)讲话者必须使自己的言说适应听众,而不管他们可能是什么样的人。因此,论证就是听众的一个职能(l'argumentation est fonction de l'auditoire)[510]。

3. 推证与论证

听众的角色(地位)把论证与推证(Demonstration,一译"明证"或"演证")区别开来。佩雷尔曼把"推证"理解为逻辑推演。在某个逻辑演算之内,一个证明在于按照确定的推论规则从既定的公理推导出某个公式。这样一个证明的正确与否,不取决于任何一个听众的认同。

逻辑学家在选择公理时是完全自由的。不过,他们要受到像不矛盾律这样的形式标准的约束。相应地,逻辑学家的证明也只在其自己的体系内是有效的。所以,与此相反,按照佩雷尔曼的观点,假如有谁要进行论证,那么他就必须既要保证(人们)对其前提的认同,也要保证(人们)对每一个证明步骤的认同。"谈话者的明确认同在每一步都是不可或缺的,为的是让论证(推理)得

---

[508] 同上书,第26页。
[509] 同上书,第33页;另见第612页。
[510] 同上书,第58页;类似的表述,见第7页、第24页;另见 Ch. 佩雷尔曼:《修辞学与哲学》,第15页及以下页。

以进行。"[511]论证的前提必须得到听众的认同，是不言而喻的。更令人感兴趣的是佩雷尔曼所主张的第二点：有待证立的命题通常（大多数情况下）[512]不是从引用作为证立根据的命题中逻辑地推导出来的，所以，从这些命题过渡到有待证立的命题也需要听众的认同[513]。

站在佩雷尔曼的角度，必须得承认：在大多数事实上进行的证立活动中，结论不是从前提中逻辑地推导出来的。所以，比如，在对"一定的国家（政府）形式是良好的"这个价值判断进行证立时，其所要表达的是：这种国家形式最大限度地保障个人的自由。前者不是从后者推导而来的。然而，在讨论黑尔的理论时业已表明：在一些情况下，像"最大限度地保障个人自由的国家形式是良好的"这种规则是作为前提来加以预设的。连同这个一般性的语句，上述那个价值判断可以在逻辑上从所引述的主张中推导出来。诚如上文所指出的[514]，黑尔基于这个理由而得出结论："理由的观念，总是因而导致规则的观念，它规定某一物是另一物的理由。"[515]这意味着：任何一种论述都可以看作是省略三段

---

[511] Ch. 佩雷尔曼：《辨证方法及谈话者在谈话中所起的作用》（英文），载氏著：《正义观念与论证问题》，伦敦/纽约1963年版，第167页；另见Ch. 佩雷尔曼、L. 奥尔布里希茨-泰特卡：《新修辞学：论辩论文集》，第87页。

[512] Ch. 佩雷尔曼：《辨证方法及谈话者在谈话中所起的作用》，第166页。

[513] 据此，佩雷尔曼之论辩式证立方式有别于亚里士多德之辩证推论。尽管在前两种情况中大前提是或然性的或有可能根据的（ενδοξα），但在亚里士多德那里，结论是可以从这些大前提中逻辑地推导出来的（亚里士多德：《论题篇》，100a—100b）。

[514] 参见上文，第92页（边页码）。

[515] R. M. 黑尔：《自由与理性》（英文），牛津1963年版，第21页。

论式的;它总是能够通过上述的前提来加以补充,以至于结论可以从这些前提中逻辑地推导出来[516]。

这看起来与佩雷尔曼的意图至少并不冲突。所以,当他写道"前提与结论之间的连接需要认同"时[517],这甚至也可以再这样说:那些引以为推论条件,但尚未明确表达出来的前提必须得到听众的认同。如果佩雷尔曼自己没有明确引用这样的前提,那么这一点在相关的考察中是可以得到证立的,因为:引用这样的前提在实际进行的论辩中不是显得多余,就是没有多大的价值。假如像前文所提及的,有关前提的内容不存在疑问,那么在这种情况下,它就显得多余;假如这些前提非常特殊,以至于在论述中进行的过渡(逻辑推导)简直需要重新表达,那么在这种情况下,它就没有多大的价值。不过,即使在这些场合,坚持上述论述的省略三段论式特性也是有用的。对这些引以为推论条件的前提进行表达,将表明:当过渡(逻辑推导)遭到怀疑时,到底什么东西必须要加以证成。

4. 普泛听众的概念

上面进行的思考涉及理由的逻辑结构。佩雷尔曼的许多思考也适用于下列的问题:通过什么手段、针对什么样的

---

[516] 关于省略三段论这个概念,参见本书上文第118页(边页码)所引述的文献。
[517] Ch.佩雷尔曼、L.奥尔布里希茨-泰特卡:《新修辞学:论辩论文集》,第87页。

第一编　对若干实践论辩理论的反思　　*201*

听众能够产生一些什么样的作用？只举几例：他全身心研究不同时态的用法的作用[518]，讲话者对其听众所表达的尊重的影响[519]，以及将对手的论点称为陈词滥调的效果[520]。这些思考把论述理解为技术性的：作为影响听众的手段。在这个意义上，佩雷尔曼曾谈到"通过论辩来规限听众"（conditionnement de l'auditoire par le discours）[521]。这种有关论述之作用的思考属于是描述性的、心理学的或社会心理学的论证理论。佩雷尔曼若要求进行逻辑—分析模式，则必须至少限定在这一点上。

然而，听众的概念也是进入规范性论证理论的关键：在佩雷尔曼看来，论述的价值是根据由其所说服的听众的价值来加以确定的[522]。所以，佩雷尔曼理论作为规范性论证理论，其中心点在于刻画只能通过理性论述来加以说服的听众。佩雷尔曼把这种听众称为"普泛听众"（auditoire universel）。普泛听众的认同就是论证之合理性与客观性的标准[523]。

---

[518]　同上书，第216页。
[519]　同上书，第431页。
[520]　同上书，第620页。
[521]　同上书，第11页。
[522]　同上书，第432页。
[523]　同上书，第40页。按照佩雷尔曼的观点，普泛听众的认同，即合理性与客观性，主要是哲学家们的目标。与此不同，法官与立法者则应该按照任用和选举他们的社会之愿望和信念来确定自己的裁判（Ch. 佩雷尔曼：《正义五讲》，第146页、第149页）。从两个理由看，这仍然不能令人信服。首先，法官在自己保留的自由裁量的空间内也追求理性的解决。其次，还必须要强调的是，哲学家在其论证中也必须要沿袭其听众由传统所确定的一定观念。然而，该问题在这里还不拟加以讨论，因为这里首先要涉及的是实践论证的一般理论。在讨论法律论辩什么程度上也应服从正确性要求这个问题时，我们回头再触及这个问题。

普泛听众的概念也产生了一些问题。像哈贝马斯一样,佩雷尔曼必须得承认:所有的人的认同是永远也不可能做到的。诉诸普泛听众的人,一般不从下面这个假定出发——即一切属普泛听众的人都确已知道自己的论点,他甚至更不指望所有的人事实上都认同自己的论点。不过,他的出发点是:所有的人,假如了解并理解自己的论点的话,那他们也应当认同自己的主张。"因此,普泛听众的认同不是一个事实问题,而是一个法律问题。"(L'accord d'un auditoire universel n'est donc pas une question de fait, mais de droit.)[524]

这种听众的理想特性本身倒没有什么太多的问题。较有问题的是佩雷尔曼的下述主张:这个理想的听众之构成取决于特定的个人和各种不同文化的观念[525]。即使对那些佩雷尔曼所认为一类特别有理性的论辩人即哲学家而言,下面一点也是适用的:他"应该按照其对它的想象、根据其信念和期望来诉诸普泛听众"[526]。据此,普泛听众的特性依赖于个人和社会的偶然(存在)事实。一个听众只有承认这一点,才是一个普泛听众。那些不承认这一点的人,则是一个特定听众(ein partikulares)[527]。因此,普泛听众的规范性作用

---

[524] Ch. 佩雷尔曼、L. 奥尔布里希茨-泰特卡:《新修辞学:论辩论文集》,第41页;另见同一作者:《论证行为与论证者》,第252页;"当然,普泛听众从没有实际地存在过;它是一个理想的听众,一个引证它的人之心智构造。"

[525] Ch. 佩雷尔曼、L. 奥尔布里希茨-泰特卡:《新修辞学:论辩论文集》,第43页;同一作者:《论证行为与论证者》,第252页。

[526] Ch. 佩雷尔曼:《正义五讲》,第159页;另见同一作者:《修辞学与哲学》,第21—22页。

[527] Ch. 佩雷尔曼、L. 奥尔布里希茨-泰特卡:《新修辞学:论辩论文集》,第44页。

第一编 对若干实践论辩理论的反思

被严格地加以限定：只有对那些承认其为规范的人，它才是一个规范。

然而，在佩雷尔曼那里，也还可以发现这个概念的一个变体。在其所著《正义五讲》这本书中，他依赖康德的绝对律令（Kants kategorischen Imperativ）提出如下要求："你必须这样行为，就好像你是一位法官，其判决理由必须提供对所有的人都有效的原则。"[528]与此相适应，普泛听众的认同就是"一切理性的人"[529]，或者简括地说，"所有的人"[530]的认同。

这其中的某些表达似乎引出如下的观点：普泛听众是由实际上存在着的人类全体构成的。然而，这又不是佩雷尔曼的想法。普泛听众是"开智的人类"[531]，它由作为"理性存在体"[532]的人们所构成。由此而提出的问题是："开智的""理性的"这些概念应如何理解？这个资格界定与作为人类整体的普泛听众概念之间到底有什么关系？或许可以假定，下面的规定性对佩雷尔曼的理论是适宜的：那些参与论辩游戏的人是"开智的"和"理性的"。不过，这一点的前

---

[528] Ch. 佩雷尔曼：《正义五讲》，第154页（强调符号部分为作者所加）；类似的论述，见同一作者：《证据与证明》（法文），载《辩证法》（*Dialectica*）杂志，总第11期（1957年），第33页。

[529] Ch. 佩雷尔曼：《正义五讲》，第153页，类似的论述，也见第155页；同一作者：《正义规则》（法文），载《辩证法》杂志，总第14期（1960年），第238页。

[530] Ch. 佩雷尔曼：《有关实践理性的考察》，载《哲学研究杂志》，总第20期（1966年），第220页。

[531] 同上书，第221页。

[532] Ch. 佩雷尔曼：《正义五讲》，第153页、第155页。

提条件是占有信息和处理这些信息的资质[533]。原则上，任何人都有获得这两者的可能性。当然，下面一点也是可能的：尽管有主观上相同的努力和有客观上相同的帮助，但不同的人仍然有可能形成不同的论辩资质（能力）。此外，还得承认：那些几乎没有获得论辩资质的人将会阻碍而不是促进许多论辩（论证）的进行。然而，这绝不改变下列事实：原则上，任何人，只要其超出弱智的界限，都能够参加论辩（论证）。实践论辩所关心的是：即使那些没有拥有如此资质的人，之所以必须参与（论辩），是因为他们的利益也受到了影响[534]。故此，普泛听众可以界定为处在下述状态中的人类整体：假如他们能够展开自己的论辩能力的话，那他们就将存在着。

这样一种状态与哈贝马斯的理想的言谈情境是一致的。在佩雷尔曼那里被称为普泛听众认同的东西，在哈贝马斯那里就被称为在理想的言谈情境下达成共识的东西。关于可普遍化原则，其也意味着：按照佩雷尔曼的观点，只有当每个人都能够认同之，一个价值判断与义务判断才应被认为是得到了理性的证立。

---

[533] 在这个意义上，佩雷尔曼把普泛听众称作是"一切理性的人，和那些能够有资格讨论正在争论之问题的人"（Ch. 佩雷尔曼：《修辞学与哲学》，第21页）。

[534] 关于这一点，参见波普尔的有关语句（K. R. 波普尔：《开放社会及其敌人》，第2卷，第278页）："确实，不是所有的人具有相同的智识禀赋，而且也得承认，一个人的智识禀赋可以构成其理性的东西……然而，依照我们的观点，我们不仅由于我们的同类人而获得我们的理性，而且我们也从来不可能在理性上超越他们以至于对权威性的要求似乎是顺理成章的。"（译文也见《开放社会及其敌人》中译本，第2卷，第344页。——译者）

因此，这表明：在佩雷尔曼看来，"普泛听众"这个术语至少包括两个意义成分：（1）个人或社会自许为优秀的那种听众；（2）作为论辩参与者的一切人之整体。这两个规定性加以协调起来，似乎不是绝对不可能的。谁要是诉诸普泛听众，那他也在诉诸作为论辩参与者的一切人之整体，在这一点上，他的观点打上了这个人类整体之先在观点的烙印。下列情况，即讲话者以独白的方式诉诸听众时，尤其如此[535]。论述的互动得以进行，到了这种程度，先在的观念就失去了其应有的分量；它们自身就成了论辩的对象。那么，第二个意义成分变得至关重要。因而，这个成分将在下文走进前台。此处令人感兴趣的问题主要是：这样一种被广义表达的概念在什么程度上可以被用作论述的评价标准。

5. 劝说与说服

与普泛听众概念相联系的，还有另外两类更重要的区分：劝说（persuader, Überreden）与说服（convaincre, Überzeugen）的区分，以及实效性的（efficace, wirksam）论

---

[535] 佩雷尔曼的许多表述引出下列观点：在普泛听众面前的论述总是独白式的。故此，他对"讲话者的修辞学视角"和"讲话者的辩证法视角"作了区分："前者在于努力说服听众，……后者在于批判对手的主张、证立自己的主张。"（Ch. 佩雷尔曼：《修辞学与哲学》，第23页）按照这个区分，在普泛听众面前的论述似乎属于修辞学视角，同时也似乎是单方面的。但佩雷尔曼也明确强调，情况不是这样："任何人都无权主张修辞学论辩是单方性的。"（《回应赞纳先生》，载《哲学与修辞学》杂志，第1期［1968年］，第170页）故此，在普泛听众面前的论述包含上面提到的辩证法视角。

述与有效性的（valable, gütig）论述之区分。如果有谁只想得到某个特定听众的认同，那他就是在试图进行劝说，如果有谁想努力得到普泛听众的认同，则是在进行说服[536]。与此相适应，得到普泛听众认同的论述是有效性的，而仅仅得到某个特定听众认同的论述则只是实效性的[537]。不过，佩雷尔曼强调：说服与劝说之间的界限经常不必划分得太苛刻[538]，在实效性和有效性之间也存在着互动关系[539]。

6. 佩雷尔曼对论证结构的分析

如上所述，佩雷尔曼基于两个理由而把他的研究归结为逻辑的研究：第一，因为它们的目标在于确定论述的价值（规范论部分）；第二，因为它们将论述的结构作为自己研究的对象（分析论部分）[540]。在问根据何种方式能够通过引用普泛听众而把一个论述称为理性的论述之前，应当首先进入（考察）佩雷尔曼对论证结构的分析。在此方面，我们只能

---

[536] Ch. 佩雷尔曼、L. 奥尔布里希茨－泰特卡：《新修辞学：论辩论文集》，第36页；Ch. 佩雷尔曼：《回应赞纳先生》，第169页。一个完全类似的概念界定，见诸 I. 康德：《纯粹理性批判》，甲本，第820页，乙本，第848页："如果判断对每一个人有效，只要他拥有理性，那么其理由在客观上就很充分，于是信以为真就被称为说服。假如它只在主观的特殊性中具有理由，那么它就被称为劝说。"

[537] Ch. 佩雷尔曼、L. 奥尔布里希茨－泰特卡：《新修辞学：论辩论文集》，第613—614页。

[538] 同上书，第38页。

[539] 同上书，第615页。

[540] 参见同上书，第12页。

够揭示佩雷尔曼极其多样化[541]的观察的基本特征,他的观察本身也并没有达到完美和终极的要求[542]。

佩雷尔曼的基本区分是论证的前提(Prämissen der Argumentation)和论证的技术(Techniken der Argumentation)之间的区分。

6.1 他把"论证的前提"理解为合意的对象,它们构成了论述的出发点[543]。佩雷尔曼把这些前提分为两类:一类涉及现实(reel),另一类涉及偏好(preferable)[544]。他将涉及现实的前提一方面再分为事实(Tatsachen)和真实(Wahrheiten)[545],另一方面又分为推测(presomptions)[546]。在偏好领域,他区分出价值[547]、层系(hierarchies)[548]*和论题(lieux)[549]。佩雷尔曼把"层系"理解为偏好关系;他

---

[541] 斯特劳森已经讨论过由佩雷尔曼揭示的多样化的论辩手段,见 P. F. 斯特劳森:《评 Ch. 佩雷尔曼、L. 奥尔布里希茨-泰特卡〈论辩论文集〉》,载《心灵》杂志,总第 68 期(1959 年),第 420 页,他指出:"几乎所有的语言特征或者一般的概念思想,都可以作为论证性劝说的一个要素来找到其位置。"

[542] Ch. 佩雷尔曼、L. 奥尔布里希茨-泰特卡:《新修辞学:论辩论文集》,第 252—253 页、第 610 页。

[543] 同上书,第 87—88 页。

[544] 同上书,第 88 页。

[545] 同上书,第 89—90 页。"事实"这个术语指的是特定的个别客体(对象),而"真实"则指复合的客体(对象)(例如,理论)。

[546] 同上书,第 93 页及以下页。

[547] 同上书,第 99 页及以下页。

[548] 同上书,第 107 页及以下页。

* 德文将法文"hierarchies"译为"Rangordnung"(位序)。——译者

[549] 同上书,第 112 页及以下页。

把根据古代的"Topos"*概念提出的"论题"理解为一类普遍的前提，它们能够用来证立价值和层系[550]。

在《新修辞学》这本书中，佩雷尔曼仍然坚持下列观点：只有涉及现实的前提才要求在普泛听众面前寻求有效性，而价值、层系和论题则只能寻获特定听众的认同[551]。由于其较高的普适度（Allgemeinheitsgrad），在像"善""美"这些非常抽象的价值中，应该说是各不相同的[552]。然而，在后来的著作中，他又从下列的观点出发：实践的问题，即涉及偏好者的问题，也可以在普泛听众面前加以讨论[553]。

6.2　在论证的技术之视角下，佩雷尔曼所研究的首先是各种不同的论述形式（scheme d'arguments，论述图式）[554]，其次是论述的互动以及论述—论证的结构[555]。

6.2.1　他把各种不同的论述形式分为两类：一类是联系（liaison）的论述形式，另一类是分离（Dissoziation）的论述形式。他将联系的进程理解为相互分离的因素融合起来形成统一，而将分离的进程理解为拆解统一而形成分离的因素[556]。

---

* 有关论题（法语"lieux"，希腊文"Topos"，拉丁文"*loci*"）的解释，参见本书导论第3节。——译者

[550] 同上书，第113页。
[551] 同上书，第88页、第99页。
[552] 同上书，第102页；另见同一作者：《论证行为与论证者》，第252页。
[553] Ch. 佩雷尔曼：《正义五讲》，第152页及以下页。
[554] Ch. 佩雷尔曼、L. 奥尔布里希茨-泰特卡：《新修辞学：论辩论文集》，第252页。
[555] 关于这些概念，参见本书上文，第123—124页（边页码）。
[556] Ch. 佩雷尔曼、L. 奥尔布里希茨-泰特卡：《新修辞学：论辩论文集》，第255页。

第一编　对若干实践论辩理论的反思

有三种论证应算作是联系的论述形式：（1）准逻辑论述（die quasi-logischen Argumente）；（2）基于现实结构的论述；（3）旨在确立现实结构的论述。准逻辑论述根据其与逻辑上有效结论之类似性而获得其说服力[557]。诉诸传递性（Transitivität）的论述构成了一组这样的准逻辑论述。"我们朋友的朋友也是你们的朋友"就是这种论述的适例[558]。基于现实结构的论述的适例是那些以因果联系为根据的论述[559]。最后，佩雷尔曼把旨在确立现实结构的论述又分为两类：一类是自身涉及某个特定情形（例如为了普遍化的目的）的论述[560]，另一类是涉及类比的论述[561]。

分离的论述不只是简单地拆解通过联系论述所创设的联结。在分离过程中，那些在论证中运用的概念本身将通过进一步的分化而加以改变。根据这一点，它就能够得到完全崭新的解决方案[562]。分离论述的一个适例是现象（Erscheinung）与现实之间的区分[563]。

6.2.2　在其论证技术考察的第二部分，佩雷尔曼所研究的是论述的互动。这里特别令人感兴趣的是趋同（Konvergenz）概念。佩雷尔曼区别了两类趋同。第一类是：

---

[557]　同上书，第259页。
[558]　同上书，第306页。
[559]　同上书，第354页。
[560]　同上书，第471页及以下页。
[561]　同上书，第499页及以下页。
[562]　同上书，第550页及以下页。
[563]　同上书，第556页及以下页。

各不相同而又互不依赖的论述导致同一种结果[564]。这种情况所谈的应当是补充性强化（additive Verstärkung）。另一类是：论述的前提通过进一步的论述来证立[565]。这里所谈的可能是递归性强化（regressive Verstärkung）[566]。递归性强化的继续进行将把论述纳入一个不断完善的体系[567]。一个更值得提出的互动（相互作用）形式是一个论述与有关这个论述的另一个论述之间的互动[568]。这个关系相对应的是论辩和元论辩（Metadiskurs）之间的关系。

6.2.3 佩雷尔曼有关论证结构分析的勾勒应该在这儿打住。这个分析的最大缺陷是放弃了对分析哲学之工具的运用。这在第一部分考察论证的前提时，就已经造成了某些后果。在此一部分，似乎本应突出强调这些前提的逻辑结构。似应对比如简单的（原子的）判断和组合的（分子的）判断、单称的判断和全称的判断、价值的判断和义务的判断等加以区别。

（佩雷尔曼）放弃运用当代分析的工具所造成的后果特别表现在研究论证技术的过程之中。基于现实结构的论述和旨在确立现实结构的论述之区分，并不太令人明白。仅举一例，佩雷尔曼对于类比所做的令人感兴趣的论述，如果借助于现

---

[564] 同上书，第624页。
[565] 同上书，第629页。
[566] 补充性强化所使用的是同一层面的论述，递归性强化所使用的是不同层面的论述。参见本书上文，第117页、第123—124页。
[567] 同上书，第626页。
[568] 同上书，第253—254页、第610页。

代逻辑[569]，在很大程度上本来是能够得到进一步深化的。

有人可能会认为，提出这个精确化要求并不切合本课题。在论证过程中，与其说是达到像在数学里那样的精确结论，不如说是运用多样化的语言手段去说服谈话伙伴。我们可以毫不置疑地承认这一点。然而，由此也推不出下面的结论：在论证理论上应当放弃运用现代逻辑的方法。不能放弃逻辑分析，这个判断也由下面一点而来：论述的任何分析必须首先应考察其逻辑结构。只有这样做，才有可能系统地去揭示隐含着的前提，才能够搞清楚：在逻辑上不能进行有结论的过渡（推导）时如何插入有说服力的手段去跨越这个鸿沟。说现代逻辑的应用必须局限在人工语言中漫长的推理链条所存在的这个范围之内，这仍然是一个广泛散播的错误。这个观点把逻辑的特性误认为是一个分析的工具。弗雷格把它比作是显微镜，它能够显现许多隐匿于纯粹的肉眼看不清的东西。不过，他自己也指出：那些通过显微镜来观察的人，尽管保证比肉眼看得更精确、更细微，但同时在完成许多任务时，肉眼却比显微镜更优越[570]。然而，继续打比方说，只有当通过显微镜来观察似乎排斥任何其他种类的观察时，这好像才够得上是一个反对在论证理论中运用现代逻辑的论据。但我们几乎还不能够对上一点做如此主张。

尽管有上面所说的缺陷，佩雷尔曼的分析仍然包含有许

---

[569] 对此，来自法学的文献，可参见 Th. 黑勒的考察：《类推法律适用的逻辑和价值论》，柏林1961年版；U. 克卢格：《法律逻辑》，柏林/海德堡/纽约1966年第3版，第97页及以下页。

[570] G. 弗雷格：《概念演算》，哈勒1879年版，第5页。

多令人感兴趣的见识。所以，循着佩雷尔曼，我们可以对论述中所出现的语句之分析与论述形式的分析进行区分。具有重要意义的还有他对语句的合并（联系论述）与概念的拆解（分离论述）所做的区分。后者是一个绝对重要的论证手段。

此外，补充性强化、递归性强化以及元论辩的概念也是必须予以坚持的。

7. 论证的合理性

目前对论证结构所进行的分析既涉及在某个特定听众面前的论证，也涉及在普泛听众面前的论证。这尚未谈及论述的有效性。那么，这里必须要提出来的问题是：诉诸普泛听众在何种程度上将会产生论述之有效性的标准？

7.1 谁要是诉诸普泛听众，他也是在诉诸其自身，因为其自身也是这种听众的一员。所以，那些连讲话者自己都不相信的主张和那些连讲话者本人都不接受的建议，均排除在面对普泛听众的论证过程之外。前面所确立的真诚性和严肃性[571]条件在这里仍然是适用（有效）的。

7.2 谁要是一个党人（有派别的人），假如其（足够）真诚，那他也只能说服那些其本人算作成员的那个党派。如果有谁想说服一切人，那他必须是无派性的。这就预设下面一点作为前提：他也应出示任何当下的反证（Gegenargumente）。"兼

---

[571] Ch.佩雷尔曼、L.奥尔布里希茨–泰特卡:《新修辞学：论辩论文集》，第58页；另见Ch.佩雷尔曼:《回应赞纳先生》，第170页。

听则明，偏听则暗"（audiatur et altera pars）[572]这个规则是有效的。它所讲的是言谈（讲话）者的无偏向性，与此相一致的是有关讨论本身的一项要求，据此要求，任何人有权引进任何论述。故此，在这一点上，佩雷尔曼的理论与哈贝马斯的理论之间也存在着某种密切的亲缘关系。

7.3 上文业已断定：普泛听众的概念与哈贝马斯阐释相一致的可普遍化要求是有关联的。如果有谁想说服所有的人，那他只能提出任何人都可以接受的规范[573]。

目前所提及的要求以及与它们相一致的要求已在上面进行了广泛的讨论。不过，当时也已提请注意：它们只是理性的道德论证之必要的、但尚不充分的条件。所以问题在于：佩雷尔曼能否提供进一步（事实上）更实质的标准？

7.4 佩雷尔曼最初确认：就论证的起点而言，在某个特定听众面前的论证和在普泛听众面前的论证之间不存在任何差别：讲话者必须依靠听者一开始对他所认可的东西[574]。据此，任何论证都与态度和信念的某个既定立足点发生关联。这也与以前在讨论分析伦理学理论和哈贝马斯以及洛伦岑/施韦默尔的理论时所获得的认识相一致，即：任何论证都是在一定的历史和社会语境中进行的[575]。然而，在普泛听众

---

[572] Ch.佩雷尔曼、L.奥尔布里希茨-泰特卡：《新修辞学：论辩论文集》，第160页；Ch.佩雷尔曼：《正义五讲》，第157页。

[573] 参见 Ch.佩雷尔曼：《正义五讲》，第158页；同一作者：《证据与证明》，第33页。

[574] 参见 Ch.佩雷尔曼：《正义五讲》，第141页；另见同一作者：《论辩的社会语境》，第125页。

[575] Ch.佩雷尔曼：《正义五讲》，第158—159页。

面前的论证之所以区别于在某个特定听众面前的论证，原因在于：在普泛听众面前，讲话者力图做到从这个起点出发达到任何人都能够同意的主张上。

但根据这一点，与其说问题得到解决，还不如说问题刚刚有了自己的名分。在这一方面，尚无人指出达成牢靠而有根据的共识的路径。相反，将论证维系在历史—社会语境上，可能恰好要说明的是下面一点：讲话者常常难以达成合意。假如再加上人们不可能处理一切相关的信息[576]这个事实，那么就表明：在许多情况下，把某个解决方案最终称为唯一正确的解决方案是不可能的。然而，在佩雷尔曼看来，这绝不是听天由命的理由。恰恰相反，基于这一认识，他要为普泛听众面前的论证获得若干重要的进一步的标准（要求）。

7.5 批判的开放性（Offenheit für Kritik）和宽容[577]，是基于任何一个结果均具有暂时性而产生的前提条件及要求。运用哈贝马斯的术语来讲，前者涉及开始和进行论辩的预备，后者涉及行动。除了这两者，对他人行为加以规范化的规则，要求讲话者必须努力追求普遍化，即使他不可能达到这一点。"这种对普遍化的追求，尽管从不保证其最终实现，但却表现出理性论证的特征。"[578] 它的目标在于"实现普

---

[576] 佩雷尔曼已经在《新修辞学》（1958年）中着手探讨后来由卢曼特别强调的这个难题。参见 Ch. 佩雷尔曼、L. 奥尔布里希茨－泰特卡：《新修辞学：论辩论文集》，第160页。

[577] Ch. 佩雷尔曼：《正义五讲》，第160页及以下页。

[578] 同上书，第160页。

遍的共同体的理想"(la realisation de l'ideal de communion universelle)[579]。不难看出这个普遍的共同体与哈贝马斯理想的言谈情境之间的亲缘关系。

7.6 目前所讨论过的理性论证的标准,从它们本身看,仍然是相对较弱的。然而,当把这些标准与佩雷尔曼的惯性原理(Prinzip der Trägheit)联系起来时,它们的分量就得到了提升。惯性原理的意思是说:过去一度被承认的观点,若没有足够的理由不可以加以抛弃[580]。故此,它具有论证负担规则(Argumentationslastregel)的特性:诉诸既存之实践者,无须证成,"只有改变者才需要证成"[581]。在佩雷尔曼看来,这个原则构成了"我们(人类)智识生活与社会生活稳定性的基础"[582]。它为引用先例案件和已被承认的法学和伦理学之规范确立了根据[583]。

这不意味着:"凡现实存在的东西应保持不变。"[584]它只不过是说:若没有理由而抛弃目前已被接受的观点,是不符合理性的。谁要是怀疑什么或批评什么,则必须告知其怀疑或批评的理由。进而言之,它对禁止漫无边际的怀

---

[579] Ch. 佩雷尔曼:《正义规则》,第238页。

[580] Ch. 佩雷尔曼、L. 奥尔布里希茨-泰特卡:《新修辞学:论辩论文集》,第142页;Ch. 佩雷尔曼:《有关实践理性的考察》,第219页。

[581] Ch. 佩雷尔曼:《正义五讲》,第92页;类似的表述,见Ch. 佩雷尔曼:《正义与推理》(英文),载G. 休斯编:《法律、理性和正义:法哲学论集》,纽约/伦敦1969年版,第208页;Ch. 佩雷尔曼:《正义规则》,第237页。

[582] Ch. 佩雷尔曼:《有关实践理性的考察》,第219页。

[583] Ch. 佩雷尔曼、L. 奥尔布里希茨-泰特卡:《新修辞学:论辩论文集》,第144页。

[584] Ch. 佩雷尔曼:《正义五讲》,第219页。

疑（universelles Zweifel）提出了正当化的论证[585]。据此，需要证成的领域在相当程度上是加以限制的。它并不要求对一切东西都进行证成，所要证成的只是那些有理由加以怀疑的东西[586]。这不仅意味着在相当程度上减轻论证的负担，而且它也使论证活动在根本上能够得以进行。假如不能以此作为前提，就根本不可能开始进行论证（论辩）。

故此，惯性原理对于规范证立问题做出了某些实质性的贡献[587]。不过，这一贡献的价值是有限的，因为只有那些不受怀疑的规范才能够径直地进入证立（活动）程序。然而，它丝毫没有说明：何时什么东西应受到怀疑，以及在有怀疑的情况下事情应如何加以决定。佩雷尔曼由于在这里没有告知任何进一步的标准，所以他不得不把这个决定留给论辩参与者的理性（来选择）。

---

[585] Ch. 佩雷尔曼：《有关实践理性的考察》，第219页。
[586] Ch. 佩雷尔曼：《论证行为与论证者》，第252页。
[587] 该原则在佩雷尔曼的理论框架内还履行着一个更重要的职能。正义要求：同样的东西必须经常同样地对待。但是这是形式正义规则的内容。所以，佩雷尔曼认为，这个规则可以通过惯性原理来加以证立（Ch. 佩雷尔曼、L. 奥尔布里希茨-泰特卡：《新修辞学：论辩论文集》，第294页；Ch. 佩雷尔曼：《有关实践理性的考察》，第219页）。形式正义的规则要求："凡属同样之人类本质范畴者，均应按照同样的方式对待。"（Ch. 佩雷尔曼：《有关正义的研究》，第45页）故此，它与黑尔的可普遍化原则是相一致的［参见本书上文，第91页及以下页（边页码）］。然而，像黑尔的原则一样，下面这些问题仍然是悬而未决的，即：什么时候多数人在本质上是相同的？假如他们在本质上是相同的，那么他们应如何对待？（Ch. 佩雷尔曼：《正义规则》，第236页）对这些问题加以界定，是具体（实体）正义（die konkrete Gerechtigkeit）的使命（Ch. 佩雷尔曼：《有关正义的研究》，第53页、第68页）。寻找到这个具体（实体）正义是理性论证（论辩）的事情。因此，佩雷尔曼之形式正义规则尽管没有包含多少新鲜的东西，但其试图通过惯性原理来对它进行证立，仍然是令人感兴趣的。

8. 应坚持的几点

尽管有这些及其他一些如上已讨论过的缺陷，诸如普泛听众的概念不清晰，在分析论证结构时放弃现代分析手段等，佩雷尔曼的著作本身仍然有许多重要的发现应予吸收。在此，令人不无感兴趣的是：这个理论与目前所讨论的其他一些理论产生了一系列的一致性。

1）哈贝马斯的理想的言谈情境概念与佩雷尔曼的普泛听众概念之间显示出有密切的亲缘关系。根据这两者的观点，假如某个规范（规则等）能够被所有的人认同的话，那它就是可普遍化的。

2）此外，更令人感兴趣的是：佩雷尔曼尽管一方面将理性论证以普遍性思想为取向，但另一方面又把它同态度和信念的既定历史—社会立足点联系在起。论证既不能从无开始，也不能从随便任何一个起源点开始。它试图从信念和态度上实际先行规定的东西出发，经由理性阐释的过程，来达到普遍可以接受的结果。

3）在这一过程中，某一个结果通常不可能被称为唯一的、一贯正确的结果。这就使（人们）有义务去追求批判的开放性和宽容。

第二编　普遍理性实践论辩理论概要

我们将在接下来的这一编里把目前所讨论的结果总结成普遍的理性实践论辩理论。在这个过程中，我们只能够保留那些在考察过程中所获得的最重要的发现，而对大多数的证立（活动）过程只能作简短地复述。所以，下面的论述只有在以前讨论的背景下才能够充分地加以理解。

1. 关于规范性命题的证立问题

（考察的结果）业已表明：规范性命题（价值判断与义务判断）[1]中出现的像"善""应然"这样的规范性命题，既不是像直觉主义所认为的那样[2]指称任何一类非经验的对象、性质或关系，也不像自然主义所宣称的那样[3]可以还原（化约）为经验的陈述。所以，规范性命题既不能够通过引用任何种类的非经验实体（nicht-empirische Entitäten），也不能够根据经验科学的方法来加以检验。

---

[1] 关于这些概念，参见本书上文，第 84—85 页（边页码）。
[2] 关于直觉主义，参见本书上文，第 58 页及以下页（边页码）。
[3] 关于自然主义，参见本书上文，第 55 页及以下页（边页码）。

第二编 普遍理性实践论辩理论概要

然而，这也绝不构成任何理由，根据情感主义和主观主义之形形色色的变种[4]来把它们理解作是情感或态度的表达或描述。这些情感或态度尽管在心理学和社会学上得到了说明，但还不可能（在逻辑上）证明其正确或真实[5]。

这些（情感主义或主观主义）理论观点并不适合讨论下面这个事实：价值判断与义务判断总是与正确性要求联系在一起的[6]。假如这样一个判断受到怀疑，那么有关它的合理根据就能够引起讨论。在进行讨论的过程中，可以对这个有争议的规范性命题（N）提出支持和反对的理由（G）。不过，纯粹诉诸规范性命题具有可论辩性（Diskutierbarkeit），还不足以证成说规范性命题具有可证立性（Begründbarkeit）或正确性。这样的讨论可能不过是进行劝说和心理影响的活动。因而，关键的问题是：是否存在一些标准或规则，它们允许对好的理由与坏的理由、有效的论述和无效的论述进行区分？

黑尔和图尔敏主张的讨论表明：任何人为某个规范性命题N（例如："A行为恶劣"）提出一个支持理由G（例如："A说了谎话"），须以某个规则R（例如："说谎是恶劣的"）为前提，根据该规则连同G一起，N就可以从逻辑上推导出

---

[4] 关于情感主义和主观主义，参见本书上文，第60页及以下页（边页码）。

[5] 目前的考察业已表明：对于规范性命题的真值（真假）性存在着一系列的论述[参见本书上文，第69页、第80页及以下页、第112—113页、第138页、第167页（边页码）]。然而，这些论述是否有证成的根据，把规范性命题连同经验命题均称为"真实的"（命题），似乎还必须予以说明。后者应该作为另一个独立的研究对象。所以，下文将只谈规范性命题的正确性。

[6] 参见本书上文，第141—142页、第165页及以下页（边页码）。

来[7]。在这种情况下,就可以把 N 称为"是能够通过 G 和 R 来加以证立的(命题)"。如果有谁对通过 G 和 R 证立 N 产生怀疑,那么他可能不是在攻击 G 就是在攻击 R。如果他攻击 R,那就需要对可以通过"说谎是恶劣的"表达出来的规则本身来加以证立。在这第二个层面的证立过程中,可以将一个像"说谎产生本可避免的痛苦"(G')这样的语句作为理由提出来。这样做,相应地又以某个规则(R'),比如"凡导致本可避免之痛苦的,则是坏的",作为前提条件[8]。此时,如果有人也想按照这个模式对 R' 进行证立,那么还需要有进一步的规则 R',如此等等。

要能够避免无穷的递归(无限倒退),看起来唯有通过下面的方法:在某一个地方中断证立过程,并通过某种不再需要进行证立的决断取而代之。然而,这也许会有下列后果:我们只能在非常有限的意义上谈有待证立之命题 N 的正确性。上述那个决断的专断性将传导给整个依靠此决断而进行的证立过程。故此,试图按照上面所示那种方式来不断地对规范性命题进行证立,要么导致某种无穷的递归,要么产生某种或许在心理学和社会学上还说得清楚、但却(逻辑上)不再能够证成的决断。这两种选择方式只得求助于逻辑循环,但这种解决办法几乎难以令人接受。

然而,这个被阿尔伯特(Albert)称为"明希豪森—三重

---

[7] 参见 R. M. 黑尔:《自由与理性》,第21页;St. E. 图尔敏:《论证的使用》,第97页。也见本书上文,第92页、第115—116页(边页码)。

[8] 参见本书上文,第117页(边页码)。

困境"（Münchhausen-Trilemma）[9]的处境并非完全无路可走。假如对任何一个规范性命题不断进行证立的要求被另一个命题通过一系列有关证立活动的要求来代替的话，这个困境就能够被克服。（后者的）这些要求可以把自己表达为理性论辩（讨论）的规则。理性论辩的规则不仅仅像逻辑规则那样诉诸命题，而且还超越这一点，诉诸讲话者的行为。就这一点而言，它们可以被称作是"语用学规则"。遵守这些规则尽管不能保证一切[10]结论有百分之百的确实性，但仍然可以把这些结论称为理性的结论。据此，理性（Rationalität，合理性）与百分之百的确实性不应相等置。这一点突出表现了理性实践论辩理论之基本思想的特征。

论辩是就命题之真实性或正确性进行检验的行为整体（Handlungszusammenhänge）[11]。那些有关规范性命题之正确性的论辩就是实践论辩（praktische Diskurse）。我们将来还要指出，法律论辩可以被理解为一种在受限的条件（如

---

[9] 参见H. 阿尔伯特：《批判理性论》，图宾根1968年版，第13页；另见K. R. 波普尔：《研究的逻辑》，第60页。

[10] 不过，诚如"论辩之必须"理论所指出的，某些结论是情势紧迫所要求的。参见本书上文，第35页、第171页（边页码）。

[11] 故此，论辩最初是多个人参与其间的活动（事件）。然而，这并不妨碍我们也可以谈"内心的论辩"（innerer Diskur）。内心的论辩是一个人在评估假想的对手之可能有的反证时所进行的思考。所有已知的反证有可能都按照不偏不倚的方式而得到了评估，到了这个程度，我们就可以在较弱的意义上谈"成功地进行了某种内心的论辩"。在较强的意义上，只有到了如下的程度，即：所有假想的对手的所有假想的反证都得到了评估，一个内心的论辩才是成功的。不过，在多大程度上以及通过何种方式能够做到这两个方面，在这里仍然是悬而未决的。只提请注意的一点是：这里所筹划的理论尽管也可以为内心论辩的理论提供基础，但内心论辩的理论本身似乎还有一系列额外的问题应加以解决。

法律、法教义学和判例)下进行的普遍实践论辩之特殊情形。

2. 各种可能的论辩理论

论辩理论可能是经验性的、分析性的或规范性的。仅举几例,当它描述和说明一定的言谈者群体与一定的论述运用之间的相互关系,描述和说明论述之影响力,或者描述和说明一定群体预先占支配地位的有关论述有效性的观念时,这个论辩理论就是经验性的。当它研究实际进行的和可能的论辩之逻辑结构时,这个论辩理论就是分析性的。最后,当它提出论辩之合理性(理性)标准并为此进行证立时,这个论辩理论就是规范性的。

在这三种特性之间存在着一系列的联系。无论是经验性理论,还是规范性理论,都以在论辩的逻辑结构上的认识为前提条件。较有问题的是经验性理论和规范性理论之间的关系。比如,属于经验性理论的任务是描述被一定的个人和一定的群体视为有效的规则。然而,通过这样一种描述,这些规则还没有被证立。只有当我们加上了一些前提,譬如:那些为特定的学者在特定的时刻所遵守的规则是合理(符合理性)的,它们在规范性理论的框架内或许才可以得到证立。

3. 论辩规则的证立

理性论辩理论是规范性论辩理论。故此,它所提出的问题是:理性论辩的规则如何能够被证立?这个问题乍一看来似乎是难以解决的。理性实践论辩的规则可以被理解为对规范进行证立的规范。问题是，它们的证成难道不要求有第三个层面的规范等，以使根据同一个层面的规范而被描述的无穷递归（无限倒退）可以在不同层面的规范之间重复适用呢？

在变得心灰意冷之前，首先应当考察的是获得论辩规则的各种可能性。这里有四种路径可供选择。

3.1 第一种路径是把论辩规则当作技术性规则。技术性规则是为特定目的而规定相应手段的规则[12]。洛伦岑和施韦默尔，当他们试图通过说明非强迫地消除冲突之目的来解释其规则时[13]，走的就是这条路径。这种证立的模式可以称为"技术性的"。

针对这个技术性的证立方式，有两个反对意见。其一：它所假定的目的似应再度加以证立。但假如它应该是对所有的规则都予以证成的那个目的，那么到底根据什么规则才将进行这种证立呢？其二：能够对遵守所有的论辩规则进行证立的那个目的，要么是太一般化，以至于人们可能把互不和谐的规范提请作为达到该目的的手段——这适用于像人类的幸福或尊严这样的目的，要么被称为目的之状态被限定为对这些规范的遵守。

这也可能表现为下列情形：非强迫地消除冲突之目

---

[12] 关于这一点，参见 G. H. 冯·赖特：《规范与行动》（英文），伦敦1963年版，第9页及以下页。

[13] 参见上文第182页；另见 H. P. 格莱斯，他宣称其规则必须如此设定，即它们服务于"最大限度有效地交换信息"的目的（《逻辑与会话》[英文打印稿]，第35页）（这篇文章的中文译文，参见〔美〕A. P. 马蒂尼奇编：《语言哲学》，牟博等译，商务印书馆1998年版，第296页及以下页。——译者）。

的不被理解成一种社会安定的状态（施韦默尔也否认这一点[14]），而理解成一种人们理性地解决冲突的状态。把作为目的之状态（这个状态通过其应加以证立的规则来加以界定）预设为前提条件，特别适用于诸如正义和真理这样的"目的"。不存在一方面作为目的之正义和真理的东西，另一方面又作为陈述手段（依此能够确立或发现正义和真理）的规则的东西。相反，凡属正义或真理的东西，也是要运用这些规则确认或找到的东西[15][16]。

这绝不意味着技术性的证立方式是毫无价值的。它尽管不适宜于一切规则的证立，但对于通过有限的目的来证立更具体的规则却是不可或缺的[17]。不过，这些目的本身似乎

---

[14] P.洛伦岑、O.施韦默尔：《建构性逻辑、伦理学与知识论》，第109页。

[15] 这里富有启发的是J.拉德对司法裁判之合理性的主张。按照拉德的观点，法官必须追求"公平执法或司法"的目的。但法官又是通过按照一系列规则和原则行为这种方式来追求此种目的的。"这些规则和原则发挥着界定目的自身的逻辑功能"（J.拉德：《实践理性在司法裁判中的地位》[英文]，载《规范》杂志《理性判决》专号，第7卷[1964年]，第140页）。

[16] 这个论断并不构成对定义论的真理理论与标准论的（kriteriologische）真理理论之区分的反驳（关于这一点，参见N.雷舍尔：《真理一致论》（英文），牛津1973年版，第1页及以下页；H.J.沃尔夫：《真理的概念和标准》，载《R.劳恩祝寿文集》，汉堡1953年版，第587页及以下页）。假如有若干理由说明这一区分是有可能的、有意义的，那么只要其涉及的是"真实"这个概念，那被解释的客体似乎就应在标准论的真理理论意义上来理解。假如定义论的正义理论与标准论的正义理论之区分也是可能的，那么相应的客体所适用的是"公正"这个概念。不过，认为定义论的理论与标准论的理论之区别是有意义的，不排除下面这个假定：在这些理论之间也存在着密切的关系。

[17] 阿尔涅·纳什所提出的6个主要规范作为这类更具体的规则可以看作是客观地交流意见的适例。这些规范包括：（1）反对说话有意拐弯抹角；（2）反对说话故意重复；（3）反对故意模棱两可；（4）反对故意恶作剧；（5）反对故意揭老底（Originaldarstellungen）；（6）反对为讨论之贡献

第二编　普遍理性实践论辩理论概要

又反过来需要证成。

3.2　第二种可能性在于指出：一定的规则事实上有效，即它们在充足的范围内事实上被人们所遵守；或者：按照一定的规则可以产生的特定结果与我们实际具有的规范性确信相一致。这种证立方式可以称作是"经验性的"[18]。

诚如上文在讨论经验性论辩理论和规范性论辩理论之间的关系时所昭示的那样，经验性证立方式的主要难题，在于从一个规范事实有效或与实际现存的确信相一致这个论断，过渡到下面的论断：它同时也是符合理性的。这里所涉及的是从"实然"推导出"应然"的特殊情形。只有当我们接受了现行的实践是符合理性的这个前提，此种推导才似乎是被准许的。

这个前提肯定不是完全错误的。无论如何，现行实践的存在证明：它在根本上是可能的。但这肯定不是指我们在推介还没有经过检验的方法。经验性证立方式还有另外一个优势在于：它能够在其自身的框架内指出现行实践之内的矛盾和实际的规范性确信之间的不相容性。通过这种方式，证立活动的一方参与者就可能被迫放弃一定的规则或一定的确

（Diskussionsbeiträgen）故意准备（A. 纳什：《交往与论证》，柯隆贝格1975年版，第160页及以下页）。纳什是通过"有效的意见交流"之目的来对其规范加以证立的（同一作者：同上书，第161页）。

[18]　"经验性的"这个术语应该说并不意味着，在这种证立方式的框架之内能够完全普遍地将事实引证为理由。属于经验性的，只是这样的论述：它们所引用的是一定类别的事实，即规则的事实有效性和规范确信的事实考验。把这个语境下的这类论述称为"经验性的"，其证立根据在于：描述这类事实的语句本身不是规范性语句，而是描述规范的语句，就此而言是经验性的语句。

信，以便维护与它们虽相矛盾、但在他看起来却显得更重要的另外一些规则或确信。因此，分析现行的实践并首先以此作为出发点是颇有意义的[19]。

另一方面，例如科学史或程序法史也显示出：在特定的历史时刻所通行的实践不仅必定不是唯一可行的，而且也必定不是最好的。所以，像黑格尔所讲的下面这个语句，即"凡是符合理性的东西都是现实的；凡是现实的东西都是符合理性的"[20]，至少就不可能逐字逐句地加以采纳。鉴于有通过其他证立方式来加以改正的可能性，上面提到的经验性证立经常只是暂时性的。

3.3 第三种方式经常与其他的证立方式相互切合，这条路是下面这种人所走的：他们对界定语言游戏的规则体系进行分析并且建议采纳以这种方式表达的规则体系。此处所涉及的可能是事实上形成的语言游戏，也可能是建构出来（假设）的语言游戏。对于这种证立方式至关重要的唯有一点：对某个实践予以界定的规则体系之展示被看作是对接受决断（Annahmeentschluß）所进行的动机（理由）之说明。当然，

---

[19] 在这一点上，克里勒提出的要求之目标是：理论"（必须）从实践的考察获取其对实践作出判断的标准，也就是说，它必须从实践经验自身学习什么是良好的实践，什么是不好的实践"（M. 克里勒：《法律获取理论》，第22页）。不过，在此方面，理论应该说也并不可能局限于纯粹描述和分析实践。为了发现某个特定的实践是否是一个良好的实践，理论必须发问：对这个实践而言，是否有良好的（充分的）理由（同一作者：同上书，第288页）。但何为这些良好的（充分的）理由，则将几乎不可能再从实践中得出。

[20] G. F. W. 黑格尔：《法哲学原理》，理论著作版，第8卷，法兰克福1970年版，第24页（中译文参见〔德〕黑格尔：《法哲学原理》，范扬、张企泰译，商务印书馆1982年重印版，序言，第11页。——译者）。

这一点并不排除：此外还使用其他的证立方式，例如人们指出：规则业已（"总已"）实际上得到遵守，它们只应再次有意识地加以确证而已；或者指出：对规则的遵守具有特定的后果。唯一重要的是，规则体系的展示被认为构成了其被接受的理由或动机，而不管是否另有理由被人们所陈述。这种证立方式应被称作"**定义性的**"（definitorisch）[21]。

定义性的证立方式具有这样一个弱点，即它本身究竟算不算是一个证立方式，看起来可能还有些疑问。对这个待证立的规则体系我们提不出任何进一步的理由，而只不过对此加以说明和展示。应该说，有这一点作为动机或理由就足够了。故此，定义性证立方式包含一定程度的独断或专断。然而，我们也不能把它作为没有价值的东西弃之不用。是否要对明确表达并完全展示的规则体系作出决定，或者是否要在缺乏概念分析功能的情况下随便就选择些什么，这两者之间有某种分别。还有另外一些方面，定义性证立方式可能是有优势的。它可以建构崭新的规则体系。

---

[21] 波普尔的论证走的就是这个方向，他试图"通过方法论的规则来界定经验科学"。他把这些方法论规则称为"规定"（Festsetzungen），它们必须与"……不妨碍证伪"的最高规则相一致（K. R. 波普尔：《研究的逻辑》，第26页）。最高规则表达了我们对此还只能加以抉择的"理性主义态度"。"也就是说，我们首先必须采取理性主义的态度，然后论述或经验才受到重视；由此得出结论：这个态度自身不可能建立在论述和经验的基础上。"（卡尔·波普尔：《开放社会及其敌人》，第2卷，第284页）（中译文参见[英]卡尔·波普尔：《开放社会及其敌人》[第二卷]，郑一明等译，中国社会科学出版社1999年版，第353页。——译者）我们尽管可以指出这样一个选择的后果，但这样做不可能决定选择本身（同一作者：同上书，第286页）。阿尔伯特以特别尖锐的方式把"批判的理性主义"说成是"某种生活方式的筹划"，对它的采纳包含着某种道德抉择（H. 阿尔伯特：《批判理性论》，第2版，第40—41页）。

3.4 最后,第四条路径在于指出:一定规则的有效性是语言交往之可能性的条件。阿佩尔(Apel)将这种证立方式称为"超验语用学的"[22]。然而,哈贝马斯则对"超验的"这个带有康德烙印的术语表示疑虑。对此,他提出了两点理由:(1)与康德哲学所讲的不同,论辩规则所涉及的不是经验的构成,而是论述的形成[23];(2)在构想这些规则的过程中,不可能对逻辑的分析与经验的分析清楚地加以区分[24]。因而,他建议用"普遍语用学"这个术语来"重构可能的沟通过程之普遍的和必然的先决条件"[25]。由于这个术语更适宜避免误解,它应当具有优位。因此,这第四种证立方式可以称作是"普遍语用学式的"。

这个证立方式有一个较弱的变体,它指出:(1)一定规则的有效性对一定的言语行为之可能性而言是构成性的(konstitutiv)[26];(2)若没有放弃我们视之为人类所特有的行为方式的话[27],我们就不能放弃这些言语行为。断言性言语行为(Sprechakt der Behauptung)可能就属于这样一种言语行为。

---

[22] K.-O. 阿佩尔:《交往共同体的先验性与伦理学的基础》,第395页及以下页;同一作者:《对待伦理学规范问题的言语行为理论与超验语用学》,载 K.-O. 阿佩尔编:《语用学与哲学》,法兰克福1976年版,第116页及以下页。

[23] J. 哈贝马斯:《什么是普遍语用学?》,载 K.-O. 阿佩尔编:《语用学与哲学》,法兰克福1976年版,第201页及以下页。

[24] 同上书,第203—204页。

[25] 同上书,第198页。关于这个理性的重构的程序,参见同上书,第183页及以下页。

[26] 关于这个概念,参见 J. R. 塞尔:《言语行为》,第33页及以下页。

[27] 对此,参见 J. R. 塞尔:《言语行为》,第186页注1。

上面这个证立方式也产生了大量的问题。这些问题不仅涉及什么样的规则应具有"可能的沟通过程之普遍的和必然的先决条件",什么样的规则对什么样的言语行为是构成性的,什么样的言语行为对什么样的人类所特有的行为方式是必要的;而且还在根本上超越这一点而涉及此种证立过程在知识论上的可能性。这可以看作是逻辑—经验的哲学态度和超验的哲学态度间之古老争论的新变种。关于这场争论,这里不拟作深入的讨论[28]。只应提请注意的是,这场争论的边界不太清楚。但毕竟可以坚持的一点是,只有当我们能够证明一定的规则在语言交往中被预设为普遍而必要的前提条件,或者证明这些规则对人类特有的行为方式是构成性的,我们才完全有可能来谈这些规则的证立。不过只有对于相对很少的奠基性规则(grundlegende Regeln)来说,这样的证立才是可能的。

3.5 对这四种证立方式的说明绝不是要提出圆满性的要求(Anspruch auf Vollständigkeit)。可以设想:还有其他一些方法;也肯定还有其他的分类;无论如何,在个别的证立方式之内可能还有另外一些差异。然而,上述的考察也清楚地表明:没有任何一个证立方式是没有缺陷的。技术性证立必须将那些尚未证成的目的预设为前提条件。况且,这一点还总是存在着下列危险:要么是目的过于抽象,要么它们本身已经包含着待证立的规则。经验性的(证立)

---

[28] 有关这一点,参见阿佩尔、哈贝马斯、康吉舍尔、施奈勒等人的文章,载于我们多次引用的文集:K.-O. 阿佩尔编:《语用学与哲学》,法兰克福1976年版。

方式使现行的实践成为理性的标准，定义性的（证立）方式最终是专断的，而普遍语用学的方式则至多适用于对很少的奠基性规则的证立。

然而，这其中的任何一种方法，看起来都包含某一个重要的方面（因素）。通过普遍语用学方式能够证立的规则应作为颇有价值的基本要素加以坚持。事实上有效的规则在两个方面具有重要性。论辩理论家自身在其证立过程中必须至少首先以此为指导。舍此岂有他途？对这些规则（的存在）还要说明的是：它们都已得到实际执行。尽管这绝不证明其符合理性，但也至少说明目前还没有人能够针对它们提出很明确的批评，以至使人放弃它们。我们还要考虑到，对它们尽管不总是、但也还经常有批评的可能性，所以我们不可能否认它们具有有限的合理性（理性）。此外，通过经验所找到的规则，能够就其自身的合目的性进行考察，并同依据其他合目的性构造起来的规则体系形成对抗。最后，定义性方法通过对规则体系的明确表达而提高了它们受到批判的可能性，并且通过建构新的规则为新的程序开辟道路。

这个认识表明：有关论辩规则的论辩本身是非常有意义的。这样一个论辩可以称为"论辩理论的论辩"（diskurstheoretischer Diskurs）。上面对论辩理论的论辩之四种可能的证立方式进行了勾勒。它们到底应如何具体应用，这必须交由论辩参与者（来决定）。在上述四种证立方式框架之内进行讨论的过程中，规则已经得到遵守。这些规则，部分是在讲话者群体中实际发生效力的规则，部分是已经暂时得到证立的规则。（论辩）不绝对按照已经证立的规则来进行，这并非是不符合理性的。因为这样做*是不可能的，因为从根本上开始进行讨论是符合理性的，那么首先根据那些自身尚未得到证立的规则开始（论辩），也是符合理性的。

4. 普遍实践论辩的规则和形式

对理性实践论辩进行界定的规则，其种类完全各式各样。有些规则只对实践论辩有效，有些规则也对其他语言游戏有效。有些是命令、禁止和许可。有些规则要求严格的遵守，另一些规则所包含的要求只能以接近的方式来实现。还有一些规则对实践论辩之内的行为加以规范，另一些规则涉及对其他论辩形式之过渡的确定。最后，必须将论辩规则与论述形式区别开来[29]。

下文对以前考察中所提出的规则和形式明确地予以表达。特别是，这些明确的表达具有以下目的：让缺陷更明显地凸显出来。这些缺陷可能涉及规则的内容、完整地清点其数目的不可能性，某些具体规则的多余，其形式表达的不充分等。假如这些缺陷能够被消除，也许总有那么一天可以构建出像实践理性法典之类的东西。这样一个法典或许是一切理性实践论证规则和形式的一种总括，一种明确的表达；

---

* 先证立规则。——译者

[29] 在下文具体进行表达的过程中，规则和形式的区别将变得更加清晰。这里只将提请注意，形式可以转而表达为规则，也就是说，变为这样一种规则：它要求人们在一定的论证情境（Argumentationssituationen）中必须利用一定的形式，且只应利用一定的论述形式。正是因为这个原因，我们经常只谈规则。

在许多文献中，它们一部分得到提示，一部分只得到零星的分析。

4.1 基本规则

第一组规则的有效性是每个涉及真实性或正确性问题的语言交往之可能性的先决条件：

（1.1）任何一个言谈者均不得自相矛盾。
（1.2）任何一个言谈者只许主张其本人所相信的东西。
（1.3）任何一个言谈者，当他将谓词 F 应用于对象 a 时，也必须能够将 F 应用于所有相关点上与 a 相同的其他任一对象上。
（1.4）不同的言谈者不许用不同的意义来做相同的表达。

（1.1）所指称的是逻辑规则。这些规则在此被预设为前提条件。但有两点应当提请注意。

第一，应当指出：逻辑规则也可以应用于规范性命题。这样做并非完全没有问题。假如把逻辑看作是"研究真（Wahrsein）的普遍规律的学问"[30]，进而认为规范性命题并不具有真值（真假）性，那么我们就可能得到这种确信：逻辑规律并不适用于规范性命题。这个问题以"约根森悖论"（Jørgensen

---

[30] G. 弗雷格：《逻辑》，载 G. 加布里尔编：《逻辑与语言哲学文存》，汉堡 1971 年版，第 39 页；另见 G. 弗雷格：《思维：一个逻辑研究》，载 G. 帕茨希编：《逻辑研究》，哥廷根 1966 年版，第 31 页。

Dilemma)为名被人们所讨论[31]。然而,这个"悖论"不可能轻易地得到克服。一个出路在于:我们可以选择像"有效"与"无效"[32]或"正当"与"非正当"[33]来取代"真""假"值;第二个出路在于指出:在规范性语句中出现的术语(比如,"与""若……则""所有""某些"等)基础上存在着逻辑关系[34]。最后,第三个、也许最好的一个出路在于建构这样的语义学(模型论),其也能够对规范性语句的真假进行评价[35]。

第二点与这第一点密切相关。对在(1.1)中所表达的逻辑规则的引用,不单单涉及古典的逻辑,而且主要涉及道义逻辑,后者在最近若干年得到迅猛发展,但也还有一些未决的争议[36]。所以,禁止自相矛盾的要求也牵涉道义逻辑上

---

[31] 参见 J. 约根森:《命令与逻辑》,载《认识》杂志,总第7期(1937—1938年),第288页及以下页;A. 罗斯:《命令与逻辑》,载《理论》杂志,总第7期(1941年),第55—56页;A. 罗斯:《命令和规范》(英文),伦敦1968年版,第139页及以下页。

[32] 参见 A. 罗斯:《命令和规范》,第177页及以下页。

[33] 参见 R. 施莱贝尔:《法的逻辑》,柏林/哥廷根/海德堡1962年版,第65—66页。

[34] 参见 R. M. 黑尔:《道德语言》,第20页及以下页。

[35] 关于这些语义学,参见 S. 康格尔:《伦理学的新基础》(英文),载 R. 希尔皮伦编:《道义逻辑:分类导读》,多德雷希特/荷兰1971年版,第44页及以下页;J. 辛提卡:《道义逻辑的主要问题》,载《道义逻辑:分类导读》,第67页及以下页。有关模型论,主要参见 S. A. 克里普克:《模态逻辑的语义学思考》(英文),载 L. 林斯基编:《指称与模态》,牛津1971年版,第63页及以下页。

[36] 有关道义逻辑,主要参考 G. H. 冯·赖特的文献,尤其是 G. H. 冯·赖特:《道义逻辑》,载氏著:《逻辑研究》(英文),伦敦1957年版,第58—74页;同一作者:《规范与行动》(英文),伦敦1963年版;同一作者:《道义逻辑论与行动的一般理论》(英文),阿姆斯特丹1968年版;同一作者:《道义逻辑之修订》,载《法的理论》杂志,总第4期(1973年),第37—46页。

的不相容性（Unverträglichkeit）。

（1.2）所保证的是论辩的真诚性。（1.2）对于任何语言交往都是构成性的[37]。若没有（1.2），甚至说谎都是不可能的，因为假如没有任何要求真诚性的规则作为前提，欺骗是不可想象的。在这一点上，（1.2）并不排斥（人们）表达猜测，不过，它要求这些猜测应像（其所要求的）这样来描述。

（1.3）所涉及的是某一个言谈（讲话）者陈述的使用，（1.4）所涉及的是不同的言谈（讲话）者陈述的使用。相对于它对准备一致的应用所作的要求，（1.3）表达（的要求）较强。然而，这似乎又没有本质的区别，因为大家也可以说，只有使用某个陈述的人，才在它可应用的情况下准备应用该陈述；由此（1.4）可以得到加强。我们可以在（1.3）和（1.4）的条件下概括出一个规则，它要求：所有的言谈者必须用相同的意义来做一切表达。这种情况在这里是不会发生的，原因主要在于：（1.3）和（1.4）包括着这个一般规则的完全不同的方面，这是值得加以区分的。

（1.3）牵涉言谈者自身的一致性。在运用于评价性表述时，（1.3）采取了下述的形式：

> （1.3'）任何言谈者只许对这样的价值—义务判断

---

[37] 关于真诚性条件，参见 J. L. 奥斯汀：《他人之心》，载氏著：《哲学文集》，第82页、第115页；同一作者：《如何以言行事》，第15页；J. R. 塞尔：《言语行为》，第65页；H. P. 格莱斯：《逻辑与会话》，第34页；O. 魏因伯格：《真理，法律与道德》，载《法的理论》杂志，总第1期（1970年），第131页及以下页；参见本书上文，第186页、第214页（边页码）。

作出主张，即当他处在所有相关点均与其作出主张时的情形完全相同的所有其他情形时，他也同样会作出完全相同的主张。

（1.3'）是黑尔可普遍化原则的一个表达[38]。

（1.4）所要求的是语言用法的共通性[39]。这个共通性如何确立，又如何能够得到保障，还是有争议的。埃尔朗根学派的代表人物们要求：为此目的，每个陈述必须通过正宗语言来加以规范化。在这一点上，日常语言只应用作辅助的工具。这个纲领的可行性在前文中已受到质疑[40]。就此还有些话要讲出来：首先应从日常语言出发，在出现语义不清和误解时必须对语词用法加以界定。这种界定的先决条件是对所使用的表达进行分析。作为这种分析的工具，像道义逻辑语言这样的人工语言是可以利用的。

旨在澄清沟通问题而进行的讨论，本身可以理解为自成一格的论辩。这个论辩在前文中被称为"语言分析的论辩"[41]。除了确立共通的语言用法，在语言分析论辩中还要确保有清晰和有意义的言说。只有到了这个程度，（1.4）似乎就可以得到补充。

基于它们的这些基本特性，（1.1）至（1.4）应被称为"基

---

[38] 就此，参见本书上文，第91页及以下页（边页码）。
[39] 关于这一点，参见上文，第183页及以下页（边页码）。关于语言用法的共通性作为任何一个论辩不可或缺的先决条件，参见 Ch. 佩雷尔曼、L. 奥尔布里希茨-泰特卡：《新修辞学：论辩论文集》，第19页及以下页。
[40] 参见上文，第184—185页（边页码）。
[41] 参见上文，第185页（边页码）。

本规则"。

4.2 理性规则

实践论辩所涉及的是规范性命题之主张的合理根据[42]。在讨论这些主张的过程中，要再提出主张，如此等等。反驳什么，回答什么问题，对建议加以证立，都必须要有主张。没有任何主张的实践论辩是不可能（存在）的。

提出主张的人，不仅想表达其本人所相信的东西，而且还要超过这一点宣称：其所讲的也是可以证立的，也就是说，主张的内容是真实的或正确的。这同样适用于规范性命题和非规范性命题[43]。

可证立性要求并不包含下面的内容：言谈（讲话）者自己有能力给出某种证立。言谈者只要引证说某些确定的人或可加确定的人具有证立的资质，也就足够了。引述其他人具有证立资质，如同任何其他的论述一样，本身是可以讨论的。就此，（人们）可能提出的问题是：由言谈者所引据的权威根据是否实际上保证其主张的正确性？在这一点上，人们能够且通常必须深入考察其主张的实质正确性。引述某些确定的或可加确定的其他人具有证立资质，也因而可以视为一种证立。然而，对言谈（讲话）者而言，仅仅持下列观点，即认为无论何时、无论什么人都有能力对他自己的命题进行证

---

[42] 谈到与规范性命题有关的断言性言语行为，有关其可能性，参见本书上文，第90—91页（边页码）。

[43] 参见 J. 哈贝马斯：《真理理论》，第220页；G. 帕茨希：《相对主义与道德规范的客观性》，第75页；W. K. 弗兰克纳：《分析伦理学》，第131页及以下页；以及本书上文，第165—166页（边页码）。

立，还是不够的，除非其能够为此给出理由。

进而言之，可证立性要求也并不是说：言谈（讲话）者必须随时对任何人就任何主张进行证立。然而，假如他拒绝进行证立，那他必须能够举出理由说：这种拒绝是可以证立的[44]。

据此，作出主张者的言语行为适用如下的规则：

（2）任何一个言谈者必须应他人的请求就其所主张的内容进行证立，除非他能举出理由证明自己有权拒绝进行证立。[45]

该规则可以称为"普遍证立规则"（allgemeine Begründungsregel）。

谁要是对什么东西进行证立，那他至少在表面上要把其他那些至少与证立活动有关的当事者接受为具有同等地位的证立伙伴（Begründungspartner），他本人既不要施用强迫，也不要倚赖由他人所实施的强迫。而且，他要求能够不仅针对当下的谈话伙伴，而且超越这一点而针对何人就自己的主张加以辩护。语言游戏，若根本不是要实

---

〔44〕 有关可证立性要求的这些限制，参见上文，第166页（边页码）。

〔45〕 有关这个规则，见 D. 冯德利希：《论言语行为的规约性》，载 D. 冯德利希编：《语用学》，法兰克福1972年版，第20页；H. P. 格莱斯：《逻辑与会话》，第32页及以下页；H. 施奈勒：《语言哲学与语言学》，第42页及以下页。这样一个规则到底应看作是记述性言语行为的构成性规则，还是只应看作是普遍的谈话的前提条件，有关这一问题，请参见本书上文，第167—168页（边页码）。

现这些要求,那它们就不能够视为证立。同等(权利)地位、普遍性和无强迫性,这三项要求可以表达为3个规则。这些规则与哈贝马斯以上述所接受的较弱方式[46]为理想的言谈情境[47]所确立的条件相一致。第一项规则涉及论辩的进入。其内容如下:

(2.1)任何一个能够讲话者,均允许参加论辩。

第二项规则所规定的是论辩者的自由。它可以分为3项要求:

(2.2)(a)任何人均允许对任何主张提出质疑。
(b)任何人均允许在论辩中提出任何主张。
(c)任何人均允许表达其态度、愿望和需求。

(c)在实践论辩中特别具有意义。最后,第三项规则具有保护论辩不受强迫干扰的使命。其规定如下:

(2.3)任何言谈者均不得在论辩之内或论辩之外由于受到统治强迫的阻碍而无法行使其在(2.1)和(2.2)中所确定的权利。

---

[46] 参见上文,第157—158页、第165页及以下页(边页码)。
[47] 参见J.哈贝马斯:《真理理论》,第255—256页。

(2.3)到底算不算论辩规则,可能会受到怀疑。有人也可能把它看作是实现(2.1)和(2.2)的条件。不过,这里指出它的特殊地位也就足够了。

那么,大家可能认为,通过确立这些规则并没有获得太多的东西。由于事实上的原因,做到让所有的言谈者均行使其在(2.1)和(2.2)中所规定的权利,是绝对不可能的。进一步讲,能否时时达到由(2.3)所要求的无强迫性,可能值得怀疑[48]。

然而,这些规则并非是毫无意义的。即使(2.1)和(2.3)(也包括另外一些论辩规则)似乎得到实现,但证立活动假如没有被接受,那它们也应当看作是无效的。由此,它们与其余的论辩规则一道共同形成了规范性命题之正确性的一个反面假设的标准(negatives hypothetisches Kriterium)。若把它们作为正面的标准(positives Kriterium),则问题更多。它们作为实际已经进行或正在进行的讨论标准和作为假设的讨论标准是不同的,必须在这两个标准之职能间作出某种区分。就实际论辩而言,(2.1)和(2.3)经常只能以近似的方式得到实现。此外,也经常存在下列的可能性:人们对这些规则的实现产生(认识上的)错误。但无论如何总可以说,当(2.1)和(2.3)在有待判断的情境中以可以达到用最佳的程度实现时,那么它们的确提供了某些类似临时标准的东西。就它们作为正面假设的标准这个职能而言,其所产生的难题在于:必须要对一切论辩关系人的论辩行

---

[48] 关于这一点,参见上文,第158—159页(边页码)。

为进行诊断。在这一点上需要大量的经验知识。这个程度上的标准是不牢靠的,就像这些诊断(本身)不牢靠一样。然而,这些标准不牢靠,并未使标准本身变得毫无价值。不过,它确实为借助其作为手段而发现的结论之可修正性(Revidierbarkeit)提供了证立。

(2.1)和(2.3)作为规范性命题之正确性标准的职能,是与其作为对论辩伙伴权利与机会的限制(这些限制尚未证立)之批评手段这个职能联系在一起的。就此方面,这些限制在一定情境下是有其合理根据的,即:与其他限制,甚至根本没有限制相比,它们提供了更大的机会,即:达到某个或许在理想的条件下才会产生的结果。而且,它们还界定了可以通过练习[49]和有组织的预构策略(Vorkehrungen)来接近实现的理想。无论在对限制进行检验的过程中,还是在回答此一问题(即:在一定条件下近似地实现该理想能够达到什么样的程度)的过程中,都必须得利用经验的知识。最后,这些规则还对真实性或正确性的要求给予了说明。正确性要求的一个特殊情形就是正义(正当性)要求。故此,通过这些规则来对这个概念进行说明是可能的。

(2)连同(2.1)—(2.3)一起对论辩之合理性的最重要的条件进行了界定。因此,它们应该被称为"理性规则"(Vernunftregeln)。

---

[49] 关于练习是如何可能的这个问题,参见 O. 路德维希、W. 门策尔:《作为德语授课之对象和方法的论辩》,载《实践德语》,丛书14卷(1976年),第13—22页;以及在这一卷里提出的8种授课模型。

4.3 论证负担规则[*]

（2.2.a）准许任何人对任何主张提出质疑。因此，如果这没有资质要求，就会让任何言谈者钻牛角尖，像孩子一样机械不停地追问"为什么"。而且还有一种可能：他会将别的商谈参与者已讲过的所有废话当作有价值的东西提出来。自己可以不必提出理由而只管提出问题或表示怀疑，这两点对于一个讲话者而言都再简单不过了。迄今所构想的规则尽管对作出主张者规定了证立负担，但却没有对提出问题和表达怀疑本身设定负担。

这就对于论辩提出了一个非常重要的问题，即论证负担（或证立负担）的大小和分配的问题[50]。在迄今为止的讨论中，这个问题出现在各种不同的语境之中。按照辛格（Singer）的观点，可普遍化原则要求：任何人如果想把一个人与另一个人作不同对待，则必须为此提出理由[51]。譬如，在洛伦岑的对话逻辑（dialogischer Logik）中，如果有谁主张说，所有的 x 具有属性 F（(x)Fx），那么他就具有

---

[*] 论证负担规则（Argumentationslastregeln），在英译本中译作"论证负担分配规则"（Rules for Allocating the Burden of Argument），也有道理（See Robert Alexy, *A Theory of Legal Argumentation*, transl. by Ruth Adler and Neil MacCormick, Oxford 1989, p.195.）。——译者

[50] 在本书中，这两个术语是作为同义词来使用的。A. 波德莱西曾对两者作了一个本书并不需要的区分，见氏著：《一般宪法平等原则的内涵与功能》，柏林 1971 年版，第 87—88 页。

[51] M. G. 辛格：《伦理学上的一般化》，第 31 页。参见上文，第 91 页及以下页（边页码）。

义务针对任何一个 a 而指出：a 是一个 F（Fa）[52]。相应地，佩雷尔曼的惯性原理也要求：一度曾被认可的某个观点或某个实践（实务），不允许没有理由而一再地加以抛弃[53]。

由辛格所要求的论证负担的分配是根据可普遍化原则（1.3'）连同证立规则（2）而得出的。如果有谁将 A 与 B 作不同对待，那他就主张（就此而言，他以［1.3'］作为前提条件）存在着某个相关的区别点。他必须为这个主张进行证立。由此而适用的规则是：

（3.1）如果有谁想将某人 A 与某人 B 做不同对待，那么他就负有责任，对这样做的理由进行证立。[54]

（3.1）的另一个证立在于：根据理性规则，所有的人都是平等的，所以必须提出理由，为该状态的任何偏离进行证成。理性规则证明平等的假定是正当的[55]。

本书的研究不可能对逻辑的对话结构的证立根据进行讨论。所以，这里还只是点出下面这个不言自明的道理：逻辑

---

[52] P. 洛伦岑、O. 施韦默尔：《建构性逻辑、伦理学与知识论》，第 46 页。参见本书上文，第 178 页及以下页（边页码）。

[53] Ch. 佩雷尔曼、L. 奥尔布里希茨－泰特卡：《新修辞学：论辩论文集》，第 142 页。参见上文，第 216—217 页（边页码）。

[54] 有关宪法平等规定的"语用学内涵"的一个完全类似的解释，参见 A. 波德莱西：《一般宪法平等原则的内涵与功能》，第 89 页。

[55] 有关这一点，参见 J. 罗尔斯：《作为公平的正义》（英文），载《哲学评论》，总第 67 期（1958 年），第 166 页："针对法律制度和其他的（制度）实践所作出的区分和分类，有一种反对的假定，因为它们侵犯了参与其间的人的原初权利和平等的自由。"

规则应承担起最严格的论证之责。若有谁主张"p→q",那么当其谈话伙伴提出"¬q"时,他就必须要么承认"¬p",要么反驳"¬q",或者要么放弃"p→q"。

另外,佩雷尔曼的惯性原理也具有相当大的重要性。按照(2)的规定,假如某个言谈者对某事作出主张,那么其论辩伙伴就有权要求(其)对此进行证立。相反,某个命题或规范在言谈者共同体内作为真实或有效的命题或规范虽被奉为前提,但其本身尚未明确地被主张或讨论,那么按照这个惯性原理,只允许在陈述某个理由的情况下才能对此加以怀疑。据此,某事必须要么被人们所主张,要么在陈述某个理由的情况下才受到怀疑,才成为论辩的对象:

(3.2)如果有谁想对不属于讨论对象的命题或规范进行抨击,那么他就必须说明这样做的理由。

相应地,一个言谈者要求其谈话伙伴不断提出进一步的理由,也是不允许的[56]。谈话伙伴应立即走出这种理由陈述。一旦谈话伙伴按照证立规则的要求为此给出理由,言谈者才负有进一步的责任,对反证作出回应:

(3.3)已经提出论述者,只有当出现反证时才负有

---

[56] 参见 J. L. 奥斯汀:《他人之心》,载氏著:《哲学文集》,第84页:"若你要说'那是不够的',那么你心里必然想到有某些或多或少确然的缺欠……假如没有这些你至少准备根据感受到的压力而加以特定化的确然的缺欠,那么继续说'那是不够的',恰好就是可笑的(粗暴的)。"

责任做进一步的论述。

（2.2.b）和（2.2.c）准许任何言谈者在论辩中随时任意提出没有限定数目的主张，或者任意提出有关自己的态度、愿望和需求的陈述。据此，任何人可以在任何时间提出比如有关天气的主张，表达出其对它的感受，而不管它与当下讨论的问题有没有联系。完全排除这样的表达是没有必要的。假如它们只是偶尔出现一次，那么它们并不必然损害讨论。它们应当何时加以摈除，则必须留待论辩参与者来决定。而且，如果只表达对下列相关性的要求[57]，即：凡论辩理论中说过的东西，就是相关的东西，从而在这个意义上来排斥它们，那么也是不合适的。有待判断的事情，同样也是有待论证的事情。因而，这就引出了如下的规则：

（3.4）如果有谁想在论辩中就其态度、愿望或需求提出与其先前的表达无关的主张或陈述，那么他就必须应他人的请求证明其为何要提出这样的主张或这样的陈述。

4.4 论述形式

在着手讨论进一步的论辩规则之前，首先考察对实践论

---

[57] 有关此种要求，参见 H. P. 格莱斯：《逻辑与会话》，第 34 页。

第二编 普遍理性实践论辩理论概要

辩的特征加以表述[58]的论述形式,是颇有意义的。

单称的规范性命题(N)是实践论辩的直接对象。它们的证立有两个基本的型式(类型)。第一种型式:援引某个预设为有效的规则(R);第二种型式:指出遵守蕴涵N的祈使句[59](而产生)的后果(F)。[60]

在这两个型式之间存在着非常重要的结构上的亲缘关系。谁要是在证立活动中以某个规则为基础,那他至少以下面一点为前提:满足这些规则的应用条件。这些规则的应用条件可能是某个人、某个行为或某个客体(对象)的特性,是一定的事实状态(Zustand,事态)的存在或一定事件的发生。这意味着,谁要是把规则作为理由加以引用,则应将对这个特性、状态或事件加以描述的命题(T)预设为真。

另一方面,谁要是把有关后果的主张作为N的理由加以引用,那他也以下面的规则为前提:这些后果的形成是必须的,或者是良好的。其所以有效,乃基于下列之普遍化的原则:"理由的观念,总是因而导致规则的观念,它规定某一物是另一物的理由。"[61]

---

[58] 似应强调的是,这里所研究的是特属普遍实践论辩的论述形式。除此而外,还有许多的论述形式,既出现在普遍实践论辩中,也出现在其他的论辩之中。关于这一点,参见对佩雷尔曼分析的讨论,上文第208页及以下页(边页码)。

[59] 有关通过规范性命题(价值判断与义务判断)之祈使句的蕴涵,参见本书上文,第84页(边页码)。

[60] 有关这两种证立型式,参见 St. E. 图尔敏:《理由在伦理学上的地位》,第132页;以及本书上文,第110页及以下页(边页码)。

[61] R. M. 黑尔:《自由与理性》,第21页;对此,也见本书上文,第92页(边页码)。

据此，我们可以把如下的论述形式加以区分：

(4.1) $\dfrac{\frac{T}{R}}{N}$ (4.2) $\dfrac{\frac{F}{R}}{N}$

(4.1) 和 (4.2) 是下面这个更一般（普遍）形式的下位形式：

(4) $\dfrac{\frac{G}{R^{\cdot}}}{N^{\cdot}}$ [62]

有关 T 的真以及有关 F 事实上是否为当下行为的后果[63]，可以引入一个理论的论辩。随时能够开启这样一种论辩的必要性，应当通过下面还要继续引述的独特规则来加以考量。

这里令人感兴趣的主要是有关 R 的争论。对 R 进行维护，有各种不同的可能性。

通过下列方式：陈述"当 R 有效时（Z_R），则当下实际起支配作用"的事实状态，或者陈述未来将出现的"当 R 被遵守时（Z_F），则将造成"的事实状态，R 就可以得到证成。Z_R 与 Z_F 的区别在于：为了描述 Z_R，除了引证不倚赖 R 亦可加以描述的后果之外，还必须引用 R。即使我们看到了这些区别，然而，基于简化的理由，我们仍然有证立根据，在 Z_R

---

[62] "$R^{\cdot}$"是相对于"R"以及待使用的"$R^{\cdot}$"的，指无论任何一个层面的规则；"$N^{\cdot}$"是相对于"N"的，指任何一个（不只是单称的）规范性命题。引入"$R^{\cdot}$"和"$N^{\cdot}$"是必要的，为的是能够表达（4）的一般性。

[63] 还是要强调：在许多论辩中回答这个问题是一个关键性的难题。假如有足够可靠的经验知识可供利用的话，有关实践问题的很多争论立即就能够得到解决。然而，根据这一点就得出结论说，所有的实践问题单单通过弄来经验的信息就迎刃而解了，似乎是错误的。

与 Z_F 这两种情况下来谈规则的后果 R（F_R）。

在通过 F_R 来证成 R 的情形下，下面这个命题仍然是有效的，即：对某个主张之理由加以引述应当以某个规则为前提，该规则规定，凡引述为理由的东西，就是此主张的理由。为此，这需要有第二个层面（二阶）的规则（R'）[64]。

除了引证 F_R 以外，引证进一步的规则 R' 也是可能的，它要求 R 服从某些不宜划归 R 之后果的条件 T'。而 T' 可能涉及比如道德上绝非无关紧要的引证，即：一定的规则按照一定的方式来加以决断。

据此，也就产生了两个第二层面（二阶）的论述形式[65]：

（4.3）$\dfrac{\dfrac{T'}{R'}}{R}$　　（4.4）$\dfrac{\dfrac{T'}{R'}}{R}$

（4.3）和（4.4）也是基本形式（4）的下位形式[66]。

---

[64] 有关这些第二个层面（二阶）的规则，参见本书上文，第117页（边页码）。

[65] 有关证成的不同层面，参见上文，第112页（边页码）。

[66] 在（4.1）和（4.4）中，每一个情形下的结论都是从一般规范性语句连同一个经验性语句推导而来的。假如从下面一点出发，即：经验性语句为真，而结论为假，则一般规范性前提必定为假。因此，这四种形式不仅是规范性语句的证立，而且超越此点，与其相一致的四种形式，还是对一般规范性语句的检验。在这样一种检验过程中，可能提出来的问题是：根据一般规范性语句，即根据形式（4.2）（假定）之证立的大前提 R 连同一个有待承认为真的经验性语句，那些不可能被承认为正确的逻辑后果能否得以产生。假如情况是这样的话，那么一般规范性语句就必须得抛弃或修改。在（4.2）的场合，下列的推论公式似乎确立了上述检验的基础：

（[（F∧R）→N]∧¬N∧F）→¬R.

故此，在实践论辩中，与（4.1）—（4.4）相一致的论述既可以在证立过程中使用，也可以在检验过程中使用。由于检验的不同形式可以通过根据逻辑规则（1.1）的证立的形式来获得，这里对它们不需要做特别的考察。证立和检验的关在（4.1）和（4.4）的每个情形下，一个规则的应用只产生一个结果。但是，无论在相同形式的证立过程，还是在不同形式的证立过程中，不同的规则都可能会产生互不相容的结果。在这些情形下，就必须决定到底哪一种证立过程优先。这些为上述决定之证立而引出的规则，就被称为优先规则（Vorrangregeln）[67]。

有一些优先规则规定：一定的规则在一切条件下应比其他规则具有优位；也有另一些优先规则规定：一定的规则只应在特定条件（C）下比其他规则具有优位。"P"所表达的是两个规则之间的优先关系。那么，优先规则就可以有如下两种形式：

（4.5）$R_i P R_k$ 和 $R'_i P R'_k$

（4.6）$(R_i P R_k) C$ 和 $(R'_i P R'_k) C$

系产生于论辩规则。谁要作出主张，那他就必须为这样做给出理由（2）。但他也不必为自己的主张没完没了地进行证立。只是针对反证才需要有进一步的证立（3.3）。这些反证可能包括前述的那种检验，而本身又构成了这种检验的对象。故此，证立与检验之间存在着某种互动的关系。

在这一点上，证立具有优先性。在实践论辩中，只有当某些事情被主张时，检验才会发生。然而，一旦某些事情被主张，则必须根据（2）经常至少给出这样做的理由。此外，检验的对象也常常是一般语句。在实践论辩中，一般规范性语句只在单称规范性语句的证立过程中才变得至关重要。还有更重要的是，在检验规范性语句中经常需要有更进一步的规范性语句。谁要是在检验过程中对这个语句作出主张，则必须根据一般证立规则（2）经常至少提出这样做的理由，也就是说，必须引用形式（4.1）—（4.4）的证立。纯粹地诉诸不证自明性或者直觉是不允许的。这一点是鉴于直觉主义的（观点）不牢靠而得出的［参见本书上文，第59—60页（边页码）］。基于这些理由，也是为了简化说明，这里主要谈证立活动。这也可能常常把论述延伸至检验（活动）。

[67] 有关优先规则的概念，参见K. 拜尔：《道德的视点》，第99页及以下页；以及本书上文，第126页（边页码）。

第二编 普遍理性实践论辩理论概要

相应地，优先规则可以根据（4.3）和（4.4）来加以证成[68]。当两个优先规则之间发生冲突，就必须运用第二层面（二阶）的优先规则。

在这各种不同的形式之内，还可能再作大量进一步的区分。譬如，对反面后果（negative Folgen）的引证是（4.2）和（4.3）的一个特别重要的变体。或许还可能有另外的形式。然而，这里所进行的分析对于本书将要构设的理性论辩理论已经足够了。

它要首先指出的一个因素是：各种不同的论述形式可以（除非基于证成的二阶性而产生的限制）随意归并和复述。论述形式的各种不同归并（组合）形成了论述结构[69]。这里必须要对递归性论述结构和补充性论述结构作出区分[70]。证立可以与检验合并，检验也可以导致证立。通过这种方式产生的论述结构常常是有限的。从来也不可能对所有的规则都进行证成，因为假如证成活动应该根本上能够进行的话，总有若干规则必须得到认可[71]。（形式）理性的要求不意味着所有的规则必须一次性得到证成，而仅仅意味

---

[68]（4.5）和（4.6）本身不是证立形式，而是规则的形式。但为（4.3）和（4.4）中的规则R插入（4.5）和（4.6）则又产生了另外四种论述形式，确切地说，即：（4.3）和（4.4）各自有两种下位形式。因为（4.3）和（4.4）是（4）的下位形式，我们也可以说，（4）存在着两组通过（4.5）和（4.6）来称作结论的下位形式。这就是我们在导论中谈到这里区分为6种形式所讲的意思。应当强调的是，所有的6种形式都是（4）的下位形式。

[69] 有关论述结构的概念，参见本书上文，第123—124页（边页码）。

[70] 补充性论述结构存在的条件是：一个命题或规则通过各种不同而相互独立的论述加以证成。人们也可以把这称为多重证立。而在递归性论述结构中，一个论述则用作另一个论述的支持性基础。参见本书，上文第211页（边页码）。

[71] 参见St. E. 图尔敏：《论证的使用》，第100、106页；以及本书，上文第117页（边页码）。

着任何规则都可能是证成的对象。

4.5 证立规则

（4.1）—（4.6）所表述的仅仅是在实践论辩中可以利用的论述形式。假如能够根本上按照这些形式进行论辩，而没有遭遇到像恭维、指控和威胁这样的手段的话，那么理性的获取（Rationalitätsgewinn）本来也就实现了。另一方面，依据这些形式，无论什么规范性命题和规则都可以加以证成。因此，还必须为按照这些形式所进行的证立活动继续寻找规则。

4.5.1 各种不同的可普遍化原则之变体构成了第一组重要的规则[72]。根据上面进行的讨论，这里应区分三个（理论）版本的可普遍化要求：黑尔式的、哈贝马斯式的和拜尔式的。[73]

---

[72] 这些规则在本质上是通过业已引述的规则来证立的。为此，这一点可以提出来，不把它们纳入规则目录。然而，为了要把这些纳入进去，至少要谈到合目的性考量（Zweckmässigkeitserwägungen）。

[73] 上面已多次提到的辛格的一般化（可普遍化）论述［对此，参见上文，第129—130页（边页码）］这里没有采用。对于这一点，可以引述下列的证立理由：在相当程度上应予断定，这个论述可以回归到其他的原则。辛格根据可普遍化原则（1.3'）连同一个"后果原则"（principle of consequences）——其可以看作是(4.2)的一个否定变种，来推导这一点（M. G. 辛格：《伦理学上的一般化》，第63页及以下页）。霍尔斯特尔通过"公平原则"（Prinzip der Fairness）对此进行证立（N. 霍尔斯特尔：《功利主义伦理学与普遍化》，第108页及以下页）。假如辛格的推导是站得住脚的话，本来可以回归至这里业已采纳的规则和形式的，其为此目的似乎应对(4.2)进一步加以精确化。霍尔斯特尔的公平原则宣称："享有许多人所从事的事业的成果，而把与这个事业必然相联系的负担或牺牲单单转嫁他人，这是不道德的。"（同上书，第112页）所有的事情都说明下面一点：在实践论辩中，这样一种行为方式将不予承认。因而，辛格的论述，无论就辛格，还是就霍尔斯特尔提出的证立而言，可以被看作是通过规则、形式以及普遍实践论辩的条件来蕴涵的。这看起来并不必然要把辛格的论述吸纳进这里所总结的规则目录之内。不过，把这个论述概括进更进一步扩充的论辩理论之中，肯定是完全有用的。

第二编 普遍理性实践论辩理论概要

黑尔的可普遍化原则已经作为规则（1.3'）加以表达。基于这个原则连同规定性原则[74]，黑尔得出了如下要求[75]：

（5.1.1）任何提出规范性命题者，必须当假设其置身于当事人之处境时，也能够接受由其提出的命题预设为前提（满足每个人利益）的规则所造成的后果[76][77]。

简言之：任何人都必须能够认同由他预设为前提或作出主张而针对所有人的规则之后果。

哈贝马斯的可普遍化原则直接产生于理性规则（[2.1]—[2.3]）所确定的论辩结构（Struktur des Diskurs）。假如所有的人平等地商讨实践问题，那么只有这些能够被任何人接受的规范性命题和规则才能获得普遍的认同。

（5.1.1）是从单个言谈（讲话）者的规范性观点出发的。哈贝马斯的可普遍化原则则诉诸在论辩中有待产生的共同体之观点。它可以下列内容来表达：

（5.1.2）任何满足每个人利益的规则所造成的后果，

---

[74] 对此，参见本书上文，第96页及以下页（边页码）。

[75] 有关这个要求是否唯有从由可普遍化原则连同规定性原则推导而来，参见上文，第97—98页（边页码）。

[76] 在这里，"后果"应既被理解为遵守某个规则的事实结果，也应被理解成直接从遵守通过该规则蕴涵的命令所产生的限制。

[77] 有关与(5.1.1)相关联的问题，特别是关于其有限的功用力，参见上文，第99页及以下页（边页码）。

必须能够被所有的人所接受[78]。

简言之：任何人必须能够认同任何规则[79]。（5.1.2）享有理性规则的理想特性。

拜尔的（可普遍化）原则可以通过在论辩中有效的公开性与真诚性要求予以证立。我们也可以把它理解为（1.2）的具体化。它直接排斥一系列不可证立的规则[80]：

（5.1.3）任何规则必须公开，且是普遍可传授的。

4.5.2 （5.1.1）—（5.1.3）也还没有提供理性同意（Einigung）保障之类的东西。（5.1.1）允许将任何人之各种实际现存的规范性确信作为出发点；（5.1.2）享有理性规则的理想特性；（5.1.3）则只排斥相对很少的道德规则。

那么，提出一个在任何场合都会导致理性同意的程序，是不可能的。但如果可以找到一个程序，至少提高这种或然性，即：将事实上既定的不协调观点调整至（达成）理性同意的方向上，那么这个收获似乎就已经不少了。哈贝马斯以及洛伦岑、施韦默尔以较详述的形式通过批判的生成纲领提出过这样一种程序[81]。在批判的生成过程中，道德规则体

---

[78] 对此以及（5.1.1）和（5.1.2）的一致性问题，参见本书上文，第152页（边页码）。
[79] 有关佩雷尔曼之完全类似的要求，参见上文，第206页（边页码）。
[80] 对此，参见上文，第127页及以下页（边页码）。
[81] 对此，参见上文，第173—174、190页及以下页（边页码）。

系的演化是透过论辩参与者来领会的。在各种不同的演化阶段，人们在这一点上就可以确定理性论辩的条件到底实现到什么程度。相应地，在此演化过程中生成，且目前仍支配着我们实践论辩的规则也能够受到批判。据此，可以就下列进一步的论辩规则予以表达：

（5.2.1）言谈者之道德观念所依据的道德规则，必须能够经得起批判的、历史生成的检验。一旦下列情形之一出现，则道德规则就不可能经得起这样的检验：

a）当该道德规则虽然以前经过理性地证立，但后来却又丧失了其合理性根据；

或者，

b）当该道德规则以前即未经过理性地证立，而现在又提不出任何足够的新的证明理由。[82]

由洛伦岑和施韦默尔提出的有关规范之历史—社会生成史的检验，必须通过规范性观点之个人生成史检验来加以补充[83]：

（5.2.2）言谈者之道德观念所依据的道德规则，必须能够经得起其个人的发生史（生成史）的检验。一旦道德规则的采用仅仅根据某些无法证成的社会化条件

---

[82] 对此，参见上文，第193—194页（边页码）。
[83] 对此，参见上文，第194—195页（边页码）。

时，它们就不可能经得起这样的检验。

在本书的研究中，到底什么是"无法证成的社会化条件"，这个问题还不得不留置待决。这里只能够提请注意的一点是，社会化条件，假如它们使所有相关的个人都不愿意或不可能参与论辩，那么它们无论如何是不可能得以证成的。

4.5.3 这一组的最后一个规则来自下面一点：实践论辩是为了解决事实上存在着的实践问题这个目的而进行的。人们尽管也可以举行论辩以为消遣，但这种可能性相对于上面所称的实践论辩而言，则是寄生性的（parasitär）。由此也得出结论，实践论辩必须导致也能够加以实现的结果：

（5.3）事实上所形成的可实现界限必须得到遵守[84]。

（5.3）的应用以大量的经验知识为前提。

（5.1）—（5.3）直接决定着有待证立的命题和规则之内容。所以，它们应该被称为"证立规则"（Begründungsregeln）。

4.6 过渡规则

上文业已指出：在实践论辩中经常出现的是许多借助实践论辩不可能得以解决的难题。这其中可能包括事实问题，特别是后果的预测，包括语言问题，特别是沟通（理解）问题，

---

[84]（5.3）既要求规范的可实现性在逻辑上是根本可能的，而且也要求它存在于实际可能的领域。针对第一个要求，参见 Fr. 冯·库切拉：《规范、价值和决定逻辑导论》，弗莱堡/慕尼黑1973年版，第69—70页。

包括实践论辩自身涉及的问题。在这些场合，就必须能够过渡到其他的论辩形式。此种可能性由下列规则予以担保：

（6.1）任何人在任何时候都能够转入理论上的（经验性的）论辩。

（6.2）任何人在任何时候都能够转入语言分析的论辩[85]。

（6.3）任何人在任何时候都能够转入论辩理论的论辩[86]。

（6.1）至（6.3）应被称为"过渡规则"（Übergangsregeln）。

（6.1）具有特别重要的意义。言谈者经常对规范性前提表示同意，但对事实却争论不休。通常不可能以理想的确实性来获得必需的经验知识。在这种情况下，就要求有合理（理性）推测（vernünftiges Vermuten）的规则。

5. 普遍实践论辩的局限

遵守上述规则和运用上面描述的论述形式尽管提高了对实践问题达成合意的可能性，但它们既不保证在任何问题上都能达成合意，也不保证任何所达成的合意都是百分之百（最终）的和不得撤销的。其之所以如此，理由在于：尤其是理

---

[85] 对此，参见上文，第185—186页（边页码）。
[86] 对此，参见上文，第233页（边页码）。

性规则（2.1）—（2.3），只能不完全地加以实现，而且并非所有的论证步骤都可得到确定；此外，任何论辩都必须与历史上预定的、并由此可加改变的各种规范性观点联系在一起。

当论辩中出现的结果不可能要求有任何百分之百的确实性时，就需要能够经常地对它们进行修正。这个要求就是前面提出的规则，尤其是理性规则所要考虑的，它们规定任何人可以在任何时候讨论任何规则、任何规范性命题，甚至包括那些目前被认为可靠的规则和规范性命题。

不过，某些价值判断和义务判断以及某些规则是通过论辩规则来断然要求或断然排斥的。譬如，通过对人施加奴隶的法律地位来完全排除某些人具有论辩意志形成之规则，就符合这种（要排斥的）情况。在这个意义上，我们可能谈的是"论辩之不能"（diskursive Unmöglichkeit）或"论辩之必须"（diskursive Notwendigkeit）[87]。在对这些"论辩之必须"或"论辩之不能"的规则进行证立的过程中，论辩规则可以用作前提。

在没有违反任何论辩规则时[88]，两个相互不协调的规范性命题及规则也能够得到证立，这种情况，我们可以称为"论辩之可能"（diskursive Möglichkeit）。该情况反过来可

---

[87] 对此，参见上文，第35、171页（边页码）。
[88] 违反论辩规则的概念，必须根据不同规则的不同特性分别地加以确定。在非理想规则（nicht-ideale Regel）存在的场合，如（1.1）（不矛盾性），（1.3'）（可一般化），（5.3）（可实现性），违反是否存在，原则上总是可以来确定的。相反，在理想规则存在的情形下，如（2.1）（参与的一般性）和（5.1.2）（认同的一般性）只能近似地得以实现。所以，只有当在既定的情境下最大限度地符合规则时，我们在这里才谈得上它们被实现。

第二编 普遍理性实践论辩理论概要

以构成实践论辩的对象。在这个论辩中,下列规则就得到了证立,该规则允许对两个不可协调的论辩之可能解决方案作出决断。此类规则的适例是建立在代表原则与多数原则之基础上的议会立法规则。诸如此类的规则以及那些通过由此规定的程序所创设的法律规则都是必需的,而且就此而言也是理性的,因为导致强行解决(问题)的可能性在实践论辩上是受到局限的[89]。普遍实践论辩的局限就为法律规则的必要性提供了证立的根据[90]。同时,也就形成了向法律论辩的过渡。

---

[89] 一个类似的思想,见诸康德,其"作为人的每一个社会成员的自由"的原则(I.康德:《论通常的说法:这在理论上可能是正确的,但在实践上是行不通的》,载普鲁士科学院编:《康德全集》,第8卷,第290页)要求:"只有一切人的协调意志,即每个人同时为全体作出决定、全体同时为每个人作出决定,由此普遍联合的民族意志才可能进行立法。"(I.康德:《伦理的形而上学》,载普鲁士科学院编:《康德全集》,第6卷,第313—314页)康德断定,我们"不可能期待"这样一个全体民族的协调,"因而我们所能预期可以达到的就只是多数票,并且那(在大民族中)确乎还不是直接投票者的多数票而是作为人民代议士的代表们的多数票,所以,满足于这种多数的这一原则,就应该以普遍的一致同意并通过一项契约而加以接受,该契约必须成为建立一种公民宪法的最高原则"。(I.康德:《论通常的说法:这在理论上可能是正确的,但在实践上是行不通的》,第296页[中译文,参见康德:《历史理性批判文集》,何兆武译,商务印书馆1997年版,第189—190页。——译者]。)

[90] 这样的法律规则通常不仅仅具有在不可能达到论辩之合意处可以提供解决方案的功能,而且还具有保证进行论辩之实际可能性的先决条件的功能。有关这方面的要求,参见W.维兰德:《实践与判断力》,载《哲学研究杂志》,总第28期(1974年),第40页及以下页。然而,法律规则能够保证进行论辩的可能性,并不意味着它们本身不进入论辩的证成过程。

第三编 法律论证理论

第一章 作为普遍实践论辩之特殊情形的法律论辩

1. 法律论辩的种类

261　　有完全不同种类的法律论辩。譬如,我们可以区分为法学的(教义学的)争论[1],法官的商谈(die richterliche Beratung),法庭的争议,立法机关(委员会和常委会)对法律问题的讨论,学生之间、律师之间,政府或企业的法律顾问之间的辩论,以及媒体有关法律问题所进行的带有法律

---

〔1〕 法学(法教义学)的争论这个概念,这里应被理解为受制度化推动的法学之讨论,其中的讨论要么直接涉及实际的或设想的法律案件之解决,要么对至少也关及法律案件解决方案的教义学语句(命题)、建构和理论加以证成或批评。法教义学这个概念将在下文第 307 页及以下页详细讨论。有关这个术语的不同用法,参见 O. 巴尔韦格:《法学与法律学》,巴塞尔 1970 年版,第 7 页及以下页、第 90 页及以下页、第 123 页。他把所谓"教义学法学"(dogmatische Rechtswissenschaft)称为"法律学"(Jurisprudenz,实践法学),而把"法学"(Rechtswissenschaft,法科学)这个术语限定于法律学的分析和理论。

论辩性质的争辩。

这些论辩形式还可以相应地划分为许多下位的形式，它们之间的区别是多种多样的。其中有些（譬如法庭的争议及与此相联系的法官的商谈）是制度化的。在其他场合，比如律师之间就法律问题的讨论就不是这种情况。有些形式要在有限的期间内得出某个结论，另一些形式，如法学的（教义学的）争论则没有时间的限制。一些（形式）有助于产生有约束力的决定，另一些则对决定仅仅予以建议、进行准备或予以批评。一些形式，比如对判决的公开讨论，准许随时从法律论述过渡到普遍实践论述，另一些形式，如法学的（教义学的）争论至少不可能是没有界限的。

正像区别一样，（它们的）类似性和联系性是多种多样的。最重要的共同特征在于：在所有的形式中，（至少部分地）通过法律进行论辩。

法律论证（论辩）与普遍实践论证（论辩）之间的区别是什么，这个问题是法律论辩理论的一个核心问题。这里我们能够确认的一点是：法律论证的特性在于其受现行有效法的约束（尽管这种约束照旧有待确定）。

这就是所说的法律论证与普遍实践论证之间一个最重要的区别。法律论证不讨论所有的问题。它们是在受限的条件下进行的。

在不同的形式中，限制的程度及种类是很不相同的。最自由的（限制最少的）是法学的争论。限制最多的是诉讼上（的争执）。在这里，（法律）角色不是对等地分配的，参与被告的一方也不是自愿的[2]，陈述实情的义务受到限定。论证（论辩）的程序有时效上的限制[3]，且通过程序法的规定来加以调整。各当事人允许以自己的利益为取向。他们经常，也许通常所关心的并不是达到某个正确的或公正的判决，而在于达到于己有利的判决。就各种不同限制的程度而言，其他一些形式则介乎这些极端（的情形）之间。

2. 特殊情形命题

上文曾提出这样的主张：法律论辩是普遍实践论辩之特殊情形[4]。对这一点进行证立的理由是：（1）法律讨论所涉及的是实践问题，即什么应做、什么不应做或什么允许去做、什么不允许去做的问题；（2）这些问题的讨论与正确性的要求相关联。这里所研究的是一个特殊情形，因为法律讨论（3）要在上面所提及的受限条件下进行。

由此，特殊情形命题可能受到三个方面的攻击。人们可能断言：法律讨论所涉及的（1）不是实践问题，（2）（法律讨论）所提出的绝不是正确性要求，或者（3）（法律讨论）即便提出了这个要求，但在法律讨论中生效的限制条件也没有证成的理由把它们称作是"论辩"。

---

〔2〕有关这一点，参见 H. 罗特洛伊特纳：《论法官行为的社会学（II）》，载《司法评论》杂志，总第 4 期（1971 年），第 81 页及以下页。

〔3〕关于此点，参见 Fr. 维亚克尔：《论法教义学的实践功用》，载《解释学和辩证法：H.-G. 伽达默尔祝寿文集》第 2 卷，图宾根 1970 年版，第 329 页；K. 马柯嫩：《论司法裁判的问题域》，土尔库 1965 年版，第 26 页。

〔4〕本书上文，第 32、38 页（边页码）。

2.1 最容易碰到的是第一种反对意见。它确实切中下面的问题：有许多触及法律问题的争论，并不是有关规范性命题的证立，而是对事实的确定。属于这个范畴的，不仅包括法律史、法社会学和法的理论研究，而且也包括对现行有效法的描述及对法官之将来行为的预测[5]。所以，这里不拟讨论：若不进入实践问题，这些活动是否以及在何种程度上是可能的。唯独重要的是，除了这些活动外，还有一些法律论证（论辩）关乎实践问题的解答。它们不仅在实践上，而且也在法学（理论）上起着核心的作用[6]。这正是我们这里要研究的东西。

2.2 在法律论辩中所提出的正确性要求明显地区别于在普遍实践论辩中提出的正确性要求。这里并不要求所主张、建议或作为判断表达的规范性命题绝对地符合理性，而只是要求它们在有效的法秩序的框架内能够被理性地加以证立。

---

[5] 关于这一点，参见下文第308—309页（边页码）对法教义学概念的详述。

[6] 在此处似应提请注意：这里使用的法学之广义概念，本身包含关乎实践问题之解答的论辩，尽管其符合或许大多数从事教义学研究的法学家所认为的不证自明性，但实际上它绝非是不证自明的。比如，根据凯尔森的观点，法学应限定在认识和描述实在法律规范（参见 H. 凯尔森：《纯粹法学》，维也纳1960年第2版，第72页及以下页）。法学的使命是"价值无涉地描述"有效法（同上书，第84页）。凯尔森确实看到，法律规范由于其用于设定的陈述本身模糊不清，无论如何从来都不可能产生确定清晰的裁判。然而，法学仍应在出现疑难案件时，把自己的事业限定在阐明各种可能的涵义上（同上书，第353—354页）。在多种可能的裁判中选择其一，应当使法官们的"忠实解释"得以保持（同上书，第242页及以下页，第350—351页），因为这涉及的是一个价值判断，而不是科学真理的问题（同上书，第353页）。凯尔森的观点是以下列确信为根据的：价值判断与义务判断不具有真值（真假）性，或也不可理性地加以证立，所以不可能构成科学探讨的对象。本书的主张是：后者讲的不符合事实。假如，也许仅仅假如这个主张是站得住脚的话，那么上面法学之广义概念之使用就是有证成依据的。

其内涵确切所指的东西，必须在法律论辩理论框架内予以阐释。

对于这个（正确性）要求主张，可以列举出一系列完全不同的论述。假设我们可以首先断定：在所有的法律论辩形式中均可提出证立。那么，谁要对某事进行证立，就等于要求说：他的证立要天衣无缝，同时其主张要正确无误[7]。法律论辩同普遍实践论辩完全一样，并不允许在对某事作出主张时，拒绝对此进行证立而又不给出任何理由。因此，根据法律命题，如同根据普遍规范性命题一样，可以提出（当然有待以另一种方式实现的）正确性要求[8]。尽管对某事进行证立的人在主观上只想追求自己的利益，但这个正确性要求并非由此而无效。这一点完全类似于承诺的情形。在作出承诺时，我可能私下地不打算兑现它，但这丝毫不影响由于承诺而客观生成的义务。

证立的要求以及与此相联系的正确性要求，至少就法官判决而言，可以超越这一点而通过实在法来加以证立。根据当今联邦德国、或许大多数国家现行生效的法律，法官们负有责任对其裁判进行证立[9]。这就使法官基于实在法的判决

---

[7] 参见本书上文，第168—169、238—239页（边页码）。

[8] 关于这一点，参见上文，第165页以及以下页（边页码），以及K.拉伦茨：《法学方法论》，第276页。在此处，他引用黑尔和弗兰克纳的观点断定："不过，假若道德的价值判断依其意义提出能够为每一个明理人（Einsichtigen）所认同的（且在这个意义上'有效的'）要求的话，那么法律的价值判断则更应如此。"

[9] 参见：《德国联邦宪法法院法》（BverfGG）第30条第1款；《德国民事诉讼法》（ZPO）第313条第1款第6项；《德国刑事诉讼法》（StPO）第267条、第275条第1款；《德国行政法院诉讼法》（VwGO）第117条第2款；《德国劳动法院诉讼法》（ArbGG）第60条第2款、第75条第2款、第96条第2

被置于正确性的要求范围之内。对此,进一步的证立来自于《德国基本法》(GG)第20条第3款的规定,它要求司法裁判应受"法律和法(权利)"的约束。

另一个问题是:对法官的判决是否有必要提出这个要求?假若法官的判决的概念包含正确性要求这个概念,那么情况似乎即应如此。回答这个问题,取决于如何界定法官的判决之概念。在分析法学的框架内界定这个概念,说它不包括上述要求,是有良好(充分)理由的[10]。另一方面,人们可能会说,一个判决宣布"以人民的名义,判处N先生10年监禁,尽管对此没有良好的理由说明",仅仅从道德的理由看是没有毛病的。毋宁说,它的缺陷相当于这样一种陈述:"猫躺在垫子上,但我不相信这个。"[11]当然,下面的情况是完全可能的:特别是在个案的场合,此类判决则将被实际地执行,且为某个法律共同体成员所接受。然而,这丝毫没有改变它们的缺陷。为此,针对这个观点,有些话要讲出来:

款;以及J.布吕格曼:《法官的证立义务》,柏林1971年版,第91页及以下页。有关法官证立义务的限制,参见自1977年7月1日生效的《德国民事诉讼法》第313条第1款。然而,其苛刻的前提条件,尤其是当事人放弃证立的要求,显示出:《德国民事诉讼法》第313条第1款也以证立的基本义务作为出发点。对这一规定的批评,参见H.普佐:《简单化的修订》,载《新法律周刊》(NJW),总第30期(1977年),第5—6页。

[10] 对这一点可以列举出一些理由,这些理由完全普遍地赞同"法律规范"这个术语的使用,而不援引任何道德规范。关于这一点,参见H. L. A. 哈特:《实证主义及法与道德的分离》,载氏著:《法和道德》(德文,由N.霍尔斯特尔编辑和翻译),哥廷根1971年版,第39页及以下页。对于下面这个主张,即在法与证成能力之间不存在必然的联系,也见M.克里勒:《法律获取理论》,柏林1976年第2版,第168页。

[11] 有关这种表述的谬误,参见J. L. 奥斯汀:《如何以言行事》,第48页及以下页;同一作者:《词的意义》,载氏著:《哲学文集》,第63页及以下页。

尽管某个判决缺少正确性要求并不必然剥夺其作为有效的法官判决的特性，但该判决总还是留有并不仅仅属道德相关意义之缺陷的。

还有一个完全不同的问题是：到底在何种程度上，根据法律判断和法律证立提出的正确性要求被认真对待，并被（人们）实现？它是否以及在何种程度上，由于关涉法官判决的接受而变得干系重大？为了回答这个问题，似乎需要广泛的社会科学的研究[12]。这些研究，其中有些将遭致卢曼观点的经验性检验，他曾断言：法律判断及证立，如同这些判断及证立的接受一样，只有在放弃传统的合理性、真实性、正确性和正义性这些概念的条件下，并且借助功能—结构主义的系统理论手段，才能够被恰当地加以理解[13]。

这里可以举出若干理由来说明下面这个推测：经验的研究似乎得出的结论是，正确性的要求对于法律证立和司法判决的实践来说是构成性的；所以就此而言，卢曼的主张不切实际。

我们首先可以指出的是下列事实：有一些法律商谈所涉及的是对决定（判决）的正确性进行长期紧张的讨论，而且它们也只有通过（商谈）参与者追求正确的决定（判决）才

---

[12] 参见 J. 埃塞尔：《法律发现中的前理解和方法选择》，法兰克福 1972 年第 2 版，第 13 页："进而言之，需要目标集中的研究计划，来针对我认为属于核心的问题，即要求对裁判的合法性（Legitimität）与合法律性（Rechtskonformität）达成共识的问题。"

[13] 参见 N. 卢曼：《通过程序的合法化》，达姆施塔特/诺伊维德 1975 年第 2 版，第 57 页及以下页；同一作者：《法律系统与法教义学》，斯图加特/柏林/科隆/美因兹 1974 年版，第 15 页及以下页；同一作者：《法社会学》，第 2 卷，莱因贝克 1972 年版，第 259 页及以下页。

会被理解〔14〕。对此有些话要讲出来：例如，在法学杂志或报纸上对某个判决的讨论可以被看作是有关该判决之正确性问题的争论。进而言之，也许还可以说，法庭的程序还具有这个功能，即把利害关系人"作为难题（麻烦）之源隔绝起来，不管其赞同还是反对而独立地确立社会秩序"〔15〕。然而，法官的证立也还可以实现另一些功能："毋宁说，必须理性地对待理性的存在体，即：把他作为一个理性的存在体，通过理由向他说明，（我们）为什么达成了一项对他的利益有不利影响的决定。"〔16〕即使卢曼本人也认为有必要"对那些未参与者进行说服，以便所有的事情适得其所地开展；以严谨、诚实和辛勤的努力来查明真相、确定权利；如果可能的话，他们也将借助这个制度来获得自己的权利"。〔17〕这可以被看作是对正确性要求的另一种说法。

所有这些都还没有来得及证明。然而，它却足以强化下面这个推测：诉诸通过正确性要求表达的理性，还没有"在

---

〔14〕 关于这一点，参见 Fr. 维亚克尔：《论法教义学的实践功用》，第330页："在法官们的实质商谈或在法学专家们之间的法学论战中，论点的交换完全变成了共同趋近某个实践真理的手段。"

〔15〕 N. 卢曼：《通过程序的合法化》，第121页。

〔16〕 J. 拉德：《实践理性在司法裁判中的地位》（英文），载 C. J. 弗里德里希编：《规范》杂志《理性判决》专号，第7卷，纽约1964年版，第144页；也见 Fr. 缪勒：《法学方法》，柏林1976年第2版，第106页，他在此处谈到，证立应"说服那些利害关系人"；以及 K. 拉伦茨：《法学方法论》，第347页，注83。

〔17〕 N. 卢曼：《通过程序的合法化》，第123页。也见 R. 齐佩利乌斯的观点，他曾提出经验的主张：一个不能够以应被接受的理由为根据的司法机关，（必然）也会"很快既丧失掉普遍的认同，也丧失掉卢曼想依此构建其系统之合法性的整体共识"（R. 齐佩利乌斯：《通过程序的合法化？》，载《K. 拉伦茨祝寿文集》，慕尼黑1973年版，第302页）。

演化上过时";一个"与需要证成的规范脱钩"的"社会化模型"还没有自行实现呢[18]。

2.3 目前的说法还不足以证立特殊情形命题。大家可能会承认：这里所考察的法律讨论确实涉及实践的问题，它们提出了正确性要求，这些要求甚至事实上具有重要的意义；不过同时，根据在法律讨论中有效的限制条件，大家也可能会否认：这些到底跟论辩有什么关系。必须提出疑问的是：这个反对意见本身是否值得重视。

根据法律讨论的最自由的形式，即法学的争论来回答这个问题是最为轻松的。它们尽管并不要求有待证立的规范性命题要在漫无边际的讨论中寻找到任何一种认同，但却要求：任何想以有效的法秩序为取向的人，则必须认同该命题[19]。这里所要引出的，正是一种在这个受限的条件下进行、但确实又是理性的论证。援引这种理性论证不仅有证成的根据，而且只要受限的条件还没有受到轻视，那么看起来很有必要来谈法律论辩[20]。

故此，在法学讨论的层面上，我们可以为特殊情形命题提出良好（充分）的理由。本质上较成问题的是，这是否也适用于在各种不同的法律诉讼中所进行的论辩？与此相反，

---

[18] 有关这个问题，参见 J.哈贝马斯：《晚期资本主义中的合法性问题》，第130页、第162页及以下页；另见本书上文，第174页（边页码）。

[19] 附带说一下，这完全与下面一点是一致的：法律上的命题不能主张是强迫性的，而只能主张是可能的。在这种情形下，它是可能的，这一点就要求得到认同。

[20] 对此再补充一点：正是在法学论文中高度地探讨了反证。反证之反思与考量的程度被认为是法学研究及鉴定质量的一个标准。就此点而言，各种法学论文，像多数其他学术研究一样，是一种内心论辩的书写形式。有关这个概念，参见本书上文，第224页（边页码）。

通过诉讼秩序规则、时效、诉讼参与人经常（尽管并非通常）的切实动机（这种动机往往不是为了获得某个正确的或公正的判决，而是寻求一种于己有利的判决）等所施加的限制，讲的完全是另一回事。此外，我们在上面已经提到，在刑事诉讼中，还涉及不对称（不对等）地分配（诉讼）角色。职是之故，哈贝马斯不把诉讼看作是论辩，而理解为计策行为（strategisches Handeln，策略行动）[21]。

乍一看来，这些理由似乎是不可辩驳的。然而，必须考虑到：尽管民事诉讼的当事人可能更关心自己的利益，但他们除非不想力求和解，才不会就此协商解决。法庭面前的论辩在根本上不同于旨在力求和解的协商约定中进行的论辩。在他们所进行的论证中，无论是当事人，还是律师均应提出正确性要求，即便他们在主观上只追求自己的利益。他们所提出的支持一定决定的理由，至少在原则上也能够包括一些法学的论述。尤其是在更高一级的法院诉讼中，从学者的讨论中采纳证立的根据，已属司空见惯的事情。而且还不限于此，法庭上提出的论证（论述）还经常进入法官们的证立过程，据此我们几乎毋庸置疑：这些证立应服从正确性要求。

因此，各种不同的诉讼程序看起来既不能径直地归结为论辩，也不能轻易地归结为计策行为。这就引出了下面的推测：这个区分或许有些过于简单化了。它并不适合说明大量

---

[21] J. 哈贝马斯：《社会理论抑或社会技术学？》，载 J. 哈贝马斯、N. 卢曼：《社会理论抑或社会技术学？》，第 200—201 页。

不可能清晰地划归这一类或那一类的现象。

诉讼程序的这个特殊的模棱两可地位尽管排除了把自己简单地称为论辩的可能性，但另一方面，它又意味着：如果不诉诸论辩的概念，诉讼也不可能在理论上得到理解。后面这一点主要与下列事实相关：（诉讼）参与者们要求理性地进行论辩。所以，比如在民事诉讼中，当事人尽管通常并不想相互说服（对方）——过去证明这是不可能的，但他们确实要求应该这样说：每一个理性的人都必须承认他们的论辩。当事人至少让步说，他们的论辩具有如此的特性，即它们在理想的条件下应该是得到认同的。故此，为了在理论上理解他们的论辩，论辩理论不仅是适宜的，而且也是必需的。

由此表明，作为法律论证理论的理性论辩理论并不预设下面一点作为前提：所有的法律争执都必须看作是毫无强制、漫无边际的交往；而只是以这样一点作为前提：究其根本，法律争执要在正确性要求的情况下，并据此诉诸理想的条件予以讨论[22]。

---

[22] 一个与此有待分开的问题是：当今不同诉讼式样的结构是否可以标榜为符合理性的？因为论辩参与者的自由不受限制，故此上面这个问题不好轻易地作否定回答。毋宁说，关键的问题是：能否根据现存的裁判需要，通过诉讼规则规定的限制提供某个足够的机会，以达到也在理想的条件下或许能够达到的结果［参见本书上文，第241页（边页码）］。对于当今（不同诉讼式样）的结构，我们要承认的一点是，在（诉讼）参与人相互争执的情况下，法官以特别紧迫的方式受托给出赞成和反对某个特定之裁判的理由（有关这一点，参见 M. 克里勒：《法律获取理论》，第147页）。反对当今刑事诉讼之合理性的理由，是由 H. 罗特洛伊特纳提出来的，参见氏著《论法官行为的社会学（Ⅱ）》，第83页及以下页。在此处，他指出（当今刑事诉讼）存在着交往的扭曲。到底什么样的不同诉讼式样的结构能够最大限度地实现上述标准，这一点只有通过广泛的经验考察才能找到。

3. 过渡至法律论证理论

因此，特殊情形命题的核心在于：法律论辩也可以提出正确性要求，但这个要求区别于普遍实践论辩的正确性要求，不是因为有待争论的规范性命题绝对是符合理性的，而是因为它能够在有效法秩序的框架内被证立是符合理性的。但在有效法秩序的框架内符合理性的证立究竟是指什么呢？

为了回答这个问题，下文将对法律论证理论之概要予以勾勒。在这个过程中，我们在相当大的程度上可能求助于目前业已得出的一些结论。

第二章　法律论证理论概要

法律论辩所涉及的是规范性命题之特殊情形即法律判断的证成[23]。这可以区分为两个层面的证成：内部证成（interne Rechtfertigung, internal justification）和外部证成（externe Rechtfertigung, external justification）[24]。内部证成处理的问题是：判断是否从为了证立而引述的前提中逻辑地推导出来[25]；外部证成的对象是这个前提的正确性问题[26]。

1. 内部证成

与内部证成相关联的问题业已在"法律三段论"这个关键词下被多层面地加以讨论。此间有一系列的出版物，它们

---

〔23〕 这里的"证成"（Rechtfertigung），也可以用"证立"（Begründung）来代替。这两个概念在很大程度上可以互换，对两者的说明，参见本书上文，第 54 页（边页码）。

〔24〕 有关这两个概念，参见 J. 弗罗布列夫斯基：《法律三段论与司法裁决的合理性》（英文），载《法的理论》杂志，总第 5 期（1974 年），第 39 页及以下页；同一作者：《司法裁判及其证成》（英文），载 H. 胡比恩编：《法律推理：1971 年布鲁塞尔法哲学与社会哲学世界大会文献》，布鲁塞尔 1971 年版，第 412 页及以下页。

〔25〕 参见 J. 弗罗布列夫斯基：《法律决定及其证成》，第 412 页："内部证成所处理的是从既定的大前提推导出作为其结论的法律判断之有效性。"

〔26〕 同上书，第 412 页："法律判断的外部证成不仅检验推导的有效性，而且检验前提的可靠性。"

利用现代逻辑的方法对该问题域进行了探讨[27]。

内部证成的最简单的形式具有下列结构：

(J.1.1). （1）(x)(Tx → ORx)

　　　　．（2）Ta

　　　　　（3）ORa　　　　（1），（2）[28]

"x"是有关自然人和法人域的个体变项，"a"代表着个体常项（常量），例如某个专有名称；"T"是任一复合的谓词，它将规范（1）的事实前提概述为人（格）的属性；"R"也同样代表着任一复合的谓词，它所表达的是（规范）所涉主体（die Betreffende）必须做什么。

有一些法律问题，用（J.1.1）的形式就足以证成。下列大概是这方面的一个例子：

．（1）军人于职务事项必须陈述实情（《德国军人条例》，第13条，第1款）。

（2）M先生是一个军人。

（3）M先生于职务事项必须陈述实情。（1）（2）

---

[27] 参见：譬如，U.克卢格：《法律逻辑》，第3版，柏林/海德堡/纽约1966年版，第47页及以下页；J.勒迪希：《法官认识的程序理论》，柏林/海德堡/纽约1973年版，第163页及以下页；J.弗罗布列夫斯基：《法律三段论与司法裁决的合理性》，载《法的理论》杂志，总第5期（1974年），第33页及以下页；R.施莱贝尔：《法的逻辑》，柏林/哥廷根/海德堡1962年版，第24页及以下页。有关根据传统的逻辑手段分析法律三段论，主要参见K.恩吉施：《法律适用的逻辑研究》，海德堡1960年第2版。

[28] 对于与这个推论公式有关的问题以及有关符号的说明，参见本书上文，第93页及以下页（边页码）。有关这个作为"法律推论的基本形式"的推论公式，参见U.克卢格：《法律逻辑》，第52页及以下页。

（J.1.1）符合可普遍化原则（1.3'）所规定的一般规则之证成要求[29]。可普遍化原则确立了形式正义原则的基础。形式正义原则要求"遵守一定的规则，其表达了必须对属于一定范畴的一切人按照一定的方式对待的义务"[30]。为了在法律证立过程中遵守某个规则，必须要求：如同（J.1.1）的情形，法律判断可从该规则中逻辑地推导出来。否则，人们尽管在证立过程中可能引用某个规则，但却得出某个任意的结论。故此，我们可以表达如下内部证成的规则作为可普遍化原则的具体化：

（J.2.1）欲证立法律判断，必须至少引入一个普遍性的规范。

（J.2.2）法律判断必须至少从一个普遍性的规范连同其他命题逻辑地推导出来。

（J.2.1）与（J.2.2）像可普遍化原则一样，（其价值）不可过高估计。它们并未确定普遍性的规范到底应是什么样子，而且它也未排除普遍性的规范通过譬如引入某个例外条款加以改变的可能性。而这个例外条款也必然反过来普遍发生效力。

更为重要的是，（J.2.1）和（J.2.2）既适用于可以利用实证法律规范进行证立的场合，也适用于没有这些实证法律

---

[29] 对此，参见本书上文，第92—93页（边页码）。
[30] Ch. 佩雷尔曼：《有关正义的研究》，载氏著：《论正义》，慕尼黑1967年版，第58页。

规范的场合。假如从制定法中不能够引申出任何规则，那么就必须形成一个规则[31]。

证立图式（J.1.1）并不足以来解决所有更复杂的情形。这些更复杂的情形包括：比如（1）一个规范（如《德国民法典》[BGB]第823条第1款）包含多个可选择的构成要件特征；（2）规范的应用要求通过某些说明性的、限制性的或参照性的法律规范[32]作为补充；（3）可能存在多个法律后果[33]；（4）用来表达规范的陈述允许有多个解释。

---

[31] 据此，（J.2.1）和（J.2.2）有助于保证卢曼所称的"普遍主义的裁判实践"（universalistische Entscheidungspraxis）（N. 卢曼：《法律系统与法教义学》，第29页）。可普遍性被维亚克尔看作是法律裁判的一个必要构成要件。参见 F. 维亚克尔：《论较严格的和不严格的法律发现程序》，载 H. 施奈德、V. 克茨编：《W. 韦伯纪念文集》，柏林1974年版，第440页及以下页；同一作者：《关于当代德国法学中的论题学讨论》，载 E. 冯·凯默雷尔、J. H. 凯泽尔、G. 克格尔、W. 缪勒-弗莱因菲尔斯和 H. J. 沃尔夫编：《警句——P. J. 策波斯祝寿文集》，雅典1973年，第411页及以下页。有关这一点，维亚克尔不仅提供了概念（分析）的论述，而且也提供了一个实在法上的证立：由于程序法律（如《德国民事诉讼法》第313条第1款第6项）所要求的证立"可以通过下一个更高一级的主管法院所审查，它们就必须在智识上被客观化（在这个意义上：它们也必须是符合理性的）；由于它们可能因为'枉法'（参见《德国民事诉讼法》第549条）和'不适用或不正确适用法律'（《德国民事诉讼法》第550条）而受到上诉法院的审查，它们必须承认某个普遍的规则（制定法或法律规定：《德国民法施行法》[EGBGB]第2条；《德国基本法》第20条）作为裁判的一个确定基础"（F. 维亚克尔：《论较严格的和不严格的法律发现程序》，第442页）。另见 H. 凯尔森：《纯粹法学》，第2版，第250页："法院创制的个别规范只是作为这个非实证的一般规范的应用时才是可被适当地加以证成的。"

[32] 有关这些概念，参见 K. 拉伦茨：《法学方法论》，第3版，第239页及以下页。相应地，这些说明性的、限制性的或参照性的法律规则要么可能是从制定法中引申出来的，要么可能是由法律适用者们建构出来的。

[33] 对此，参见 J. 弗罗布列夫斯基：《法律三段论与司法裁决的合理性》，第43页及以下页。

可以举一个简单的例子来对此加以说明。假设我们可以断定：a 在其妻熟睡时将她杀死，但既没有特殊的情况或特殊的理由来证明这个（杀人）行为成立，也并不排除或减轻其罪责。那么，法官在这种情况下——就像对此进行争论的法学家们的情形一样，必须审查：由《德国刑法典》（StGB）第 211 条第 1 款（"杀人者判处终身监禁"）所表达的[34]规范能否适用。这个规范可以通过下列逻辑形式来表述[35]：

(1) $(x)(Tx \to ORx)$

何为 T，这在（《德国刑法典》）第 211 条第 2 款通过 9 个特征（M_1^1-M_9^1）[36]加以界定。第 211 条第 2 款可以归为下列形式：

(2) $(x)(M_1^1 x \vee M_2^1 x \vee \cdots\cdots M_9^1 x \leftrightarrow Tx)$.

由(1)和(2)就得出：

(3) $(x)(M_1^1 x \vee M_2^1 x \vee \cdots\cdots M_9^1 x \to ORx)$.

---

[34] 有关像刑法典这样通过直陈句来表达的可能性，参见 G. H. 冯·赖特：《规范与行动》，第 101—102 页。

[35] 应当强调，对《德国刑法典》第 211 条第 1 款还能够作出一系列进一步的表达。譬如，我们可以把它理解为向法院陈述的一个应对规范（Reaktionsnorm），而要求法院作为该规范的受者（规范接受者，Normadressat）出现在道义逻辑算子的领域（有关这一点，参见 K. 马柯嫩：《论司法裁判的问题域》，土尔库 1965 年版，第 27 页及以下页；以及 H. H. 柯伊特：《论规范逻辑》，柏林 1972 年版，第 25 页及以下页）然而，到底何种表达是最好的，这里还没有必要加以判定。在本书中所引用的这个表达并不是不可能的，"……判处终身监禁"可以理解为一个谓词，而且这对于本书的研究目的而言已经足够了。

[36] "1"这个指数在"M_9^1"中的涵义是指：其所涉及的是第一个（分解）展开步骤的特征，指数"9"意指 M 是许多特征中的第 9 个特征。

（3）讲的意思是：在这些情况下，当至少一个特征存在时，则法律后果 ORx 出现。M_5^1 的涵义是："……凶残杀人"。那么由（3）又得出：

（4）$(x)(M_5^1 x \rightarrow ORx)$.

根据法院所用的定义，凶残杀人包括"利用被害人的轻信和不备将其故意杀死"（M_5^2）[37]。

由此，下列式同样是有效的：

（5）$(x)(M_5^2 x \leftrightarrow M_5^1 x)$.

假如杀人者所杀的人没有预见到攻击或只有有限的机会防卫攻击（M_5^3）[38]，则"M_5^2"的条件也相应地被看作是得到满足的。

据此，下列逻辑式也同样有效：

（6）$(x)(M_5^3 x \leftrightarrow M_5^2 x)$.

那么这就很显然：某人杀死一个熟睡者，而受害人缺乏预防之类的特殊条件（S），杀人者则应称为 M_5^3 所适用的人。故此，下列逻辑式应予承认[39]：

（7）$(x)(Sx \rightarrow M_5^3 x)$.

根据假设，则有：

（8）Sa

据此，由（1）—（8）就得出：

---

[37]《联邦法院刑事裁判集》（BGHSt）第23卷，第119页（120页）；类似的内容，见《联邦法院刑事裁判集》第9卷，第385页（390页）；第11卷，第139页（143页）。

[38]《联邦法院刑事裁判集》第23卷，第119页（120页）；另见A.舍恩克、H.施罗德：《刑法典评注》，第18版，慕尼黑1976年版，第211节，13a。

[39]《联邦法院刑事裁判集》第23卷，第119页（120页）。

(9) ORa

这里所应讨论的不是用于证立(9)之各前提条件的正确性。它是外部证成的对象。在当下这个语境下,唯一重要的是那些(允许将该例子纳入内部证立结构的)审视判断(Einsichten)。

最重要的审视判断在于:借助有待应用的规范(1)推导展开中的(2)、(5)、(6)、(7)之任何一个前提,可以得到一个更加具体的规范。这个更加具体的规范的链条可以通过下列逻辑式予以表述:

(3) (x) ($M_1^1 x \lor M_2^1 x \lor \cdots\cdots M_9^1 x \to ORx$) (基于 [1] 和 [2])

(4) (x) ($M_5^1 x \to ORx$) (基于 [3])

(5') (x) ($M_5^2 x \to ORx$) (基于 [4] 和 [5])

(6') (x) ($M_5^3 x \to ORx$) (基于 [5'] 和 [6])

(7') (x) ($Sx \to ORx$) (基于 [6'] 和 [7])

这其中的任何一个规范,连同在前句中陈述的条件,就足以对现下的法律判断进行证立。这揭示出(2)、(5)、(6)、(7)诸前提条件的规范相关性(normative Relevanz)。这些前提条件可以理解为在证立步骤进行过程中所使用的表述之用法规则。由于不要进行任何更进一步的区分,它们在这里就可以被称为"语词使用规则"(Wortgebrauchsregeln)。如例所示,这些语词使用规则所展现的,可能既有较强形式 (x) ($Fx \to Gx$),也有较弱形式 (x) ($Fx \to Gx$)。在证立的过程中,较强形式的前提可以被较弱形式的前提所取代。因此,较弱形式应被看作是标准形式(Standardform)。

假如对于 a 是否为某个情况 T 并不那么肯定，也就是说，假如上面（J.1.1）所陈述的内部证成之最简单形式并不能够径直地加以适用，那么对于情况 T 的使用就必须有至少标准形式的规则。假如这些规则是不可能的，则必然把在一切相关的方面都相同的两个个体 a 和 b 有时作为 T 来对待，有时不作为 T 来对待。这似乎与可普遍化原则相矛盾。故此，陈述语词使用规则之要求可以通过可普遍化原则来证立。这个要求不仅适用于对 a 是否为某个情况 T 发生疑问的场合，而且也适用于对进一步的证立步骤产生怀疑的场合。由此，内部证成的如下第三个规则就发生作用：

（J.2.3）每当对于 a 是否为 T 或者 M^i 产生疑问时，均必须提出某个规则，对该问题作出决定[40]。

（J.2.3）连同（J.2.2）就产生如下这个虽不完全、但却普遍的内部证成形式：

(J.1.2).　(1) $(x)(Tx \to ORx)$

.　(2) $(x)(M^1x \to Tx)$

.　(3) $(x)(M^2x \to M^1x)$

---

[40] 有关与（J.2.3）相一致的要求，参见 K. 拉伦茨：《法学方法论》，第 300 页："尽管法官因为受有待裁判的案件的驱使而必须继续解释某个特定的陈述或某个特定的法律规定，但他仍不仅仅是能够对该案作出解释，而只是要做到其解释能够适用一切其他相同的案件。若同样的情况不同地对待，或者，在法律所追求法律安定性的场合，若法院对相同案件中的相同规定一会儿这样解释，一会儿又那样解释，则将与正义的要求相矛盾。"

．
．
．
（4）$(x)(Sx \rightarrow M''x)$
（5）Sa
（6）ORa　　（1）—（5）[41]

（J.1.2）之所以不完全（rudimentäre），因为它不涵盖事实构成和法律后果的更复杂结构。（J.1.2）之所以是普遍的，因为它揭示出有关事体描述（Sachverhaltsbeschreibung）（Sa）之具体特征的每个推导展开之逻辑结构[42]。

问题在于：到底需要有多少推导展开步骤。为此可以表达出 2 个规则：

> （J.2.4）需要尽可能多地展开逻辑推导步骤，以使某些表达达到无人再争论的程度，即：它们完全切合有争议的案件。

---

[41]（J.1.2）这个逻辑图式表明：解释是否取决于确立大前提或小前提这个问题可以作为一个术语问题来对待。从（J.1.2）中的（2）—（5）可以得出"Ta"（5'）。从（1）和（5'）则得出（6）。那么，我们可以把（1）看作是大前提，（5'）看作是小前提，（2）—（5）看作是小前提的证立。这里似乎存在着这样一个选择：可以把从（1）—（4）中得出的规范"$(x)(Sx \rightarrow ORx)$"（4'）视为大前提，把（5）视为小前提，把（1）—（4）视为大前提的证立。（4'）好像有点类似于埃利希的裁判规范（Entscheidungsnorm）（参见 E. 埃利希：《法社会学原理》，慕尼黑 / 莱比锡 1913 年版，第 104 页及以下页）。在这些可能性之间，愈来愈多的推导展开步骤将会产生愈来愈多的进一步的答案。

[42]（J.1.2）所涉及的是命令的证立。只要用道义逻辑算子的一个变量（变项）来代替道义逻辑算子"O"，（J.1.2）则可以很容易被更普遍地来加以理解。通过这种方式，（J.1.2）也将揭示出禁止和许可之证立的逻辑形式。只是出于简化的原因，这里没有利用这样一个变量（变项）。

在这种情况下，M″就变成了一个 S[43]。

假如推导展开步骤非常少且跨度非常大，那么这些步骤的规范性内涵就不会清晰地显现出来。它们一方面很容易受到攻击，另一方面这些攻击经常又是非特定化的。尽管（展开）步骤多可能比较烦琐，但却产生清晰的结果。所以，作出下列规定是颇有意义的：

（J.2.5）应尽最大可能陈述逻辑的展开步骤。

迄今所得到的规则和形式涉及法律证立的形式结构。它们的重点在于保证可普遍化。因此，它们可以被称为"形式正义的规则和形式"（Regeln und Formen der formalen Gerechtigkeit）。

目前所进行的论述可能会导致某些误解。最严重的误解或许在于：通过（J.2.2）所表达的对逻辑上可以推导的要求被人们或许这样来解释，即法律证立仅仅是从既定的规范来进行（逻辑）推演。上引的事例表明：还不可以做如此主张。事情明摆着：在更为复杂的情形（案件）中，为了对法律判断进行证立，就需要一系列像（5）、（6）和（7）这样的前提条件，这些前提条件不能够从制定法中引申出来。在许多情形（案件）中，初始规范（Anfangsnorm）并不是一个实在法规范。（逻辑）推演要求所产生的恰好是隐匿法律发现之创造因素的反面：那些不能够从实在法中引申出来的前提完

---

[43] 有关此点，参见 J. 勒迪希：《法官认识的程序理论》，第 183 页。

全充分地显露出来。这也许是要求进行内部证成的最为重要的一面。而对这些不能直接从实在法引申出来的前提进行证成，正是外部证成的使命。

另一个误解似乎是认为上面所陈述的模型没有足够地考虑到事体与规范之间的互动（关系）。也就是说，它太片面地从有待展开的规范出发，因而不能胜任"目光的往返流转"（Hin-und Herwandern［s］des Blickes）之要求[44]。情况也本不是这么回事。为了证立每个具体推导展开步骤所需要的规则，就必须既深入思考事体的特性，也深入思考规范的特性。这是外部证成所进行的事情，在这个证成活动中，所有法律论辩所允许的论述都是可能的。内部证成有待论述的规则（它们在规范与事体描述的鸿沟之间架起桥梁）可以被看作是（如果我们愿意的话）这个以目光的往返流转形象为特征的过程之结果。

同时，也表明：内部证成的各种形式并不是要求复制作出裁判（决定）者之实际进行思考的过程。必须在发现的过程（process of discovery）和证成的过程（process of

---

［44］ 这个概念是恩吉施用几乎不经意的说明引进法学方法论讨论的（参见 K. 恩吉施：《法律适用的逻辑研究》，第 15 页；以及他的阐释，见恩吉施：《法律思维导论》，第 203 页［注 36］、第 206 页［注 54］）。这个概念尤其是被法律诠释学（juristische Hermeneutik）所接受（有关这一点，参见 K. 拉伦茨：《法学方法论》，第 183 页及以下页、第 263 页及以下页）。此外，它在克里勒的司法裁判模型中也担当着相当重要的角色（参见 M. 克里勒：《法律获取理论》，第 197 页及以下页）。埃塞尔曾评论道：利用这个措辞还不会有多少收获。根据他的说法，假如要使目光的往返流转不至成为"没有目的的漫游"，就需要有一些"准许达到特定（逻辑）涵摄"的标准（J. 埃塞尔：《法律发现中的前理解和方法选择》，第 79 页）。外部证成的任务正在于对这样的标准进行论述。

justification）之间作出一个清晰的区分[45]。由克里勒所提出的发现和确认"规范假定"（Normhypothese）模型可以算作是发现过程的一个描述[46]。这里令人感兴趣的只在于：裁判者的思考必定导致某种证成，其与上述形式相一致。当然，这并不是说证成过程的要求对发现过程不产生反作用。

还有一点，对于内部证成的形式和规则的重要意义也容易要么高估、要么低估。

恩吉施很有道理地指出："作出结论本身……（不需要）我们费太大的力气，主要的困难在于寻找前提。"[47]然而，内部证成的要求并非毫无意义。在内部证成的过程中，愈来愈清楚地显示：到底什么样的前提需要从外部来加以证成。否则，那些可能仍然隐而不彰的前提条件必须明确地予以表达[48]。这样做，就提高了识别错误和批判错误的可能性[49]。对一般规则进行论述最终将能够容易做到裁判（决定）的一致性，并同时促进达成正义和法的安定性。

---

[45] 有关这一点，参见 R. A. 瓦塞尔斯特罗姆：《司法裁决》（英文），斯坦福 1961 年版，第 27 页。

[46] 对此，参见 M. 克里勒：《法律获取理论》，第 197 页及以下页。

[47] K. 恩吉施：《法律适用的逻辑研究》，第 13 页；类似的观点，见克里勒：《法律获取理论》，第 51 页；J. 弗罗布列夫斯基：《法律三段论与司法裁决的合理性》，第 43 页。

[48] 对此，参见 J. 勒迪希：《论特殊的规范逻辑的必要性》，第 178 页；同一作者：《法官认识的程序理论》，第 151 页。另见 U. 迪特里希森：《法学上的"归谬法"》，载《K. 拉伦茨祝寿文集》，慕尼黑 1973 年版，第 156 页："因为法学家也受制于思维的基本规律……，当且仅当人们对以前曾对普遍有效的……判断证立的结构有所考虑时，法律问题裁决的评价性部分（为此他们必须对其证立承担责任）才变得完全清晰起来。"

[49] 对此，参见 R. A. 瓦塞尔斯特罗姆：《司法裁决》，第 173 页。

这样，（J.1.1）和（J.1.2）以及（J.2.1）—（J.2.5）无疑保证了一定程度的合理性（理性）。不过，通过它们来保证的合理性对前提的合理性而言只是相对的。故此，对判断之合理性的决定就属于外部证成的领域。它正是当下所要讨论的问题。

2. 外部证成

外部证成的对象是对在内部证成所使用的各个前提的证立。这些前提可能是完全各式各样的。它们大致上可以分为三类：（1）实在法规则；（2）经验命题；（3）既非经验命题、亦非实在法规则的前提。

与这些各式各样的前提相对应的是其各式各样的证立方法。对某个规则（如实在法规则）的证立，通常通过下列方式来进行，即指出它符合该法秩序之有效标准。而对经验前提的证立则可能要引出一整套的程式。它们的范围涵盖从经验科学的方法到合理推测的准则直至诉讼的证明负担规则。最后，那种可以称为"法律论证"的东西，则被用于那些既非经验命题、亦非实在法规则的前提之证立。

具体地说，这三类证立的程序之间也还存在着多重复杂的关系。譬如，在对那些既非经验命题、亦非实在法规则的前提进行证立的过程中，实在法规则和经验命题起着相当重要的作用。在按照某个法秩序的有效标准对规范进行证立的过程中，可能需要对那些界定有效标准的规则进行解释。当在有效标准中对譬如基本权利的条款进行宪法限制时[50]，那么这一点就特别具有意义。故此，法律论证不仅对解释有效的规范，而且对确定该规范的有效性都具有决定性的意义。最后，这对于确定经验事实也同样是有价值的。由此，作为事实而进入证立过程的东西可能取决于对某个证明负担规则的解释。正因为这些形成了多重复杂的交错，假如人们不想把一切问题搅和在一起，那么就需要将上述三种证立方法谨慎地加以区分。只有这样，才能够对它们的相互作用予以分析。

在下面的叙述中，那些既非经验命题、亦非实在法规则的前提应进入（讨论的）前台。因此，在进一步谈"外部证成"时，其所指的应该正是对这些前提的证成。

2.1 外部证成的六组规则和形式

用较为粗略的分法，可以将论述的形式[51]和外部证成的规则分为六组：（1）解释的规则和形式；（2）教义学论证的规则和形式；（3）判例适用之规则和形式；（4）普遍实践论证的规则和形式；（5）经验论证[52]的规则和形式；以及（6）所谓特殊的法律论述形式[53]。假如我们想通过

---

[50] 关于这一点，参见 H. L. A. 哈特：《法律的概念》，第102—103页。
[51] 关于论述形式的概念，参见本书上文，第123页（边页码）。
[52] 经验论证既直接服务于在内部证成中所应用的经验语句的证成，也直接服务于在非经验语句的外部证成中所应用的经验语句的证成。现在我们要谈的是这后一种所讲的应用方式。
[53] 有关外部证成的规则和形式的分类，参见 Fr. 缪勒的观点，他区分出如下六组"具体化要素"：（1）方法论要素；（2）规范域（性）要素；（3）教义学要素；（4）理论要素；（5）解答技术要素；（6）法律政策—宪法政策要素（Fr. 缪勒：《法学方法》，第266页、第146页及以下页）。

一个词来对这六组（规则和形式）分别加以刻画的话，那么就可以选择下列的词汇：（1）法律；（2）教义学；（3）判例；（4）理性；（5）经验；（6）特殊法律论述形式。

外部证成理论的首要任务，是对这六组中总括在一起的论述形式进行逻辑分析。这个分析的最重要的成果在于审视判断它们之间相互联结的必要性和可能性。考察各种不同形式的论述之互动，主要是要搞清楚经验论证和普遍实践论证在法律论辩中的作用。

2.2 关于经验论证

经验论证本身不可能在这里进行详察。这儿只能指出它的相关性。其相关性在于：几乎所有的法律论述形式——就像几乎所有的普遍实践论述形式一样，都包含有经验语句。眼下要讨论的是完全不同类型的语句。譬如，有些论述形式以有关单一事实之语句为前提条件，有些以有关具体行为、行为动机、事件或事态（事实状态）之语句为前提条件。也有另一些形式则需要涉及自然科学或社会科学法则的语句。此外还可以区分有关过去、现在和未来行为、事件或事态的语句。这些语句又可以反过来分别归属于像经济学、社会学、心理学、医学和语言学等不同的科学领域[54]。

---

〔54〕有关德国联邦宪法法院所使用的经验语句的分析，参见 K. J. 菲利皮：《联邦宪法法院的事实认定》，科隆/柏林/波恩/慕尼黑1971年版。有关在法律论证中所需要的各种不同的知识，也见 Chr. 施塔克：《法教义学中的经验》，载《法律家报》（JZ）1972年卷，第614页。有关社会科学知识的意义的文献浩如烟海，这里只列出的有：K.-D. 奥普：《法律社会学》，莱因贝克1973年版，第79页及以下页；W. 瑙克：《论社会科学在法律上的相关意义》，法兰克福1972年版，第34页及以下页。

由此表明：法律证立所必需的经验论证理论若要前后一贯地进行，则似乎必须要讨论几乎所有的经验知识问题[55]。此外还应加上将经验知识纳入法律论证的问题。这个问题只应通过科际合作（interdisziplinäre Kooperation）的方式来解决[56]。

在普遍实践论辩理论中，经验知识的意义业已通过过渡规则（6.1）——"任何人在任何时候都能够转入理论上的（经验的）论辩"来予以考虑。这条规则也适用于法律的论辩。就像在普遍实践论辩过程中一样，在经验论辩中应如何进行活动也必定还是一个悬而未决的问题。

无论在普遍实践论辩中，还是在法律的论辩中都存在着这样一个问题：必要的经验知识经常不可能具有理想的确实性。在这种情境下，就需要有合理推测的规则。在这一点上，经验知识对法律论证的相关（重要）性几乎不能过高地估价[57]。在无数的法律争端中，有关事实的评断起着决定性的作用。假如人们对有待承认的规范性语句没有异议的话，那么一个裁判（决定）将只取决于其所依据的是什么样的事实。

不过，若认为我们可以把法律的论辩归结为一个经验的论辩，似乎也是相当错误的。这一点，法律论辩的情形本来与普遍实践论辩的情形没有太大的差别。为此而在普遍实践

---

[55] 在此处，似乎应该引证全部的知识论（认识论）文献以及研究认识过程的心理学和社会学文献。

[56] 当然，科际合作的能力是以某种相应的训练为前提的。有关此点，主要参见 K.-D. 奥普：《法律社会学》，第219页及以下页。

[57] 有关此点，或许可以参见 H. 罗特洛伊特纳：《作为社会科学的法学》，法兰克福1973年版，第205页及以下页。

论辩理论中提出的理由对法律的论辩也是有效的。

尽管下面的讨论也总是强调经验论述的相关性,但其重点仍然还是普遍实践论述的形式与法律论述形式之间的关系。它将试图从这个视角来对各式各样的论述形式之间的相互作用予以分析。

2.3 解释规准

萨维尼(Fr. C. v. Savigny)以降[58],解释规准(Die canones der Auslegung)一直是许多人争论的对象。直到今天,对于它们的数目、它们的确切含义、它们的排序以及它们的价值,人们的意见仍然还没有达成统一。若不知道这些规准是什么东西,要对这个争论采取某种立场几乎没有什么意义。所以,这里首先应考察它们的逻辑结构。

较为实用的办法是借助内部证成的最简化模型来讨论这些(解释)规准的逻辑结构。下列所使用的是(J.1.2)经过简化的版本:

(J.1.2'). (1)(x)(Tx → ORx) (R)
. (2)(x)(Mx → Tx) (W)
. (3) Ma
(4) ORa   (1)—(3)

由(1)(即规范 R)和(2)(即语词使用规则 W),就得出具体的规范 R':

---

[58] Fr. C. 冯·萨维尼:《当代罗马法体系》,第 1 卷,柏林 1840 年版,第 212 页及以下页。

（2'）（x）（Mx → ORx）

R'可以称为"通过W对R的解释"（I$\frac{R}{W}$）。

（解释）规准的一个最重要的任务在于对这个解释的证立。然而，它们的功能并不限于这一点。它们还能够直接用于非实在法规范的证立以及大量其他法律语句的证立。

随后有关（解释）规准的讨论，对于传统上以解释论述（Auslegungsargumenten）的名义总括在一起的论述形式，既无意给予全面的分析，也无意给予非常详细的分析。其讨论的意图唯独在于阐明这些论述形式在法律论辩中的作用。对此若能凸现某些形式的若干典型特征，也就足够了。相应地，我们可以将这些（解释）规准概括为六组：它们（分别）是语义学解释、发生学解释、历史解释、比较解释、体系解释和目的论解释[59]。它将表明：这六组（解释）是完全不同种类的论述形式的总括。

2.3.1 关于各个具体的论述形式

1）当对R的某个解释R'通过诉诸语言的使用来证成、批评或尽可能地作出主张时，我们所谈的就应该是语义学论述。就这一点而言，规则W就应理解为有关自然语言（生活语言）或某种专业（技术）语言，尤其是法学语言的确断（Feststellung）。与此相反，当W成为裁判者对该语言的某种确定（Festsetzung）[60]时，就不再存在任何语义学论述了，

---

[59] 有关另一类的划分，参见本书上文，第19页（边页码）。
[60] 有关语言的确断和语言的确定的概念，参见E.冯·萨维尼：《科学定义入门》，慕尼黑1970年版，第22—23页。

因为这样的一种确定不可能通过援引某些现存的（语词）用法来予以证成。为此还需要另外一些论述。

语义学论述可以用来证成、批评某个解释，或证明其至少在语义学上是得以允许的。与此相适应，可以区分为三种论述形式：

> （J.3.1）基于 W_i，R' 必须被接受为是对 R 的解释。
> （J.3.2）基于 W_k，R' 可能不被接受为是对 R 的解释。
> （J.3.3）因为 W_i 和 W_k 均不成立，所以，R' 可能接受为是对 R 的解释，也可能不接受为是对 R 的解释。

这种形式之论述的使用包含着 W_i 和/或 W_k 的成立（有效）或不成立（无效）之主张。究竟如何能够证立某个语义学规则成立（有效）或不成立（无效）这个主张，这里不拟讨论。我们可以想出各式各样的方式，比如言谈者求助于他的语言资质、经验调查，和引证辞书的权威根据，等等。

当根据某个语义学规则确定 a 属于规范 R 或不属于规范 R 时，（J.3.1）和（J.3.2）形式的论述就是定义性的。在这里，语义学论述就足以对某个基于 R 的裁判（决定）加以证立[61]。完全不同的是应用（J.3.3）的情境。在这里，语义学解释得出的结论是：单单根据语义学手段不可能获得任何

---

[61] 不过，形式（J.3.1）和（J.3.2）只负责证立与规范 R（这里记为：R_1）相关联的裁判进行论述。假如人们不想接受由上述形式的语义学论述所证立的结果，那么就可能要对 R_1 进行修改。在不期望 R_1 应用的情况下，借助于

裁判（决定）[62]。我们只能断定说，T是模糊的，a存在于T的模糊域（Vagheitsbereich）[63]。a是否属于T，这个问题不是通过有关语言的确断，而只是通过对语言的确定来加以解答的。其中，下面有待讨论的一些论述形式也有助于对这样的确定予以证成。

2）对R的某个解释R'通过下列方式加以证成，即指出该解释应与立法者的意图相一致，那么其所涉及的就是发生学论述（genetisches Argument）。可以将发生学论述分为两种基本的形式。当人们肯定说：$I_{解}$=R' 直接是立法者意图的对象，那么这就是第一种基本形式；当人们断言说：立法者根据R追求组合式K（$[Z_1, Z_2, \cdots\cdots, Z_n]$ K）中的目标$Z_1, Z_2, \cdots\cdots Z_n$，且解释$I_{解}$中的R之有效性对于实现（$Z_1, Z_2, \cdots\cdots, Z_n$）K是必要的，那么这就是第二种基本形式。这第二种基本形式是目的论论述的一个变种。如果我们把（$Z_1, Z_2, \cdots\cdots, Z_n$）K简写为Z，那么上述两种（论述）形式就具有如下结构：

适应a的一个特征F来把R_1（（x）$[T_1 x \rightarrow ORx]$）限定为R_2（（x）$[T_1 x \wedge \neg Fx \rightarrow ORx]$）（目的论还原）就能够做到这一点。在期望应用$R_1$的情况下，就能够比如通过类推的论述形式，即a归属于与T_1不同的T_2，对一个规范R_3（（x）$[T_2 x \rightarrow ORx]$）予以证立。因此，我们可以一般地断定说，任何人想通过论证来反对某个通过（J.3.1）或（J.3.2）加以证立的裁判，他就必须能够对诸如R_2或R_3这种非实在法规范予以证立。

[62] 有关此点，参见萨维尼对模糊认识的中肯评断："但正因为这一点，它才不会随着当下怀疑的本质的清晰洞察而结束，最终并没有同时解决"（Fr. C. 冯·萨维尼：《当代罗马法体系》，第1卷，柏林1840年版，第228页）。

[63] 有关模糊的概念，参见W. P. 阿尔斯顿：《模糊性》，载《哲学百科全书》（英文），第8卷，第218页及以下页；连同进一步的参考文献。

(J.4.1). （1）R'（=I$\frac{R}{W}$）是立法者意图所在。
　　　　（2）R'
(J.4.2). （1）立法者根据 R 来追求目标 Z。
．　　　（2）¬R'（=I$\frac{R}{W}$）→¬Z
　　　　（3）R'

R' 既不是从（J.4.1），也不是从（J.4.2）引述的前提中逻辑地推导出来的。在（J.4.1）中，需要进一步具有如下内容的前提或推论规则[64]：

（a）立法者意图通过 W（I$\frac{R}{W}$=R'）而对 R 做解释，就构成 R' 有效的一个理由。

更令人感兴趣的是（J.4.2）所预设为条件的前提或推论规则：

（b）立法者根据 R 来追求目标 Z，就成为一个理由，要求在应用 R 的过程中必须追求 Z。
（c）假如要求必须追求某个目标 Z，那么也要求有实现 Z 所必需的手段。

（a）和（b）以相对较弱的方式被表达。立法者的意图只是某个命令的一个理由。这就为相反理由（Gegengründen）

---

[64] 像（a）—（c）这样的规则应否归类于前提或推论规则，有关这个问题，参见本书上文，第117页及以下页（边页码）。

第三编 法律论证理论

提供了可能性。更令人感兴趣的是推论规则（c）。为其确立根据的是下列图式[65]：

（S）．（1）OZ

．（2）¬M→¬Z

（3）OM

用日常语言，对（S）等可以下列方式来表达：

．（1）要求情况必须是状态Z。

．（2）若情况不是M，则情况也不是Z（意思是说，M是Z的条件）。

（3）要求情况必须是M。

（S）可以看作是实践三段论[66]的一个变种。为了说明（S）的有效性，从根本上既对道义逻辑、又对目的—手段

---

[65] 一个形式（S）的论述不可能毫无困难地还原成像（4.2）或（4.3）这样的形式。（4.2）的情形是说，一个通过N而主张为必要的行为a之后果F，被引用为N的理由。（S）中的Z与（4.2）中的后果F之描述相一致。R在（4.2）中的意思是说：一个行为，当其具有作为后果的F时，才是应然要求的。这一点，在（S）中不是通过引述规则，而是通过OZ来表达的。前提¬M→¬Z是以"F是a的一个后果"这个主张在（4.2）之中预设为条件的。N在（4.2）中的意思是说：a是应然要求的。在（S）中，与a相对应的是被应然要求作为Z的手段M（OM）。

在此处还是应该再次强调：无论是（4.2），还是（S），均属最简单的基本形式。由此不仅可以区分出许多更进一步的形式，而且这些形式本身在相当程度上还可以做细致地分析。这里仅仅具有重要意义的是，上述论述形式（S）以及（J.4.2）的论述本身可以按照已描述过的方式转化为与（4.2）或（4.3）相一致的形式。这样做，对于还有待进一步根据（S）来阐述的法律论述形式也是适用的。

[66] 有关这个概念的各种不同的涵义，参见本书上文，第118页（边页码）。

关系学说进行切实的反思是必要的。这里还不可能进行这样的反思。然而，（S）在直觉上的可靠性使人有理由推测：尽管这些反思考察将会产生大量的精确化、修正和限定，但（S）的有效性并未受到根本地触动[67]。基于这种保守态度，（S）连同（c）和（J.4.2）均可以被接受。

语义学解释的形式包含有关于语义学规则之效力的命题，发生学解释的形式则包含有关于立法者意图的命题。这些命题通常并未被阐明。而只不过宣称：一定的解释应与规范的文义、立法者的意图或规范的目的相一致。在这种情况下，论述是不完整的。为使之变得完整，就需要有上面所陈述的那种命题。这应被称作"饱和要求"（Erfordernis der Sättigung）。各种不同形式的论述的有效性取决于那些为达到饱和而设定的命题之有效性。为使这些命题的有效性得到证立，还需要有其他形式的论述。

对那些使发生学论述形式达到饱和所必需的命题进行证立，通常是非常困难的，而且经常是不可能的。这一点与下面的事实有关：一方面搞不清楚到底谁应被看作是"立法者意图"的主体；另一方面经常不可能清楚地确定这个意图的内容。这个当下讨论的意图的主体是全体议会议员吗？假如是的话，当绝大多数议员根本就没有对某个法律的个别规定发表任何意见，那又算什么呢？它们采纳了比如曾在某个部门负责起草法律并在各种常委会和委员大会上就该法律草案

---

[67] 有关类似（S）的一个逻辑图式，参见 O. 魏因伯格：《法律逻辑》，维也纳/纽约1970年版，第219—220页；他把这样一个逻辑图式看作是"相当有说服力的，尽管它也免不了任何的怀疑"。

进行商谈的那些人的意见了吗？假如在这个过程中人们表达出了完全不同的意见，或者假如这个意见表达本身反过来又是需要解释的，那该怎么办？[68]

这些问题显现出发生学论证的困难[69]。对此，这里只拟指出下面一点：无论是确断立法过程参与者之意图，还是确断某个语言的使用，都牵涉对事实的确断[70]。由此也证实：语义学论证和发生学论证属经验论证的特殊情形。

3）当引述正在讨论的法律问题之历史事实来作为支持或反对某个解释的理由时，那么被谈论的可能就是历史论述。这里让我们来阐述历史论述的一个特别令人感兴趣的形式。它在于说明：（1）当下正在讨论的问题之特定解决方案在过去曾一度被人们所实践；（2）这种实践曾导致某个后果F；（3）F并不理想；（4）（历史与现实的）情境差别还没有大到足以排除F在今天仍将出现的可能性；（5）因此，这个当下讨论的解决方案在今天也不值得推介。这里所讲的是向历史学习的一种情形。重要的是，这种形式的论述不仅以历史的、社会学的和经济学的知识为前提，而且借助（3）也包含着一个规范性前提。这个前提应当得到证立。

---

[68] 对这个问题，参见 K. 拉伦茨：《法学方法论》，第 315 页及以下页；以及 A. 门尼肯：《法律解释的目标》，巴德·霍姆堡/柏林/苏黎世 1970 年版，第 30 页及以下页，其中附有许多参考书目。

[69] 有关批判发生学论证的一个模式，参见 J. 埃塞尔：《对法律手艺之必要性的评说》，载《法律家报》1975 年卷，第 555 页及以下页。

[70] 譬如可以参见 F. 维亚克尔：《论较严格的和不严格的法律发现程序》，载 H. 施奈德、V. 克茨编：《W. 韦伯纪念文集》，柏林 1974 年版，第 432 页；维亚克尔在这里曾经谈到过"历史上的立法者之经验意图"。

4）比较论述所涉及的不是某些（历史上）业已发生的法律状况，而是另一个社会的法律状况。上述的论述形式可以通过某种些许的修改转变成一种比较的形式。正如上面提及的历史论述一样，这样一个比较的论述形式，除了许多经验性的前提以外，还至少包括某种规范性前提。

5）无论是涉及法律文本[71]中某个规范的地位，还是涉及某个规范与另一些规范、目的与原则之间所存在的逻辑关系或目的论关系，均可理解为体系论述。这里只就后者加以讨论。当目的论关系起作用时，我们所谈论的可能就是一个体系—目的论论述[72]。这些论述最好在目的论论证框架之内来讨论。只有那些仅仅讨论规范之间逻辑关系的论述，才应该看作是严格意义的体系论述。

严格意义的体系论述的最重要形式所涉及的是规范矛盾[73]。假如 R_1 通过"W, R'_1"的解释与被承认为有效的规范 R_2 发生矛盾，那么 R'_1 则必须确认无效。自然，当且仅当所有的 R_1 的解释只要有一个还没有被其他规范所排除，那么诉诸矛盾就会导致一种结果。但情况并非通常如此。

6）目的论论述这个概念之广泛说明，是以目的与手段概念以及与这些概念应用相关的意愿、意图、实际必要性、目

---

[71] 有关从"外部体系"来进行的这个论证，参见 K. 拉伦茨：《法学方法论》，第313页。

[72] 有关体系论述和目的论论述的联系，参见 K. 拉伦茨：《法学方法论》，第315页；K. 恩吉施：《法律思维导论》，第79页。

[73] 这些牵涉避免规范矛盾的论述是应用普遍论辩规则（1.1）的情形；参见本书上文，第234页及以下页（边页码）。

标等概念之详细分析为前提的[74]。

此处不可能进行这样一种详细的分析。然而，即使没有这种内容广泛的考察，我们也能够对目的论论证结构做若干的审视判断，这些审视判断于本书的研究意义重大。

在讨论发生学解释时我们已经指出，有一些目的论论述，论证者可能直接援引历史上的立法者之目的。我们这里所要讨论的，是那些不属于上述情形的目的论论述。按照拉伦茨的说法，它们似应称为"客观—目的论论述"。[75]

客观—目的论论述的特点在于：参与其中论证的人不是依据过去和现在实际存在着的任何个人的目的，而是依据"符合理性的"或"在现行有效的法秩序框架内客观上所要求的"目的。由此而提出的问题是：到底什么应被看作是符合理性的或在现行有效的法秩序框架内客观上所要求的目的？论辩理论（对该问题）的回答如下：那些在现行有效法秩序框架内根据理性的论证来作出裁判（决定）之人所设定的目的，就是符合理性的或在现行有效的法秩序框架内客观上所要求的目的。那些在现行有效法秩序框架内根据理性的论证来作出裁判（决定）者之共同体，就是在客观—目

---

[74] 有关这样一种分析，参见 W. 斯太格缪勒：《知识论和分析哲学的问题与成果》，第1卷："科学说明与证立"，修订重印版，柏林/海德堡/纽约1974年版，第518页及以下页；G. H. 冯·赖特：《论所谓实践推论》（英文），载《社会学档案》（Acta Sociologica），总第15期（1972—1973年），第39页及以下页。法学方面的文献，参见 R. 德莱尔所采取的批判性立场，见氏著：《论"事物的本性"概念》，柏林1965年版，第103页及以下页。

[75] 参见 K. 拉伦茨：《法学方法论》，第322页。

的论论述中预设为前提之目的的假设主体。解释者的目的主张（Zweckbehauptung）就是对这个假设主体之目的设定（Zwecksetzung）的假定。它们的正确性是通过符合理性的论证来加以证立的。

故此，目的论解释所涉及的目的，不是通过经验所确断的目的，而是通过规范来区分特征的目的。这样一个通过规范来区分特征的目的，应该在这里理解为是一个应然要求的事态（gebotener Zustand），或应然要求的事件（gebotenes Ereignis）。[76]

一个事态或事件是应然要求的，这可以通过"OZ"这个符号形式加以表示。为达到 Z，$I\frac{R}{W}$ =R' 这个解释就是必要的，换言之，它是达到 Z 的一个手段[77]，这一点可以通过一个形式语句 $\neg R'(=I\frac{R}{W})\to \neg Z$ 来表达。据此，一个客观—目的论论述的最简单形式具有如下形式：

(J.5) . (1) OZ

. (2) $\neg R'(=I\frac{R}{W})\to \neg Z$

(3) R'

(J.5)与发生学论述形式(J.4.2)相一致，下面一点除外：Z 不被宣称为"立法者意图所在"，而被宣称为"客观上应

---

[76] 有关"事态"（Zustand）和"事件"（Ereignis）两概念，参见 G. H. 冯·赖特：《规范与行动》，第 25 页及以下页。

[77] $I\frac{R}{W}$ =R' 是达到 Z 的一个手段，这一点可能具有多个涵义：（1）在一个具体的情形（案件）中应用 R' 是达到 Z 的一个手段；（2）普遍遵守 R' 是达到 Z 的一个手段；（3）R' 的有效是达到 Z 的一个手段。这里应当从下面一点出发：R' 的有效是达到 Z 的一个手段。

然"[78]。为之奠定基础的一般图式,与(J.4.2)一样,就是:

(S).(1) OZ

.(2) $\neg M \rightarrow \neg Z$

(3) OM

(J.5)以两个完全不同的前提之有效性为条件。(1)"OZ"是一个规范性命题;(2)"$\neg M \rightarrow \neg Z$"是一个经验命题。为了证立(2)的真实性,就需要有经验法则的知识。故此,目的论论述借重于经验论证。当对(1)不存在任何争议时(这并非少见),那么作出裁判(决定)的关键就唯有在于经验的论述。这表明经验论证对法律论辩也具有相当重要的意义。

这里唯对(1)的证立感兴趣。在大多数场合,(1)是与有待应用的规范相关联来加以证立的。我们可以主张:因为R具有有效性,所以要求必须预设状态Z。Z经常不是由于援引某个个别规范,而是引证一组规范来加以证立的。然而,在上述任何一种情况下,Z都不会在逻辑上从那些准备用来进行证立的规范中推导出来。所以,还需要有进一步的论述。只有当某个规范直接规定对Z的追求时,情况才有所不同。

大多数情况是这样的:对于某个规范或一组规范,不仅

---

[78] (J.5)与德莱尔在"基于事物的本性"的"技术实践论证"和"客观实践论证"名目下加以分析的论述形式之合并相一致。Z被称为"客观上应然",就此点而言,(J.5)是客观实践的论证;说(J.5)是技术实践的论证,是因为(J.5)包括如下命题:当R应服务于目的Z时,R则必然被赋予"通过W被解释"的特征(R.德莱尔:《论"事物的本性"概念》,第106页及以下页、第108页及以下页、第120页及以下页、第124页及以下页)。

可以提出某一个目的，而且可以提出多个目的，这些目的通常要么自我排斥，要么只能以相互限制的方式实现[79]。在这种情况下，我们所需要的是将一定目的之组合式（[Z_1, Z_2, ……, Z_n]K）的应然要求特性显现出来。这就要以优先规则的应用为前提。

当 Z 或（Z_1, Z_2, ……, Z_n）K——下文将回头只讲 Z——不能够单单通过经验表述来加以描述时，目的论论证的最困难的问题也就出现了。当 Z 作为一种状态，须通过一定的规范在其身上有效这种方式来加以界定时[80]，其所指的就是这种情况。

这样一个状态所产生的两难情形（Grenzfall）是：只有通过下述方式，Z 才能够被确定，就是说，它正好是有待证立的规范 R' 在其中有效的状态。在这种情况下，对 Z 的援引则只可能具有如下的使命，即阐明 R' 之有效性所指何意。

通常，为了描述这样一个状态就需要有普遍类型的规范或原则[81]。那么，Z 就是诸原则 P_1, P_2, ……P_n 在其

---

[79] 一个规范绝不总是只应归于一个目的，对于这个认识，参见 J. 埃塞尔：《法律发现中的前理解和方法选择》，第 102 页；K. 恩吉施：《法律思维导论》，第 80 页（边页码）。

[80] 有关这一点，参见本书上文，第 247 页（边页码）。

[81] "原则"一词在这里应被理解为具有高度的一般化层别的规范性命题，诸如："人类尊严应受尊重"，"同等的事体应同等对待"，"任何人均应担保自己经营范围内的瑕疵"等。鉴于其高度的一般化层别，这些命题不能直接用来对某个裁判进行证立。因此，还需要有进一步的规范性前提。关于原则这个概念，参见 J. 埃塞尔：《法官私法续造中的原则与规范》，图宾根 1956 年版，第 87 页及以下页；同一作者：《法律发现中的前理解和方法选择》，第 42 页；G.-W. 卡纳里斯：《法学中的体系思维和体系概念》，柏林 1969 年版，第 48 页及以下页；K. 拉伦茨：《法学方法论》，第 458 页。有关一般化这个概念，参见 R. M. 黑尔：《原则》（英文），载《亚里士多德学会年报》，总第 73 期（1972—1973 年），第 2—3 页；以及本书上文，第 93 页（边页码）。

有效的状态。据此，目的论论证就变成了一种基于原则的论证[82]。基于原则的论证的难题主要不在于对原则的证成，而毋宁在于：有待证立的规范通常并非在逻辑上根据原则（直接）推导出来。这就需要借助进一步的规范性语句来将原则加以具体化。

2.3.2 解释规准在法律论辩中的作用

为了阐明解释规准在法律论辩中的作用，这里应该强调6点：（1）它们所能够应用的范围；（2）它们的逻辑地位；（3）饱和要求；（4）不同形式的不同职能；（5）它们的位序问题；（6）在法律论辩理论上对其位序问题的解决。

1）各种不同的论述形式到目前为止都看作是支持或反对某个特定的解释I，即通过语词使用规则W（$I\frac{}{W}=R'$）而对某个预设为前提的规范R的解释。除了语义学解释，其他所有的论述形式均可以超越此点在大量进一步的情境中使用。这些情境，尤其表现为规范的冲突、规范的限定以及对那些不可能从任何制定法中引申出来的规范的证立，等等。故此，比如在规范冲突的场合，我们可以援引下面一点：立法者业已对某个规范赋予特定的涵义。在对某个规范的限定进行证立的场合，我们可以援引另一些国家相应经过检验的调整方

---

[82] 参见 K. 拉伦茨：《法学方法论》，第323页及以下页，他在没有对状态与原则进行区分的情况下，将原则（如平等对待原则、法伦理原则）归结为"客观—目的论的解释标准"。另见 K. 恩吉施：《法律思维导论》，第81页，他基于上述理由，认为："基于理由的解释"这个称谓似乎比"基于目的的解释"这个称谓更恰当。

式；在对某个不可能从制定法中引申出来的规范进行证立的场合，我们可以把某个应予追求的目的引为论据。就这一方面而言，传统上把上面讨论过的各种论述形式称为解释规准是太狭窄了。

2）解释规准的逻辑地位颇有争议。罗特洛伊特纳否认它们的规则属性（Regelcharakter）。据认为，它们只具有"追问相关性观点"的功能，"它们指出提问的方向"[83]。哈特将它们称作是"语言使用的一般规则"[84]。缪勒（Müller）把它们说成是"具体化要素""统一的解释过程中的各个因素"[85]，拉伦茨则把它们称之为"（各种）具有不同分量的引导性视角"[86]。

上面的思考表明：各种不同的论述形式事实上并非都称得上是规则。它们不能说明什么东西必须有条件地或无条件地去做，或者必须努力去追求。另一方面，它们更属于是纯粹的视角或提问的方向。借用佩雷尔曼的概念，它们最好应该被称为"论述图式"（schemes d'arguments）[87]。其所涉及的是一定形式的命题（陈述）图式；根据这些图式，一定形式的命题要么在逻辑上推导出来，要么基于某个预设为前提的规则而能够加以证立。根据这个理由，它们也可以被称

---

[83] H. 罗特洛伊特纳：《法官的行为》，第 30 页；同一作者：《作为社会科学的法学》，第 197 页。

[84] H. L. A. 哈特：《法律的概念》，第 123 页。

[85] Fr. 缪勒：《法学方法》，第 145 页。

[86] K. 拉伦茨：《法学方法论》，第 332 页。

[87] Ch. 佩雷尔曼、L. 奥尔布里希茨-泰特卡：《新修辞学：论辩论文集》，第 252 页。

作是"论述形式"[88]。

作为论述形式，解释规准凸现了法律论证结构的特色。对所有在法律论辩中可能的论述形式进行内容广泛的分析，将会产生法律论证语法（Grammatik der juristischen Argumentation）之类的东西。据此，似乎还没有说明，遵从（继续打比方说）该语法手段的语言应该讲些什么。但它似乎也指出到底应当如何来进行活动，以达到某种符合理性的结果。

3）一定形式的论述，只有当其包含所有属于该形式的前提条件时，才是完全的。这在前面被称为饱和要求[89]。要求达到饱和的前提是各式各样的。与之相一致的是对它们进行证立的完全各式各样的方法。

经验的证立起着相当重要的作用。有关语言使用的确断，有关立法者或立法过程参与者之意图的断定，有关以前法律状态或其他国家法律状态的确断，以及为后果断言（Folgenbehauptungen）奠定基础的法律假设，所有这些都是应通过经验来加以证立的主题。

除了上述的经验命题，论述形式也包括那些不可能从制定法中引申出来的规范性前提条件。这适用于比如历史解释、比较解释以及目的论解释等诸形式，它们均以状态特征的描述为前提。对这些规范性前提进行证立绝非总是直接求助于普遍实践论辩的手段。所以，为证立某个解释，可能一开始使用的是比较的论述。而为了对这个论述预设为前提的评价

---

[88] 有关论述形式这个概念，参见本书上文，第123页（边页码）。
[89] 参见本书上文，第293页（边页码）。

进行证立，那么就可能要援引与其他规范相联系的目的设定。只有在这一步，普遍实践论述才可能变得有必要。

饱和要求保证了解释规准使用的合理性。它排除了把下面这个纯粹的主张（即一定的解释来源于文义、规范的生成史或规范的目的）当作论述的可能性。经常需要论述的既有经验前提，也有规范性前提，这些前提的真实性或正确性随时可能成为进一步讨论的对象。故此，下面这个规则阻止空洞的废话：

（J.6）任何属于解释规准的论述形式，必须达到饱和。

4）不同的形式履行不同的职能。语义学和发生学论证的形式是让裁判（决定）者受制于法律的文义或立法者的意图。历史论证的形式与比较论证的形式使人能够采纳过去时代和其他国家的实践经验。而体系解释则有助于法秩序免于矛盾（Widerspruchsfreiheit）。最后，目的论论证的形式为普遍理性实践论证留有余地。故此，各种不同种类的论述形式每一个只以其某个特别重要的职能而见长。

5）不同形式的不同职能已经表明：不同形式的论述在讨论某个（具体）问题的框架内可能导致完全不同的解决方案。因此，在使用这些解释规准的过程中将产生双重的不确定性。某一单个的形式可能按照不同的式样来达到饱和，而不同的形式也可能用来证立不同的结果。

不同形式的论述之关系问题就作为解释规准的一个分

层目录（Stufenkatalog）或一个位阶排序（Rangordnung，位序）难题来加以讨论。有关这样一个分层目录，至今还没有任何建议被普遍地认可[90]。对位阶排序之可能性和必要性的估量也极为不同。根据埃塞尔的看法，"指望人们能够在'解释步骤的先后顺序'中编出一个分层目录，注定是要失败的"[91]。克里勒曾就此点提出了一系列颇值得关注的论述[92]。拉伦茨曾下功夫研究过诸解释规准之关系的某些规定性，但他也得出下列结论说：不同的形式根本不存在"任何固定的位序关系"。"它们存在于相互关系之中，其各自的分量主要根据它们在个案中所产生的结果来加以确定。"[93]缪勒基于法治国观念对语义学论述和体系论述的优位进行了证立[94]。恩吉施所持的观点是：假如证明"无论如何不可能解决……"解释方法间之关系的规定性问题，那么就绝对不再存在"接近于令人觉得可靠地攻克法律发现问题"的前景[95]。他提出了一个分层目录以供讨论，依照与此目录相一致的主观（解释）论，立法者的意图应当是决定性的，只有当这个意图不可能可靠地加以确定时，客观—目的论论述才是可加考虑的[96]。然而，他对该分层目录的价值也给予了限定，因为他断定，"正如一切真正根本性的

---

[90] 参见 Fr. 缪勒：《法学方法》，第198页。
[91] J. 埃塞尔：《法律发现中的前理解和方法选择》，第124—125页。
[92] M. 克里勒：《法律获取理论》，第85页及以下页。
[93] K. 拉伦茨：《法学方法论》，第334—335页。
[94] Fr. 缪勒：《法学方法》，第202页及以下页。
[95] K. 恩吉施：《法律思维导论》，第225页（注82d）。
[96] 同上书，第230页及以下页。

问题从没有能够最后解决一样",客观的解释论和主观解释论之间的争论"也还没有最终了断"。[97]

6)论辩理论既不能够通过确立某种分层目录,又不能够通过对客观的解释论或主观解释论的抉择,也不能够通过确立将两者置于相互关系之中的某个说法,来提供问题的答案。但它指出必须用什么样的方式对各种不同的论述形式有效地加以应用,通过这种方式而能够对缓解问题有所作为。

由这一点也证明了论辩理论有两个特性是有优越性的。第一个特性是:论辩理论也触及证立对象的语用学维度;第二个特性是:它并不企图提供一个太强的标准,使人随时根据论辩理论的知识就可以胸有成竹地确定结论[98]。人们阐释一些规则和形式,对这些规则和形式的遵守和使用将提高在讨论中得出某种正确的、即符合理性的结果的或然性。但单单根据这些规则和形式,——除非在论辩之必须的场合,还不能够说,这个结果必须是什么样子的。对此,还必须另有某些实际进行的或者设想的论辩(讨论)。

为了确保这个论辩(讨论)受现行有效的法之约束,就必须要求那些表达这个约束的论述优先具有更大的分量。假如正方(P)根据(法律的)文义或历史上的立法者的意图来支持自己所建议的答案,或者与此相反,反方(O)引述合理(符合理性)的目的来支持自己所提议的偏离(法律文

---

[97] 同上书,第96页。有关主观解释论和客观的解释论之间的争论,参见 A. 门尼肯:《法律解释的目标》,第30页及以下页、第75页及以下页。

[98] 有关内容,参见本书上文,第35页及以下页、第255页及以下页(边页码)。

义或立法者意图的）解决方案，那么 P 的论述就具有优位，除非 O 不仅能够为自己的主张提出良好的理由，而且还能够提出良好的理由说，他的论述比 P 的论述更有力。在当下讨论的这个情形下，P 的理由优先。故此，下面这个论证负担规则将作为语用学规则而发生效力：

> （J.7）那些表达受法律的文义或历史上的立法者意图之约束的论述，比其他论述具有优位，除非能够提出合理的理由说明其他的论述被赋予了优位。

这个规则仍然悬而未决的问题是：到底什么时候（人们）有合理的理由说明那些表达受约束的论述被赋予相对较轻的分量。这个问题就留待参与法律论辩的人们去决定。然而，这不意味着这个决定是任意的。当且仅当这些理由在合理的法律讨论中被证成时，它们才是合理（符合理性）的。在有关使用法律论述（而进行）的这个讨论中，所有法律论辩可能的论述都是允许的。不过，在这一点上，普遍实践论述将起着决定性的作用，因为无论如何正是这些有待讨论的法律论述不可能被运用于这个讨论本身。故此证明，位序的问题是一个主要通过普遍实践论证的手段来加以解答的问题。

将决定权委托给论辩参与者的理性，不意味着诸解释规准间的关系确定（Bestimmung des Verhältnisses）总是悬而不决，随时必须重新考察。由于它们必须是基于理由来进行的，所以，论辩参与者在各种不同的解释情境下有待给予的分量，不只在当下讨论的情形下，而且也在所有相关点上都相同的情形下来加以确定[99]。故此，作为论辩理论基本原则的可普遍化原则就要求：论述形式的使用根据支配它们之间相互关系的规则来进行，这些规则可以理性地加以证立。这就产生了如下作为可普遍化原则之变体的规则：

（J.8）各种不同形式的论述的分量，必须根据权衡轻重的规则来加以确定。

这些规则经常只能根据特定的解释情境（Auslegungssituation）和特定的法律部门来予以发展。而且，因为解释情境和法律部门都是变化着的，它们从来也达不到百分之百的确实性。

（J.8）是一个牵涉解释规准使用的普遍实践论辩规则。但也还有其他一些普遍论辩规则可以按照类推的方式来特别加以说明。

（2.2.a）和（2.2.b）基于论辩自由的要求而对一切论述的许可给予了保证。在涉及法律论证时，这意味着：一切能够尽可能被提出的论述都必须予以考量。所以，下列规则是有效的：

（J.9）一切属于解释规准而又能够尽可能被提出的

---

[99] 参见本书上文，第91页及以下页（边页码）。

论述形式，都必须予以考量。[100]

总之，可以说，解释规准尽管并不提供保证，"根据某种相对更大的确然性来找到……唯一正确的答案"[101]，但它们对于可以根据其他方式来寻找和证立裁判（决定）的派生合法化（sekundäre Legitimation），仍然不失为一种纯粹的手段。假如法律论辩（论证）想实现其所提出的正确性要求的话，它们仍然是这些法律论辩必须加以运用的形式；与普遍实践论辩的正确性要求不完全相同的是，法律论辩所提出的正确性要求也还特别要诉诸法律的约束。

2.4 教义学论证

2.4.1 关于法教义学的概念

为了找出什么是教义学论述以及它们在法律论辩中起什么作用，我们就必须知道："法律教义学"（juristiche Dogmatik）或"法教义学"（Rechtsdogmatik）这个概念应如何理解。该问题完全不是很清楚的。尽管有愈来愈多的论著触及这个题目，然而至今还没见到有法教义学之普遍被认可的学说。

假如我们沿用某些法学家或许较为权威的用法，那么"法律教义学"或"法教义学"这个术语就应理解为他们

---

[100] 有关与该项规则相一致的要求，参见 K. 拉伦茨：《法学方法论》，第335页。

[101] 参见 M. 克里勒：《法律获取理论》，第85页。

实际上所追求的狭义和本义[102]的法学（Rechtswissenschaft im engeren und eigentlichen Sinne）[103]。这个狭义和本义的法学是至少三种活动的混合体：（1）对现行有效法律的描述；（2）对这种法律之概念—体系的研究；（3）提出解决疑难的法律案件的建议。由此表明：法教义学是一个"多维度的学科"[104]。与这三种活动相适应，可以区分为三个维度：描述—经验的维度；逻辑—分析的维度；规范—实践的维度[105]。在这每一个维度之内，又有不同的活动

---

[102] 有关此点，参见 G. 拉德布鲁赫：《法哲学》，斯图加特 1970 年第 7 版，第 209 页。

[103] 假如不从这个通行的用法及"法律教义学"或"法教义学"这个术语所指称的事情出发，那么人们也可能从分析教义学这个概念、考察它的历史及其在其他学科，尤其是在神学上的运用作为起始点。有一系列作者选择过这个路径（参见的文献有：U. 迈尔—科尔丁：《法学家至今还能够成为教义学者吗？论法学的自明性》，图宾根 1973 年版，第 7 页及以下页；H. 阿尔伯特：《知识与法：批判主义视野中的法学》，载《法社会学与法的理论年刊》，第 2 卷 [1972 年]，第 82 页及以下页；E. J. 图尔：《法教义学思考形式》，载《法哲学与法社会学档案》，总第 46 卷 [1960 年]，第 241 页及以下页。另见 D. 德·拉泽尔：《作为妥协模式的法教义学》，载《教义学与方法：J. 埃塞尔祝寿文集》，柯隆贝格 1975 年版，第 87 页）。这种把概念分析的、概念历史的与比较的思考前置的做法，只要在事情本身进入视野之前停止对何为法教义学这个问题作出决断，则肯定可以产生非常重要的见识。然而，这样的思考，只有当其被人们追问至足够细密的深度时，才是有意义的。可这种事情绝不可能发生。所以，除了下文有待进一步进行评说外，我们这里应放弃做这样的考察。

[104] R. 德莱尔：《一般法学的意义与目的是什么？》，图宾根 1975 年版，第 15 页。另见 U. 迈尔—科尔丁：《法学家至今还能够成为教义学者吗？论法学的自明性》，第 41 页，他在此处曾谈及"各种截然不同的活动的混合体"；以及 K. 阿多迈特：《民法理论与民法教义学——兼论权利学说》，载《法社会学与法的理论年刊》，第 2 卷（1972 年），第 504 页，特别是注 8，在此处阿多迈特试图把法教义学的"混合特性"归结为"8 个运算（操作）模型"。

[105] 有若干作者不用这个三分法，而采用二分法，即分为描述—理论的维度和规范—实践的维度（参见 R. 德莱尔：《一般法学的意义与目的是什么？》，第 15 页），或者报告性陈述和建议性陈述（参见 K. 阿多迈特：《民

程式。在描述—经验的维度框架内，可以主要分为对法官审判实务的描述与诊断、对立法者的实际意图的澄清[106]。属于逻辑—分析维度的，不仅包括对法概念的分析，而且也包括对各种不同规范和原则间之逻辑关系的考察。最后，下列这些人所经验的是规范—实践的维度：他们对某个规范的解释、某个新的规范或新的制度提出建议并加以证立；或者这些人对法院裁判就其在实践上的缺陷进行批评，提出某个相反的建议。在这三个维度之间存在着多种多样的关系。故此，现行有效法律的描述以一定的概念工具为前提；对现行有效法律的逻辑分析，若缺乏对它们的描述是不可能的；而要提出有关规范—裁判的建议，就需要对现行法秩序有扎实的知识，因为前者必须在现行法秩序框架之内来进行。

法教义学活动的各个重心可以在这些维度之间和之内来分别地加以分配。它们的分配取决于各教义学者的实践兴趣、取决于他们的法学理论观以及所研究的法律部门的特性。例如，一个为实务家写法律评注的教义学者，他的兴趣主要在于描述审判实务；而另一个学者若偏好重新考察意思（意志）表示的概念，则更可能偏重分析思考。在那种认为唯有立

法理论与民法教义学——兼论权利学说》，第503页及以下页）。据此，大家可能有理由证明说：逻辑—分析工作对于分别地描述和阐释规范化建议甚至本来就是必不可少的。另一方面，大家也得承认：逻辑—分析的维度恰好在法教义学的框架内尽管与其他维度连接在一起，但也确实起着明显不同的作用。

[106] 参见R. 德莱尔：《论法学作为科学的自明性》，载《法的理论》杂志，总第2期（1971年），第41页及以下页，他在这个意义上，对法学表述法官造法的功能和法律实证主义的功能进行了区分。

法者的意志才是严格意义的法和那种把法首先理解为人类共同生活的理性秩序的人看来，普遍实践所起的作用是完全不同的。

除了这个内容非常宽泛、包含所有狭义和本义的法学领域的法教义学概念之外，还有许多（意义）更狭窄的（法教义学）概念。这里令人感兴趣的主要是这样一些更狭窄的概念：它们可以通过像"概念的""逻辑的""体系的"等术语来称谓[107]。假如我们（继续）去寻找这些更狭窄的法教义学概念之多彩特征，那么我们或许还会碰到像"法教义学之'社会数学'"或"关心绝对逻辑性的论证工具"这样的表述[108]。

作为社会数学的法教义学，其最纯粹的形式受到了19世纪概念法学的激励。在这一点上，最典型的是温特沙伊德（Windscheid）的下列论述："解释在完成其任务的过程中，所要从事的是概念的发展，这些概念包含在通过此解释而获得的法律规定之中。法律规定的真正思想也在概念，即诸思想要素（Denkelementen）的总括中得以呈现；重要的是把诸

---

[107] 特别令人注目的是教义学概念与体系概念之间的关系。譬如，维亚克尔曾谈到过"体系的概念"是"教义学的形式构成要素"（Fr. 维亚克尔：《论法教义学的实践功用》，载《解释学和辩证法：H.-G. 伽达默尔祝寿文集》第2卷，图宾根1970年版，第319页注22）。埃塞尔断定，"法律素材的教义学化……（促使人）去作体系建构"（J. 埃塞尔：《法律发现中的前理解和方法选择》，第97页）。莱泽尔曾考虑用"体系法学"（systematische Rechtswissenschaft）概念来取代"法教义学"这个术语（L. 莱泽尔：《法教义学的目的是什么？》，载《德国法官报》[DriZ] 1968年卷，第98页）。

[108] Sp. 西密提斯：《体系与教义学的意义——公共交通之法律行为问题阐释》，载《民法实务档案》（AcP），总第172期（1972年），第132页。

概念化解成它们的构成要件,并揭示出它们身上所包含的思想要素。人们可能或多或少按照这个操作方式继续进行下去;因为业已发现的要素本身又表现为其他更简单的要素的构成体,如此等等。晚近的法学有一种决定性的趋势,即尽可能不断地去分解概念。而且这正是它的功用。因为事实上不仅对法律的全面把握,而且法律适用的确定性,均取决于对包含在法律规定中之概念的内容作穷尽的理解……判决就是将法概念作为(数学)因数进行计算的结果;自然,因数值愈确定,计算所得出的结论则必定愈可靠。这立即显而易见:只有通过全面把握法概念,真正的法的体系,即法律规定的内在相互依存性才可能产生。"[109]

根据这一说法,法教义学具有三方面的使命:(1)法概念的逻辑分析;(2)将这种分析概括成为一个体系;(3)将这种分析的结果用于司法裁判的证立。

这样一种法教义学的纲领,自耶林(Jhering)以降遭到了许多人的批判[110]。最重要的反驳意见在于:单单凭借逻辑分析和逻辑推论的手段绝不可能获得任何新的规范性内涵。因此,使用概念法学之表面上的逻辑程式来证立那些不能直接从制定法中引申出来的裁判和规范,就意味着掩盖对一个逻辑上实际有说服力的证立所必需的规范性前提。这就

---

[109] B. 温特沙伊德:《学说汇纂教程》,第9版(Th. 基普修订),第1卷,法兰克福1906年版,第110—111页;类似的看法,见P. 拉班德:《德意志帝国宪法》,第2版,载氏著:《公法手册》第2卷,弗莱堡/莱比锡1894年版,第1—276页,序言。

[110] 这方面的证明,参见W. 克拉维茨:《概念法学》(词条),载J. 里特尔编:《哲学史词典》,第1卷,巴塞尔1971年版,第809段及以下。

是耶林所看到的东西，当时他嘲讽那种"琢磨着把法学上升为一门法律数学的逻辑崇拜"[111]。

单单对现行有效的法律作逻辑分析并不足以来证立规范和裁判；然而，根据这一事实也还推断不出：在法律论辩中应用概念—体系的论述是多余的，甚或是有害的。而更应当由此想到除了应用其他的论述，尤其是普遍实践论述之外，也还要应用概念—体系的论述，这是必需的，且是符合理性的。法律论辩理论的一个最重要的，但也是最困难的任务，就是要揭示出概念—体系论述的局限及合理根据。

基于本书要进行的思考，既不使用一开始引述的广义法教义学概念，也不使用后来提及的狭义法教义学概念是比较合适的。假如我们使用既包括规范描述活动，也包括分析和规范建议活动的广义（法教义学）概念，那么在法律论辩中所发生的任何论述就似乎都变成一个教义学论述了。另一方面，仅仅把对规范作逻辑分析的结果理解为教义学，又似乎显得太窄了。在这种情况下，教义学论述几乎不可能对规范性命题的证立有所作为。

为了弄清楚这两种极端之间足以对教义学论述概念进行界定的法教义学概念应在何处予以定位，那么探究这个概念必须满足什么样的条件，是适当的。我们可以提出 5 个方面

---

[111] R. 冯·耶林：《罗马法的精神》，第 3 册，莱比锡 1877 年第 3 版，第 311—312 页。另见 E. 埃利希：《法律逻辑》，图宾根 1918 年版，第 299 页及以下页；以及 Ph. 赫克：《概念建构与利益法学》，图宾根 1932 年版，第 94 页及以下页。

的条件：

1）因为论述是以法教义学为基础的，那么这里不把"法教义学"理解为活动的整体，而理解为各种语句的整体，是较为合适的[112]。

2）这些语句涉及法律规范和司法审判[113]，但并非等同于描述法律规范或法院判决的原则和判决理由（rationes decidendi）。在前一种情况下，法教义学似乎无非就是对法律编纂的记述，在后一种情况下，它似乎限于对判例的汇总。当然，这并不排除原则或判决理由也与法教义学语句有关联。法官们可能会采纳法教义学语句，并亲自参与法教义学的发展。

3）法教义学语句组成某个相互和谐之整体（Zusammenhang）。这个相互和谐之整体通过什么方式形成，当然还不能够简单地来加以确定。可以强调的有三方面：（a）它们不许自身相互矛盾；（b）相同的法概念出现在不同语句的表达之中；（c）只要这些语句包含相同的法概念，

---

[112] 有关这个区别，参见的文献有：W. 克拉维茨：《法教义学在法官审判实践中有什么功用？》，载《奥地利公法杂志》(ÖZöR)，总第23期(1972年)，第55页；H. 罗特洛伊特纳：《作为社会科学的法学》，第176页。许多作者看起来既把"法教义学"理解为一个语句体系，也理解为一个或多个特定的活动。对此，参见 Fr. 维亚克尔：《论法教义学的实践功用》，第319页、第322页。E. 冯·萨维尼有时把"教义学"称作是"一类语句"（E. 冯·萨维尼的文章，载 E. 冯·萨维尼、U. 诺伊曼、J. 拉尔夫：《法教义学与知识论》，慕尼黑1976年版，第121页），有时也把它称作是一类活动（同上书，第106页；以及同一作者：《经验论阴影下的法学：对汉斯·阿尔伯特著〈认识与法〉的论战性评说》，载《法社会学与法的理论年刊》，第2卷[1972年]，第98页）。

[113] 有关阐释司法裁判作为法教义学任务，参见 K. 拉伦茨：《法学方法论》，第201页、第216页。

那么在这些语句之间以此概念为基础的推论关系就是可能（存在）的[114]。当然，这里所提及的只是一些特别基本的形式关系。

4）法教义学语句在制度化推动的法学（institutionell betriebene Rechtswissenschaft）之框架内被提出、证立和检验。这个涉及法教义学语句之语用学的特征或许代表了法教义学语句同普遍实践语句之间最重要的区别。法教义学受制度化推动，意味着在相当大的程度上拓展了其在时间维度和客体（对象）维度上的讨论。就时间维度而言，过去已经讨论的结论还可能被再捡起来讨论，根据现下的经验加以检验，并因此要么予以摈弃、要么予以坚持。就客体（对象）维度而言，某个解决方案的影响可以通过其他问题的解决方案来加以审查。此外，制度化还意味着语句的基本构成在一定的期间内或多或少是不容置疑的。这就使有争点之语句的讨论负担得到减轻。有关制度化的优点，我们在讨论法教义学之功能时再回头来谈。

5）法教义学具有规范性内涵。对那些单单通过经验论述不可能予以回答的问题，法教义学语句可以作为对此决定的论述加以引用。

将这5个条件所叙述的要求总括起来，那么我们就得出如下的定义：法教义学是（1）一类语句，（2）这些语句涉及法律规范和司法裁判，但并非等同于对它们的描述，

---

[114] 对法教义学语句之间推论关系研究的一个适例，见诸E.冯·萨维尼：《论演绎——公理的方法在法学中的作用》，载G.雅尔、W.迈霍菲尔编：《法的理论》，法兰克福1971年版，第316页及以下页。

（3）它们组成某个相互和谐之整体，（4）在制度化推动的法学之框架内被提出和讨论，（5）具有规范性内涵。

这个定义还可能留有一系列问题悬而未决。或许最为重要的一个尚未回答的问题就是：到底什么样的语句应被看作属于法教义学语句。

2.4.2 法教义学语句

这里只能叙述一种非常粗略的分类。就目前所见，运用现代方法还罗列不出对各种不同法教义学中出现的语句的详细分析。因此，这里所提供的分类具有非常临时的特性。然而，在本书有限度地追问法教义学论述在法律论辩中的作用这个框架之内，该分类也就足够了。

1）"纯法律概念"（拉德布鲁赫［Radbruch］用语）[115]之定义，传统上处于法教义学（研究）的中心。这些纯法律概念，较为典型的有契约、行政行为、正当防卫等。这些概念的内容取决于对契约的履行、行政行为的执行以及正当防卫行为的合法性进行规定的法律规范。假如没有这种规范存在，那么此类概念就指称不了任何事情[116]。故此，用塞尔的话来讲[117]，这些概念并非指涉自然的（brute）事实，而是制度性事实，即：只有当有相应的规则存在时，才会出现

---

［115］ R.拉德布鲁赫：《法哲学》，第219页。

［116］ 这是否意味着此类概念可以原则上从法学语言中淘汰掉，关于这个问题，参见H. H.柯伊特：《论规范逻辑》，第41页及以下页。

［117］ J. R.塞尔：《言语行为》，第50页及以下页；同一作者：《如何从"实然"推导出"应然"》，载Ph.福特编：《伦理学理论》，牛津1967年版，第111—112页。

这样的事实，比如国际象棋比赛获胜的事实[118]。纯法律概念与法律规范的这个关系同时表明：建议改变这其中的任何一个概念都包含着建议改变它们所指涉的规范；故此，借助这些概念中的任何一个来指称一定的事体，就可以在构成此一概念的规范下对这个事体加以涵摄（推论）。正是在这个意义上，纯法律概念的定义具有规范性内涵。

2）纯法律概念的定义无疑属于法教义学语句，然而，这些纯法律概念的定义还不是那么肯定地是在法律规范出现的其他概念的定义。在法律规范出现的其他概念包括：诸如《德国民法典》第831条第1款第1项的"履行工作"，《德国刑法典》第211条的"狠毒"，《德国联邦建筑法》（BBauG）第34条的"建筑地整体"等[119]。有人可能会认为，这些概念的定义应被算作是解释，而不应是旨在对现行有效法作概念—体系研究的法教义学。然而，解释和教义学的这样一种分离，不符合目前我们对法教义学的理解。上述概念的定义在经常带有委婉的谓词"（学）说"（Theorie）的对象（客体）上，起着相当重要的作用。举例来说，有关《德国刑法典》第242条第1款"抢夺"（Wegnahme）

---

[118] 有关这一点，参见 K. 恩吉施：《法律思维导论》，第110页，他在此处把这些概念称为"规范性法概念"，"与描述性概念相比较，此类概念目标所及的实体，不是那些简单即可以察觉到或经验到的实体，而仅仅是那些与规范的世界相关联时才可以被想象和领会的实体"。恩吉施由此曾区分出需要满足价值的概念，如"不光彩的""淫秽的"，不过他也把这些概念称为"规范性概念"（同上书，第111页、第123页）。这里，只有前者和和其中那些只有与根据法律规范构成的制度性事实相关的概念，才应被理解为纯法律概念。

[119] 由此表明：这些完全不同种类的概念在这里统称为"其他概念"（sonstigen Begriffen）。

这个概念，在传统上有四说，即夺取说（Apprehension）、触摸说（Kontrektation）、携走说（Ablation）和携入说（Illation）[120]。另一方面，我们也不希望说，任何为解释规范而建议或利用的语词使用规则都是一个法教义学语句。假如我们希望这样做的话，那么，无数在法院判决证立中利用或作为前提的语词使用规则之表达都应当看作是法教义学语句。本书在讨论法教义学的其他语句的过程中，还要更明晰地指出将出现的问题，即：一个语句的语义学特征，在许多情况下还不能使人辨别它到底是不是一个法教义学语句。在这种场合，上述的语用学标准就是颇有意义的，按照这个标准，假如一个语句在制度化推动的法学之框架内被提出、接受或者至少被讨论的话，那么该语句就是法教义学语句。依此，抢夺概念的四个定义无疑是法教义学语句，而一个法院为解释某个新规范初次使用的规则就不是这种语句。当然，这不意味着：一个语句在证立过程中被法院使用时，它就丧失了法教义学语句的特性。在这种情况下，法院依然使用法教义学语句。正是为了能够对这些使用的情形进行分析，那么尽可能精确地阐释法教义学语句的概念是很有必要的。

3）教义学语句和非教义学语句之划界，在不能够从实在法中引申出来的规范所表达的语句中显得更加困难。毫无疑问，这些不能够从实在法中引申出来的规范也可以作为法教义学语句来加以讨论。那么让（我们）只提一下施陶布

---

[120] 参见 H. 韦尔策尔：《德国刑法》，柏林1969年第11版，第349页。

（Staub）有关积极违约制度的建议好了[121]。在（他）这里，划界标准也还主要是语用学的标准。其关键的问题在于：所涉及的语句在法学框架之内是否被接受，或者至少被讨论？就这一点而言，罗特洛伊特纳绝对指向了正确的方向，他曾有如下的评说："法教义学语句就是那些绝大多数法律职业人认为正确的语句。"[122]不过，当他把法教义学概念与通说（herrschende Meinung）[123]相等同时，他走得又太远了。为了能够把某个语句称为教义学语句，没有必要让绝大多数法律职业人都认为它是正确的语句，而只要他们把它看作是法教义学语句就行了。

不过，法律职业人之通说的经验确断，仅仅是寻找某个语句是不是法教义学语句的一个手段。对此有些话要讲出来：我们可以引入有人可能认为法学家亦应以此作为基础的一些标准。其中，一个重要的反面（不过是绝非无例外地有效的）标准看起来是这样的：当下讨论的语句不得与现行有效的规范相矛盾；而一个最重要的正面标准则是：对于这个当下讨论的语句，我们可以提出能够受其他规范或业已在教义学上被承认的语句所支持的论述。还有一个正面标准或许是这样的：这个所涉及的语句可以用法学的专业术语来加以表达。当然，这类标准是相对不精细的；上面引述的反面标准也不

---

[121] H. 施陶布：《积极违约》，柏林1913年2版。

[122] H. 罗特洛伊特纳：《作为社会科学的法学》，第178页。

[123] 对于这一点，参见R. 施努尔：《法教义学上的"通说"概念》，载K. 德林编：《E. 福斯特霍夫祝寿文集》，慕尼黑1967年版，第43页及以下页；J. 埃塞尔：《通说与现行的司法裁判》，载《诸科学上的教义与批判：美因兹大学1961年夏季学期学术对话》，美因兹1962年版，第26页及以下页。

例外。但对它们的深入研究似乎是特别令人期待的，尽管目前我们还不可能做到这一点。据此，一个语句是否承认为法教义学语句，在很大程度上取决于法学家们实际现存的确信[124]。剩下有待论述的两类法教义学语句也是如此。

4）对事态（事实状态）的描述和称谓，形成另一类法教义学语句；这些事态的产生、消灭或存续，应有利于单个规范或一组规范以及该事态之间优位关系的确定[125]。

5）对原则的表达（Formulierungen von Prinzipien）构成最后一类（法教义学）语句。原则是高度普遍化层次的规范性命题，所以通常若没有其他前提的补充，它们就不可能被应用，而且大多数情况下还要遭受其他原则所施加的限制[126]。原则能够作为对其所生效的事态之描述而不是作为规范性命题被引入讨论过程[127]。

法教义学语句的分类还不构成法教义学理论。另一方面，假如不把法教义学性质误作为一种语言活动的话，那么这样一种理论应以对教义学语言的分析作为前提条件。这种分析的第一步就是像上面所从事的活动那样进行分类。

法教义学理论的另一些构成部分是：对证立过程中的教

---

[124] 德莱尔的主张与这一点相近："教义学论证之合法性的界限，与其说是由前后一贯的方法论来界定，还不如说是通过教义学所倚赖的社会基础来界定，也就是说，通过受到过专门训练的职业法学家阶层之期待视阈和容忍视阈来界定的。"（R. 德莱尔：《论宪法解释的问题域和处境》，载 R. 德莱尔、Fr. 施韦格曼编：《论宪法解释的问题》，巴登—巴登1976年版，第21页）。

[125] 同上书，第35页。

[126] 有关原则的概念，参见本书上文，第299页（边页码）。

[127] 对此，参见本书上文，第298—299页（边页码）。

义学语句应用的分析，对教义学语句之证立和检验的考察，以及教义学功能的研究（理论）。依此，在合格的法教义学理论之内，还可以分为四个部分：（1）教义学语言理论；（2）教义学语句应用理论；（3）教义学语句证立理论；（4）教义学功能理论。

2.4.3 教义学语句的应用

有一些应用教义学语句的情形是：由这些教义学语句连同经验语句，或者通过补充对实在法规范的表达，来推导出那些有待证立的语句；也有另一些情形，即：需要有更进一步的规范性前提。第一种情形可以说是纯粹的教义学证立（reine dogmtische Begründung），第二种情形可以说是非纯粹的教义学证立（unreine dogmtische Begründung）。在非纯粹的教义学证立的情形中，除了教义学论述外，还需要有普遍实践论述。

而且，法教义学语句，即使在它们本身没有被进一步证立的情况下也能够被使用；不过，在证立过程中使用它们，并且同时为它们提出进一步的论述（论据）也是可能的。前者可以被称为法教义学语句未经证立的应用（nichtbegründende Verwendung），后者可以称为正在进行证立的应用（begründende Verwendung）。

未经证立的应用，主要是指：一个教义学语句没有普遍地受到怀疑，也就是说，它构成了通说的对象。这并不必然代表着某种非批判的态度。下文还将指出，在一定程度上把未经证立的应用视为应然要求的，总有一些合理的理由。即使在批判性的法教义学工作（论著）中，它也是需要的。没有任何一个法教义学家对他在讨论其问题过程中所依靠的全部教义学语句都能够加以证立。他将发现这是一个无底洞。由此,下面一点是一个普遍语句的推论原则:没有任何一个人能够同时证立一切。

2.4.4 教义学语句的证立和检验

在逻辑上,既不能够单单从有待预设为有效的法律规范之表达出发,也不能单单从经验语句出发来推导法教义学语句。假若前者是可能的,那么它们似乎就没有超出现行有效规范的规范性内涵;照此观点,凡不能够基于现行有效规范加以证立的东西,也似乎不能够根据上面的语句来加以证立。假若它们单单基于经验语句就可以推导出来的话,那么它们似乎也根本没有规范性内涵。这不意味着:在对教义学语句进行证立的过程中,现行有效的规范和事实根本不起任何作用;情况恰恰相反。它只不过是表明:单独有这两者还不够用。

为证立教义学语句而反过来利用教义学语句是可能的。然而,这些教义学语句似乎也需要被证立,如此等等。什么时候教义学语句开始作为出发点,这就需要有其他的论述。由于教义学语句具有规范性内涵,因此这些其他的论述只能是普遍实践论述。

必须在教义学语句的证立和检验之间作出区分[128]。当一个语句从另一个语句被推导出来时,那这就是证立;若发

---

[128] 有关教义学语句的检验,参见 E. 冯·萨维尼:《刑法教义学论证和经验论证结构上的合意特征》,载 E. 冯·萨维尼、J. 拉尔夫、U. 诺伊曼:《法教义学与知识论》,慕尼黑1976年版,第120页及以下页。有关证立和检验的区分以及两者在实践论辩中的关系,参见本书上文,第247—248页〔边页码〕。

问从一个语句单单从其自身或者连同其他语句可以推导出来的语句能否被接受,那就是检验。无论教义学语句的检验还是其证立均可诉诸普遍实践语句,因为用来反驳教义学语句的语句,就像在证立情形中应用的语句一样,不可能反过来永远总是教义学语句。故此,普遍实践语句既构成了教义学语句证立的基础,也构成了其检验的基础。

任何具有规范性内涵的语句都是通过普遍实践语句加以证立或检验的候选者(Kandidat)。教义学语句的特点在于:它们能够在体系上(systematisch)接受检验。体系检验可以分为两种方式。第一种所涉及的是有待检验的语句和其余的教义学语句以及预设为有效的法律规范表达之间的逻辑关系(狭义的体系检验);第二种所涉及的是根据普遍实践观点看一类单称规范性语句(即,可以借助有待检验的教义学语句来证立的单称规范性语句)对另一类单称规范性语句(即,可以借助其余的教义学语句以及预设为有效的法律规范之表达来加以证立的单称规范性语句)之间有待判断的关系(广义的体系检验)。

当下讨论的语句是否无矛盾地纳入已被接受的教义学语句和现行有效的法律规范之范畴,是狭义体系检验的最重要的标准[129]。自然,下面的情况也是可能的:当有待检验的教义学语句与其他教义学语句发生矛盾时,被放弃的不是前者而是后者。

---

[129] 只有当S和基于S连同业已被接受的教义学语句和现行有效的法律规范之表达可以推导出来的语句,同基于K的语句不相矛盾时,教义学语句(S)才会无矛盾地纳入业已被接受的教义学语句和现行有效的法律规范之门类(K)。

广义的体系检验所涉及的问题是：借助这个当下讨论的教义学语句可以证立的判断及单称规范性语句，与借助其他教义学语句和法律规范的表达可以证立的单称规范性语句相关联，这一点能否根据普遍实践论辩规则加以证成？此种检验大致可以采取如下的形式：假设有教义学语句 S_1 和教义学语句 S_2 待选。借助 S_1 连同一类已被认可、尚未放弃的任何其他前提，就可以证立单称规范性语句 N_1；借助 S_2，相应地可以证立 N_2。无论 N_1，还是 N_2，就其本身而言均属论辩之可能的[130]。（在此情形下）论辩参与者们倾向于选择 N_1。然而，这也可能表明：先前本已接受的教义学语句 S_3 导致 N_3，而且 N_3 尽管与 N_2 一致，但却与 N_1 不相一致。在这里，"不相一致"是指：按照论辩参与者的观点，基于普遍实践的理由似乎不能证成，在一种情形中把 N_1 作为判断加以宣称，在另一种情形中又把 N_3 作为判断加以宣称。在这种情境下，若论辩参与者们想保留 N_3 的话，那么他们就必须将 N_1 连同教义学语句 S_1 一起放弃，即便 N_1 就其本身而言比 N_2 可能更获得（大家的）认同。这个例子指出了普遍实践判断的基础是按照什么方式通过法教义学来加以拓宽的。一个个案的解决办法可以与大量其他个案的解决办法进行比较。

故此，法教义学用两种方式使一致性检验（Konsistenzkontrolle）成为可能。通过狭义的体系检验，人们可以提问：教义学语句与法律规范的表达相互间是否协调；通过广义的体系检验，则可以提问：从普遍实践的视角看，借助教义学

---

[130] 有关这个概念，参见本书上文，第256页（边页码）。

语句和法律规范可以证立的判断之间是否协调[131]。

教义学语句经受狭义的体系检验,这一点只是其可被接受的一个必要的,但还不充分的条件。因此,它还需要在广义的体系检验中指出:借助自身可以证立的判断与那些借助其余的教义学语句和法律规范之表达可以证立的判断相关联,这一点在普遍实践上能够加以证成。故此,法教义学论证尽管不能够归结为普遍实践论证,但普遍实践论证确实是后者之检验的基石,也同时构成了法教义学论证的基础。

正是这一点被许多当代作者所强调。比如,埃塞尔断定:教义学论证是"根据冲突解决建议被认同的正义内容而进行论证的一个简括"[132]。"教义学只能依据原初的教义内涵的'合理性'而起作用。"[133]"绝不可能再有禁忌,所以任何一个教义学决定都可回归至对其最终进行证立的这些前教义学判断上。"[134]维亚克尔(Fr. Wieacker)强调:教义学论述"至少在现代社会……是通过推理及所提供的结论的说服力来加以证立的"[135]。按照西密提斯(Simitis)的说法,

---

[131] 埃塞尔曾想到过这两种一致性检验,他写道:"由于有试图将解决方案去适应一定的想象域这个压力,就要进行一种理性的检验;严肃地说,这种检验将展现某个解决方案对所涉及的体系之更遥远命运的影响,并且强迫要么建构选择方案,要么与出现在体系中的所有后果达成一致"(J. 埃塞尔:《教义学思维在现代民法中的可能性及局限性》,载《民法实务档案》,总第172期[1972年],第104页;另见同一作者:《法律发现中的前理解和方法选择》,第92页、第99页)。

[132] J. 埃塞尔:《理论与实践之间的教义》,载《私法制度的功能转变:L. 莱泽尔祝寿文集》,图宾根1974年版,第536页。

[133] J. 埃塞尔:《法律发现中的前理解和方法选择》,第93页。

[134] J. 埃塞尔:《教义学思维在现代民法中的可能性及局限性》,第108页。

[135] Fr. 维亚克尔:《论法教义学的实践功用》,第321页。

第三编 法律论证理论

必需对教义学建构的结果"敢于通过论辩进行证立"[136]。

教义学对普遍实践论证的依赖,意味着:教义学语句绝不是触动不得的。它们绝非是传统意义上的教义[137]。埃塞尔按照波普尔的观点把它们适切地称为"假说"(Hypothesen)[138]和"试探性说法"(tentative Formeln)[139]。巴霍夫(Bachof)谈及"法律教义之真理内容的暂时性"[140],迈尔—科尔丁(U. Meyer-Cording)称之为"实用主义的解答建议"[141]。即使在接受了这个解答建议之后,"教义学谈话"也还"可能……重新挑起"[142]。

上面为证立和检验教义学语句所讲的东西可以总结为如下的规则:

---

[136] Sp. 西密提斯:《体系与教义学的意义》,第144—145页。

[137] 对此,主要参见 U. 迈尔—科尔丁:《法学家至今还能够成为教义学者吗?》,第7页及以下页。迈尔—科尔丁正是基于这个理由要求放弃"教义学"这个术语(同上书,第21页、第32页)。拉伦茨和莱泽尔对这个术语的使用也持保留态度。莱泽尔考虑用"体系法学"这个概念取而代之(L. 莱泽尔:《法教义学的目的是什么?》,载《德国法官报》[DriZ] 1968年卷,第98页)。根据拉伦茨的看法,由于缺乏更好的术语,暂时还保留着这个约定俗成的概念看起来仍然是有意义的(K. 拉伦茨:《法学方法论》,第210页)。有关"教义学"这个术语及相邻概念"教义""教条主义"的起源和发展历史,除了迈尔—科尔丁的著作外,另见 D. 德·拉泽尔:《作为妥协模式的法教义学》,第87页;以及 M. 埃尔泽:《教义》(词条),载 J. 里特尔编:《哲学史词典》,第2卷,巴塞尔1972年版,第275—276段;W. 涅克:《教条主义》(词条),同上书,第278—279段。

[138] J. 埃塞尔:《理论与实践之间的教义》,第521页注8。

[139] J. 埃塞尔:《教义学思维在现代民法中的可能性及局限性》,第101页。

[140] O. 巴霍夫:《面临当代行政使命的行政法教义学》,载《德国国家法教师协会资料》(VVDStRL),总第30期(1972年),第198页。

[141] U. 迈尔—科尔丁:《法学家至今还能成为教义学者吗?》,第40页。

[142] J. 埃塞尔:《理论与实践之间的教义》,第535页。

（J.10）任何教义学语句，当它受到怀疑时，必须应用至少一个普遍实践论述来加以证立。

（J.11）任何教义学语句，必须能够既经得起狭义体系的检验，也经得起广义体系的检验。

2.4.5 教义学的各种功能

假如教义学语句真的到了这种地步，即它们不能根据现行有效规范之表达连同经验语句在逻辑上推导出来，最后只能通过普遍实践论述来加以证成，那么就将产生下面这个疑问：除了普遍实践论述之外，法教义学论述（本身）到底是否还有价值，以及它在什么程度上有价值或者有必要？若认为在进行法律证立的过程中，除了法律规范、经验语句和某些有助于应用这些规范的论述形式之外，唯有普遍实践论述是有意义的，那对这一观点是不是没有什么可说的呢？为了回答这些问题，这里应该对上面已经零星提到的法教义学之功能作一些系统地考察。我们可以区分出至少6个有待从正面加以评价的功能：（1）稳定功能；（2）进步功能；（3）减负功能；（4）技术功能；（5）检验功能；（6）启发功能。

1）**稳定功能**（stabilisierende Funktion）通过下列方式实现：借助教义学语句[143]可以保留实践问题的某些特定解决

---

[143] 这里不是要断定说，稳定性只有通过教义学，即通过教义学语句体系才能够达到。就稳定功能而言，决疑术（Kasuistiken）似乎是同样有实效的。这里重要的一点唯独在于：教义学也能够促进稳定性。有关决疑术和教义学之间的关系，参见 N. 卢曼：《法律系统与法教义学》，第18页。

办法，并由此而使之可以复制[144]。这样做之所以可能，是因为教义学受制度化推动。由此，一定的裁决方式就能够超越长期的时间阶段而固定下来。由于其论辩之可能领域广泛，后面这一点具有相当大的意义。若每次开启新的讨论，那么就会产生这种可能性：人们即使不违反法律论辩和普遍实践论辩的规则，每次都可能会达到不同的结果。这似乎就与可普遍化原则，同时也与正义原则的基本方面[145]发生矛盾。故此，法的教义化，或者（从稳定功能的角度看）某些（与此）等值的东西，是普遍实践原则所要求的。

那么，这并非意味着：任何偶尔一次被认可的教义学语句都必须越过无限的时间阶段（被人们）严格予以遵守。所要排斥的只不过是那种允许对它一味地加以放弃的做法。对于新的解决方案和历史流传下来的解决办法，仅仅说有同样良好的支持理由，还是不够的。支持新的解决办法的理由必须是良好的，因为它们不只是对新的解决办法进行证立，而

---

[144] 参见 J. 埃塞尔：《教义学思维在现代民法中的可能性及局限性》，第103页。

[145] 有关稳定功能与平等对待原则之间的联系，参见 N. 卢曼：《法律系统与法教义学》，第37页。当我们谈这样一种情境，即：在两个或两个以上的论辩中，每次都要遵守论辩规则，当然也包括可普遍化原则（1.3'），然而，就论辩整体而言却可能是违反可普遍化原则的，那么发生这种现象的原因在于：论辩被人们从各种不同的视角来观察。在第一种情形下，参与论辩者是作为（互不联系的）个体来对待的，即根据（1.3'）的要求，他们个人的身份不明（Nichtidentität）并不会使以前论辩的结果对他们毫无意义。在第二种情形下，论辩参与者的个人身份被消除，因为以前的论辩参与者的决定，也被他们所属。在一切有代表的论辩中，即在参与人和论辩关系人不存在身份界限的论辩中，都可以对这种现象加以证立。对于论辩关系人而不是那些论辩参与人而言，单单是参与人的变化本身可能还是无关紧要的。相应地，（1.3'）针对论辩代表人所规定的要求比同时是论辩参与人和论辩关系人的那些人要更为严格。

且它们也有充分的根据突破传统。因此，在这里，佩雷尔曼的惯性原理是有效的[146]。提出新的解答建议的人承受论证的负担[147]。

这也表明：教义学的稳定作用不容过高估计。它受到一定的局限，不仅仅是因为偶尔一次被认可的教义学语句可能会被放弃或被改变。在许多证立活动中，除了它们以外，还需要有普遍实践语句（非纯粹的教义学证立）。因为各种不同的普遍实践语句经常是论辩之可能的，所以借助同样的教义学语句可能会对完全不同的结果进行证立。当卢曼指出"教义学的功能……不在于束缚思想，而恰恰相反，在于提高与经验和文本打交道的自由"时[148]，其目标所指的完全就是这种情况。这一点肯定切中正确的对象。然而，根据无疑也在教义学论证中既定的自由，而低估偶尔被认可的教义学语句由惯性原理所产生的稳定作用，又似乎是错误的。

2）**进步功能**（Fortschrittsfunktion）与稳定功能紧密相关。教义学的制度化，也就是说，法律讨论在时间维度、客体（对象）维度和主体维度上的延展，能够使教义学语句在相对更高的程度上被分辨，并且能够暂时中断检验，而不是或许每次一点一点地（从头开始）进行讨论。由此，比如教义学进步之类就成为可能。不过，教义学上的进步是比经验

---

[146] 有关这个原理，参见本书上文，第216—217页（边页码）。

[147] 参见 W. 布洛姆：《面临当代行政使命的行政法教义学》，载《德国国家法教师协会资料》（VVDStRL），总第30期（1972年），第248页。

[148] N. 卢曼：《法律系统与法教义学》，第16页。

科学上的进步更为复杂的事情[149]。它不仅依赖于法学家们的活动,而且还超越这一点在相当大的程度上依赖于立法者们的活动以及某个社会内的价值观的变化。然而,下面一点改变不了:法教义学上的进步也是有可能的[150]。这种进步的可能性是(说明)法教义学之科学性的一个强有力的论据。

3)在教义学证立中至少能够暂时采纳业已检验过的和业已承认的语句,这种可能性减轻了(论证的)负担,以至于没有特别的理由不需要一个重新的检验。这就有可能免于在任何情况下对任何评价问题重新加以讨论。这个减负功能(Entlastungsfunktion)[151]不仅对于法院在时间所迫下进行的工作是必不可少的,而且它对于法学上的讨论也具有重要意义。因为在这个方面,就像在所有其他方面一样,也不可能每一次都重新讨论一切东西。

不过,减负功能的价值,一方面取决于一系列变量(诸如教义学语句的简洁性、精确性、丰富性和检验性)达到最优化的程度,另一方面取决于对这个语句充分达成共识的程度。根据以往的经验,法教义学的核心难题在于:这些价值

---

[149] 有关这一点,参见 Th. S. 库恩:《科学革命的结构》,法兰克福1973年版;以及氏著的文章,载 I. 拉卡托斯、A. 马斯格雷夫编:《知识的批判与增长》(英文),剑桥1970年版。

[150] 有关法学上的进步,参见 H. 德勒:《法学上的发现》,载《1957年杜塞尔多夫第四十二届德国法学家大会论文集》,第2卷,图宾根1959年版,第B1—B22页;以及氏著的文章,载 Chr.-Fr. 门格尔编:《行政法的进步:H. J. 沃尔夫祝寿文集》,慕尼黑1973年版。

[151] 有关此点,参见 J. 埃塞尔:《理论与实践之间的教义》,第522页、第524页;O. 巴霍夫:《面临当代行政使命的行政法教义学》,第198页;N. 卢曼:《法律系统与法教义学》,第22页;D. 德·拉泽尔:《作为妥协模式的法教义学》,第103页。

不可能随时一同得到提高。如果它们是这样的话，那么也许就可能存在若干个法教义学语句体系了；基于这些法教义学语句体系，似乎就能够从评价的角度推导出对一个法律部门中所有可能的情形都具有说服力的解决方案。

正因为这是不可能的，所以减负功能的价值就含有一定的局限。面对个案的裁决，经常需要在任选的教义学语句之间作出某种抉择，这个抉择相应地也有待证立。此外，常常也需要放弃目前所承认的某个教义学语句，而在另一情形下，为了对某个裁决进行证立，除了需要教义学语句外，通常还需要普遍实践语句。

因此，甚至必须得承认：法教义学不仅可能有减负的作用，而且也可能有增负的作用[152]。卢曼曾强调下面一点："故此，随着法律的概念阐释活动的进展，决策的困难加强了，而不是减轻了！——更确切地说：使决策变得更加困难的可能性得到了加强。"[153]然而，这只是一个方面。另一方面，几乎可以毋庸置疑的是：有一些法教义学语句，譬如与法律相关的概念之定义，它们由于足够精确并被普遍认可，而相当大地减轻了决策行为，以至于除了有关事实的确定之外，看起来不再有什么疑难问题。在这些平均（普通）的情形（Durchschnittsfälle）中，减负功能恰好在于使教义学的问

---

[152] 有关这一点，参见 K. 茨威格特：《比较法：体系与教义学》，载《E. 博提歇尔祝寿文集》，柏林 1969 年版，第 445—446 页；以及 G. 施特鲁克：《有关教义学的教义学讨论》，载《法律家报》（JZ）1975 年卷，第 86 页。

[153] N. 卢曼：《法律系统与法教义学》，第 23 页。

题不再是任何难题[154]。

当然，在平均情形中的减负作用必须对（如若放弃教义学语句将不会出现的）两难情形中的困难付出代价。该代价是否值得付出，这个问题不应该仅仅根据平均情形中的减负功能的优点，而且也应该根据教义学所带来的其他功用来加以评判。在这一点上，教义学可能导致"无它亦不会在"的问题；诚如下文还将指出的，这一事实绝不能仅仅看作是一个缺点。

4）进而更具有重要意义的是技术功能（technische Funktion）。"为了对具体法律规范的……意义整体或至少尽可能宽泛的意义领域有一个全面的观察，就有必要构成一般的基本概念、语句形式、法律制度等，因为唯有对法律规范按照它们之间存在的相互依存关系进行以这种方式简化了的、体系统一的阐释，才能够提供一个迅速的概观。"[155] 用这种方式，法教义学就产生了一种信息便利的功能（Informationsleistung）[156]，它提高了法律素材的"可传授性"（Lehrbarkeit）与"可习知性"（Lernbarkeit）[157]，

---

[154] 就此点而言，这里不能同意施特鲁克的观点，他公然持下述看法：教义学语句在平均（普通）的情形中不起任何作用（参见 G. 施特鲁克：《有关教义学的教义学讨论》，第 86 页）。

[155] W. 克拉维茨：《教义学法学的功能与局限》，载《法与政治》杂志，总第 6 期（1970 年），第 151 页；类似的看法，见同一作者：《法教义学在法官审判实践中有什么功用？》，第 52 页。另见 K. 恩吉施：《法学上的概念划分与分类》，载《K. 拉伦茨祝寿文集》，慕尼黑 1973 年版，第 125 页及以下页。

[156] J. 埃塞尔：《教义学思维在现代民法中的可能性及局限性》，第 101 页。

[157] A. 波德莱西：《法教义学方法论的法理论条件》，载《法社会学与法的理论年刊》，第 2 卷（1972 年），第 492 页。

由此也增强了它的可流传性[158]。在这个脉络中,波德莱西(A. Podlech)引证有关战后(德国)的法律,比如《战争负担补偿法》(Lastenausgleisrecht)、《纳粹迫害赔偿法》(Wiedergutmachungsrecht)以及《131法案》(131-Gesetz);对这些法律,几乎没有任何法教义学(被人们)发展,所以,对此"只有那些从事决疑术(研究)的专门实务家才能够通晓"[159]。

当然,恰好这个法教义学之教学功能可能会受到质疑。譬如,施特鲁克(Struck)曾颇为正当地考虑到:法教义学之教学价值还有待清楚地证明——尽管这种证明可以借助现代教育学的手段[160]。不过,大家也必须承认:对一个对象领域进行概念—分析的系统考察至少是对其加以掌握的一个手段。

5)非常重要的是业已提及的**检验功能**(Kontrollfunktion)[161]。诚如上述[162],一致性检验可以分为两种。在狭义的体系检验中,可以就教义学语句相互之间是否具有逻辑上的一致性进行检验;在广义的体系检验中,可以就借

---

[158] N. 卢曼:《意义作为法社会学基本概念》,载 J. 哈贝马斯、N. 卢曼:《社会理论抑或社会技术学》,第98页。

[159] A. 波德莱西:《法教义学方法论的法理论条件》,第493页。有关这个法律部门进行教义学阐释的着眼点,参见 H. J. 沃尔夫:《行政法》第3卷,慕尼黑1973年第3版,第144页。

[160] G. 施特鲁克:《有关教义学的教义学讨论》,第85—86页。

[161] 有关这方面的内容,参见 N. 卢曼:《法律系统与法教义学》,第19页、第40页及以下页;W. 克拉维茨:《法教义学在法官审判实践中有什么功用?》,第77页。

[162] 参见本书上文,第322—323页(边页码)。

助各种不同的教义学语句来加以证立的判断之间是否具有在普遍实践上的一致性进行检验。这样，法教义学研究就能够由此做到，不把个案孤立起来，而是根据大量已决和待决的个案来作出裁判。由此，它就提高了可普遍化原则之实现的程度，从而也相应地有助于正义的实现[163]。

6）这里有待提及的法教义学之最后一种积极功能是它的启发功能（heuristische Funktion）。法教义学包含着大量解答问题模式（Lösungsmodellen）、区分和视角，它们对那些总想从头开始讨论的人似乎隐而不彰。即使据此有时还并不足以来确定裁决，但利用这个工具仍然是有所裨益的。这将会引出一些似乎是不可能的或者依然存在于视野之外的提问和回答。同时，一个法教义学体系能够成为"新的观察和新的联结之有效出发点，因为通过对每次就特定问题所获得的理解层次加以概括并提高其丰富性，它也将成为新的知识的启发者，这些新的知识若没有系统反思就根本不会自动地出现在具体的部门之中，因而更谈不上加以实施了"[164]。

2.4.6 教义学论证和普遍实践论证

以上所叙述（法教义学）的诸功能及其愈来愈清晰的局限，就引出一个工具主义的法教义学视角[165]。法教义学是

---

[163] 有关这一点，参见Fr. 维亚克尔：《论法教义学的实践功用》，第335页。

[164] J. 埃塞尔：《法律发现中的前理解和方法选择》，第101页；另见N. 卢曼：《法律系统与法教义学》，第22—23页。

[165] 这样一种法教义学之工具主义观，譬如见诸J. 埃塞尔：《理论与实践之间的教义》，第518页；Fr. 维亚克尔：《论法教义学的实践功用》，第333页；以及H. 德勒：《法教义学与比较法学》，载《拉贝尔外国私法和国际私法杂志》，总第34期（1970年），第408页。

能够产生单凭普遍实践论辩尚无法获得功效的工具。这些功效，有一些，比如在稳定功能和检验功能框架内对实现可普遍化原则[166]的可能贡献，是基于普遍实践的理由而所必需的；其他功能，比如启发功能，也基于这些理由而值得期待。就此而言，法教义学是符合理性的活动。

当然，一旦法教义学不再用作"实践理性和道德领域中法律发现的工具"[167]，那么其应用的理性特征就要走向它的反面。这种情况主要是指：法教义学被利用来掩盖真实的裁判理由；或者，它被用来作为臆想的自动裁判程序。毫无疑问，这样错误地运用法教义学论述是可能的。这一现象会在哪种程度上出现，那是经验研究的对象。它果真要出现，一点儿也不奇怪。前提集（Prämissenmengen）的虚假证立和无理狡辩（Verselbständigung）*也会发生在普遍实践论证过程之中。这里唯一令人感兴趣的是：除了有错误的教义学论证，也可能有符合理性的教义学论证。

只要教义学论证回接（Rückkoppelung）普遍实践论证的链条没有丧失，那么它就是符合理性的。只要在模棱两可的情形中法教义学论述所应用的教义学语句得到证立，这种回接（普遍实践论证的）链条就没有丧失。在这种证立的过程中，

---

〔166〕 参见普遍论辩规则（1.3'）。

〔167〕 Fr. 维亚克尔：《论法教义学的实践功用》，第333页。

* 德文"Verselbständigung"，直译为"自主""自立"。采用直译显然与这里的语境不符。英译本将该词译为"question-begging"（拉丁文"petitio pricipii"，直译"以假定为论据而狡辩"），中译本采此译法（See Robert Alexy, *A Theory of Legal Argumentation*, transl. by Ruth Adler and Neil MacCormick, Oxford 1989, p. 273.）。——译者

教义学语句反过来能够得到利用；但诚如上述，其最终还是需要有普遍实践论述。

另外，法教义学论证与普遍实践论证在其他方面也还有相互的关联。上文已就纯粹的教义学证立与非纯粹的教义学证立作了区分。在纯粹的教义学证立的过程中，单单根据教义学语句连同现行有效规范之表达以及经验语句，就推导出有待证立的语句。在非纯粹的教义学证立过程中，需要超越这一点而诉诸普遍实践语句。在这些极其常见的情形中，法教义学论证与普遍实践论证之间存在着一种直接的关系。

总之，法教义学论述的应用不仅可以看作是与论辩理论的原则不相矛盾的论述，而且还可以超越这一点看作是在法律论辩之特定情境中由这些原则所要求的一种论证。故此，下面的规则是有效的：

（J.12）当能够使用教义学论述时，则必须使用之。

2.5 有关判例的适用

法律论证理论若不深入研究判例的作用，将缺乏法律论证中的一个最本质的方面。于今，甚至在欧洲大陆法中，至少判例所具有的实际意义也为各方所强调[168]。大家所争论的

---

[168] 例如，参见 K. 拉伦茨：《论判例的约束作用》，载《H. 席玛祝寿文集》，维也纳 1969 年版，第 249 页；O. A. 戈尔曼：《作为法源的判例》，斯德哥尔摩/哥德堡/乌普萨拉 1960 年版，第 11 页；M. 克里勒：《法律获取理论》，第 243 页及以下页。

是它们在理论上的评估。争论主要集中在这样一个问题：它们是否应具有法源的性质？[169]这个问题不拟在这里讨论。相反，下面的叙述主要限于两个方面：（1）从本书所勾画的法律论辩理论之立足点看判例考察所具有的作用；（2）基于判例的论述与法律论辩中其他可能的论述之间的关系。当然，第一个问题的回答对于判例的法源性质问题也具有重要意义。

2.5.1 论证负担规则

判例适用的基础是可普遍化原则[170]，其为一切作为形式条件的正义理念（即同样的事情应同样地对待）[171]确立了根据。不过，由此，判例适用的一个有待决定的难题立即显现出来：从来没有两个完全相同的案件。而经常看到的则是（它们之间的）差异。故此，根本的问题转移至对差异点之相关性的断定上[172]。然而，在对此进入探讨之前，另外一点也是很重要的。可能有这种情况：某个个案与以往另

---

[169] 对这个问题给予了明确肯定回答的有：G. 莱斯：《论判例法的本质与价值》，埃尔朗根1951年版，59页及以下页；H. W. 克鲁泽：《判例法作为内国法的法源》，图宾根1971年版，第7页及以下页；讨论修正传统法源理论的，另见 M. 克里勒：同上书，第289页；Fr. 维亚克尔：《法律与法官技艺》，卡尔斯鲁厄1958年版，第16—17页；O. A. 戈尔曼：同上书，第45页及以下页。反对判例具有法源性质的有：比如，K. 拉伦茨：《论判例的约束作用》，第247页及以下页；J. 埃塞尔：《判例法，司法惯例和习惯法》，载《Fr. 冯·希佩尔祝寿文集》，图宾根1967年版，第95页及以下页。有关分开考察方式的必要性，特别是有关区分追问法的生成、约束性与认识理由，以及有关"并非抽象地而是情境关联或角色特定地"去解决"法认识源泉问题"的必要性，参见 R. 德莱尔：《法源论的难题》，载 Chr.-Fr. 门格尔编：《行政法的进步：H. J. 沃尔夫祝寿文集》，慕尼黑1973年版，第4页及以下页。

[170] 对此，参见本书上文，第91页及以下页、第237页（规则 [1.3']）（边页码）。

[171] 或许可以参见 Ch. 佩雷尔曼：《有关正义的研究》，第22页及以下页。

[172] M. 克里勒：《法律获取理论》，第269页。

个已决的案件的相关条件非常近似，但人们却想作出不同的判决，因为对这个条件的评价在此期间发生了变化。假如人们在这里单单坚持遵守可普遍化原则，那么就将排斥这个不同的判决。然而，对任何改变都加以如此的排斥，却又与"任何判决均应服从正确性要求"不相一致。另一方面，实现正确性要求也正好属于可普遍化原则的实现。不过，这只是一个条件。普遍的条件是通过论辩的可实现性（argumentative Einlösbarkeit）。在这种情形下，一方面要求原则上要遵循先例，但另一方面也允许某种偏离；对此，若有人想要偏离（判例），则要被施加论证负担[173]。在此应适用佩雷尔曼的惯性原理，它要求：只有当能够为此提出充足的理由时，才允许改变一个（先前的）裁决[174]。何时可以解除这个论证负担，当然只能根据实际的或设想的论辩参与者来确定。

目前所要考察的是这种案件：值得遵循的事实被作为相同的事实来加以判断。而与此必须相区别的是这种案件：为支持偏离（先例），对于什么应当是规则这一点，人们可以陈述特殊的事实，或者引证说缺乏一定的事实。也正是在这里人们必将承受论证负担[175]。不过，一方面说，所涉案件非常近似，因而存在着这种论证负担；另一方面说，所涉案件差别很大，所以人们不可再承受这种负担。这两者之间的

---

[173] 有关这方面的内容，主要参见 M. 克里勒：同上书，第 243 页、第 247 页、第 253 页、第 276 页。

[174] Ch. 佩雷尔曼、L. 奥尔布里希茨-泰特卡：《新修辞学：论辩论文集》，第 42—43 页、第 294 页及以下页。佩雷尔曼明确强调：惯性原理为先例案件的诉求确立了基础。有关惯性原理，参见本书上文，第 216—217 页（边页码）。

[175] 参见本书上文，第 243 页（规则[3.1]）（边页码）。

界限不是很容易分清楚的。

建立在上述论证负担规则基础上的判例适用具有一系列值得期待的功能。这些功能部分地与应用教义学论述的功能相重合。所以，在对它们进行讨论之前，还是让我们先就教义学论证与判例论证之间的关系提出一个简要的评说吧。

这里最重要的一点是：一方面，大量的法教义学语句同时包含在判例之中，另一方面，司法裁判的结果又被要求作为现行有效法之教义学所采纳[176]。作为法学推动的教义学之特点主要在于：此种法学在更高的程度上对其语句彻底地进行概念—体系上的阐释；它在案件还不构成法官裁判的对象之前，为案件的解决建议提供某些语句，随时准备好任选的解决之可能性。与此相反，具有判例性质的司法裁判之特点主要是应看下面这个事实：司法裁判的语句不只是用来陈述建议，而且它们也用来履行一定的行为。采用前文提及的奥斯汀的分法，它们具有完全不同于法学语句的语用力[177]。当然，这不应掩盖下面一点：至少就它们的内容而言，在教义学语句与确立判例基础的语句之间，存在有相当程度上的一致性。正是由于这个原因，有关法教义学功能所讲过的许多话用来概括判例适用的功能也是非常适宜的。

这一点在稳定功能、进步功能[178]和减负功能[179]等方

---

[176] 在这个语境中，埃塞尔很中肯地谈到：判例调节着"理论与实践之间的'循环过程'"（J. 埃塞尔：《法律发现中的前理解和方法选择》，第189页）。

[177] 参见本书上文，第79页（边页码）。

[178] 对此，参见 J. 埃塞尔：《法律发现中的前理解和方法选择》，第264页及以下页。

[179] 参见同上书，第262页及以下页。

面,尤其如此。有关这些内容,还是请参阅上面的叙述。通过保证稳定性,判例适用同时就对法的安定性及司法裁判的信任保障做出贡献。

不过,法的安定性和对(司法裁判)信任保障(Vertrauensschutz)并不是它的唯一目标。若是这样的话,那么对判例之惯性原理界限的偏离就可能是不允许的。从论辩理论的立足点看,一个符合可普遍化原则和惯性原理的判例适用,其合理性的最重要理由因为普遍实践论证的局限性而产生。诚如上述,论辩规则并不是总能够使我们正好找到某种正确的结论。所以这经常为"论辩之可能"留有相当大的空间[180]。若用变动的、互不协调的解决办法来填补这个空间,将会与可普遍化原则的一致性要求发生矛盾。只要对某些被认为属于错误的裁判准则(Entscheidungsmaxime)加以放弃的可能性仍然是悬而未决的话,那么引入某个有利于判例的论证负担就不能视为对论辩规则的违反。故此,由判例所产生的论辩之可能空间的限制亦应当看作是合理的[181]。所以,下面的规则可以作为判例适用的普遍规则来予以表达:

---

[180] 参见本书上文,第256页(边页码)。

[181] 参见 M. 克里勒:同上书,第258页。在此我们不能同意拉伦茨的观点,他认为:"不是判例本身'有约束力',(有约束力的)唯有其中被正确解释的或具体化了的规范"(K. 拉伦茨:《法学方法论》,第422页)。判例之所以恰好重要,是因为经常不可能区分在诸种解答建议中哪一种是正确的建议。在此场合,某个建议以前曾经被应用过这个纯粹的事实,就是再次选择该建议的一个良好理由。另一方面,我们也必须同意拉伦茨下面的一个观点,即:判例"不允许一定程度上'盲目地'被采纳。一旦对此产生了某种严格的怀疑,那么对判例之正确性进行'推测'就不再够用了"(同上书,第422页、第423页注144)。有关证立抛弃判例的若干理由,参见 O. A. 戈尔曼:《作为法源的判例》,第35页及以下页。

(J.13) 当一项判例可以引证来支持或反对某一裁决时,则必须引证之。

(J.14) 谁想偏离某个判例,则承受论证负担。

至此,论证负担规则被作为法律论辩规则而得到证立。另一个问题在于:它是否也能够被视为"我们的实在法的一个原则"?[182] 这个问题触及对上面提及的判例之法源性质的追问。回答这个问题的尝试将会引出论辩规则在法学上的定位问题。这里点出这个问题应该说就足够了。

2.5.2 判例的适用与法律论证

论证负担规则所规定的约束程度取决于偏离判例之可能性的程度。所以对偏离的技术和偏离的理由必须加以区分。

偏离的技术是判例适用技术的组成部分。对这方面浩如烟海的理论,尤其是在英美法学上所提出的理论,本书不可能甚至哪怕只做一个开端性的陈述[183]。这里只打算强调某些对于探讨基于判例的论述与法律论辩中的其他可能论述之关系(这个问题)有重要意义的方面。

判例的适用是指为判例法判决确立根据之规范的适用。所以,"判例法也是规范法"。[184] 问题在于到底什么应被视为判例法上要予以遵循的规范呢?在这一点上,围绕着判决理由和附带意见(obiter dictum)的区别而形成了许多理

---

[182] M. 克里勒:同上书,第 248 页。

[183] 有关这方面的内容,参见 M. 克里勒:同上书,第 282 页及以下页;O. A. 戈尔曼:同上书,第 21 页及以下页。

[184] M. 克里勒:同上书,第 270 页。

论[185]。本书追求有限提问立场,来不及全面讨论这些理论,只指出其中的两个方面,即:区别(distinguishing)和推翻(overruling)的可能性。区别的技术应用在这样的场合:对判例法上应予遵循的规范,比如通过加进去某个在待决的案件所不存在的事实构成特征,来做狭义解释,以使该规范不能够对它加以适用。通过这种方式,先例本身依然得到遵循。与此相反,推翻的技术目的在于放弃先例。这里唯有一点令人感兴趣:无论是区别,还是推翻,都必须进行证立。按照克里勒的说法,对此需要有理性法上的理由[186]。在此种情境下,普遍实践论述起着特殊的作用,这一点无疑是正确的。不过,除此之外,在法律论辩中所有其他可能的论述也都是准许的。

由此证明,判例的适用是一种本身由普遍实践理由(可普遍化原则/论证负担规则)所要求的论证方式;就此而言,它也是符合理性的活动,而且它的使用也以更进一步的论述,尤其是普遍实践论述作为前提条件。

2.6 关于特殊法律论述形式的应用

特殊的法律论述形式[187]这里应被理解为法学方法论

---

〔185〕 有关争论状态(Streitstand)的叙述,参见 M. 克里勒:同上书,第282页及以下页。另见 W. 施吕特:《论"附带意见"》,慕尼黑1973年版,第77页及以下页。

〔186〕 M. 克里勒:同上书,第246页、第286页。

〔187〕 有关这个术语,参见 U. 克卢格:《法律逻辑》,柏林/海德堡/纽约1966年第3版,第97页,他曾谈到"法律逻辑的特殊论述"。不过,这个术语并不完全正确,因为这里被称为"法律的"论述形式在其他领域也具有重要性。自然,其中许多是在法学的框架内形成的。这一点也对上面所使用的术语作了证成。

上所研究的特种论述形式，诸如类推（Analogie）、反面论述（argumentum e contrario）、当然论述（argumentum a fortiori）、悖谬论述（argumentum ad absurdum）等。下面的思考唯有一个目的，即搞清楚这些形式在法律论辩中的作用。就它们的逻辑分析而言，它们主要依赖当今借助现代逻辑所进行的研究[188]。

所有特殊的法律论述形式都可以表达为有效的逻辑推论形式。这本没有什么可奇怪的，因为它对任何论述形式都同样是可能的。为此，几乎所有的情形（案件）都需要前提条件的特别调配（besondere Zubereitung），而且常常需要引入特殊的、在实际进行的论证中大多数叫不上名称的前提。把特殊的法律论述形式作为有效的逻辑推论形式来表达，具有两个优势：它们能够使人认识其逻辑结构，同时也弄清楚其非逻辑的内涵。

传统的（逻辑）概念将完全不同的（论述）形式综合在一起。现在让我们来考察由克卢格（U. Klug）所讨论过的反面论述的情形，以此作为一个虽未附加任何特殊的前提但却在逻辑上有效的推论形式之例证：

（J.15）．（1）（x）（OGx → Fx）
　　　　　（2）（x）（¬Fx → ¬OGx）（1）[189]

---

[188] 就此一方面，参见 U. 克卢格：同上书，第97页及以下页；Th. 黑勒：《类推法律适用的逻辑和价值论》，柏林1961年版；U. 迪特里希森：《法学上的"归谬法"》，载《K. 拉伦茨祝寿文集》，慕尼黑1973年版，第155页及以下页；R. 施莱贝尔：《法的逻辑》，柏林／哥廷根／海德堡1962年版，第57页及以下页。

[189] 有关这个逻辑图式，参见 U. 克卢格：同上书，第128页。该逻辑符号用在这里也是合适的。

（J.15）是一个逻辑上有效的推论。但这样一种形式的论述之可能性以下面一点为前提条件：构成出发点的规范具有在（1）中所陈述的逻辑形式。它必须规定：当且仅当 x 是一个 F 情形时，当下讨论的这个法律后果才应出现。至于情况是不是这样，则取决于对它的解释。尽管这常常依赖规范文本上的一致表达，但对于这一点也通常需要有进一步的论述。这些进一步的论述是在法律论辩中所有可能的论述所准许的[190]。即使一个像（J.15）这样的简单形式，也要引证可设想的法律论述之丰富内容。这对所有法律论辩中逻辑推论形式的使用情形都同样有效[191]。

假如特殊的法律论述形式仅仅不过是把普遍有效的逻辑推论形式应用于法律论证过程的话，那么它们几乎不会成为这么多人讨论的对象。但事实上并非如此，而正因为这样，它们令人感兴趣。人们讨论得最多的就是类推[192]。

类推也可以表述为一个有效的逻辑推论。这可以有不同的方式。我们还是选一个特别简单的方式吧。"F sim x"表示"x 相似于某个 F"。那么，类推推论就可以按照下列

---

[190] 当克卢格认为在这种情况下只需要作目的论的分析时（U. 克卢格：同上书，第 129 页），这就有些太狭窄了。目的论论述只是这里讲的可能的论述的一类。为了要证立下面一点，即：事实构成包含法律后果出现的一个必要条件，那么就可以比如引证立法者的意图。

[191] 有关通过法律语句对命题逻辑公式的变量的解释，迪特里希森举出的一个例子，涉及可能的主观累讼（Klagehäufung）。参见迪特里希森：同上书，第 170—171 页。

[192] 这里将讨论的类推形式，仅仅是法律的类推（Gesetzesanalogie）或拉伦茨所称的个别类推（Einzelanalogie）。关于这些概念，参见 K. 恩吉施：《法律思维导论》，第 147 页；K. 拉伦茨：《法学方法论》，第 368—369 页。

方式来表达：

(J.16). (1) (x) (Fx ∨ F sim x → OGx)
  .(2) (x) (Hx → F sim x)
   (3) (x) (Hx → OGx) (1), (2)

(J.16)与克卢格的公式(9.6)相一致[193]。故此，克卢格的例子也适合用来说明(J.16)。在这里，"x"可以理解为有关行为的一个变量。

（1）对于一切 x：如果 x 是一个买卖契约（F）或者一个类似买卖的契约（F sim x），那么就应当对 x 适用《德国民法典》第 433 条及以下条文（G）。

（2）对于一切 x：如果 x 是一个旨在有偿转让某个商事行为的契约（H），那么 x 就是一个类似买卖的契约（F sim）。

（3）对于一切 x：如果 x 是一个旨在有偿转让某个商事行为的契约（H），那么就应当对 x 适用《德国民法典》第 433 条及以下条文（G）。（1），（2）

这个例子说明：类推适用的真正问题不在于从（1）、（2）推论出（3），而在于对（1）、（2）进行证立。因此，克卢格建议，不宜把一个像（J.16）的推论称为"类推推论"，而应称为"对法律类推程序作结的推论"（das juristische

---

[193] U. 克卢格：《法律逻辑》，第 120 页。这是用古典的运算语言来表达的，其内容如下：$((\alpha \subset \beta) \& ((\beta \cup \gamma) \subset \delta)) \to (\alpha \subset \delta)$。其中，$\alpha$ 相当于 Hx，β 相当于 F sim x，γ 相当于 Fx，δ 相当于 OGx。

Analogie-verfahren beendende [n] Schluβ)[194]。由此就提出下面这个问题：前提条件（1）、（2）是如何能够加以证立的？

（1）通常是不能够从制定法中引申出来的规范。能够从制定法中引申出来的规范一般具有这样的形式：

（1.a）（x）（Fx → OGx）

为了从这一点得到（1），就需要如下的规则：

（1.b）从法律上看类似的事体应当具有类似的法律后果。[195]

（1.b）是可普遍化原则（1.3'）[196]的一个特殊情形，同时也是平等原则的一个特殊情形。故此，正是可普遍化原则以及平等原则为类推奠定了基础[197]。这意思是说：在证立（J.16）的第二个前提条件的过程中，即在确定相似性的过程中，适用平等原则的所有困难就都显露出来了。尽管对相似性关系的逻辑结构可以进行分析[198]，但单单基于这样

---

[194] U. 克卢格：同上书，第121页。另见 Th. 黑勒：《类推法律适用的逻辑和价值论》，第46页。

[195] 有关这样一个语句，参见 Th. 黑勒：同上书，第118页；K. 恩吉施：《法律思维导论》，第256页（注166c）。

[196] 参见本书上文，第237页（边页码）。

[197] 见 K. 恩吉施：同上书，第256页（注166c）；K. 拉伦茨：《法学方法论》，第366页；R. 齐佩利乌斯：《法学方法论入门》，慕尼黑1974年第2版，第69—70页；同一作者：《法律发现的法哲学观点》，载《法律家报》1976年卷，第153页。

[198] 对此，参见克卢格借助相似圈（Ähnlichkeitskreis）的概念对相似性的说明，以及黑勒把类推作为结构相似的看法（U. 克卢格：同上书，第79—80页、第120页；Th. 黑勒：同上书，第24页及以下页）。

一个分析还不能够确定与法律相关的相似性。所以，许多作者已经注意到：类推以某种价值评价为基础[199]。为证立这种价值评价，在法律论辩中所有可能的论述都是许可的。这不意味着：类推作为论述形式是多余的。我们也可以说，它是实质论述（inhaltlichen Argumenten）的一种形式结构，只有在这种结构中实质论述才能展开自己的效用。它本身以两种方式与论辩的概念联系在一起。第一，可普遍化原则奠定了它的基础，而该原则无论对普遍实践论辩还是对法律论辩都是构成性的；第二，只有当通过论辩被充实的时候，它才能够投入使用。

类似的情况也适用于迪特里希森（U. Diederichsen）分析过的所谓不可承受的论述（Untragbarkeitsargument）[200]。这种不可承受的论述的情形是指：例如，当证立下列主张，即通过语词使用规则 W（I$\frac{R}{W}$=R'）对某个规范 R 的一定解释 I 是不允许的，那么就表明，这将导致不可承受的、无意义的、不可理喻的或者以类似的术语表达的结果[201]。这样一个不可承受的结果用状态 Z 来代表；至少按照论辩参与者的观点看，这个结果应被看作是禁止的（O¬Z）。那么，

---

[199] 例如，参见 K. 拉伦茨：同上书，第 367 页；U. 迪特里希森：《法律家的传统逻辑》，载《法律分析》杂志，总第 2 期（1970 年），第 780 页；J. 埃塞尔：《法律发现中的前理解和方法选择》，第 183 页；O. 魏因伯格：《论法律规范系统的开放性》，载《W. 维尔堡祝寿文集》，格拉茨 1975 年版，第 447 页；Th. 黑勒：同上书，第 110 页；U. 克卢格：同上书，第 123 页。

[200] U. 迪特里希森：《法学上的"归谬法"》，第 175 页及以下页。

[201] 有关司法裁判的例证，参见迪特里希森：同上书，第 157 页、第 175 页及以下页。

该论述就具有与上面业已讨论过的（逻辑）图式（S）相一致的结构[202]：

（J.17）．（1）O¬Z
．（2）R'→Z
（3）¬R'

前提条件（1）和（2）应当予以证立。尤其是要指出：Z应被看作是禁止的，R'实际上具有Z作为结果。前者可以在其中通过普遍实践论述来确立，后者可以通过经验论述来获得。不过，（J.17）是不可承受论证的一种特别严格的形式。其较弱的形式似乎是：Z不是绝对地被禁止，而仅仅被认为是一定的任选方案中最差的一种。这里关键的一点只是：对（1）进行证立的要求创设了该论述形式与法律论辩之间的联系。

这个简要的勾勒到此就足够了。它说明：至少有三种业已讨论过的论述形式是应用普遍实践论辩之规则和形式的特殊情形。（J.15）是一个有效的逻辑推论图式，（J.16）为可普遍化原则所要求，（J.17）是考量后果的情形。只要这些形式能够回归到普遍实践论辩的规则和形式，那么它们的使用就可以称为符合理性的。但这也表明：运用这些形式就像运用解释规准一样，只有当它们能够达到饱和以及为达到饱和而附加的语句在法律论辩中能够得到证立时，才是符合理性的。故此，下面的规则对这些形式的使用发生效力：

---

[202] 故此，上已论述过的（S）的有效性也适用于这个逻辑图式。参见本书上文，第292—293页（边页码）。

(J.18) 各种特殊的法律论述形式必须达到饱和。

2.7 关于普遍实践论述在法律论辩中的作用

在前文的考察中屡屡提到普遍实践论述在法律论辩中的作用。因此，这里只就目前已讲过的东西再次做一个总结。

在下列情况下，普遍实践论证可能是有必要的：（1）对各种不同的论述形式达到饱和所需要的规范性前提进行证立[203]；（2）对有可能导致不同结果的各种不同论述形式之选择进行证立[204]；（3）对各种法教义学语句进行证立和检验[205]；（4）对区别（技术）或推翻（技术）进行证立[206]；（5）直接对在内部证成中应用的语句进行证立。

不过，在这五种情形中，普遍实践论述的应用绝不是唯一的手段。经常至少还可想到的情况还是：可能被应用的是法教义学语句或判例法语句，而不是普遍实践论述。法教义学语句或判例法语句的应用不仅在使各种不同的论述形式达到饱和的过程中是可能的，而且对有可能导致不同结果的各种不同论述形式之选择进行证立的过程中也是可能的。可普遍化原则要求：在各种不同的选择情境中应根据权衡轻重的规则来进行活动（J.8）[207]。这些权衡轻重的规则能够吸收法教义学语句或判例法语句的特性。为了对区别（技术）或

---

[203] 参见本书上文，第293、301—302、346页（边页码）。
[204] 参见本书上文，第305—306页（边页码）。
[205] 参见本书上文，第321页及以下页（边页码）。
[206] 参见本书上文，第340页（边页码）。
[207] 参见本书上文，第306页（边页码）。

推翻（技术）进行证成，也可以引述法教义学语句。最后，法教义学语句本身也可能反过来通过教义学语句来证立。

自然，法教义学语句或判例法语句有可能排挤掉普遍实践论证而涉足上述的五种情形。不过，这样做只是局部的，而且经常只是不彻底的，同时也总是临时性的。

说它们的排挤只是局部的，因为并不总是具有合适的法教义学语句或判例法语句可供利用。在没有合适的法教义学语句或判例法语句可供利用的地方，普遍实践论证就直接介入。

排挤经常只是不彻底的，是因为尽管法教义学语句或判例法语句时常可以引导出来，但是这些语句并不是（比如为使论述形式达到饱和）所必需的语句，而且基于这些语句（甚至连同经验语句以及现行有效法律规范的表达）也在逻辑上推不出所必需的语句。在此情境下，就需要一些具有规范性内涵的其他前提条件，这些内涵应通过普遍实践来加以证立。故此，这里所进行的活动是上面所称的"非纯粹的教义学证立"[208]，或者相应地可以称为"非纯粹的判例法证立"。

最重要的一点，排挤普遍实践论述经常只是临时性的。法教义学语句不可能总是不断通过教义学语句来证立。对它们的检验以及对判例的可适用性的证立最后都需要有普遍实践论述[209]。在此意义上，普遍实践论证构成了法律论证的基础。

---

[208] 参见本书上文，第 320 页（边页码）。
[209] 参见本书上文，第 324—325、340 页（边页码）。

第三章　法律论辩和普遍实践论辩

前一章的讨论已经说明了法律论辩与普遍实践论辩之间的关联关系。如果把所叙述过的内容再总结一下，那么就可以把这种联系分为四个方面：（1）从普遍实践论辩性质的角度看法律论辩的必需性；（2）在正确性要求上的局部一致性；（3）法律论辩规则、形式与普遍实践论辩规则、形式在结构上的一致性；（4）在法律论证框架内普遍实践论证之必需。

1. 从普遍实践论辩性质的角度看法律论辩的必需性

法律论辩的必需性由于普遍实践论辩之规则和形式的弱点而产生。这些规则和形式的弱点在于：它们界定了作出裁判（决定）的程序，但在许多情况下，此类程序根本不产生任何结果，即使产生了某种结果，也绝不保证百分之百的确实性。说明这些弱点，有三方面的理由：（1）论辩规则并未规定，论辩参与者必须从何种规范性前提条件出发来讨论问题。这样，他们实际先在的、相互经常不一致的规范性确信就构成了论辩的出发点。因为（2）并非所有的论证步骤都已得到确定，（3）有些论辩规则只能近似地得以实现，所以经常存在着无法达成共识的可能性。事实上，论辩规则要求某些规范性命题应作为论辩之必须的（命题）。其反面（否定

第三编 法律论证理论

命题）与它们不相一致（"论辩之不能的［命题］"）[210]。然而，仍然有一个广泛的论辩之可能的空间，其中在不违反论辩规则的情况下既可以对确定的规范性命题，也可以对它们的反面（否定命题）进行证立[211]。

鉴于这种情形和事实上既定的决定（裁判）需求（Entscheidungsbedarf），那么，以尽可能理性的方式对论辩之可能的空间所限定的程序达成一致，也是符合理性的；换言之，（这样做）在实践论辩上是可以证立的。这些程序的适例包括基于多数裁决和代议原则的议会立法规则、各种不同的诉讼程序制度等。

立法程序中所创制的法律规范解决不了所有的难题。问题很清楚：它们不能够对司法判决完全加以确定。针对这一点，我们（在上文）曾陈述过4个方面的理由：（1）法律语言的模糊性；（2）规范之间有可能发生冲突；（3）可能存在这样的事实，即，有些案件需要法律上的调整，但却没有任何事先有效的规范适合来用于调整；（4）在特定案件中，所作出的裁判有可能背离规范的条文原义[212]。假如人们对由此既定的不确定空间总是想单独通过普遍实践论证来加以满足的话，那么普遍实践论辩的缺点就会在相当大的程度上延续到司法判决的过程之中。所以，引入法律论证的特殊形式和规则，把这个作为法学的活动加以制度化并将它置于判例的语境之中，这样做是合理的。通过这种方式，就可以

---

[210] 参见本书上文，第35页（边页码）。
[211] 参见本书上文，第174—175、256页（边页码）。
[212] 对这四点，参见本书上文，第17—18页（边页码）。

在法律规范所留下的不确定空间内进一步限定论辩之可能的空间。

在这个过程中,普遍实践论证是不会被法律论证排挤掉的。诚如前文所一再表明的那样,法律论证始终依赖于普遍实践论证。因此,基于普遍实践论辩的性质所存在的非确定性(Unsicherheit),从来就不可能彻底被排除。然而,作为法律论证的基础,普遍实践论证则必须(尤其是)借助作为法学的法律论辩之制度化来进行,而且在相当程度上是在提高法律论证之功用力的条件下来进行。

2. 在正确性要求上的局部一致性

作为法律论证之构成性因素的正确性要求,形成了另一方面的关联关系[213]。与普遍实践论辩的情形不同,(法律论证的)这个要求所诉诸的不是下面一点:当下讨论的规范性命题是绝对符合理性的;而是另一点:它在现行有效法秩序的框架内能够理性地加以证立[214]。所以,法律论证的合理性在其为制定法所确定的这个程度上,总是与立法的合理性相关的。司法判决的绝对合理性似乎也将以立法的合理性为前提条件。后一点所具有的条件是:在相关涉的社会中,实践问题均被合乎理性地加以解决了。为了得出一种(其内容也包含有这些合理性条件的)法律论辩理论,普遍理性实

---

[213] 有关这个要求,参见本书上文,第 165 页及以下页、第 264 页及以下页(边页码)。

[214] 参见本书上文,第 272 页(边页码)。

践论辩理论似乎必须扩展至包括立法理论以及规范性社会理论（normative Theorie der Gesellschaft），而法律论辩理论只是这个规范性社会理论的一个组成部分。所以本书在这里所追求的目标是相对较为有限的。它仅仅提问：到底什么叫"在现行有效法秩序的框架内符合理性地作出决定"？这个问题必须在法律论证理论上得到解释。不过，在这个理论中，有一系列问题具有重要意义，这些问题不仅应在立法理论中，而且也应在规范性社会理论中加以研究。故此，上述各种理论尽管可能有区别，但它们（相互间）并非严格分离。

3. 法律论辩规则、形式与普遍实践论辩规则、形式在结构上的一致性

法律论辩与普遍实践论辩之间的关联关系，特别明显地表现在法律论辩规则、形式与普遍实践论辩规则、形式在结构上的一致性。

1）内部证成的规则和形式是可普遍化原则（1.3'）[215]的应用情形，该原则符合"同样的事情同样地对待"这个形式正义原则[216]。内部证成的规则和形式就是法律论证的基本架构（Grundgerüst）。故此，上述原则同时构成了普遍实践论辩和法律论辩的基础。

2）经验论证既在普遍实践论辩，也在法律论辩中总是起着

---

[215] 参见本书上文，第91页及以下页、第237页（边页码）。
[216] 参见本书上文，第274页（边页码）。

重要的，且往往也属决定性的作用。人们经常对规范性前提表示同意，但对于事实却颇有争议。所以，规则（6.1）[217]在两种论辩形式中均有效，它允许在任何时候都能够转入理论上的（经验的）论辩。在此方面，同样的问题也出现在两种论辩形式之中，即：必要的经验知识常常不可能带来必要的确实性。因而，两种论辩形式还需要有符合理性的（合理的）推测[218]。

3）作为解释规准综合在一起的论述形式，有一些有助于建构法律论证的约束性（如前所述，这些约束绝不是不合理的）。另一些则属于普遍实践论述形式的变体。譬如，上已讨论过的目的论的论述形式（J.5）[219]就应看作是普遍后果论述（4.3）[220]的一个变体。

4）教义学法学（dogmatische Rechtswissenschaft）可以理解为（受制于法秩序存在条件的）法律论辩之制度化。通过这种制度化，就能够带来单凭普遍实践论辩似乎还不能够获得的功效[221]。论辩（讨论）在时间维度、主体维度和客体（对象）维度上得到了相当程度的拓展。由此既可能提高裁判（决定）的一致性，也可能强化裁判的分歧性。前者直接被无矛盾性原则[222]、可普遍化原则[223]和惯性原理[224]

---

[217] 参见本书上文，第255、287页（边页码）。
[218] 参见本书上文，第255页（边页码）。
[219] 参见本书上文，第297页（边页码）。
[220] 参见本书上文，第247、292页（边页码）。
[221] 参见本书上文，第326页及以下（边页码）。
[222] 参见本书上文，第234页及以下（边页码），规则（1.1）。
[223] 参见本书上文，第237页，规则（1.3'）。
[224] 对此，参见本书上文，第243—244页（边页码），规则（3.1）和（3.2）。

所要求，后者间接地被理性规则（2.2）[225]中表达的许可与考量所有论述的规定所要求。实现这些要求符合法教义学所履行的稳定[226]、进步[227]、检验[228]和启发[229]等功能。

5）可普遍化原则和惯性原理构成了判例适用的基础[230]。同时，普遍实践原则也为之奠定了根据。

6）最后，这对特殊法律论述形式的应用来讲也是有效的。业已讨论过的反面论述的变体就是逻辑规则应用，同时也是（1.1）应用的一个情形[231]，类推也证明是可普遍化原则（1.3'）应用的一个特殊情形，不可承受的论述是后果论述（S）[232]及（4.3）[233]之基本形式的一个变体。

4. 在法律论证框架内普遍实践论述之必需

两种论辩形式之关联关系被强调得最频繁的一点，不是上面所概述的结构上的一致性，而是在法律论证框架之内普遍实践论述的必需性。前文对其理由已曾多次强调，并曾就此做过总结陈述[234]。我们断定：法律论证始终依赖于普遍

---

[225] 参见本书上文，第240页（边页码）。
[226] 参见本书上文，第326页及以下页（边页码）。
[227] 参见本书上文，第328—329页（边页码）。
[228] 参见本书上文，第331—332页（边页码）。
[229] 参见本书上文，第332页（边页码）。
[230] 参见本书上文，第335—336页（边页码）。
[231] 参见本书上文，第234、342页（边页码）。
[232] 参见本书上文，第292、345页（边页码）。
[233] 参见本书上文，第247页（边页码）。
[234] 参见本书上文，第346页及以下页（边页码）。

实践论证，因此，可以从这一点来说，普遍实践论证构成了法律论证的基础。

此一结论与上面所表达的主张好像是有某点矛盾，该主张认为：法律论辩有必要，恰好因为普遍实践论辩有缺陷；法律论辩，尤其借助其作为法学的法律论辩之制度化以及它与判例的联系而能够产生普遍实践论辩所不可能有的功效。那么，为什么应该需要有法律论证呢？假如它无论如何都一定要依赖于普遍实践论证，那么它到底应怎样能够产生这些功效呢？

答案显然来自于我们迄今已经讲过的东西。法律论证依赖于普遍实践论证，不是指它与普遍实践论证完全同一，或可以完全归结为普遍实践论证。在法律论辩中所需要的普遍实践论证是以特殊的形式、按照特殊的规则以及在特殊的条件下进行的。这些特殊的形式和规则既可能导致论证的加固，也可能导致论证的分歧。基于普遍实践的理由看，这两者都是必需的。故此，法律论证可以看作是特殊形式的普遍实践论证，这种论证是基于普遍实践的理由所必需的，在结构上依赖于普遍实践原则，以特殊的形式、按照特殊的规则以及在特殊的条件下进行的，因此它具有特殊的效用，不可（完全）归结为普遍实践论证。

5. 理性法律论辩理论的局限性和必要性

法律论证尽管是以特殊的形式、按照特殊的规则以及在特殊的条件下进行的，但仍然总是依赖于普遍实践论证，这意味着：普遍实践论辩的缺陷虽然在法律论辩中相当程度上得到缓解，但还不可能完全得到根除。

对于一些人而言，假如他们只准备把保证结果之确实性的程序作为理性法律论证理论*来接受的话，那么这里所提出的理论就会由于这个理由而被拒之门外了。可是，一个保证（结果之）确实性的程序还没有出现呢。所以，谁要是把理性与确实性相等同，就必然会放弃理性法律论证理论。

但是，这样一种等置，绝没有什么道理。哪怕自然科学与法学相比属纯正科学的范式，也不可能说产生了百分之百的确实性。所以，单凭不可能达到确实性这一事实，几乎还不能够作为一个足够的理由来否认法学具有科学性或者否定其属于一种理性的活动。

构成法学之理性特征的，不是确实性的产生，而是一系列条件、标准或规则的实现。本书所力图要做的，就是要寻找到这些条件、标准或规则。它们的系统概括可以看作是对理性的法律论证概念的说明。

不是结果的确实性，而是这些条件、标准或规则的实现构成法律论证之理性特征，针对这一点恐怕难以提出严格的反驳意见。问题倒是在于：什么应算作是这些条件、

---

* 阿列克西在这一节里分别用两个术语（"Theorie des rationalen juristischen Diskurses"和"Theorie der rationalen juristischen Argumentation"）来表达同一个概念。但为了显示其使用上的细微差异，这里还是将"Theorie des rationalen juristischen Diskurses"译作"理性法律论辩理论"，将"Theorie der rationalen juristischen Argumentation"译为"理性法律论证理论"。——译者

标准或规则。就其最低限度的构成要件，我们很容易达成一致意见。属于这方面内容的有：譬如，所使用的经验语句的一致性（无矛盾性）要求、目的合理性要求及真实性要求等。这些要求并非是无意义的，只是它们对法律论证的重要性还没有被充分地加以说明而已。然而，但就有这一点，它们尚不足以构成理性法律论证概念之分析的基础。法律论证可以是体现一致性的，其不违背目的合理性原则，本身只依靠经验语句，但它们也可能（由于为其奠定基础的目的）被称为是"不合理的"。因而，理性的法律论证概念的说明必须从比上面提及的标准更强的一些标准出发。

本书所提出的理论就是对这些更强的标准进行阐述的一种尝试。这种尝试不只是用来分析某个有趣的概念。假如"在法律讨论中要提出理性论证之要求"这个主张是切合实际的话，那么对"理性的法律论证应如何理解"这个问题的分析就是对该论证进行理论阐释的一个先决条件。

在本书的研究中，理性法律论证概念的说明是通过对一系列规则和形式加以阐述来进行的，论证必须遵循这些规则并且必须采用这些形式，以使其所提出的要求得到满足。当某个论证（论辩）符合这些规则和形式时，由它所达到的结果才可以被称为是"正确的"。由是，法律论辩的规则和形式就构成了司法判决之正确性的一个标准。

作为普遍实践论辩的特殊情形，法律论辩也包含有普遍实践论辩的规则和形式。它们的使用作为正确裁判（决定）的标准使之有必要诉诸假设的论辩（hypothetische Diskurse）

和假设的共识（hypothetische Konsense）*。同时，法律论证需要有普遍实践论述，在这个程度上，理性法律论辩理论也像普遍实践论辩理论一样具有（作为规范性命题正确性之假定标准的）非确定性。这些非确定性尽管不一定导致论辩理论作为正确标准（尤其是可能作为反面标准而发挥某些作用）的无用性（Unbrauchbarkeit），但它们确实意味着：有关某个裁判（决定）是否正确的判断（除了论辩之必须的领域以外）总是具有临时的性质，也就是说，它总是可以被反驳的。

法律论辩的规则和形式的功用不限于说明理性法律论证理论的概念（同时不限于说明正确性要求），也不限于作为假定的正确性标准的功能。它们同时也包含着对实际进行的论辩（论证）的要求。这样，它们本身就构成了一个标准，依此标准，就可以对那些在司法判决的发现过程和诉讼过程中所必需的限制加以衡量。在这一点上，必须要从上面阐述过的说法出发，即：在一定的情境中，同其他一些限制或者根本没有限制相比较，这些限制将提供更大的机会，来获得某种（或许在理想的条件下也会达到的）结果；只有这样，上述限制才是有证成根据的。由此，论辩理论就为裁判程序及由此产生的裁判本身的合理性提出了一种类似于情境说明的标准（situationsspezifisches Kriterium）。

最后，不应低估理性法律论辩理论作为某种理想之定义的功能。事实证明，这个功能本身越过了法学的藩篱。法律

---

* "假设的论辩"和"假设的共识"这两个概念及思想，来自哈贝马斯的真理共识论。具体参见本书上文，第135页及以下页（见边码）。——译者

职业人尽管能够在其所拥有的专业领域内对于实现理性和正义有所作为,但他们不可以孤立地来实现之。这样做须以合理、公正的社会秩序为前提条件。

对此还要再说些什么,并不是本书研究的使命。其目标是较为有限的。假如本书能够做到稍微有点清楚地说明法学能够以及如何能够作为实践理性的一个特殊领域,那么这些目标也就达到了。

附 录

普遍实践论辩理论和法律论辩之规则和形式一览表

（作者说明：应强调的是，这个一览表并非本书研究思路的一个概括，而只是其特定种类之结论的一个总结）

一、普遍实践论辩的规则和形式

1. 基本规则

（1.1）任何一个言谈者均不得自相矛盾......234[*]

（1.2）任何一个言谈者只许主张其本人所相信的东西......234

（1.3）任何一个言谈者，当他将谓词 F 应用于对象 a 时，也必须能够将 F 应用于所有相关点上与 a 相同的其他任一对象上......234

（1.3'）任何言谈者只许对这样的价值—义务判断作出主张，即当他处在所有相关点均与其作出主张时的情形完全相同的所有其他情形时，他也同样会作出完全相同的主张......237

---

[*] 页码数见正文中对它们进行表达的出处（本中译本，见相应的边页码。——译者）。

（1.4）不同的言谈者不许用不同的意义来做相同的表达 235

2. 理性规则

（2）任何一个言谈者必须应他人的请求就其所主张的内容进行证立，除非他能举出理由证明自己有权拒绝进行证立 239

（2.1）任何一个能够讲话者，均允许参加论辩 240

（2.2）(a)任何人均允许对任何主张提出质疑 240

(b)任何人均允许在论辩中提出任何主张 240

(c)任何人均允许表达其态度、愿望和需求 240

（2.3）任何言谈者均不得在论辩之内或论辩之外由于受到统治强迫的阻碍而无法行使其在（2.1）和（2.2）中所确定的权利 240

3. 论证负担规则

（3.1）如果有谁想将某人A与某人B做不同对待，那么他就负有责任，对这样做的理由进行证立 243

（3.2）如果有谁想对不属于讨论对象的命题或规范进行抨击，那么他就必须说明这样做的理由 244

（3.3）已经提出论述者，只有当出现反证时才负有责任做进一步的论述 244

（3.4）如果有谁想在论辩中就其态度、愿望或需求提出与其先前的表达无关的主张或陈述，那么他就必须应他人的请求证明其为何要提出这样的主张或这样的陈述 245

4. 论述形式

(4) $\dfrac{G}{\dfrac{R\cdot}{N\cdot}}$ 246

(4.1) $\dfrac{T}{\dfrac{R}{N}}$ (4.2) $\dfrac{F}{\dfrac{R}{N}}$ 246

(4.3) $\dfrac{F_R}{\dfrac{R'}{R}}$ (4.4) $\dfrac{T'}{\dfrac{R'}{R}}$ 247

(4.5) $R_i P R_k$ 和 $R'_i P R'_k$ 249

(4.6) $(R_i P R_k)C$ 和 $(R'_i P R'_k)C$ 249

5. 证立规则

(5.1.1) 任何提出规范性命题者,必须当假设其置身于当事人之处境时,也能够接受由其提出的命题预设为前提(满足每个人利益)的规则所造成的后果 251

(5.1.2) 任何满足每个人利益的规则所造成的后果,必须能够被所有的人所接受 252

(5.1.3) 任何规则必须公开,且是普遍可传授的 252

(5.2.1) 言谈者之道德观念所依据的道德规则,必须能够经得起批判的、历史生成的检验。一旦下列情形之一出现,则道德规则就不可能经得起这样的检验:

a) 当该道德规则虽然以前经过理性地证立,但后来却又丧失了其合理性根据;

或者,

b) 当该道德规则以前即未经过理性地证立,而现在又

提不出任何足够的新的证明理由 253

（5.2.2）言谈者之道德观念所依据的道德规则，必须能够经得起其个人的发生史（生成史）的检验。一旦道德规则的采用仅仅根据某些无法证成的社会化条件时，它们就不可能经得起这样的检验 253

（5.3）事实上所形成的可实现界限必须得到遵守 254

6. 过渡规则

（6.1）任何人在任何时候都能够转入理论上的（经验的）论辩 255

（6.2）任何人在任何时候都能够转入语言分析的论辩 255

（6.3）任何人在任何时候都能够转入论辩理论的论辩 255

二、法律论辩的规则和形式

1. 内部证成的规则和形式

1.1. 形式

1.1.1. 最简单的形式

$(J.1.1).\ (1)\ (x)(Tx \rightarrow ORx)$
　　　$.\ (2)\ Ta$
　　　$(3)\ ORa \qquad (1),(2)$ 274

1.1.2. 最普遍的形式

$(J.1.2).\ (1)\ (x)(Tx \rightarrow ORx)$
　　　$.\ (2)\ (x)(M^1x \rightarrow Tx)$
　　　$.\ (3)\ (x)(M^2x \rightarrow M^1x)$

.
.
.
.(4)(x)(Sx → M^{n}x)
.(5)Sa
(6)ORa　(1)—(5) 279

1.2. 规则

(J.2.1)欲证立法律判断,必须至少引入一个普遍性的规范 275

(J.2.2)法律判断必须至少从一个普遍性的规范连同其他命题逻辑地推导出来 275

(J.2.3)每当对于 a 是否为 T 或者 M^i 产生疑问时,均必须提出某个规则,对该问题作出决定 279

(J.2.4)需要尽可能多地展开逻辑推导步骤,以使某些表达达到无人再争论的程度,即:它们完全切合有争议的案件 280

(J.2.5)应尽最大可能陈述逻辑的展开步骤 280

2. 外部证成的规则和形式

2.1 经验论证的规则和形式

这适用于(6.1)之规则。特殊的规则和形式没有详述 287

2.2 解释的规则和形式

2.2.1 语义学解释的形式

(J.3.1)基于 W$_i$,R' 必须被接受为是对 R 的解释 289

（J.3.2）基于 W_k，R' 可能不被接受为是对 R 的解释 289

（J.3.3）因为 W_i 和 W_k 均不成立，所以，R' 可能接受为是对 R 的解释，也可能不接受为是对 R 的解释 289

2.2.2 发生学解释的形式

（J.4.1）．（1）R'（$=I\frac{R}{W}$）是立法者意图所在

．（2）R'...291

（J.4.2）．（1）立法者根据 R 来追求目标 Z

．（2）$\neg$ R'（$=I\frac{R}{W}$）$\rightarrow \neg$ Z

（3）R'...291

2.2.3 目的论解释的基本形式

（J.5）．（1）OZ

．（2）$\neg$ R'（$=I\frac{R}{W}$）$\rightarrow \neg$ Z

（3）R'...297

2.2.4 历史、比较和体系解释的形式没有详细列出

2.2.5 规则

（J.6）任何属于解释规准的论述形式，必须达到饱和 302

（J.7）那些表达受法律的文义或历史上的立法者意图之约束的论述，比其他论述具有优位，除非能够提出合理的理由说明其他的论述被赋予了优位 305

（J.8）各种不同形式的论述的分量，必须根据权衡轻重的规则来加以确定 306

（J.9）一切属于解释规准而又能够尽可能被提出的论述形式，都必须予以考量 306

2.3 教义学论证的规则

（J.10）任何教义学语句，当它受到怀疑时，必须应用至少一个普遍实践论述来加以证立 325

（J.11）任何教义学语句，必须能够既经得起狭义体系的检验，也经得起广义体系的检验 325

（J.12）当能够使用教义学论述时，则必须使用之 334

2.4 判例适用的最普遍规则

（J.13）当一项判例可以引证来支持或反对某一裁决时，则必须引证之 339

（J.14）谁想偏离某个判例，则承受论证负担 339

2.5 特殊的法律论述形式

2.5.1 形式

（J.15）．（1）(x)(OGx → Fx)

　　　　（2）(x)(¬Fx → ¬OGx)（1）.................342

（J.16）．（1）(x)(Fx ∨ F sim x → OGx)

　．（2）(x)(Hx → F sim x)

　　　　（3）(x)(Hx → OGx)（1），（2）........343

（J.17）．（1）O¬Z

　．（2）R' → Z

　　　　（3）¬R'...345

2.5.2 规则

（J.18）各种特殊的法律论述形式必须达到饱和 346

参考文献

Adomeit, K., Zivilrechtstheorie und Zivilrechtsdogmatik-mit einem Beitrag zur Theorie der subjektiven Rechte, in: Jahrbuch Für Rechtssoziologie und Rechtstheorie 2 (1972), S. 503-522. [K. 阿多迈特：《民法理论与民法教义学——兼论权利学说》，载《法社会学与法的理论年刊》，第2卷（1972年），第503—522页。]

Albert, H., Traktat über kritische Vernunft, 2. Aufl, Tübingen 1969. [H. 阿尔伯特：《批判理性论》，图宾根1969年第2版。]

——Erkenntnis und Recht. Die Jurisprudenz im Lichte des Kritizismus, in: Jahrbuch Für Rechtssoziologie und Rechtstheorie 2 (1972), S. 80-96. [《知识与法：批判主义视野中的法学》，载《法社会学与法的理论年刊》，第2卷（1972年），第80—96页。]

Alston, W. P., Vagueness, in: The Encyclopedia of Philosophy, hrsg. v. P. Edwards, New York/London 1967, Bd. 8, S. 218-221. [W. P. 阿尔斯顿：《模糊性》，载P. 爱德华兹编：《哲学百科全书》，纽约/伦敦1967年版，第8卷，第218—221页。]

Ambrose, A./**Lazerowitz**, M., Ludwig Wittgenstein. Philosophy and Language, London/New York 1972. [A. 安布罗斯、M. 拉察洛维奇编：《路德维希·维特根斯坦：哲学与语言》，伦敦/纽约1972年版。]

Anderson, A. R./**Belnap**, N. D., Enthymemes, in: The Journal of Philosophy 58(1961), S. 712-722. [A. R. 安德森、N. D. 贝尔纳普：《省略三段论》，载《哲学杂志》，总第58期（1961年），第712—722页。]

Apel, K.-O., Von Kant zu Peirce: Die semiotische Transformation der Transzendentalen Logik, in: ders., Transformation der Philosophie, Bd. 2, Das Apriori der Kommunikationsge-meinschaft, Frankfurt a. M. 1973, S. 157-177.［K.-O. 阿佩尔：《从康德到皮尔斯：超验逻辑的符号学转型》，载氏著：《哲学的转型》，第 2 卷："交往共同体的先验性"，法兰克福 1973 年版，第 157—177 页。］

—Das Apriori der Kommunikationsgemeinschaft und die Grundlagen der Ethik, in: ders., Transformation der Philosophie, Bd. 2, Das Apriori der Kommunikationsgemeinschaft, Frankfurt a. M. 1973, S. 358-435.［《交往共同体的先验性与伦理学的基础》，载氏著：《哲学的转型》，第 2 卷，法兰克福 1973 年版，第 358—435 页。］

—Sprechakttheorie und transzendentale Sprachpragmatik zur Frage ethischer Normen, in: ders. (Hrsg.), Sprachpragmatik und Philosophie, Frankfurt a. M. 1975, S. 10-173.［《对待伦理学规范问题的言语行为理论与超验语用学》，载 K.-O. 阿佩尔编：《语用学与哲学》，法兰克福 1975 年版，第 10—173 页。］

Aristoteles, Topik, übers. v. E. Rolfes, 2. Aufl. Leipzig 1922 (unveränd. Nachdruck Hamburg 1968).［亚里士多德：《论题篇》德文本，E. 罗尔菲斯译，莱比锡 1922 年 2 版（未修订再版，汉堡 1968 年版）。］

—Nikomachische Ethik, übers. u. komm. v. Fr. Dirlmeier, 5. Aufl. Darmstadt 1969.［《尼可马克伦理学》德文本，Fr. 迪尔迈埃尔翻译并评注，达姆施塔特 1969 年第 5 版。］

—Metaphysik, The Works of Aristotle, Bd. 8, hrsg. u. ins Englische übers. v. W. D. Ross, 2. Aufl. Oxford 1928.［《形而上学》，《亚里士多德著作集》第 8 卷，W. D. 罗斯编辑并译英文，牛津 1928 年第 2 版。］

Austin, J.L., How to do things with Words, London/Oxford/New York 1962 (dt.: Zur Theorie der Sprechakte, Stuttgart 1972).［J. L. 奥斯汀：《如何以言行事》，伦敦 / 牛津 / 纽约 1962 年版（德文本，斯图加特 1972 年版）。］

—Performative und konstatierende Äußerung, in: Sprache und Analysis, hrsg. u. übers. v. R. Bubner, Göttingen 1968, S. 140-153. [《施为性话语与记述性话语》,载 R. 勃布纳主编并翻译:《语言与分析》,哥廷根 1968 年版,第 140—153 页。]

—The Meaning of a Word, in: ders., Philosophical Papers, hrsg. v. J. O. Urmson/G. J. Warnock, 2. Aufl. London/Oxford/New York 1970, S. 55-75. [《词的意义》,载氏著:《哲学文集》,J. O. 厄姆森、G. J. 瓦诺克编,伦敦/牛津/纽约 1970 年第 2 版,第 55—75 页。]

—Other Minds, in: ders., ders., Philosophical Papers, S.76-116. [《他人之心》,载氏著:《哲学文集》,第 76—116 页。]

—Truth, in: ders., Philosophical Papers, S. 117-133. [《论真理》,载氏著:《哲学文集》,第 117—133 页。]

—How to Talk, in: ders., Philosophical Papers, S. 134-153. [《如何说话》,载氏著:《哲学文集》,第 134—153 页。]

—Performative Utterances, in: ders., Philosophical Papers, S. 233-252. [《施为性话语》,载氏著:《哲学文集》,第 233—252 页。]

Ayer, A. J., Language, Truth and Logic, 1. Aufl. London 1936, Neuausgabe Harmondsworth 1971(dt.: Sprache, Wahrheit und Logik, Stuttgart 1970). [A. J. 艾耶尔:《语言、真理与逻辑》,第 1 版,伦敦 1936 年版;新版,哈蒙兹沃斯 1971 年版(德文本,斯图加特 1970 年版)。]

Bachof, O., Die Dogmatik des Verwaltungsrechts vor den Gegenwartsaufgaben der Verwaltung, in: VVDStRL 30 (1972), S. 193-244. [O. 巴霍夫:《面临当代行政使命的行政法教义学》,载《德国国家法教师协会资料》,总第 30 期(1972 年),第 193—244 页。]

Baier, K., The Moral Point of View, Ithaka/London 1958 (dt.: Der Standpunkt der Moral, Düsseldorf 1974). [K. 拜尔:《道德的视点》,伊萨卡/伦敦 1958 年版(德文本,杜塞尔多夫 1974 年版)。]

Ballweg, O., Rechtswissenschaft und Jurisprudenz, Basel 1970. [O. 巴尔韦

格:《法学与法律学》,巴塞尔1970年版。]

Bar-Hillel, Y., On Habermas' Hermeneutic Philosophy of Language, in: Synthese 26 (1973), S. 1-12.［Y. 巴尔-希勒尔:《论哈贝马斯的解释学语言哲学》,载《综合法》杂志,总第26期(1973年),第1—12页。］

Beardsmore, R. W., Moral Reasoning, London 1969.[R. W. 比尔兹摩:《道德推理》,伦敦1969年版。]

Berki, R. N., Interests and Moral Ideals, in: Philosophy 49 (1974), S. 265-280.[R. N. 别尔基:《利益和道德理想》,载《哲学》杂志,总第49期(1974年),第265—280页。]

Berlin, I. u. a. (Hrsg.), Essays on J. L. Austin, Oxford 1973.[I. 伯林等编:《J. L. 奥斯汀文选》,牛津1973年版。]

Bird, O., The Re-Discovery of the Topics, in: Mind 70 (1961), S. 534-539.[O. 伯德:《论题学的再发现》,载《心灵》杂志,总第70期(1961年),第534—539页。]

Bokeloh, A., Der Beitrag der Topik zur Rechtsgewinnung, Diss. Göttingen 1972.[A. 博克罗:《论题学对法律获取的贡献》(博士论文),哥廷根,1972年。]

Brandt, R. B., Ethical Theory, Englewood Cliffs N. J. 1959.[R. 勃兰特:《伦理学理论》,恩格尔伍德·克利弗斯N. J. 1959年版。]

Broad, C. D., Five Types of Ethical Theory, London 1930.［C. D. 布罗德:《伦理学理论的五种类型》,伦敦1930年版。]

Brock, D. W., Recent Work in Utilitarianism, in: American Philosophical Quarterly 10 (1973), S. 241-276.[D. W. 布洛克:《功利主义晚近的著作》,载《美国哲学季刊》,总第10期(1973年),第241—276页。]

Brohm, W., Die Dogmatik des Verwaltungsrechts vor den Gegenwartsaufgaben der Verwaltung, in: VVDStRL 30 (1972), S. 245-312.[W. 布洛姆:《面临当代行政使命的行政法教义学》,载《德国国家法教师协会资料》,总第30期(1972年),第245—312页。]

Brouwer, L. E. J., Over de Grondslagen der Wiskunde, Amsterdam/Leipzig 1907.［L.E.J. 布劳威尔：《论数学基础》，阿姆斯特丹／莱比锡 1907 年版。］

Brüggemann, J., Die richterliche Begründungspflicht, Berlin 1971.［J. 布吕格曼：《法官的证立义务》，柏林 1971 年版。］

Canaris, C.-W., Systemdenken und Systembegriff in der Jurisprudenz, Berlin 1969.［G.-W. 卡纳里斯：《法学中的体系思维和体系概念》，柏林 1969 年版。］

Carnap, R., Philosophy and Logical Syntax, London 1935.［R. 卡尔纳普：《哲学与逻辑句法》，伦敦 1935 年版。］

——Meaning and Necessity, 2. Aufl. Chicago/London 1956.［《意义和必然》，芝加哥／伦敦 1956 年版第 2 版。］

Chisholm, R. M., Contrary-to-Duty Imperatives and Deontic Logic, Analysis 24 (1963), S. 33-36.［R. M. 齐斯霍尔姆：《反义务命令与道义逻辑》，载《分析》杂志，总第 24 期（1963 年），第 33—36 页。］

Diederichsen, U., Topisches und systematisches Denken in der Jurisprudenz, in: NJW 19（1966），S. 697-705.［U. 迪特里希森：《法学中的论题学思维和体系思维》，载《新法律周刊》，总第 19 期（1966 年），第 697—705 页。］

——Traditionelle Logik für Juristen, in: Juristische Analysen 2 (1970), S. 765-783.［《法律家的传统逻辑》，载《法律分析》杂志，总第 2 期（1970 年），第 765—783 页。］

——Die "reductio ad absurdum" in der Jurisprudenz, in: Festschr. f. K. Larenz, hrsg. v. G. Paulus/U. Diederichsen/C.-W. Canaris, München 1973, S. 155-179.［《法学上的"归谬法"》，载 G. 保罗斯、U. 迪特里希森、C.-W. 卡纳里斯编：《K. 拉伦茨祝寿文集》，慕尼黑 1973 年版，第 155—179 页。］

Dießelhorst, M., Die Natur der Sache als außergesetzliche Rechtsquelle verfolgt an der Rechtsprechung zur Saldotheorie, Tübingen 1968.［M. 狄塞尔霍斯特：《作为法外法源的事物的本性：以差额说的司法裁判为考察线索》，图宾根 1968 年版。］

Dölle, H., Rechtsdogmatik und Rechtsvergleichung, in: Rabels Zeitschrift für ausländisches und internationals Privatrecht 34 (1970), S. 403-410.［H. 德勒：《法教义学与比较法学》，载《拉贝尔外国私法和国际私法杂志》，总第 34 期（1970 年），第 403—410 页。］

—Juristische Entdeckungen, in: Verhandlungen des 42. Deutschen Juristentages, Düsseldorf 1957, Bd. 2, Tübingen 1959, S. B 1-B22.［《法学上的发现》，载《1957 年杜塞尔多夫第四十二届德国法学家大会论文集》，第 2 卷，图宾根 1959 年版，第 B1—B22 页。］

Dreier, R., Zum Begriff der "Natur der Sache", Berlin 1965.［R. 德莱尔：《论"事物的本性"概念》，柏林 1965 年版。］

—Zum Selbstverständnis der Jurisprudenz als Wissenschaft, in: Rechtstheorie 2 (1971), S. 37-54.［《论法学作为科学的自明性》，载《法的理论》杂志，总第 2 期（1971 年），第 37—54 页。］

—Probleme der Rechtsquellenlehre, in: Festschr. f. H. J. Wolff, hrsg. v. Chr.-Fr. Menger, München 1973, S. 3-36.［《法源论的难题》，载 Chr.-Fr. 门格尔编：《行政法的进步：H. J. 沃尔夫祝寿文集》，慕尼黑 1973 年版，第 3—36 页。］

—Zu Luhmanns systemtheoretischer Neuformulierung des Gerechtigkeitsproblems, in: Rechtstheorie 5 (1974), S. 189-200.［《论卢曼在系统理论上对正义问题的重新表达》，载《法的理论》杂志，总第 5 期（1974 年），第 189—200 页。］

—Was ist und wozu Allgemeine Rechtstheorie?, Tübingen 1975.［《一般法学的意义与目的是什么？》，图宾根 1975 年版。］

—Zur Problematik und Situation der Verfassungsinterpretation, in: R. Dreier/ Fr. Schwegmann, Probleme der Verfassungsinterpretation, Baden-Baden

1976, S. 13-47. [《论宪法解释的问题域和处境》, 载 R. 德莱尔、Fr. 施韦格曼编: 《论宪法解释的问题》, 巴登 – 巴登 1976 年版, 第 13—47 页。]

Edwards, P., The Logic of Moral Discourse, New York/London 1955. [P. 爱德华兹: 《道德论辩的逻辑》, 纽约 / 伦敦 1955 年版。]

Ehrlich, E., Grundlegung der Soziologie des Rechts, München/Leipzig 1913. [E. 埃利希: 《法社会学原理》, 慕尼黑 / 莱比锡 1913 年版。]

—Die juristische Logik, Tübingen 1918. [《法律逻辑》, 图宾根 1918 年版。]

Eichenhofer, E., Frequenzanalytische Untersuchungen juristischer Argumentation, in: Rechtstheorie 5 (1974), S. 216-222. [E. 艾兴霍菲尔: 《法律论证的频度分析研究》, 载《法的理论》杂志, 总第 5 期(1974 年), 第 216—222 页。]

Elze, M., Artikel: Dogma, in: Historisches Wörterbuch der Philosophie, Bd. 2, hrsg. v. J. Ritter, Basel 1972, Sp. 275-277. [M. 埃尔泽: 《教义》(词条), 载 J. 里特尔编: 《哲学史词典》, 第 2 卷, 巴塞尔 1972 年版, 第 275—277 段。]

Engisch, K., Logische Studien zur Gesetzesanwendung, 2. Aufl. Heidelberg 1960. [K. 恩吉施: 《法律适用的逻辑研究》, 海德堡 1960 年第 2 版。]

—Einführung in das juristische Denken, 5. Aufl. Stuttgart/Berlin/Köln/Mainz 1971. [《法律思维导论》, 斯图加特 / 柏林 / 科隆 / 美因兹 1971 年第 5 版。]

—Begriffseinteilung und Klassifikation in der Jurisprudenz, in: Festschr. f. K. Larenz, hrsg. v. G. Paulus/U. Diederichsen/C.-W. Canaris, München 1973, S. 125-153. [《法学上的概念划分与分类》, 载 G. 保罗斯、U. 迪特里希森、C.-W. 卡纳里斯编: 《K. 拉伦茨祝寿文集》, 慕尼黑 1973 年版, 第 125—153 页。]

Esser, J., Grundsatz und Norm in der richterlichen Fortbildung des

Privatrechts, Tübingen 1956 (2. unveränd. Aufl. Tübingen 1964).［J. 埃塞尔：《法官私法续造中的原则与规范》，图宾根1956年版（图宾根1964年未修订第2版）。］

—Herrschende Lehre und ständige Rechtsprechung, in: Dogma und Kritik in den Wissenschaften, Mainzer Universitätsgespräche Sommersemester 1961, Mainz 1962, S. 26-35.［《通说与现行的司法裁判》，载《诸科学上的教义与批判：美因兹大学1961年夏季学期学术对话》，美因兹1962年版，第26—35页。］

—Richterrecht, Gerichtsgebrauch und Gewohnheitsrecht, in: Festschr. f. Fr. v. Hippel, hrsg. v. J. Esser/H. Thieme, Tübingen 1967, S. 95-130.［《判例法，司法惯例和习惯法》，载J. 埃塞尔、H. 蒂耶默编：《Fr. 冯·希佩尔祝寿文集》，图宾根1967年版，第95—130页。］

—Vorverständnis und Methodenwahl in der Rechtsfindung, 2. Aufl. Frankfurt 1972.［《法律发现中的前理解和方法选择》，法兰克福1972年第2版。］

—Möglichkeiten und Grenzen des dogmatischen Denkens im modernen Zivilrecht, in: AcP 172 (1972), S. 97-130.［《教义学思维在现代民法中的可能性及界限》，载《民法实务档案》，总第172期（1972年），第97—130页。］

—Dogmatik zwischen Theorie und Praxis, in: Funktionswandel der Privatrechtsinstitutionen, Festschr. f. L. Raiser, hrsg. v. Fr. Baur/J. Esser/Fr. Kübler/E. Steinhoff, Tübingen 1974, S. 517-539.［《理论与实践之间的教义》，载《私法制度的功能转变：L. 莱泽尔祝寿文集》，图宾根1974年版，第517—539页。］

—Bemerkungen zur Unentbehrlichkeit des juristischen Handwerks, in: JZ 1975, S. 555-558.［《对法律手艺之必要性的评说》，载《法律家报》1975年卷，第555—558页。］

Fann, K. T. (Hrsg.), Symposion on J. L. Austin, London/New York 1969.［K. T. 法恩编：《J. L. 奥斯汀研讨会》，伦敦/纽约1969年版。］

Føllesdal, D./Hilpinen, R., Deontic Logic: An Introduction, in: Deontic Logic: Introductory and Systematic Readings, hrsg. v. R. Hilpinen, Dordrecht 1971, S. 1-35.［D. 弗雷斯道尔、R. 希尔皮伦：《道义逻辑导论》，载 R. 希尔皮伦：《道义逻辑：分类导读》，多德雷希特 1971 年版，第 1—35 页。］

Foot, Ph., Moral Arguments, in: Mind 67 (1958) S. 502-513.［Ph. 福特：《道德论证》，载《心灵》杂志，总第 67 期（1958 年），第 502—513 页。］

—Moral Beliefs, in: Theories of Ethics, hrsg. v. Ph. Foot, Oxford 1967, S. 83-100.［《道德信仰》，载 Ph. 福特编：《伦理学理论》，牛津 1967 年版，第 83—100 页。］

Frankena, W. K., Analytische Ethik, übers. v. N. Hoerster, München 1972 (Original: Ethics, Englewood Cliffs N. J. ［1963］).［W. K. 弗兰克纳：《分析伦理学》，N. 霍尔斯特尔译，慕尼黑 1972 年版（英文原版，恩格尔伍德·克利弗斯 N. J. 1963 年版）。］

—The Naturalistic Fallacy, in: Theories of Ethics, hrsg. v. Ph. Foot, Oxford 1967, S. 50-63.［《自然主义谬误》，载 Ph. 福特编：《伦理学理论》，牛津 1967 年版，第 50—63 页。］

—Decisionism and Separatism in Social Philosophy, in: Rational Decision, hrsg. v. C. J. Friedrich, Nomos Bd. 7 (1964), S. 18-25.［《社会哲学上的决定论和分离论》，载 C. J. 弗里德里希编：《理性决定》，《规范》杂志第 7 卷（1964 年），第 18—25 页。］

Frege, G., Begriffsschrift, Halle 1879 (Nachdruck Hildesheim 1964).［G. 弗雷格：《概念演算》，哈勒 1879 年版（希尔德斯海姆 1964 年再版）。］

—Der Gedanke. Eine logische Untersuchung, in: ders., Logische Untersuchungen, hrsg. v. G. Patzig, Göttingen 1966, S. 30-73.［《思维：一个逻辑研究》，载 G. 帕茨希编：《逻辑研究》，哥廷根 1966 年版，第 30—73 页。］

—Logik, in: Schriften zur Logik und Sprachphilosophie. Aus dem Nachlaß, hrsg. v. G. Gabriel, Hamburg 1971, S. 35-73. [《逻辑》, 载 G. 加布里尔编:《逻辑与语言哲学文存》, 汉堡 1971 年版, 第 35—73 页。]

Furberg, M., Saying and Meaning. A Main Theme in J. L. Austin's Philosophy, Oxford 1971. [M. 弗尔贝格:《言语与意义:J. L. 奥斯汀哲学的主题》, 牛津 1971 年版。]

Gauthier, D. P., Hare's Debtors, in: Mind 77 (1968), S. 400-405. [D.P. 戈蒂埃:《黑尔的债务人》, 载《心灵》杂志, 总第 77 期 (1968 年), 第 400—405 页。]

George, R., Enthymematic Consequence, in: American Philosophical Quarterly 9 (1972), S. 113-116. [R. 乔治:《省略三段论的后果》, 载《美国哲学季刊》, 总第 9 期 (1972 年), 第 113—116 页。]

German, O. A., Präjudizien als Rechtsquelle, Stockholm/Göteborg/Uppsala 1960. [O. A. 戈尔曼:《作为法源的判例》, 斯德哥尔摩/哥德堡/乌普萨拉 1960 年版。]

Grewendorf, G./**Meggle**, G., Zur Struktur des metaethischen Diskurses, in: Seminar: Sprache und Ethik. Zur Entwicklung der Metaethik, hrsg. v. G. Grewendorf/G. Meggle, Frankfurt a.M. 1974, S. 7-31. [G. 格雷温道夫、G. 梅格勒:《论元伦理学论辩的结构》, 载 G. 格雷温道夫、G. 梅格勒编:《研讨会:语言与伦理——论元伦理学的发展》, 法兰克福 1974 年版, 第 7—31 页。]

Grice, H. P., Logic and Converstation, verbreitete Maschinenschrift 1968. [H. P. 格莱斯:《逻辑与会话》(英文打印稿), 1968 年。]

Habermas, J., Der Universalitätsanspruch der Hermeneutik, in: Hermeneutik und Dialektik, festschr. f. H. -G. Gadamer, hrsg. v. R. Bubner/K. Cramer/R. Wiehl, Tübingen 1970, S. 73-103. [J. 哈贝马斯:《解释学的普遍性要求》, 载 R. 勃布纳等编:《解释学和辩证法:H. -G. 伽达默尔祝寿文集》第 2 卷, 图宾根 1970 年版, 第 73—103 页。]

—Towards a Theory of Communicative Competence, in: Recent Sociology, hrsg. v. H. P. Dreitzel, Bd. 2, London 1970, S. 115-148. [《交往资质理论》, 载 H. P. 德莱策尔编:《晚近社会学》, 第 2 卷, 伦敦 1970 年版, 第 115—148 页。]

—Vorbereitende Bemerkungen zu einer Theorie der kommunikativen Kompetenz, in: J. Habermas/N. Luhmann, Theorie der Gesellschaft oder Sozialtechnologie-Was leistet die Systemforschung?, Frankfurt a. M. 1971, S. 101-141。[《对交往资质理论的若干准备性评说》, 载 J. 哈贝马斯、N. 卢曼:《社会理论抑或社会技术学——系统论研究有什么功用?》, 法兰克福 1971 年版, 第 101—141 页。]

—Theorie der Gesellschaft oder Sozialtechnologie? Eine Auseinandersetzung mit Niklas Luhmann, in: J. Habermas/N. Luhmann, Theorie der Gesellschaft oder Sozialtechnologie-Was leistet die Systemforschung?, Frankfurt a. M. 1971, S. 142-290. [《社会理论抑或社会技术学? 与尼克拉斯·卢曼的争论》, 载 J. 哈贝马斯、N. 卢曼:《社会理论抑或社会技术学——系统论研究有什么功用?》, 法兰克福 1971 年版, 第 162—290 页。]

—Theorie und Praxis, 4. Aufl. Frankfurt a. M. 1972. [《理论与实践》, 法兰克福 1972 年第 4 版。]

—Einige Bemerkungen zum Problem der Begründung von Werturteilen, in: 9. Deutscher Kongreß für Philosophie, Düsseldorf 1969, Philosophie und Wissenschaft, hrsg. v. L. Landgrebe, Meisenheim am Glan 1972, S. 89-99. [《价值判断证立问题的若干评说》, 载 L. 兰德格雷伯编:《杜塞尔多夫 1969 年第九届德国哲学大会》, 迈森海姆 1972 年版, 第 89—99 页。]

—Erkenntnis und Interesse, Mit einem neuen Nachwort, Frankfurt a. M. 1973. [《认识与兴趣: 附跋文》, 法兰克福 1973 年第 2 版。]

—Wahrheitstheorien, in: Wirklichkeit und Reflexion, Festschr. f. W. Schulz, hrsg. v. H. Fahrenbach, Pfullingen 1973, S. 211-265.[《真理理论》, 载 H.

法伦巴赫编:《现实与反思: W. 舒尔茨祝寿文集》,普夫林根 1973 年版,第 211—265 页。]

—Legitimationsprobleme im Spätkapitalismus, Frankfurt a. M. 1973. [《晚期资本主义中的合法性问题》,法兰克福 1973 年版。]

—Sprachspiel, Intention und Bedeutung. Zu Motiven bei Sellars und Wittgenstein, in: Sprachanalyse und Soziologie, hrsg. v. R. Wiggershaus, Frankfurt a. M. 1975, S. 319-338. [《语言游戏、意图与意义:论塞拉斯与维特根斯坦意义上的动机》,载 R. 维格尔斯豪斯编:《语言分析与社会学》,法兰克福 1975 年版,第 319—338 页。]

—Was heißt Universalpragmatik, in: Sprachpragmatik und Philosophie, hrsg. v. K.-O. Apel, Frankfurt a. M. 1976, S. 174-272. [《什么是普遍语用学?》,载 K.-O. 阿佩尔编:《语用学与哲学》,法兰克福 1976 年版,第 174—272 页。]

—Historischer Materialismus und die Entwicklung normativer Strukturen, in: ders., Zur Rekonstruktion des Historischen Materialismus, Frankfurt a. M. 1976, S. 9-48. [《历史唯物主义和规范结构的发展》,载 J. 哈贝马斯著:《重建历史唯物主义》,法兰克福 1976 年版,第 9—48 页。]

—Zwei Bemerkungen zum praktischen Diskurs, in: ders., Zur Rekonstruktion des Historischen Materialismus, Frankfurt a. M. 1976, S. 338-346. [《对实践理性的两点评说》,载《重建历史唯物主义》,法兰克福 1976 年版,第 338—346 页。]

Hansson, B., An Analysis of Some Deontic Logics, in: Deontic Logic: Introductory and Systematic Readings, hrsg. v. R. Hilpinen, Dordrecht 1971, S. 121-147. [B. 汉森:《若干道义逻辑的分析》,载 R. 希尔皮伦编:《道义逻辑:分类导读》,多德雷希特/荷兰 1971 年版,第 121—147 页。]

Hare, R. M., Rez.: St. E. Toulmin, An Examination of the Place of Reason in Ethics, in: Philosophical quarterly 1 (1950/51), S. 371-374. [R. M. 黑尔:《评斯蒂芬·伊德尔斯顿·图尔敏著:〈理由在伦理学上的地位〉》,

载《哲学季刊》, 第 1 期(1950-1951 年), 第 371—374 页。]
—The Language of Morals, London/Oxford/New York 1952 (dt.: Die Sprache der Moral, Frankfurt a. M. 1972). [《道德语言》, 伦敦/牛津/纽约 1952 年版(德文本, 法兰克福 1972 年版)。]
—Universalisability, in: Proceedings of the Aristotelian Society, 55 (1954/55), S. 295-312. [《可普遍化》, 载《亚里士多德学会年报》, 总第 55 期(1954-1955 年), 第 295—312 页。]
—Geach: Good and Evil, in: Analysis 17 (1956/57), S. 103-111. [《基奇: 善与恶》, 载《分析》杂志, 总第 17 期(1956—1957 年), 第 103—111 页。]
—Freedom and Reason, Oxford 1963 (dt.: Freiheit und Vernunft, Düsseldorf 1973). [《自由与理性》, 牛津 1963 年版(德文本, 杜塞尔多夫 1973 年版)。]
—Austin's Distinction between Locutionary and Illocutionary Acts, in: ders., Practical Inferences, London/Basingstoke 1971, S. 59-73. [《奥斯汀对语谓行为和语用行为之间的区分》, 载 R. M. 黑尔:《实践推理》, 伦敦/贝辛斯托克 1971 年版, 第 59—73 页。]
—Meaning and Speech Acts, in: ders., Practical Inferences, London/Basingstoke 1971, S. 74-93. [《意义与言语行为》, 载 R. M. 黑尔:《实践推理》, 伦敦/贝辛斯托克 1971 年版, 第 74—93 页。]
—Wissenschaft und praktische Philosophie, in: 9. Deutscher Kongreß für Philosophie, Düsseldorf 1969, Philosophie und Wissenschaft, hrsg. v. L. Landgrebe, Meisenheim am Glan 1972, S. 79-88. [《科学与实践哲学》, 载路德维希·兰德格雷伯编:《哲学与科学: 1969 年第九届德国哲学大会》, 格兰河畔的迈森海姆 1972 年版, 第 79—88 页。]
—Wrongness and Harm, in: Essays on the Moral Concepts, London/Basingstoke 1972, S. 92-109. [《错误与损害》, 载黑尔:《道德概念论文集》, 伦敦/贝辛斯托克 1972 年版, 第 92—109 页。]
—Principles, in: Proceedings of the Aristotelian Society, 73 (1972/73), S.

1-18.［《原则》，载《亚里士多德学会年报》，总第 73 期（1972—1973 年），第 1—18 页。］

—Critical Study: Rawls' Theory of Justice, in: Philosophical Quarterly 23 (1973), S. 144-155, 241-252.［《评罗尔斯的〈正义论〉》，载《哲学季刊》，总第 23 期（1973 年），第 144—155 页。］

Hart, H. L. A., The Concept of Law, Oxford 1961 (dt.: Der Begriff des Rechts, Frankfurt a. M. 1973).［H. L. 哈特：《法律的概念》，牛津 1961 年版（德文本，法兰克福 1973 年版）。］

—Der Positivismus und die Trennung von Recht und Moral, in: ders., Recht und Moral, hrsg. u. übers. v. N. Hoerster, Göttingen 1971, S. 14-57 (Original: Positivism and the Separation of Law and Morals, in: Harvard Law Review 71 ［1958］, S. 593-629).［《实证主义及法与道德的分离》，载氏著：《法和道德》（由 N. 霍尔斯特尔编辑和翻译），哥廷根 1971 年版，第 14—57 页（原英文本，载《哈佛法律评论》，总第 71 期［1958 年］，第 593—629 页）。］

Hassemer, W., Juristische Argumentationstheorie und juristische Didaktik, in: Jahrbuch für Rechtssoziologie und Rechtstheorie 2 (1972), S. 467-480.［W. 哈塞默尔：《法律论证理论与法律教学方法》，载《法社会学与法的理论年刊》，总第 2 卷（1972 年），第 467—480 页。］

Heck, Ph., Begriffsbildung und Interessenjurisprudenz Tübingen 1932.［Ph. 赫克：《概念建构与利益法学》，图宾根 1932 年版。］

Hegel, G. W. F., Grundlinien der Philosophie des Rechts, Theorie Werkausgabe, Bd. 7, Frankfurt a. M. 1970.［G. F. W. 黑格尔：《法哲学原理》，理论著作版，第 7 卷，法兰克福 1970 年版。］

Heller, Th., Logik und Axiologie der analogen Rechtsanwendung, Berlin 1961.［Th. 黑勒：《类推法律适用的逻辑和价值论》，柏林 1961 年版。］

Hintikka, J., Some Main Problems of Deontic Logic, in: Deontic Logic: Introductory and Systematic Readings, hrsg. v. R. Hilpinen, Dordrecht

1971, S. 59-104. [J. 辛提卡:《道义逻辑的主要问题》, 载 R. 希尔皮伦编:《道义逻辑: 分类导读》, 多德雷希特/荷兰 1971 年版, 第 59—104 页。]

Höffe, O., Rationalität, Dezision oder praktische Philosophie. Zur Diskussion des entscheidungsbegriffs in der Bundesrepublik, in: Philosophisches Jahrbuch 80 (1973), S. 340-368. [O. 赫费:《合理性、决断抑或实践理性: 联邦共和国有关决定概念的讨论》, 载《哲学年刊》, 总第 80 期 (1973 年), 第 340—368 页。]

Hoerster, N., Zum Problem der Ableitung eines Sollens aus einem Sein in der Analytischen Moralphilosophie, in: ARSP 55 (1969), S. 11-39. [N. 霍尔斯特尔:《论在道德分析哲学中从实然推出应然的问题》, 载《法哲学与法社会学档案》, 总第 55 卷 (1969 年), 第 11—39 页。]

—Utilitaristische Ethik und Verallgemeinerung, Freiburg/München 1971, 2. Aufl. 1977.[《功利主义伦理学与普遍化》, 弗莱堡/慕尼黑 1971 年版, 1977 年 2 版。]

—Grundthesen analytischer Rechtstheorie, in: Jahrbuch für Rechtssoziologie und Rechtstheorie 2 (1972), S. 115-130. [《分析法学的基本命题》, 载《法社会学与法的理论年刊》, 第 2 期 (1972 年), 第 115—130 页。]

—R. M. Hares Fassung der Goldenen Regel, in: Philosophisches Jahrbuch 81 (1974), S. 186-196. [《R. M. 黑尔的黄金规则解释》, 载《哲学年刊》, 总第 81 期 (1974 年), 第 186—196 页。]

Hohfeld, W. N., Some Fundamental Legal Conceptions as Applied in Judicial Reasoning, in: ders., Fundamental Legal Conceptions as Applied in Judicial Reasoning and Other Legal Essays, hrsg. v. W. W. Cook, New Haven 1923, S. 23-114. [W. N. 霍菲尔德:《法律推理中应用的若干基本法律概念》, 载氏著:《法律推理中应用的基本法律概念和其他法律论文》(W. W. 库克编), 纽黑汶 1923 年版, 第 23—114 页。]

Hunter, J. F. M., "Forms of Life" in Wittgenstein's Philosophical

Investigations, in: American Philosophical Quarterly 5 (1968) S. 233-243. [J. F. M. 亨特:《维特根斯坦〈哲学研究〉中的"生活形式"》,载《美国哲学季刊》,总第 5 期(1968 年),第 233—243 页。]

Jhering, R. v., Der Geist des Römischen Rechts, 3. Teil, 3. Aufl., Leipzig 1877. [R. 冯·耶林:《罗马法的精神》,第 3 册,莱比锡 1877 年第 3 版。]

Jørgensen, J., Imperatives and Logic, in: Erkenntnis 7 (1973/38), S. 288-296. [J. 约根森:《命令与逻辑》,载《认识》杂志,总第 7 期(1937—1938 年),第 288—296 页。]

Kalinowski, G., Einführung in die Normenlogik, übers. v. W. Klein, Frankfurt a. M. 1973. [G. 卡里诺夫斯基:《规范逻辑导论》,W. 克莱因译,法兰克福 1973 年版。]

Kambartel, Fr., Wie ist praktische Philosophie konstruktiv möglich? Über einige Mißverständnisse eines methodischen Verständnisses praktischer Diskurse, in: Praktische Philosophie und konstruktive Wissenschaftstheorie, hrsg. v. Fr. Kambartel, Frankfurt a. M. 1974, S. 9-33. [F. 坎巴特尔:《实践哲学在建构上如何可能?——论对实践论辩之方法沟通的若干误解》,载 F. 坎巴特尔编:《实践哲学与建构知识论》,法兰克福 1974 年版,第 9—33 页。]

Kamlah, W., Philosophische Anthropologie, Mannheim/Wien/Zürich 1973. [W. 卡穆拉:《哲学人类学》,曼海姆/维也纳/苏黎世 1973 年版。]

Kamlah, W. /Lorenzen, P., Logische Propädeutik oder Vorschule des vernünftigen Redens, revidierte Ausgabe, Mannheim/Wien/Zürich 1967. [W. 卡穆拉、P. 洛伦岑:《逻辑概论或理性言说入门》,曼海姆/维也纳/苏黎世 1967 年版。]

Kanger, S., New Foundations for Ethical Theory, in: Deontic Logic: Introductory and Systematic Readings, hrsg. v. R. Hilpinen, Dordrecht

1971, S. 36-58.［S. 康格尔：《伦理学的新基础》，载 R. 希尔皮伦编：《道义逻辑：分类导读》，多德雷希特/荷兰 1971 年版，第 36—58 页。］

Kant, I., Kritik der reinen Vernunft, 1. Aufl. Riga 1781, 2. Aufl. Riga 1787 (zitiert: A/B).［I. 康德：《纯粹理性批判》，里加 1781 年 1 版，1787 年第 2 版（简称：甲本/乙本）。］

—Grundlegung zur Metaphysik der Sitten, in: Kant's Gesammelte Schriften, hrsg. v. der Königlich Preußischen Akademie der Wissenschaften, Bd. 4, Berlin 1911, S. 385-463.［《伦理的形而上学原理》，载普鲁士科学院编：《康德全集》，第 4 卷，柏林 1911 年版，第 385—463 页。］

—Metaphysik der Sitten, in: Kant's Gesammelte Schriften, hrsg. v. der Königlich Preußischen Akademie der Wissenschaften, Bd. 6, Berlin 1907, S. 203-493.［《伦理的形而上学》，载普鲁士科学院编：《康德全集》，第 6 卷，柏林 1907 年版，第 203—493 页。］

—Über den Gemeinspruch: Das mag in der Theorie richtig sein, taugt aber nicht für die Praxis, in: Kant's Gesammelts Schriften, hrsg. v. der Königlich Preußischen Akademie der Wissenschaften Bd. 8, Berlin 1912, S. 273-313.［《论通常的说法：这在理论上可能是正确的，但在实践上是行不通的》，载普鲁士科学院编：《康德全集》，第 8 卷，柏林 1912 年版，第 273—313 页。］

—Zum ewigen Frieden, in: Kant's Gesammelts Schriften, hrsg. von der Königlich Preußischen Akademie der Wissenschaften, Bd. 8, Berlin 1912, S. 341-386.［《永久和平论》，载普鲁士科学院编：《康德全集》，第 8 卷，柏林 1912 年版，第 341—386 页。］

Kelsen, H., Reine Rechtslehre, 2. Aufl. 1960.［H. 凯尔森：《纯粹法学》，维也纳 1960 年第 2 版。］

—Das problem der Gerechtigkeit, in: Reine Rechtslehre, 2. Aufl. Wien 1960, Anhang, S. 357-444.［《正义问题》，载《纯粹法学》，维也纳 1960 年第 2 版附录，第 357—444 页。］

—Zur Theorie der Interpretation, in: Die Wiener rechtstheoretische Schule. Ausgewählte Schriften von Hans Kelsen, Adolf Julius Merkl und Alfred Verdross, hrsg. v. H. Klecatzky/R. Marcic/H. Schambeck, Wien/Frankfurt/Zürich/Salzburg/München 1968, Bd. 2, S. 1363-1373.[《关于解释理论》，载 H. 克勒卡茨基、R. 马契克、H. 沙姆贝克编：《维也纳法学派》，维也纳/法兰克福/苏黎世/萨尔茨堡/慕尼黑，1968年版，第2卷，第1363—1373页。]

Kemmerling, A., Regel und Geltung im Lichte der Analyse Ludwig Wittgensteins, in: Rechtstheorie 6 (1975), S. 104-131.[A. 克默尔灵：《路德维希·维特根斯坦分析视野中的规则与效力》，载《法的理论》杂志，总第6期（1975年），第104—131页。]

Kenny, A., Wittgenstein, übers. v. H. Vetter, Frankfurt a.M. 1974 (Original: Wittgenstein, London 1973).[A. 肯尼：《维特根斯坦》，H. 菲特尔译，法兰克福1974年版（原英文本，伦敦1973年版）。]

Kerner, G. C., The Revolution in Ethical Theory, Oxford 1966.[G. C. 克尔纳：《伦理学理论上的革命》，牛津1966年版。]

Keuth, H. H., Zur Logik der Normen, Berlin 1972.[H. H. 柯伊特：《论规范逻辑》，柏林1972年版。]

—Dialectics versus Critical Rationalism, in: Ratio 15 (1973), S. 28-43.[《辩证法对批判理性主义》，载《义理》杂志，总第15期（1973年），第28—43页。]

Kilian, W., Juristische Entscheidung und elektronische Daten-verarbeitung, Frankfurt a. M. 1974.[W. 基里安：《司法裁判与电子数据处理》，法兰克福1974年版。]

Klug, U., Juristische Logik, 3. Aufl. Berlin/Heidelberg/New York 1966.[U. 克卢格：《法律逻辑》，柏林/海德堡/纽约1966年第3版。]

Krawietz, W., Funktion und Grenzen einer dogmatischen Rechtswissenschaft, in: Recht und Politik 6 (1970), S. 150-158.[W. 克拉维茨：《教义学法学的功能与局限》，载《法与政治》杂志，总第6期（1970年），第

150—158 页。]

—Artikel: Begriffsjurisprudenz, in: Historisches Wörterbuch der Philosophie, Bd. 1, hrsg. v. J. Ritter, Basel 1971, Sp. 809-813. [《概念法学》（词条），载 J. 里特尔编：《哲学史词典》，第 1 卷，巴塞尔 1971 年版，第 809—813 段。]

—Was leistet Rechtsdogmatik in der richterlichen Entscheidungspraxis?, ÖZöR 23 (1972), S. 47-80. [《法教义学在法官审判实践中有什么功用？》，载《奥地利公法杂志》，总第 23 期（1972 年），第 47—80 页。]

Kriele, M., Offene und verdeckte Urteilsgründe. Zurn Verhältnis von Philosophie und Jurisprudenz heute, in: Collegium Philosophicum, Festschr. f. J. Ritter, hrsg. v. E.-W. Böcken-förde u. a., Basel/Stuttgart 1965, S. 99-117. [M. 克里勒：《显在和隐在的判断根据——论当今哲学和法学的关系》，载 E.-W. 博肯弗尔德等编：《哲学院：J. 里特尔祝寿文集》，巴塞尔/斯图加特 1965 年，第 99—117 页。]

—Theorie der Rechtsgewinnung, 2. Aufl. Berlin 1976.《法律获取理论》，柏林 1976 年第 2 版。

Kripke, S. A., Semantical Considerations on Modal Logic, in: Reference and Modality, ed. L. Linsky, Oxford 1971. [S. A. 克里普克：《模态逻辑的语义学思考》，载 L. 林斯基编：《指称与模态》，牛津 1971 年版。]

Kuhn, Th. S., Die Struktur wissenschaftlicher Revolutionen, übers. v. K. Simon, Frankfurt 1973 (Original: The Structure of Scientific Revolutions, Chicago 1962).[Th. S. 库恩：《科学革命的结构》，K. 西蒙译，法兰克福 1973 年版（原英文本，芝加哥 1962 年版）。]

Kruse, H. W., Das Richterrecht als Rechtsquelle des innerstaatlichen Rechts, Tübingen 1971. [H. W. 克鲁泽：《判例法作为内国法的法源》，图宾根 1971 年版。]

Kutschera, Fr. v., Einführung in die Logik der Normen, Werte und Entscheidungen, Freiburg/München 1973. [Fr. 冯·库切拉：《规范、

价值和决定逻辑导论》,弗莱堡/慕尼黑 1973 年版。]

Laband, P., Das Staatsrecht des Deutschen Reiches, 2. Auflage, in: Handbuch des Öffentlichen Rechts, 2. Bd., hrsg. v. M. v. Seydel, Freiburg/ Leipzig 1894, S. 1-276.[P. 拉班德:《德意志帝国宪法》,第 2 版,载氏著:《公法手册》第 2 卷(M. 冯·赛德尔编),弗莱堡/莱比锡 1894 年版,第 1—276 页。]

Ladd, J., The Place of Practical Reason in Judicial Decision, in: Rational Decision Nomos Bd. 7, hrsg. v. C. J. Friedrich, New York 1964, S. 126-144.[J. 拉德:《实践理性在司法裁判中的地位》,载《规范》杂志《理性判决》专号(C. J. 弗里德里希编),第 7 卷(1964 年),第 126—144 页。]

Lakatos, I./**Musgrave**, A., Criticism and the Growth of Knowledge, Cambridge 1970.[I. 拉卡托斯、A. 马斯格雷夫:《知识的批判与增长》,剑桥 1970 年版。]

Larenz, K., Über die Bindungswirkung von Präjudizien, in: Festschr. f. H. Schima, hrsg. v. H. W. Fasching/W. Kralik, Wien 1969, S. 247-264.[K. 拉伦茨:《论判例的约束作用》,载《H. 席玛祝寿文集》,维也纳 1969 年版,第 247—264 页。]

—Methodenlehre der Rechtswissenschaft, 3. Aufl. Berlin/Heidelberg/New York 1975. [《法学方法论》,柏林/海德堡/纽约 1975 年第 3 版。]

Lazzer, D. de, Rechtsdogmatik als Kompromißformular, in: Dogmatik und Methode, Festschr. f. J. Esser, hrsg. v. R. Dubischar u. a., Kronberg 1975, S. 85-112.[D. 德·拉泽尔:《作为妥协模式的法教义学》,载 R. 杜比沙尔等编:《教义学与方法:J. 埃塞尔祝寿文集》,柯隆贝格 1975 年版,第 85—112 页。]

Lenk, H., Wittgensteins Theorie der Sprachspiele, in: Kant-Studien 58 (1967), S. 458-480.[H. 伦克:《论维特根斯坦的语言游戏理论》,载《康德研究》,总第 58 期(1967 年),第 458—480 页。]

Less, G., Von Wesen und Wert des Richterrechts, Erlangen 1951. [G. 莱斯：《论判例法的本质与价值》，埃尔朗根 1951 年版。]

Lorenzen, P., Normative Logic and Ethics, Mannheim/Zürich 1969. [P. 洛伦岑：《规范逻辑与伦理学》，曼海姆/苏黎世 1969 年版。]

—Das Problem des Szientismus, in: 9. Deutscher Kongreß für Philosophie, Düsseldorf 1969, Philosophie und Wissenschaft, hrsg. v. L. Landgrebe, Meisenheim am Glan 1972, S. 19-34. [《科学主义的难题》，载 L. 兰德格雷伯编：《杜塞尔多夫 1969 年第九届德国哲学大会：哲学与科学》，迈森海姆 1972 年版，第 19—34 页。]

Methodisches Denken, in: ders., Methodisches Denken, Frankfurt a. M. 1974, S. 24-59. [《方法的思考》，载 P. 洛伦岑：《方法的思考》，法兰克福 1974 年版，第 24—59 页。]

Lorenzen, P./**Kamlah**, W., Logische Propädeutik oder Vorschule des vernünftigen Redens, revidierte Ausgabe, Mannheim/Wien/Zürich 1967. [P. 洛伦岑、W. 卡穆拉：《逻辑概论或理性言说入门》，曼海姆/维也纳/苏黎世 1967 年修订版，第 195 页。]

Lorenzen, P./**Schwemmer**, O., Konstruktive Logik, Ethik und Wissenschaftstheorie, Mannheim/Wien/Zürich 1973. [P. 洛伦岑、O. 施韦默尔：《建构性逻辑、伦理学与知识论》，曼海姆/维也纳/苏黎世 1973 年版。]

Lüderssen, K., Erfahrung als Rechtsquelle. Abduktion und Falsifikation von Hypothesen im juristischen Entscheidungsprozeß. Eine Fallstudie aus dem Kartellstrafrecht, Frankfurt a. M. 1972. [K. 吕德尔森：《作为法源的经验：司法裁判程序中假定的设证与证伪——卡特尔刑法的个案研究》，法兰克福 1972 年版。]

Ludwig, O./**Menzel**, W., Diskutieren als Gegenstand und Methode des Deutschunterrichts, in: Praxis Deutsch, Heft 14 (1976), S. 13-22. [O. 路德维希、W. 门策尔：《作为德语授课之对象和方法的论辩》，载《实践德语》，丛书 14 卷（1976 年），第 13—22 页。]

Luhmann, N., Systemtheoretische Argumentationen. Eine Entgegnung auf Jürgen Habermas, in: J. Habermas/N. Luhmann, Theorie der Gesellschaft oder Sozialtechnologie-Was leistet die Systemforschung?, Frankfurt a. M. 1972, S. 291-405.［N. 卢曼：《系统论的论证：回应于尔根·哈贝马斯》，载 J. 哈贝马斯、N. 卢曼：《社会理论抑或社会技术学》，法兰克福 1972 年版，第 291—405 页。］

—Rechtssoziologie, Bd. 2, Reinbek b. Hamburg 1972.［《法社会学》，2 卷本，汉堡的莱因贝克 1972 年版。］

—Gerechtigkeit in den Rechtssystemen der modernen Gesellschaft, in: Rechtstheorie 4 (1973), S. 131-167.［《当代社会法律系统中的正义》，载《法的理论》杂志，总第 4 期（1973 年），第 131—167 页。］

—Rechtssystem und Rechtsdogmatik, Stuttgart/Berlin/Köln/Mainz 1974.［《法律系统与法教义学》，斯图加特/柏林/科隆/美因兹 1974 年版。］

—Die Systemreferenz von Gerechtigkeit. In Erwiderung auf die Ausführungen von Ralf Dreier, in: Rechtstheorie 5 (1974), S. 201-203.［《正义的系统指涉：回应拉尔夫·德莱尔的评论》，载《法的理论》杂志，第 5 期（1974 年），第 201—203 页。］

—Legitimation durch Verfahren, 2. Aufl. Darmstadt/Neuwied 1975.［《通过程序的合法化》，达姆施塔特/诺伊维德 1975 年第 2 版。］

Lycan, W. G./**Oldenquist**, A., Can the Generalization Argument be Reinstated?, in: Analysis 32 (1971/72), 76-81.［W. G. 吕坎、A. 奥尔登奎斯特：《一般化论证能够被重建吗？》，载《分析》杂志，总第 32 期（1971—1972 年），第 76—81 页。］

Lyons, D., Forms and Limits of Utilitarianism, Oxford 1965.［D. 莱昂斯：《功利主义的形式与界限》，牛津 1965 年版。］

Makkonen, K., Zur Problematik der juridischen Entscheidung, aus dem Finnischen übers. v. B. Assmuth, Turku 1965.［K. 马柯嫩：《论司法裁判的问题域》，B. 阿斯穆特由芬兰语译成德文，土尔库 1965 年版。］

McGuiness, B. F., Comments on Professor von Wright's "Wittgenstein on Certainty", in: Problems in the Theory of Knowledge, hrsg. v. G. H. v. Wright, Den Haag 1972, S. 61-65. [B. F. 麦衮尼斯：《评冯·赖特教授的〈维特根斯坦论确实性〉》，载 G. H. 冯·赖特编：《知识论的问题》，海牙 1972 年版，第 61—65 页。]

Mennicken, A., Des Ziel der Gesetzesauslegung. Eine Untersuchung zur subjektiven und objektiven Auslegungstheorie, Bad Homburg/Berlin/Zürich 1970. [A. 门尼肯：《法律解释的目标：主观解释论和客观解释论的考察》，巴德·霍姆堡/柏林/苏黎世 1970 年版。]

Meyer-Cording, U., Kann der Jurist heute noch Dogmatiker sein? Zum Selbstverständnis der Rechtswissenschaft, Tübingen 1973. [U. 迈尔-科尔丁：《法学家至今还能够成为教义学者吗？论法学的自明性》，图宾根 1973 年版。]

Mittelstraß, J.(Hrsg), Methodologische Probleme einer normativ-kritischen Gesellschaftstheorie, Frankfurt a. M. 1975. [J. 密特尔施特拉斯编：《规范—批判的社会理论的方法论问题》，法兰克福 1975 年版。]

Moore, G. E., Principia Ethica, Cambridge 1903 (dt.: Principia Ethica, Stuttgart 1970).[G. E. 摩尔：《伦理学原理》，剑桥 1903 年版（德文本，斯图加特 1970 年版）。]

—Facts and Propositions, in:Proceedings of the Aristotelian Society, Suppl. Vol.7(1927), S.171-206.[《事实与命题》，载《亚里士多德学会年报》，增刊第 7 卷（1927 年），第 171—206 页。]

Morris, Ch. W.,Foundations of the Theory of Signs, in:International Encyclopedia of Unified Science, Bd., 1, Chicago 1938. [Ch. W. 莫里斯：《符号学基础》，载《统一科学国际百科全书》，第 1 卷，芝加哥 1938 年版。]

Morscher, E., Das Sein-Sollen-Problem logisch betrachtet. Eine Übersicht über den gegenwärtigen Stand der Diskussion, conceptus 8 (1974),S.5-29. [E. 摩舍尔:《实然—应然的问题的逻辑考察——当前讨论状况概览》，

载《概念》杂志，第8期（1974年），第5—29页。〕

Morscher, E. /**Zecha**, G., Wozu deontische Logik?, in: ARSP 58 (1972), S.363-378.〔E. 摩舍尔、泽哈：《道义逻辑目的为何？》，载《法哲学与法社会学档案》，总第58卷（1972年），第363—378页。〕

Müller, Fr., Juristische Methodik,2. Aufl. Berlin 1976.〔Fr. 缪勒：《法学方法》，柏林1976年第2版。〕

Naess,A.,Kommunikation und Argumentation, aus dem Norwegischen v. A. v. Stechow, Kronberg 1975(Original:En del elementäre logiske emner, ll.Aufl. Oslo/Bergen/Tromso 1975).〔A. 纳什：《交往与论证》，A. 冯·施泰考译，柯隆贝格1975年版（挪威文本，奥斯陆/卑尔根/特罗姆瑟1975年第11版）。〕

Nauke,W., Über die juristische Relevanz der Sozialwissenschaften, Frankfurt a.M.1972.〔W. 瑙克：《论社会科学在法律上的相关意义》，法兰克福1972年版。〕

Nieke,W., Artikel:Dogmatismus, in:Historisches Wörterbuch der Philosophie, Bd.2, hrsg. v.J.Ritter, Basel 1972,Sp.277-279.〔W. 涅克：《教条主义》（词条），载J. 里特尔编：《哲学史词典》，第2卷，巴塞尔1972年版，第278—279段。〕

Nielsen, K., Good Reasons in Ethics: An Examination of theToulmin-Hare Comtroversy, in:Theoria 24(1958),S.9-28.〔K. 涅尔森：《伦理学上的良好理由：图尔敏与黑尔争论的考察》，载《理论》杂志，总第24期（1958年），第9—28页。〕

—Problems of Ethics, in: The Encyclopedia of Philosophy,hrsg.v.P.Edwards, New York/ London 1967, Bd.3,S.117-134.〔《伦理学的问题》，载P. 爱德华兹编：《哲学百科词典》，纽约/伦敦1967年版，第3卷，第117—134页。〕

—On Moral Trurh,in:Studies in Moral Philosophy, American Philosophical Quarterly, Monograph Series Nr.l, S. 9-25.〔《论道德真理》，载《道

德哲学研究》,美国哲学季刊,专著系列丛书,第1期,牛津1968年版,第9—25页。]

—Covert and Overt Synonymity:Brandt and Moore and the "Naturalistic Fallacy", in:Philosophical Studies 25 (1974), S. 51-56.[《隐在的同义性和显在的同义性:勃兰特、摩尔与"自然主义谬误"》,载《哲学研究》,总第25期(1974年),第51—56页。]

Nowell-Smith. P.H., Ethics, Harmondsworth 1954.[P. H. 诺维尔-史密斯:《伦理学》,哈蒙兹沃斯1954年版。]

Ogden, C. K./Richards,J. A.,The Meaning of Meaning. London 1923. [C. K. 奥格登、I. A. 理查兹:《意义的意义》,伦敦1923年版。]

Opp,K.-D., Soziologie im Recht, Reinbek b.Hamburg 1973[K.-D. 奥普:《法律社会学》,汉堡的莱因贝克1973年版。]

Otte,G.,Zwanzig Jahre Topik-Diskussion: Ertrag und Aufgaben, in:Rechtstheorie l(1970), S. 183-197.[G. 奥特:《论题学讨论20年:成就和任务》,载《法的理论》杂志,第1期(1970年),第183—197页。]

Patzig, G., Sprache und Logik, in: ders., Sprache und Logik, Göttingen 1970, S. 5-38.[G. 帕茨希:《语言与逻辑》,载帕茨希:《语言与逻辑》,哥廷根1970年版,第5—38页。]

—Satz und Tatsache, in: ders., Sprache und Logik, Göttingen 1970, S. 39-76.[《语句和事实》,载《语言与逻辑》,哥廷根1970年版,第39—76页。]

—Relativismus und Objektivität moralischer Normen, in: ders, Ethik ohne Metaphysik, Göttingen 1971, S. 62-100.[《相对主义与道德规范的客观性》,载帕茨希:《无形而上学的伦理学》,哥廷根1971年版,第62—100页。]

Perelman, Ch., Etude sur Frege, Diss. Brüssel 1938.[Ch. 佩雷尔曼:《弗

雷格研究》,博士论文,布鲁塞尔,1938年。]

—Etude sur Gottlob Frege, in: Revue de 1'Université de Bruxelles 44 (1938/39), S. 224-227. [《哥特罗布·弗雷格研究》,载《布鲁塞尔大学评论》,总第44期(1938-1939年),第224—227页。]

—Évidence et Preuve, in: Dialectica 11 (1957), S. 21-35. [《证据与证明》,载《辩证法》杂志,总第11期(1957年),第21—35页。]

—Les cadres sociaux de 1'argumentation, in: Cahiers Internationaux de Sociologie 26 (1959), S. 123-129. [《论辩的社会语境》,载《国际社会学文汇》,总第26期(1959年),第123—129页。]

—La Règle de Justice, in: Dialectica 14 (1960), S. 230-238. [《正义规则》,载《辩证法》杂志,总第14期(1960年),第230—238页。]

—The Dialectical Method and the Part played by the Interlocutor in Dialogue, in: ders., The Idea of Justice and the Problem of Argument, London/New York 1963, S. 161-167. [《辩证方法及谈话者在谈话中所起的作用》,载氏著:《正义观念与论证问题》,伦敦/纽约1963年版,第161—167页。]

—Betrachtungen über die praktische Vernunft, Zeitschrift für philosophisce Forschung 20 (1966), S. 210-221. [《有关实践理性的考察》,载《哲学研究杂志》,总第20期(1966年),第210—221页。]

—Eine Studie über die Gerechtigkeit, in: ders., Über die Gerechtigkeit, München 1967, S. 9-84, übers, v. U. Blüm (Original: De la Justice, Brüssel 1945). [《有关正义的研究》,载佩雷尔曼:《论正义》,乌尔里克·布吕姆译,慕尼黑1967年版(法文本,布鲁塞尔1945版)。]

—Fünf Vorlesungen über die Gerechtigkeit, in: ders., Über die Gerechtigkeit, München 1967, S. 85-163, übers. v. O. Ballweg. [《正义五讲》,载佩雷尔曼:《论正义》,O. 巴尔韦格译,慕尼黑1967年版,第85—163页。]

—Rhetoric and Philosophy, in: Philosophy and Rhetoric 1 (1968), S. 15-24. [《修辞学与哲学》,载《哲学与修辞学》杂志,第1期(1968年),

第 15—24 页。]

—Reply to Mr. Zaner, in: Philosophy and Rhetoric 1 (1968), S. 168-170.[《回应赞纳先生》，载《哲学与修辞学》杂志，第 1 期（1968 年），第 168—170 页。]

—Justice and Reasoning, in: Law, Reason, and Justice. Essays in Legal Philosophy, hrsg. v. G. Hughes, New York/London 1969, S. 207-215. [《正义与推理》，载 G. 休斯编：《法律、理性和正义：法哲学论集》，纽约 / 伦敦 1969 年版，第 207—215 页。]

—The New Rhetoric, in: Pragmatics of Natural Language, hrsg. v. Y. Bar-Hillel, Dordrecht 1971, S. 145-149. [《新修辞学》，载 Y. 巴尔 – 希勒尔编：《自然语言的语用学》，多德雷赫特 1971 年版，第 145—149 页。]

Perelman, Ch./**Olbrechts-Tyteca**, L., Act and Person in Argument, in: Ethics 61 (1950/51), S. 251-269. [Ch. 佩雷尔曼、L. 奥尔布里希茨 – 泰特卡：《论证行为与论证者》，载《伦理学》，总第 61 期（1950—1951 年），第 251—269 页。]

—La nouvelle rhétorique. Traité de l'argumentation, Paris 1958, 2. unveränderte Aufl. Brüssel 1970. [《新修辞学：论辩论文集》，2 卷本，巴黎 1958 年版，未修订第 2 版，布鲁塞尔 1970 年版。]

Philippi, K. J., Tatsachenfeststellungen des Bundesverfassungsgerichts, Köln/Berlin/Bonn/ München 1971. [K. J. 菲利皮：《联邦宪法法院的事实认定》，科隆 / 柏林 / 波恩 / 慕尼黑 1971 年版。]

Piaget, J., Piaget's Theory, in: Carmichal's Manual of Child Psychology, Bd. I,3. Aufl., hrsg. v. P. H. Mussen, Nen York/ London/Sidney/Toronto 1970, S.703-732. [J. 皮亚杰：《皮亚杰的理论》，载 P. H. 穆森编：《卡迈克尔儿童心理学手册》，第 1 卷，纽约 / 伦敦 / 悉尼 / 多伦多 1970 年第 3 版，第 703—732 页。]

Pike, N., Rules of Inference in Moral Reasoning, in; Mind 70(1961), S. 391-399. [N. 派克：《道德推理中的推论规则》，载《心灵》杂志，总

第70期（1961年），第391—399页。]

Pitcher, G., The Philosophy of Wittgenstein, Engewood Cliffs N. J. 1964. [G. 皮切尔：《维特根斯坦哲学》，恩格尔伍德·克利弗斯，N. J. 1964年版。]

Podlech, A., Wertungen und Werte im Recht, AöR95(1970), S.185-223. [A. 波德莱西：《法律评价与法律价值》，载《公法档案》，总第95期（1970年），第185—223页。]

—Gehalt und Funktionen des allgemeinen verfassungsrechtlichen Gleichheitssatzes, Berlin 1971. [《一般宪法平等原则的内涵与功能》，柏林1971年版。]

—Rechtstheoretische Bedingungen eiger Methodenlehre juristischer Dogmatik, in: Jahrbuch für Rechtssoziologie und Rechtstheorie2(1972), S. 491-502. [《法教义学方法论的法理论条件》，载《法社会学与法的理论年刊》，第2卷（1972年），第491—502页。]

—Recht und Moral, in: Rechtstheorie 3(1972), S. 129-148. [《法与道德》，载《法的理论》杂志，总第3期（1972年），第129—148页。]

Popper, K. R., Die offene Gesellschaft und ihre Feinde, Bd. I, Der Zauber Platons, Bern, München 1957, Bd. 2, Falsche Propheten, Bern/München 1958. [K. R. 波普尔：《开放社会及其敌人》，第1卷"柏拉图的符咒"，伯尔尼/慕尼黑1957年版，第2卷"错误的预言"，伯尔尼/慕尼黑1958年版。]

—Logik der Forschung, 5. Aufl. Tübingen 1973. [《研究的逻辑》，图宾根1973年第5版。]

—Normal Science and its Dangers, in: Criticism and the Growth of Knowledge, hrsg. v. I. Lakatos/A. Musgrave, Cambridge 1970, S. 51-58. [《规范科学及其危险》，载I. 拉卡托斯与A. 马斯格雷夫编：《批评与知识的增长》，剑桥1970年版，第51—58页。]

Posner, R., Diskurs als Mittel der Aufklärung. Zur Theorie der rationalen Kommunikation bei Habermas und Albert, in: Linguistik und

Sprachphilosophie, hrsg. v. M. Gerhard, München 1974, S. 280-303.［R. 波斯纳：《作为启蒙手段的论辩：论哈贝马斯与阿尔伯特的理性交往理论》，载 M. 格尔哈德编：《语言学与语言哲学》，慕尼黑 1974 年版，第 280—303 页。］

Quine, W. V. O., Grundzüge der Logik, übers. v. D. Siefkes, Frankfurt a. M. 1969(Original: Methods of Logic, Revised Edition, New York 1959). ［W.V.O. 奎因：《逻辑概要》，D. 西耶夫可斯译，法兰克福 1969 年版（原英文本，纽约 1959 年修订版）。］

Radbruch, G., Rechtsphilosophie, 7. Aufl. Stuttgart 1970.［G. 拉德布鲁赫：《法哲学》，斯图加特 1970 年第 7 版。］

Raiser. L., Wozu Rechtsdogmatik?, in: DRiZ 1968, S. 98.［L. 莱泽尔：《法教义学的目的是什么？》，载《德国法官报》，1968 年卷，第 98 页。］

Rawls, J., Two Concepts of Rules, Philosophical Review 64 (1955), S. 3-32. ［J. 罗尔斯：《规则的两种概念》，载《哲学评论》，总第 64 期（1955年），第 3—32 页。］

—Justice as Fairness, in: Philosophical Review, 67(1958), S. 164-194.［《作为公平的正义》，载《哲学评论》，总第 67 期（1958 年），第 164—194 页。］

—A Theory of Justice, Cambridge Mass. 1971(dt.: Eine Theorie der Gerechtigkeit, Frankfurt a. M. 1975).［《正义论》，剑桥，马萨诸塞 1971 年版（德文本，法兰克福 1975 年版）。］

Reiner, H., Die "Goldene Regel", in:Zeitschrift für Philosophische Forschung 3(1948), S. 74-105.［H. 莱纳：《"黄金规则"》，载《哲学研究杂志》，总第 3 期（1948 年），第 74—105 页。］

Rescher, N., The Coherence Theory of Truth, Oxford 1973.［N. 雷舍尔:《真理融贯论》，牛津 1973 年版。］

Rhees, R.(Hrsg.), Discussions of Wittgenstein, London 1970.［R. 里斯编：

《维特根斯坦讨论》,伦敦 1970 年版。]

Rödig, J., Über die Notwendigkeit einer besonderen Logik der Normen, in: Jahrbuch für Rechtssoziologie und Rechtstheorie 2(1972), S. 163-185. [J. 勒迪希:《论特殊的规范逻辑的必要性》,载《法社会学与法的理论年刊》,第 2 卷(1972 年),第 163—185 页。]

—Die Theorie des gerichtlichen Erkenntnisverfahrens, Berlin/Heidelberg/ New York 1973. [《法官认识的程序理论》,柏林/海德堡/纽约 1973 年版。]

Roellecke, G., Grundfragen der juristischen Methodenlehre und die Spätphilosophie Ludwig Wittgensteins, in: Festschr. f. G. Müller, hrsg. v. Th. Ritterspach/W. Geiger, Tübingen 1970, S. 323-339. [G. 罗厄雷克:《法学方法论的基本问题与路德维希·维特根斯坦后期哲学》,载 Th. 里特斯帕赫与 W. 盖格尔编:《G. 缪勒祝寿文集》,图宾根 1970 年版,第 323—339 页。]

Ross, A., Imperatives and Logic, in: Theoria 7(1941), S. 53-71. [A. 罗斯:《命令与逻辑》,载《理论》杂志,总第 7 期(1941 年),第 53—71 页。]

—On Moral Reasoning, in: Philosophical Yearbook 1(1964), S. 120-132. [《论道德推理》,载《哲学年刊》,第 1 期(1964 年),第 120—132 页。]

—Directives and Norms, London 1968.[《命令与规范》,伦敦 1968 年版。]

Ross, W. D., The Right and the Good, Oxford 1930. [W. D. 罗斯:《正当与善》,牛津 1930 年版。]

—The Foundations of Ethics, Oxford 1939. [《伦理学基础》,牛津 1939 年版。]

Rottleuthner, H., Zur Soziologie richterlichen Handelns II, in: Kritische Justiz 4(1971), S. 60-88. [H. 罗特洛伊特纳:《论法官行为的社会学(II)》,载《司法评论》杂志,总第 4 期(1971 年),第 60—88 页。]

—Richterliches Handeln. Zur Kritik der juristischen Dogmatik, Frankfurt a.

M. 1973.[《法官的行为:论法教义学批判》,法兰克福 1973 年版。]

—Rechtswissenschaft als Sozialwissenschaft, Frankfurt a. M. 1973.[《作为社会科学的法学》,法兰克福 1973 年版。]

Rüssmann, H., Die Begründung von Werturteilen, in: JuS 1975, S. 352-358.[H. 吕斯曼:《价值判断的证立》,载《法律学习》,总第 15 期(1975 年),第 352—358 页。]

Ryle, G., The Concept of Mind, New York/Melborune/Sidney/Cape Town 1949(dt.: Der Begriff des Geistes, Stuttgart 1969).[G. 赖尔:《心的概念》,纽约/墨尔本/悉尼/开普敦 1949 年版(德文本,斯图加特 1969 年版)。]

Savigny, E. v., Die Philosophie der normalen Sprache, I. Aufl. Frankfurt a. M. 1969.[E. 冯·萨维尼:《规范语言哲学》,法兰克福 1969 年 1 版。]

—Grundkurs im wissenschaftlichen Definieren, München 1970.[《科学定义入门》,慕尼黑 1970 年版。]

—Zur Rolle der deduktiv-axiomatischen Methode in der Rechtswissenschaft, in:Rechtstheorie, hrsg. v. G. Jahr/W. Maihofer, Frankfurt a. M. 1971, S. 315-351.[《论演绎-公理的方法在法学中的作用》,载 G. 雅尔、W. 迈霍菲尔编:《法的理论》,法兰克福 1971 年版,第 315—351 页。]

—Die Jurisprudenz im Schatten des Empirismus. Polemische Anmerkungen zu Hans Albert: Erkenntnis und Recht, in: Jahrbuch für Rechtssoziologie und Rechtstheorie 2(1972), S. 97-108.[《经验论阴影下的法学:对汉斯·阿尔伯特著〈认识与法〉的论战性评说》,载《法社会学与法的理论年刊》,第 2 卷(1972 年),第 97—108 页。]

Savigny, E.v./ **Neumannn**, U./**Rahlf**, J., Juristische Dogmatik und Wissenschaftstheorie, München 1976.[E. 冯·萨维尼、U. 诺伊曼、J. 拉尔夫:《法教义学与知识论》,慕尼黑 1976 年版。]

Savigny, Fr. C. v., System des heutigen Römischen Rechts, Bd. 1, Berlin 1840.[Fr. C. 冯·萨维尼:《当代罗马法体系》,第 1 卷,柏林 1840

年版。]

Scheler, M., Der Formalismus in der Ethik und die materiale Wertethik, 5. Aufl. Berlin/ München 1966. [M. 舍勒：《伦理学上的形式主义与实质的价值伦理学》，柏林/慕尼黑1966年第5版。]

Schlink. B., Inwieweit sind juristische Entscheidungen mit entscheidungstheoretischen Modellen theoretisch zu erfassen und praktisch zu bewältigen?, in: Jahrbuch für Rechtssoziologie und Rechtstheorie 2(1972), S. 322-346. [B. 施林克：《用裁断理论的模型应在多大程度上把握并且实际地保证司法裁判？》，载《法社会学与法的理论年刊》，第2卷（1972年），第332—346页。]

Schlüter, W., Das Obiter dictum, München 1973. [W. 施吕特：《论"附带意见"》，慕尼黑1973年版。]

Schnelle, H., Sprachphilosophie und Linguistik, Reinbek bei Hamburg 1973. [H. 施奈勒：《语言哲学与语言学》，汉堡的莱因贝克1973年版。]

Schnur, R., Der Begriff der "herrschenden Meinung" in der Rechtsdogmatik, in: Festschr. f. E. Forsthoff, hrsg. v. K. Döhring, München 1967, S. 43-64. [R. 施努尔：《法教义学上的"通说"概念》，载K. 德林编：《E. 福斯特霍夫祝寿文集》，慕尼黑1967年版，第43—64页。]

Schönke, A./**Schöder**, H., Strafgesetzbuch. Kommentar, 18. Aufl. bearb. v. Th.. Lenckner/P. Cramer/A. Eser/W. Stree, München 1976. [A. 舍恩克、H. 施罗德：《刑法典评注》，Th. 伦克纳、P. 克拉默尔、A. 埃塞尔、W. 施特雷修订，慕尼黑1976年18版。]

Schreiber, R., Logik des Rechts, Berlin/Göttingen/ Heidelberg 1962. [R. 施莱贝尔：《法的逻辑》，柏林/哥廷根/海德堡1962年版。]

Schwemmer, O., Philosophie der Praxis, Frankfurt a. M. 1971. [O. 施韦默尔：《实践哲学》，法兰克福1971年版。]

—Grundlagen einer normativen Ethik, in: Praktische Philosophie und konstruktive Wissenschaftstheorie, hrsg. v. Fr. Kambartel, Frankfurt a. M. 1974, S. 73-95. [《规范伦理学基础》，载F. 坎巴特尔编：《实践哲

学与建构知识论》,法兰克福 1974 年版,第 73—95 页。]

—Appell und Argumentation. Aufgaben und Grenzen einer praktischen Philosophie, in: Praktische Philosophie und konstruktive Wissenschaftheorie, hrsg. v. Fr. Kambartel, Frankfurt a. M. 1974, S. 148-211.[《服从与论辩:实践哲学的使命和局限》,载 F. 坎巴特尔编:《实践哲学与建构知识论》,法兰克福 1974 年版,第 148—211 页。]

—Begründen und Erklären, in: Methodologische Probleme einer normative-kritischen Gesellschaftstheorie, hrsg. v. J. Mitterstraß, Frankfurt a. M. 1975, S. 43-87.[《证立与说明》,载 J. 密特尔施特拉斯编:《规范-批判的社会理论的方法论问题》,法兰克福 1975 年版,第 43—87 页。]

Schwemmer, O./**Lorenzen**, P., Konstruktive Logik, Ethik und Wissenschaftstheorie, Mannheim/Wien/Zürich 1973.[P. 洛伦岑、O. 施韦默尔:《建构性逻辑、伦理学与知识论》,曼海姆/维也纳/苏黎世 1973 年版。]

Searle, J. R., How to derive 'Ought' from 'Is', in: Theories of Ethics, hrsg. v. Ph. Foot, Oxford 1967, S. 101-114.[J. R. 塞尔:《如何从"实然"推导出"应然"》,载 Ph. 福特编:《伦理学理论》,牛津 1967 年版,第 101—114 页。]

—Speech Acts, Cambridge 1969(dt.: Sprechakt, Frankfurt a. M. 1973).[《言语行为》,剑桥 1969 年版(德文本,法兰克福 1973 年版)。]

Silverstein, H. S., A Note on Hare on Imagining oneself in the Place of others, in: Mind 81(972), S. 448-450.[H. S. 希尔瓦施泰因:《对黑尔有关设身处地观点的注解》,载《心灵》杂志,总第 81 期(1972 年),第 448—450 页。]

Simitis, S., Die Bedeutung von Sytem und Dogmatik—dargestellt an rechtsgeschäftlichen Problemen des Massenverkehrs, in: AcP 172(1972), S. 131-154.[S. 西密提斯:《体系与教义学的意义——公共交通之法律行为问题阐释》,载《民法实务档案》,总第 172 期(1972 年),第 131—154 页。]

Singer, M. G., Generalization in Ethics, New York 1961(dt.: Verallgemeinerung in der Ethik, Frankfurt a. M. 1975). [M. G. 辛格:《伦理学上的一般化》,纽约 1961 年版(德文本,法兰克福 1975 年版)。]

Smart, J. J. C., Extreme and Restricted Utilitarianism, in: Philosophical Quarterly 6(1956), S. 344-354. [J. J. C. 斯马特:《极端的功利主义和限制的功利主义》,载《哲学季刊》,总第 6 期(1956 年),第 344—354 页。]

Smart, J. J. C./**Williams**, B., Utilitarianism for and against, Cambridge 1973. [J. J. C. 斯马特、B. 威廉姆斯:《赞成和反对功利主义》,剑桥 1973 年版。]

Smart, R. M., Negative Utilitarianism, in: Mind 67(1958), S. 542-543.[R. N. 斯马特:《消极的功利主义》,载《心灵》杂志,总第 67 期(1958 年),第 542—543 页。]

Sobel, J. H., Generalization Arguments, in: Theoria 31(1965), S. 32-60.[J. H. 索贝尔:《一般化论证》,载《理论》杂志,总第 31 期(1965 年),第 32—60 页。]

Specht, E. K., Die Sprachphilosophischen und ontologischen Grundlagen im Spätwerk Ludwig Wittgensteins, Kant-Studien, Ergänzungshefte, Bd, 84, Köln 1963. [E. K. 施佩希特:《路德维希·维特根斯坦后期著作中的语言哲学与本体论基础》,载《康德研究》补充丛书第 84 卷,科隆 1963 年版。]

Spendel, G., Die Goldene Regel als Rechtsprinzip, in: festschr. f. Fr. v. Hippel, hrsg. v. J. Esser/H. Thieme, Tübingen 1967, S. 491-516. [G. 施本德尔:《作为法律原则的黄金规则》,载《Fr. 冯·希佩尔祝寿文集》,图宾根 1967 年版,第 491—516 页。]

Sprute, J., Topos und Enthymem in der aristotelischen Rhetorik, in: Hermes 103(1975), S. 68-90. [J. 斯普鲁特:《亚里士多德修辞学中的论题与省略三段论》,载《赫耳墨斯》,总第 103 期(1975 年),第 68—90 页。]

Stallberg, Fr. W., Legitimation und Diskurs-Zur Habermas-Analyse

Wolfgang Fachs, in: Zeitschrift für Soziologie 4(1975), S. 96-98.［Fr. W. 施托尔贝格：《合法性与论辩——论哈贝马斯对沃尔夫冈·法赫的分析》，载《社会学杂志》，总第4期（1975年），第96—98页。］

Starck, Chr., Empirie in der Rechtsdogmatik, in: JZ 1972, S. 609-614.［Chr. 施塔克：《法教义学中的经验》，载《法律家报》1972年卷，第609—614页。］

Staub, H., Die positiven Vertragsverletzungen, 2. Aufl. Hrsg. u. erg. v. E. Müller, Berlin 1913.［H. 施陶布：《积极违约》，E. 缪勒编辑并补充，柏林1913年第2版。］

Stegmüller, W., Hauptströmungen der Gegenwartsphilosophie, 4. Aufl. Stuttgart 1969.［W. 斯太格谬勒：《当代哲学主流》，斯图加特1969年第4版。］

—Probleme und Resultate der Wissenschaftstheorie und Analytischen Philosophe, Bd. 1, Wissenschaftliche Erklärung und Begründung, Verbesserter Nachdruch, Berlin/Heidelberg/New York 1974.［《知识论和分析哲学的问题与成果》，第1卷："科学说明与证立"，修订重印版，柏林/海德堡/纽约1974年版。］

Stevenson, Ch. L., Persuasive Definitions, in: Mind 47(1938), S. 331-350.［Ch. L. 斯蒂文森：《劝导性定义》，载《心灵》杂志，总第47期（1938年），第331—350页。］

—Ethics and Language, New Haven/London 1944.［《伦理学与语言》，纽黑文/伦敦1944年版。］

—The Emotive Meaning of Ethical Terms, in: ders., Facts and Values, New Haven/London 1963, S. 10-31.［《伦理学术语的情感意义》，载斯蒂文森：《事实与价值》，纽黑文/伦敦1963年版，第10—31页。］

—Retrospective Comments, in: ders., Facts and Values, New Haven/London 1963, S. 186-232.［《回应性评论》，载斯蒂文森：《事实与价值》，纽黑文/伦敦1963年版。］

Strawson, P. F., Ethical Intuitionism, in: Philosophy 24(1949), S. 23-33.

[P. F. 斯特劳森：《伦理直觉主义》，载《哲学》，总第 24 期（1949年），第 23—33 页。]

—Rez.: Philosophical Investigation. By Ludwig Wittgenstein, in: Mind 63(1954), S. 70-99.[《评路德维希·维特根斯坦〈哲学研究〉》，载《心灵》杂志，总第 63 期（1954 年），第 70—99 页。]

—Rez.: Traité de l'Argumentation. By Ch. Perelman and L. Olbrechts-Tyteca, in: Mind 68(1959), S.420-421. [《评 Ch. 佩雷尔曼、L. 奥尔布里希茨－泰特卡〈论辩论文集〉》，载《心灵》杂志，总第 68 期（1959 年），第 420—421 页。]

—Truth, in: Truth, hrsg. v. G. Pitcher, Englewood Cliffs N. J. 1964, S.32-53. [《论真理》，载 G. 皮切尔编：《真理》，恩格尔伍德·克利弗斯，N. J. 1964 年版，第 32—53 页。]

—Austin and 'Locutionary Meaning', in: Essays on J. L. Austin, hrsg. v. I. Berlin u. a., Oxford 1973, S. 46-68.[《奥斯汀与"语谓意义"》，载 I. 伯林编：《J. L. 奥斯汀论集》，牛津 1973 年版，第 46—68 页。]

Struck, G., Topische Jruisprudenz, Frankfurt a. M. 1971.[G. 施特鲁克:《论题学法学》，法兰克福 1971 年版。]

—Dogmatische Diskssion über Dogmatik, in: JZ 1975, S.84-88. [《有关教义学的教义学讨论》，载《法律家报》1975 年卷，第 84—88 页。]

Tarski, A., The Semantic Conception of Truth and the Foundations of Semantics, in: Philosophy and Phenomenological Research 4(1943/44), S. 341-375.［A. 塔尔斯基：《真理的语义学概念与语义学基础》，载氏著：《哲学与现象学研究》，总第 4 期（1943—1944 年），第 341—375 页。］

—On the Concept of Logical Consequence, in: ders., Logic, Semantices, Metamathematics, Oxford 1956, S. 409-420. [《论逻辑后果的概念》，载塔尔斯基：《逻辑学、语义学、元数学》，牛津 1956 年版，第 409—420 页。]

—Einführung in die mathematische Logik, 2. Aufl., übers. v. E. Scheibe, Göttingen 1966(Engl. Ausgabe: Introduction to Logic and to the Methodology of Deductive Sciences, 3. Aufl. Oxford/ New York 1965). [《数理逻辑导论》，E. 沙伊贝译，哥廷根 1966 年第 2 版（英文本，牛津 / 纽约 1965 年 3 版）。]

Taylor, C. C. W., Rez.: Freedom and Reason. By R. M. Hare, in: Mind 74(1965), S. 280-298.[C. C. W. 泰勒：《评 R. M. 黑尔〈自由与理性〉》，载《心灵》杂志，总第 74 期（1965 年），第 280—298 页。]

Thornton, M. T., Hare's View of Morality, in: Mind 80(1971), S. 617-619.[M. T. 桑顿：《黑尔的道德视点》，载《心灵》杂志，总第 80 期（1971 年），第 617—618 页。]

Thul, E. J., Die Denkform der Rechtsdogmatik, in: ARSP 46(1960), S. 241-260. [E. J. 图尔：《法教义学思考形式》，载《法哲学与法社会学档案》，总第 46 卷（1960 年），第 241—260 页。]

Toulmin, St. E., the Place of Reason in Ethics, Cambridge 1950. [St. E. 图尔敏：《理由在伦理学上的地位》，剑桥 1950 年版。]

—The Uses of Argument, Cambridge 1958 . [《论证的使用》，剑桥 1958 年版。]

Urmson, J. O., The Emotive Theory of Ethics, London 1968.[J. O. 厄姆森：《伦理学的情感理论》，伦敦 1968 年版。]

Viehweg, Th., Topik und Jurisprudenz, 5. Aufl. München 1974. [Th. 菲韦格：《论题学与法学》，慕尼黑，1974 年第 5 版。]

—Systemprobleme in Rechtsdogmatik und Rechtsforschung, in: System und Klassifikation in Wissenschaft und Dokumentation, hrsg. v. A. Diemer am Glan1968, S. 96-104. [《法教义学和法研究中的体系问题》，载 A. 迪耶默编：《科学和文献汇编中的体系与分类》，迈森海姆 1968 年版，第 96—104 页。]

—Some Considerations Concerning Legal Reasoning, in: Law, Reason and Justice, Essays in Legal Philosophy v. G. Hughes, New York/ London 1969, S. 257-269.［《法律推理的若干思考》，载 G. 休斯编：《法律、理性和正义》，纽约/伦敦，1969 年版，第 257—269 页。］

Warnock, G. J., Contemporary Moral Philosophy, London/ Basingstoke 1967.［G. J. 瓦尔诺克:《当代道德哲学》,伦敦/贝辛斯托克1967年版。］

Wasserstrom, R. A., The Judicial Decision, Stanford/ London 1961. ［R. A. 瓦塞尔斯特罗姆：《司法裁决》，斯坦福 1961 年版。］

Weinberger, O., Rechtslogik, Wien/New York 1970.［O. 魏因伯格：《法律逻辑》，维也纳/纽约 1970 年版。］

Wahrheit, Recht und Moral, in: Rechtstheorie 1(1970), S. 129-146.［《真理，法律与道德》，载《法的理论》杂志，总第 1 期（1970 年），第 129—146 页。］

—Über die Offenheit des rechtlichen Normensystems, in: Festschr. f. W. Wilburg, Graz 1975, S. 439-451.［《论法律规范系统的开放性》，载《W. 维尔堡祝寿文集》，格拉茨 1975 年版，第 439—451 页。］

Weischedel, W., Recht und Ethik, Karlsruhe 1956.［W. 魏舍德尔：《法和伦理》，卡尔斯鲁厄，1956 年版。］

Welzel, H., Naturrecht und materiale Gerechtigkeit, 4. Aufl. Göttingen 1962. ［H. 韦尔策尔：《自然法与实质正义》，哥廷根 1962 年第 4 版。］

—Das Deutsche Strafrecht, 11. Aufl. Berlin 1969.［《德国刑法》，柏林 1969 年第 11 版。］

White, A. R., Truth, London/Basingstoke 1970.［A. R. 怀特：《论真理》，伦敦/贝辛斯托克 1970 年版。］

Wieacker, Fr., Gesetz und Richterkunst, Karlsruhe 1958.［Fr. 维亚克尔:《法律与法官技艺》，卡尔斯鲁厄 1958 年版。］

—Zur Praktischen Leistung der Rechtsdogmatik, in: Hermeneutik und Dialektik, Festschr. f. H.-G. Gadamer, Bd. 2, hrsg. V. R. Bubner/K.

Cramer/R. Wiehl, Tübingen 1970, S. 311-336. [《论法教义学的实践功用》,载《解释学和辩证法: H.-G. 伽达默尔祝寿文集》第 2 卷,图宾根 1970 年版,第 311—336 页。]

—Rez.: Canaris, Claus-Wilhelm, Systemdenken und Systembegriff in der Jurisprudenz, in Rechtstheorie 1(1970), S. 107-119. [《评卡纳里斯〈法学中的体系思维和体系概念〉》,载《法的理论》杂志,第 1 期(1970 年),第 107—119 页。]

—Zur Topikdiskussion in der zeitgenössischen deutschen Rechtswissenschaft, in: Xenion, Festschr. f. P. J. Zepos, hrsg. v. E. v. Caemmerer/J. H. Kaiser/ G. Kegel/ W. Müller-Freienfels/ H. J. Wolff, Athen 1973, S. 391-415. [《关于当代德国法学中的论题学讨论》,载 E. 冯·凯默雷尔、J. H. 凯泽尔、G. 克格尔、W. 缪勒-弗莱因菲尔斯和 H. J. 沃尔夫编:《警句——P. J. 策波斯祝寿文集》,雅典 1973 年版,第 391—415 页。]

—Über strengere und unstrenge Verfahren der Rechtsfindung, in: Im Dienst an Recht und Staat, Festschr. f. W. Weber, Hrsg. v. H. Schneider/ V. Götz. Berlin 1974, S. 421-443. [《论较严格的和不严格的法律发现程序》,载 H. 施奈德、V. 克茨编:《W. 韦伯纪念文集》,柏林 1974 年版,第 421—443 页。]

Wieland, W., Praxis und Urteilskraft, Zeitschrift für philosophische Forschung 28(1974), S. 17-42. [W. 维兰德:《实践与判断力》,载《哲学研究杂志》,总第 28 期(1974 年),第 17—42 页。]

Winch, P., Die Idee der Sozialwissenschaft und ihr Verhältnis zur Philosophie, übers, v. R. Pelzer, Frankfurt a. M. 1974(Original: The Idea of Social Science, 4. Aufl. London 1965). [P. 温奇:《社会科学理念及其与哲学的关系》,R. 佩尔策尔译,法兰克福 1974 年版(英文本,伦敦 1965 年 4 版)。]

—(Hrsg.), Studies in the Philosophy of Wittgenstein, London/ New York 1969. [P. 温奇编:《维特根斯坦哲学研究》,伦敦/纽约 1969 年版。]

Windscheid, B., Lehrbuch des Pandektenrechts, 9. Aufl. bearb. V. Th. Kipp, Bd. 1, Frankfurt a. M. 1906. [B. 温特沙伊德:《学说汇纂教程》, 第9版 (Th. 基普修订), 第1卷, 法兰克福1906年版。]

Wittgenstein, L., Tractatus logico-philosophicus, in: Schriften, Bd. 1, Frankfurt a. M. 1969, S. 7-83. [L. 维特根斯坦:《逻辑哲学论》, 载《维特根斯坦文集》, 第1卷, 法兰克福1969年版, 第7—83页。]

—Philosophische Untersuchungen, in: Schriften, Bd. 1, Frankfurt a. M. 1969, S. 279-544. [《哲学研究》, 载《维特根斯坦文集》, 第1卷, 法兰克福1969年版, 第279—544页。]

—Eine philosophische Betrachtung (Das sogenannte Braune Buch), in: Schriften, Bd. 5, Frankfurt a. M. 1970, S. 117-282. [《哲学观察》(维特根斯坦的所谓"棕皮书"), 载《维特根斯坦文集》, 第5卷, 法兰克福1970年版, 第117—282页。]

—Über Gewiβhert, hrsg. v. G. E. M. Anscombe/G. H. v. Wright, Frankfurt a. M. 1970. [《论确实性》G.E.M. 安斯康姆与G.H. 冯·赖特编, 法兰克福1970年版。]

Wolff, H. J., Begriff und Kriterium der Wahrheit, in: Gegenwartsprobleme des Internationalen Rechts und der Rechtsphilosophie, Festschr. f. R. Laun, hrsg. v. D. S. Constantopoulos/ H. Wehberg, Hamburg 1953, S. 587-605. [H. J. 沃尔夫:《真理的概念和标准》, 载D. S. 康斯坦托保罗斯、H. 魏贝格编:《国际法与法哲学的当前问题: R. 劳恩祝寿文集》, 汉堡1953年版, 第587—605页。]

Wolff, H. J./**Bachof**, O., Verwaltungsrecht, bd. 1, 9. Aufl. München 1974. [H. J. 沃尔夫、O. 巴霍夫:《行政法》第1卷, 慕尼黑1974年第9版。]

Wright, G. H. v., Deontic Logic, in: ders., Logical Studies, London 1957, S. 58-74. [G. H. 冯·赖特:《道义逻辑》, 载氏著:《逻辑研究》, 伦敦1957年版, 第58—74页。]

—Norm and Action, London 1963. [《规范与行动》, 伦敦1963年版。]

—The Logic of Preference, Edinburgh 1963.［《优先的逻辑》，爱丁堡 1963 年版。］

—The Varieties of Goodness, London/ New York 1963.［《善的多样性》，伦敦 / 纽约 1963 年版。］

—An Essay in Deontic Logic and the General Theory of Action, Amsterdam 1968.［《道义逻辑论与行动的一般理论》，阿姆斯特丹 1968 年版。］

—A New System in Deontic Logic, in: Deontic Logic: Introductory and Systematic Readings, hrsg. v. R. Hilpinen, Dordrecht 1971, S. 105-120. ［《道义逻辑的新体系》，载 R. 希尔皮伦编：《道义逻辑：分类导读》，多德雷希特 / 荷兰 1971 年版，第 105—120 页。］

—Wittgenstein on Certainty, in: Problems in the Theory of Knowledge, hrsg. v. G. H. v. Wright, Den Haag 1972, S. 47-60.［《维特根斯坦论确实性》，载 G. H. 冯·赖特编：《知识论的问题》，海牙 1972 年版，第 47—60 页。］

—On So-Called Practical Inference, Acta Sociologica 15(1972/1973), S. 39-53.［《论所谓实践推论》，载《社会学档案》，总第 15 期（1972—1973 年），第 39—53 页。］

—Deontic Logic Revisited, in: Rechtstheorie 4(1973), S. 37-46.［《道义逻辑之修订》，载《法的理论》杂志，总第 4 期（1973 年），第 37—46 页。］

—Erklären und Verstehen, übers. v. G. Grewendorf/ G. Meggle, Frankfurt a. M. 1974(Original: Explanation and Understanding Ithaca N. Y. 1971). ［《说明与理解》，G. 格雷温道夫、G. 梅格勒译，法兰克福 1974 年版（原英文本，纽约州的伊萨卡 1971 年版）。］

Wróblewski, J., Legal Decision and its Justification, in: Le Raisonnement Juridique, Akten des Weltkongresses für Rechte-und Sozialphilosophie, Brüssel 1971, S. 409-419.［J. 弗罗布列夫斯基：《法律决定及其证成》，载 H. 胡比恩编：《法律推理：1971 年布鲁塞尔法哲学与社会哲学世界大会文献》，布鲁塞尔 1971 年版，第 409—419 页。］

—Legal Syllogism and Rationality of Judicial Decision, in:Rechtstheorie 5(1974), S. 33-46.［《法律三段论与司法裁决的合理性》，载《法的理论》

杂志，总第 5 期（1974 年），第 33—46 页。]

Wunderlich, D., Zur Konventionalität von Sprechhandlungen, in: Linguistische Pragmatik, hrsg. v. D. Wunderlich, Frankfurt a. M. 1972, S. 11-58.［D. 冯德利希：《论言语行为的规约性》，载 D. 冯德利希编：《语用学》，法兰克福 1972 年版，第 11—58 页。]

——Grundlagen der Linguistik, Reinbek bei Hambrug 1974.[《语言学基础》，汉堡的莱因贝克 1974 年版。]

Zippelius, R., Legitimation durch Verfahren?, in: Festschr. f. K. Larenz, hrsg. v. G. Paulus/U. Diederichsen/C.-W. Canaris, München 1973, S. 293-304.［R. 齐佩利乌斯：《通过程序的合法化？》，载 G. 保罗斯、U. 迪特里希森、C.-W. 卡纳里斯编：《K. 拉伦茨祝寿文集》，慕尼黑 1973 年版，第 293—304 页。]

——Einführung in die juristische Methodenlehre, 2. Aufl. München 1974.[《法学方法论入门》，慕尼黑 1974 年第 2 版。]

——Rechtsphilosophische Aspekte der Rechtsfindung, in: JZ 1976, S. 150-153.「《法律发现的法哲学观点》，载《法律家报》1976 年卷，第 150—153 页。]

Zweigert, K., Rechtsvergleichung, System und Dogmatik, in: Festschr. f. E. Bötticher, hrsg. v. K. A. Bettermann/ A. Zeuner, Berlin 1969, S. 443-449.［K. 茨威格特：《比较法：体系与教义学》，载 K. A. 贝特尔曼、A. 策伊纳编：《E. 博提歇尔祝寿文集》，柏林 1969 年版，第 443—449 页。]

人名索引

（人名索引部分所涉的页码均为原书页码，即本书边码）

阿多迈特 K. Adomeit　308
阿格 I. Agge　32
阿尔伯特 H. Albert　175—176, 223, 230, 307
阿尔斯顿 W. P. Alston　290
安德森 A. R. Anderson　118
阿佩尔 K.-O. Apel　139, 160, 230
亚里士多德 Aristoteles　40, 42, 118, 136, 201
奥斯汀 J. L. Austin　70—71, 77 及以下, 83, 88, 136, 140, 142—143, 145, 185—186, 236, 244, 266
艾耶尔 A. J. Ayer　61

巴霍夫 O. Bachof　325
拜尔 K. Baier　110, 124 及以下, 152, 171, 248, 250, 252
巴尔韦格 O. Ballweg　261
巴尔—希勒尔 Y. Bar-Hillel　143
比尔兹摩 R. W. Beardsmore　99
贝尔纳普 N. D. Belnap　118

别尔基 R. N. Berki　103
伯德 O. Bird　115
博克罗 A. Bokeloh　39
勃兰特 R. B. Brandt　57
布罗德 C. D. Broad　111
布洛克 D. W. Brock　132
布洛姆 W. Brohm　327
布劳威尔 L. E. J. Brouwer　178
布吕格曼 J. Brüggemann　265

卡纳里斯 C.-W. Canaris　21, 25, 41, 299
卡尔纳普 R. Carnap　61, 185
齐斯霍尔姆 R. M. Chisholm　95

迪特里希森 U. Diederichsen　22, 41, 283, 341—342, 344—345
狄塞尔霍斯特 M. Dießelhorst　48
德勒 H. Dölle　328, 333
德莱尔 R. Dreier　32, 162, 164, 296—297, 308—309, 318, 335

人名索引

爱德华兹 P. Edwards 59, 85
埃利希 E. Ehrlich 280, 312
艾兴霍菲尔 E. Eichenhofer 32
埃尔泽 M. Elze 325
恩吉施 K. Engisch 20, 23—24, 27, 274, 281—282, 298—299, 303, 315, 331, 343—344
埃塞尔 J. Esser 19, 21, 23, 25, 39, 45, 150, 267, 281—282, 294, 298—299, 303, 310, 318, 323 及以下, 329, 331 及以下, 335, 337, 345

弗雷斯道尔 D. Føllesdal 95
福特 Ph. Foot 55, 98—99, 154
弗兰克纳 W. K. Frankena 26, 56, 85, 111, 135, 151, 238
弗雷格 G. Frege 197, 199, 213, 235
弗洛伊德 S. Freud 173
弗尔贝格 M. Furberg 71

戈蒂埃 D. P. Gauthier 96
格奥尔格 R. George 118
戈尔曼 O. A. German 335, 339—340
格雷温道夫 G. Grewendorf 61, 68
格莱斯 H. P. Grice 168, 226, 236, 239, 244

哈贝马斯 J. Habermas 70, 134 及以下, 182, 187, 204, 206, 214, 216, 230—231, 238—239, 252—253, 268, 270
汉森 B. Hansson 95
黑尔 R. M. Hare 58, 70—71, 78—79, 82 及以下, 112, 116, 118 及以下, 129, 145, 151—152, 154, 187—188, 201—202, 218, 222, 235, 246, 251, 299
哈特 H. L. A. Hart 17, 25—26, 120, 153, 166, 266, 284, 300
哈塞默尔 W. Hassemer 44
赫克 Ph. Heck 312
黑格尔 G. W. F. Hegel 173, 190, 229
黑勒 Th. Heller 25, 212, 341, 344—345
希尔皮伦 R. Hilpinen 95
辛提卡 J. Hintikka 236
赫费 O. Höffe 175
霍尔斯特尔 N. Hoerster 26, 31, 56—57, 96, 99, 102, 130, 251
霍菲尔德 W. N. Hohfeld 22
亨特 J. F. M. Hunter 74

耶林 R. v. Jhering 311
约根森 J. Jørgensen 235

卡里诺夫斯基 G. Kalinowski 118
坎巴特尔 Fr. Kambartel 187, 189
卡穆拉 W. Kamlah 153, 179
康格尔 S. Kanger 235
康德 I. Kant 127, 152—153, 168, 170, 205, 208, 230—231, 257
凯尔森 H. Kelsen 17—18, 99, 264, 276
克默尔灵 A. Kemmerling 74
肯尼 A. Kenny 70 及以下
克尔纳 G. C. Kerner 56, 60, 68—69, 113, 118
柯伊特 H. H. Keuth 195, 276, 315
基里安 W. Kilian 175
克卢格 U. Klug 212, 273 及以下, 341 及以下
克拉维茨 W. Krawietz 311—312, 331
克里勒 M. Kriele 19—20, 23, 25, 38—39, 40, 46, 228—229, 266, 271, 281—282, 303, 307, 335—336, 338 及以下
克里普克 S. A. Kripke 236
库恩 Th. S. Kuhn 328
克鲁泽 H. W. Kruse 335
库切拉 Fr. v. Kutschera 31, 73, 95, 254

拉班德 P. Laband 311

拉德 J. Ladd 226—227, 268
拉伦茨 K. Larenz 17, 19 及以下, 23, 28, 46, 71, 265, 268, 276, 279, 281, 293, 295—296, 299—300, 303, 306, 313, 325, 335, 339, 343—344
德·拉泽尔 D. de Lazzer 308, 325, 329
伦克 H. Lenk 72—73
莱斯 G. Less 335
洛伦岑 P. Lorenzen 66, 173, 178 及以下, 226, 242, 253
吕德尔森 K. Lüderssen 48
路德维希 O. Ludwig 241
卢曼 N. Luhmann 47—48, 158, 161 及以下, 215, 267—268, 275, 326 及以下
吕坎 W. C. Lycan 130
莱昂斯 D. Lyons 130

马柯嫩 K. Makkone 262, 276
马克思 K. Max 173, 190
麦衮尼斯 B. F. McGuiness 76
梅格勒 G. Meggle 61, 68
门尼肯 A. Mennicken 294, 304
门策尔 W. Menzel 241
迈尔-科尔丁 U. Meyer-Cording 307—308, 325
摩尔 G. E. Moore 55 及以下, 136

人名索引

莫里斯 Ch. W. Morris 43, 161
摩舍尔 E. Morscher 30, 95
缪勒 Fr. Müller 20, 23, 38, 268, 285—286, 300, 303

纳什 A. Naess 227
瑙克 W. Nauke 286
诺伊曼 U. Neumann 48
涅克 W. Nieke 325
涅尔森 K. Nielsen 56—57, 113, 127
诺维尔—史密斯 P. H. Nowell-Smith 59, 89

奥格登 C. K. Ogden 61
奥尔布里希茨—泰特卡 L. Olbrechts-Tyteca 197 及以下
奥尔登奎斯特 A. Oldenquist 130
奥普 K.-D. Opp 286
奥特 G. Otte 39—40

帕茨希 G. Patzig 94, 136—137, 167, 238
佩雷尔曼 Ch. Perelmann 27, 197 及以下, 237, 243—244, 252, 274, 301, 336
菲利皮 K. J. Philippi 286
皮亚杰 J. Piaget 149
派克 N. Pike 118
皮切尔 G. Picher 71—72

波德莱西 A. Podlech 23, 30, 60, 242—243, 331
波普尔 K. R. Popper 76—77, 98, 111, 140, 169, 175, 199, 206, 223, 229—230
波斯纳 R. Posner 170, 175

奎因 W. V. O. Quine 94, 118

拉德布鲁赫 G. Radbruch 307, 315
拉尔夫 J. Rahlf 48
莱泽尔 L. Raiser 310, 325
罗尔斯 J. Rawls 112, 131—132, 243
莱纳 H. Reiner 99
雷舍尔 N. Rescher 227
理查兹 J. A. Richards 61
勒迪希 J. Rödig 44, 95, 273, 280, 283
罗厄雷克 G. Roellecke 71
罗尔菲斯 E. Rolfes 40
罗斯 A. Ross 22, 87, 99—100, 235
罗斯 W. D. Ross 58—59
罗特洛伊特纳 H. Rottleuthner 20, 33, 44, 262, 271, 287, 300, 313, 317
吕斯曼 H. Rüssmann 171
赖尔 G. Ryle 115

萨维尼 E. v. Savigny 48, 59, 70—

71, 79, 126, 289, 313, 321

萨维尼 Fr. C. v. Savigny 19, 288, 290

舍勒 M. Scheler 58—59

施林克 B. Schlink 175

施吕特 W. Schlüter 340

施奈勒 H. Schnelle 158, 167—168, 239

施努尔 R. Schnur 318

舍恩克 A. Schönke 277

施莱贝尔 R. Schreiber 235, 274, 341

施罗德 H. Schröder 277

施韦默尔 O. Schwemmer 66, 173, 178 及以下, 226, 242, 253

塞尔 J. R. Searle 77, 79, 86—87, 143, 167—168, 231, 236, 315

希尔瓦施泰因 H. S. Silverstein 97

西密提斯 S. Simitis 310, 324

辛格 M. G. Singer 92—93, 129—130, 151—152, 242—243, 250—251

斯马特 J. J. C. Smart 112, 132

斯马特 R. N. Smart 111

索贝尔 J. H. Sobel 130

施佩希特 E. K. Specht 72

施本德尔 G. Spendel 99

斯普鲁特 J. Sprute 118

施托尔贝格 Fr. W. Stallberg 157

施塔克 Chr. Starck 286

施陶布 H. Staub 317

斯太格谬勒 W. Stegmüller 70 及以下, 119, 295

斯蒂文森 Ch. L. Stevenson 60 及以下, 79, 148, 171, 193

斯特劳森 P. F. Strawson 60, 72, 78, 82, 88, 136, 145, 208

施特鲁克 G. Struck 40 及以下, 330—331

塔尔斯基 A. Tarski 17, 94, 136, 138

泰勒 C. C. W. Taylor 97

桑顿 M. T. Thornton 96

图尔 E. J. Thul 308

图尔敏 St. E. Toulmin 59, 70, 108 及以下, 147, 171, 222, 245

厄姆森 J. O. Urmson 53, 61—62, 68—69, 79

菲韦格 Th. Viehweg 39 及以下

瓦诺克 G. J. Warnock 55, 57, 89, 98—99

瓦塞尔斯特罗姆 R. A. Wasserstrom 282—283

魏因伯格 O. Weinberger 236, 293,

人名索引

345
魏舍德尔 W. Weischedel　30
韦尔策尔 H. Welzel　30, 316
怀特 A. R. White　136, 138
维亚克尔 Fr. Wieacker　21, 23, 28, 30, 39 及以下, 262, 267, 275, 294, 310, 313, 324, 332—333, 335
维兰德 W. Wieland　195, 257
威廉姆斯 B. Williams　132
温奇 P. Winch　74
温特沙伊德 B. Windscheid　310—311
维特根斯坦 L. Wittgenstein　70 及以下, 87, 108, 120, 136—137
沃尔夫 H. J. Wolff　19, 227, 331
赖特 G. H. v. Wright　23, 75, 95, 118, 226, 236, 276, 295, 297
弗罗布列夫斯基 J. Wróblewski　273—274, 276, 282
冯德利希 D. Wunderlich　79, 115, 143, 167, 239

齐普利乌斯 R. Zippelius　27—28, 268, 344
泽哈 G. Zecha　95
茨威格特 K. Zweigert　330

内容索引

（内容索引部分所涉的页码均为原书页码，即本书边码）

类推 Analogie 290, 343 及以下

正确性/真实性要求 Anspruch auf Richtigkeit/Wahrheit

    道德判断 moralischer Urteile 137—138, 142, 165 及以下, 238 及以下

    法律判断 juristischer Urteile 34, 264 及以下, 271—272, 351—352

论述（论点，论据） Argument 64, 68, 112 及以下, 123, 147, 202（参见: Grund/reason, Argumentform）

论证 Argumentation（参见: Begründung, Diskurs）

    普遍实践论证 allgemeine praktische A. 53 及以下, 63 及以下, 90 及以下, 110 及以下, 146 及以下, 186 及以下, 208 及以下, 221 及以下（参见: allgemeiner praktischer Diskurs）

    经验论证 empirische A. 246, 255, 285 及以下, 294, 298, 301, 353（参见: theoretischer Diskurs）

    法律论证 juristische A. 32, 262—263, 273 及以下, 283 及以下, 351 及以下（参见: juristischer Diskurs）

    理性论证 rationale A.（见: Rationalität/rational）

    论证规则 Regeln der A.（见: Diskursregeln）

    论证的前提（条件） Voraussetzungen der A. 76, 117, 207, 217—218, 250, 255

论证负担 Argumentationslast 93, 216—217, 242 及以下, 336—337

论证结构 Argumentationsstruktur 124

论述形式 Argumentform(en) 123,

170—171, 210—211, 234
  普遍实践论述形式 allgemeine praktische A. 245 及以下
  法律论述形式 juristische A. 274 及以下, 289 及以下, 320 及以下, 341 及以下
论述结构 Argumentstruktur 123—124, 211, 249
反面论述 argumentum e contrario 342
听众 Auditorium 199 及以下
  特定听众 partikulares A. 205, 208
  普泛听众 universales A. 203 及以下
真诚性（要求）条件 Aufrichtigkeitsbedingung 186, 214, 234, 236
解释 Auslegung（参见：Interpretation）
  解释规准 canones der A. 19, 288 及以下（参见：juristische Argumentformen）
  解释规准可应用的领域 Bereich der Anwendbarkeit der c. 300
  解释规准的逻辑地位 logischer Status der c. 300—301
  解释规准的位序 Rangfolge der c. 19, 303 及以下
  解释规准的不确定性 Unbestimmtheit der c. 20
  解释规准的数目 Zahl der c. 19
  发生学解释 genetische A. 291 及以下
  历史解释 historische A. 294
  比较解释 komparative A. 294—295
  客观—目的论解释 objektiv-teleologische A. 296
  客观解释论 objektive Theorie der A. 304
  语义学解释 semantische A. 289 及以下
  主观解释论 subjektive Theorie der A. 304—305
  体系解释 systematische A. 295—296
  目的论解释 Teleologische A. 295 及以下
命题 Aussage 53
  规范性命题 normative A. 83 及以下, 143 及以下（参见：juristisches Urteil; moralisches Urteil; Verpflichtungsurteil; Werturteil）

意义 Bedeutung 68

情感意义 emotive B. 62—63
评价性意义 / 规定性意义 evaluative/präskriptive B. 85
描述性意义 deskriptive B. 62—63, 85

需求 Bedürfnis 151 及以下, 192（参见：Interesse）

概念法学 Begriffsjurisprudenz 310—311

证立 Begründung 54, 168 及以下, 239（参见：Argumentation, Diskurs, Rechtfertigung）
    法律判断的证立 juristischer Urteile 18, 273 及以下
    法律判断的证立规则 Regeln der B.J.U. 274 及以下, 278 及以下, 287, 302, 305—306, 325, 334, 339, 346, 357
    普遍实践判断 allgemeiner praktischer Urteile 92 及以下, 114 及以下, 147 及以下, 186—187, 221 及以下, 247—248
    普遍实践判断的证立规则 Regeln der B.a.p.U. 234 及以下

证立义务 Begründungspflicht 165 及以下

普遍证立规则 allgmeine Begründungsregel 167—168, 239

主张（断言）Behauptung 114, 167—168, 231, 238—239
    规范性命题 normativer Aussagen 89 及以下, 145, 167

受法律（制定法）约束 Bindung an das Gesetz 41, 262, 305

论辩 Diskurs（参见：Argumentation, Begründung）
    普遍实践论辩 allgemeiner praktischer D. 32, 221 及以下
    作为受规则支配的活动 als regelgeleitete Tätigkeit 68, 70 及以下, 90—91, 133, 223—224
    论辩理论的论辩 diskurstheoretischer D. 233, 255
    假设的论辩 hypothetischer D. 240—241, 358
    内心的论辩 innerer D. 224, 269
    法律论辩 juritischer D. 32, 37, 224, 261 及以下, 269 及以下
    法律论辩的实际必要性 praktische Notwendigkeit des j.D. 37, 256—257, 349 及以下, 354 及以下

理性的论辩 rationaler D.（见：Rationalität/rational）

语言分析的论辩 sprachanalytischer D. 185, 237, 255

理论的论辩 theoretischer D. 246, 255

论辩的限定 Diskursbegrenzung 37, 256—257, 349 及以下

论辩之可能/论辩之必须/论辩之不能 diskursive Möglichkeit/Notwendigkeit/Unmöglichkeit 35, 171, 174—175, 256, 350

论辩规则 Diskursregeln 34 及以下, 223—224, 233 及以下

 论辩规则的种类 Arten von D. 233 及以下

 论证负担规则 Argumentationslastregeln 242 及以下

 证立规则 Begründungsregeln 250 及以下

 基本规则 Grundregeln 234 及以下

 过渡规则 Übergangsregeln 254—255

 理性规则 Vernunftregeln 169 及以下, 238 及以下

 论辩规则的证立 Begründung der D. 225 及以下

 论辩规则的功能（功用）Leistung der D. 35—36, 170, 240 及以下, 255—256

 法律论辩规则 Regeln des juristischen Diskurses, 见: Begründung juristischer Urteile, Regel der B. j. U.

论辩理论 Diskurstheorie(n) 31 及以下, 133, 162 及以下, 224—225

区别 distinguishing 340

法教义学 juristische Dogmatik 307 及以下, 353—354

 与普遍实践论证 und allgemeine praktische Argumentation 324—325, 333—334

 法教义学的维度 Dimension der D. 308—309

 法教义学的功能 Funktionen der D. 326 及以下

教义学语句 dogmatische Sätze 315 及以下

 教义学语句的证立 Begründung der d.S. 320

 教义学语句的应用 Verwendung der d.S. 320

 教义学语句的检验 Überprüfung der d.S. 321 及以下

教义学证立（纯粹的/非纯粹的）dogmatische Begründung (reine/

unreine) 320, 334, 348

经验知识 empirisches Wissen，见：Argumentation, empirische Emotivismus 60及以下, 221—222

省略三段论 Enthymem 118, 202

违背（规范）文义的裁判 Entscheidung gegen den Wortlaut 18, 290, 305

自由裁量的空间 Entscheidungsspielraum 22, 290

决定理论 Entscheidungstheorie 175

证伪／可证伪性 Falsifikation/Falsifizierbarkeit 175—176, 241, 358

后果 Folgen 65, 100, 111, 245及以下, 297, 345—346

形式 Formen, 见：Argumentformen

进步 Fortschritt 328—329

有效性要求 Geltungsanspruch, 见：Anspruch

批判生成 Kritische Genese 66, 173—174, 190及以下, 253—254

正义 Gerechtigkeit 36—37, 217, 242, 274, 279—280, 283, 332, 359

确实性 Gewißheit 174—175, 224, 256, 356

黄金规则 Goldene Regel 99

理由 Grund/reason 64及以下, 92及以下, 108, 114及以下, 125—126, 245及以下（参见：Argument）

通说 Herrschende Meinung 317—318

目光的往返流转 Hin-und Herwandern des Blicks 281—282

理想 Ideal 170, 241, 358—359

理想的言谈情境 ideale Sprechsituation 151, 155及以下, 169—170, 206, 216, 239

无穷递归 infiniter Regreß 223, 225

制度化 Institutionalisierung 37, 326及以下, 350—351, 353

利益 Interesse 98及以下, 102及以下, 151（参见：Bedürfnis）

解释 Interpretation 288及以下

直觉主义 Intuitionismus 30, 58及以下, 221

约根森悖论 Jørgensen Dilemma 235

清晰案件 klarer Fall 24—25

共识（合意）Konsens 135, 146, 158—159, 170, 175, 206

共识论 Konsenstheorie 134 及以下, 177

一致性检验 Konsistenzkontrolle 323

结构主义 Konstruktivismus 178 及以下

谈话前提条件 Konversationspostulat 168, 239

符合论 Korrespondenztheorie 135 及以下

生活形式 Lebensform 74 及以下, 105—106

司法裁判的合法性（正当性）Legitimität juristischer Entscheidungen 24

逻辑 Logik 65, 118, 199, 212—213, 234 及以下, 243, 273 及以下, 341 及以下

 道义逻辑 deontische L. 95, 236, 276, 280

逻辑后果（结论）logische Folge 17 及以下

法律应用的逻辑（图）式 logisches Schema der Gesetzesanwendung 273 及以下

元伦理学 Metaethik 53 及以下

明希豪森－三重困境 Münchhausen-Trilemma 223

自然主义 Naturalismus 55 及以下

新自然主义 Neonaturalismus 57, 98—99, 154

大前提与小前提问题 Obersatz-Untersatzproblem 279—280

开放—问题的论述 open-question argument 56 及以下

正宗语言 Orthosprache 183 及以下, 237

推翻 overruling 340

语用学 Pragmatik 43, 147, 161

判例（先例）Präjudizien 334 及以下

规定主义 Präskriptivismus 84, 89—90

规定性原则 Präskriptivitätsprinzip 96 及以下, 251

原则（原理）Prinzipien 21, 299, 319

诉讼 Prozeß 261—262, 269 及以下

理性（合理性）/理性的（合理的）Rationalität / rational

(Vernünftigkeit/vernünftig) 15, 34, 64, 91, 133, 203 及以下, 213 及以下, 224, 250, 264, 333, 350 及以下, 356—357

证成 Rechtfertigung 54, 273 及以下 (参见: Begründung)
 外部证成 externe R. 273, 283 及以下
 内部证成 interne R. 273 及以下

法概念 Rechtsbegriffe 315 及以下

法教义学 Rechtsdogmatik, 参见: juristische Dogmatik

法学 Rechtswissenschaft 24, 37, 261, 269, 307 及以下, 328—329, 356

归谬法 reductio ad absurdum 345—346

规则 Regel (n) 68, 70 及以下, 74, 79—80, 92 及以下, 108, 115, 125—126, 167 及以下, 179 及以下, 223 及以下, 274 及以下, 285 及以下, 353 及以下 (参见: Diskursregeln)

正确性 Richtigkeit (参见: Anspruch auf Richtigkeit / Wahrheit, Wahr-heit normativer Aussagen, Wahrheitsfähigkeit normativer Aussagen)
 普遍实践判断的正确性 allgemeiner praktischer Urteile 134 及以下, 146, 240—241
 法律判断的正确性 juristischer Urteile 35, 264, 357—358

事体 Sachverhalt 281—282

饱和要求 Erfordernis der Sättigung 293, 301—302, 346

语句 Satz 53
 规范性语句 nomativer S., 参见: nomative Aussage; juristisches Urteil; moralisches; Verpflichtungsurteil; Werturteil

推论规则 Schlußregel 108, 112 及以下, 118 及以下, 125

实然/应然 Sein/Sollen 30, 55, 84, 228

特殊情形命题 Sonderfallthese 32 及以下, 38, 263 及以下, 272, 357—358
 补充性命题 Additionsthese 38
 统合性命题 Integrationsthese 38—39
 派生性命题 Sekundaritätsthese 38

规范性语言 normative Sprache 53, 55 及以下, 60 及以下, 83 及以下, 108 及以下

语言哲学 Sprachphilosophie 70

及以下
语言游戏 Sprachspiel 71 及以下, 105, 120—121, 137, 229, 233
言语行为（理论）Sprechakt(theorie) 77 及以下, 87—88, 137 及以下, 141 及以下, 231
主观主义 Subjektivismus 61, 221
推论（涵摄）Subsumtion 17, 274 及以下
三段论 Syllogismus
    法律三段论 juristischer S. 273 及以下
    实践三段论 praktischer S. 118, 292
体系（系统）System 20 及以下, 310 及以下
体系检验 Systematische Überprüfung
    狭义的体系检验 im engeren Sinne 322, 325
    广义的体系检验 im weiteren Sinne 322 及以下, 325
系统论 Systemtheorie 47—48, 162 及以下, 267

事实 Tatsache 136 及以下, 141
目的论还原 Teleologische Reduktion 290
论题学 Topik 39 及以下
惯性原理 Trägheitsprinzip 216—217, 243, 327, 336, 353—354
超验语用学 Transzendentalpragmatik 160—161, 230 及以下

检验 Überprüfung 321
    普遍实践判断的检验 allgemeiner praktischer Urteile 98, 247—248
    教义学语句的检验 dogmatischer Sätze 321 及以下
劝说/说服 Überreden/Überzeugen 207—208
劝导性定义 Überredungsdefinition 63
日常语言（口语）Umgangssprache 180, 183 及以下
可普遍化原则 Universalisierbarkeitsprinzip 91 及以下, 151—152, 187—188, 218, 237, 243, 251, 274, 279—280, 306, 327, 332—333, 335, 338, 344, 352
普遍语用学 Universalpragmatik 161, 231—232
判断 Urteil
    法律判断 juristisches U. 17 及以下, 22—23, 264 及以下, 273 及以下（参见：nomative Aussage)
    道德判断 moralisches U. 55

及以下，58及以下，61及以下，83及以下，109及以下，124及以下，141及以下，221及以下（参见：nomative Aussage; Verpflichtungsurteil;Werturteil）

功利主义 Utilitarismus 101, 111—112, 132

模糊性 Vagheit 17, 290, 350

可普遍化 Verallgemeinerbarkeit 90及以下，127及以下，150及以下，172, 186及以下，206, 214, 250及以下（参见：Universalisierbarkeitsprinzip）

实践理性 praktische Vernunft 35, 45—46, 197, 234, 359（参见：Rationalität/rational）

义务判断 Verpflichtungsurteil 85及以下，94及以下，145, 167(参见：nomative Aussage; moralisches Urteil）

优先规则 Vorrangregel 126, 248—249

规范性命题的真实性 Wahrheit nomativer Aussage, 见：Anspruch auf Richtigkeit/ Wahrheit,Richtigkeit,Wahrheitsfähigkeit normativer Sätze, Wahrheitstheorien

规范性命题的真假性（真值性）Wahrheitsfähigkeit normativer Aussage 67, 69, 80及以下，112, 127, 134及以下，146, 167, 222, 264

真理理论 Wahrheitstheorien 67, 81, 109, 135及以下，177, 227

客观价值秩序 objektive Wertordnung 29—30

评价 Wertung(en) 22及以下
  普遍共同体的评价 der Allgemeinheit 27—28
  特定群体的评价 bestimmter Kreise 27—28
  法律应用中评价的必要性 Notwendigkeit von W. bei der Rechtsanwendung 17及以下，346及以下，354—355
  法秩序的评价整体 Wertungszusammenhang der Rechtsordnung 28—29

价值判断 Werturteil 84及以下，93—94, 145, 167（参见：nomative Aussage;moralisches Urteil）

法学的科学性 Wissenschaftscharakter der Jurisprudenz 24, 264, 328—329, 356

语词使用规则 Wortgebrauchsregel 278—279

罗伯特·阿列克西著作目录[*]

（截至 2017 年 12 月）

一　专著

《法律论证理论》，法兰克福 1978 年 1 版；法兰克福 1983 年 1 版重印；法兰克福 1991 年 2 版；法兰克福 1996 年 3 版；法兰克福 2015 年 8 版（Theorie der juristischen Argumentation, Frankfurt/M. 1978; Neudr. Frankfurt/M. 1983; 3. Aufl. Frankfurt/M. 1996; 8. Aufl., Frankfurt/M. 2015.）。

《基本权利论》，巴登—巴登 1985 年 1 版；法兰克福 1986 年再版；法兰克福 2015 年 7 版（Theorie der Grundrechte, Baden-Baden 1985; Neudr. Frankfurt/M. 1986; 7. Aufl., Frankfurt/M. 2015.）。

《法的概念和效力》，弗莱堡/慕尼黑 1992 年 1 版；弗莱堡/慕尼黑 1994 年 2 版；弗莱堡/慕尼黑 2002 年重印版；弗莱堡/慕尼黑 2011 年 5 版（Begriff und Geltung des Rechts, Freiburg/München 1992; 2. Aufl. Freiburg/München 1994; Neudr. Freiburg/München 2002; 5. Aufl., Freiburg/München 2011.）。

《柏林墙射手案：论法、道德与惩罚性之关系》，汉堡 1993 年版；再登于 R. 阿列克西、H.-J. 柯赫、L. 库伦、H. 吕斯曼：《法律证立论原理》，巴登—巴登 2003 年版，第 469—492 页（Mauerschützen.

---

[*] 本部分所列罗伯特·阿列克西著作目录为译者整理。——译者

Zum Verhältnis von Recht, Moral und Strafbarkeit, Hamburg 1993; wieder abgedruckt in: R. Alexy/H.-J. Koch/L. Kuhlen/H. Rüßmann, Elemente einer juristischen Begründungslehre, Baden-Baden 2003, S. 469-492.）。

《德国联邦宪法法院1996年10月24日对德国境内杀人案件的决定》，汉堡1997年版（Der Beschluß des Bundesverfassungsgerichts zu den Tötungen an der innerdeutschen Grenze vom 24. Oktober 1996, Hamburg 1997.）。

《爱沙尼亚宪法基本权利》（爱沙尼亚语），塔尔图2001年版［Põhi-õigused Eesti põhiseaduses (Die Grundrechte der estnischen Verfassung; Überset-zung ins Estnische von Madis Ernits und Pille Vinkel), Tartu 2001.］。

《基本权利论跋文》（西班牙语），马德里2004年版［Epílogo a la Teoría de los Derechos Fundamentales, Madrid 2004; Neudr. des Textes in: Revista Española de Derecho Constitutional 22 (2002), S. 13-64.］。

《人类尊严与比例性》（西班牙语），罗萨里奥大学编辑，波哥大2015年版（Dignidad humana y proporcionalidad, Editorial Universidad del Rosario, Bogotá 2015.）。

二、论文集

《法与实践理性》（西班牙文），墨西哥1993年版（Derecho y razón práctica, Mexiko 1993.）。

《法、理性、论辩：法哲学研究》，法兰克福1995年版（Recht, Vernunft, Diskurs. Studien zur Rechtsphilosophie, Frankfurt/M. 1995.）。

《论辩与人权理论》（西班牙文），波哥大1995年版（Teoría del discurso y derechos humanos, Bogotá 1995.）。

《法的正确性要求：阿列克西与布柳金有关法与道德关系的论战》（西班牙文，与欧根尼奥·布柳金合著，鲍拉·盖多作序并翻译），波哥大2001年版（La pretensión de corrección del derecho. La polémica

Alexy/Bulygin sobre la relatión entre derecho y moral (zusammen mit Eugenio Bulygin; eingeleitet und übersetzt von Paula Gaido), Bogotá 2001.]。

《关于基本权利和原则理论的三篇著作》（西班牙文），波哥大2003年版［Tres escritos sobre los derechos fundamentales y la teoría de los principios (eingeleitet und übersetzt von Carlos Bernal Pulido), Bogotá 2003.］。

《论辩理论与宪法权利》（西班牙文），墨西哥2005年版［Teoría del discurso y derechos constitucionales (Cátedra "Ernesto Garzón Valdés" 2004; besorgt von Rodolfo Vázquez und Ruth Zimmerling), México 2005.］。

《正义的制度化》（西班牙文），编辑委员会，格拉纳达2005年版；格拉纳达2016年第3版［La institucionalización de la justicia (besorgt und eingeleitet von José Antonio Seoane), Editorial Comares, Granada 2005; erweiterte 3. Aufl., Granada 2016.］。

《论辩性宪政》（西班牙文），阿雷格里港2007年版；阿雷格里港2015年第4版［Constitucionalismo Discursivo (herausgegeben und übersetzt von Luís Afonso Heck), Porto Alegre 2007; 4. Aufl., Porto Alegre 2015.］。

《法的概念和性质》（西班牙文），马德里/巴塞罗那/布宜诺斯艾利斯2008年版［El concepto y la naturaleza del derecho (übersetzt und eingeleitet von Carlos Bernal Pulido), Madrid/Barcelona/Buenos Aires 2008.］。

《基本权利的建构》（西班牙文），布宜诺斯艾利斯2010年版［La Construcción de los Derechos Fundamentales (besorgt und eingeleitet von Jan Sieckmann und Laura Clérico), Buenos Aires 2010.］。

《法：作为理性的制度化》（中文，雷磊编译），中国法制出版社2012年版［Law: The Institutionalization of Reason (auf Chinesisch; besorgt von Lei Lei), China Legal Publishing House, Peking 2012.］。

《法论辩理论》(西班牙文),里约热内卢 2014 年版;里约热内卢 2015 年第 2 版 [Teoria Discursiva do Direito (übersetzt, herausgegeben und eingeleitet von Alexandre Travessoni Gomes Trivisonno), Editora Forense, Rio de Janeiro 2014; 2. Aufl., Rio de Janeiro 2015.]。

《法论辩理论的主要形式及其他方面》(西班牙文),里约热内卢 2014 年版 [Princípios Formais e outros aspectos da Teoria Discursiva do Direito (herausgegeben und eingeleitet von Alexandre Travessoni Gomes Trivisonno/Aziz Tuffi Saliba/Mônica Sette Lopes), Editoria Forense, Rio de Janeiro 2014.]。

《法的性质:一个非实证主义的理论》(意大利文),那不勒斯 2015 年版 [La natura del diritto. Per una teoria non-postivistica (übersetzt von Paola Chiarella und Natalia Stamile), Edizioni Scientifiche Italiane, Neapel 2015.]。

《法的双重性质》(西班牙文),马德里 2016 年版 [La doble naturaleza del derecho (übersetzt von Manuel Atienza, A. D. Oliver-Lalana, Ana Inés Haquín, Rudolfo Luis Vigo, Eduardo Roberto Sodero, María Claudia Qimbayo Duarte und Carlos Bernal Pulido), Editorial Trotta, Madrid 2016.]。

三、主编文集

W. 克拉维茨、R. 阿列克西编:《法律论证的元理论》,柏林 1983 年版 [W. Krawietz/R. Alexy (Hg.), Metatheorie juristischer Argumentation, Berlin 1983.]。

R. 阿列克西、R. 德莱尔、U. 诺伊曼编:《德国当前的法哲学和社会哲学》,《法哲学与社会哲学档案》丛书第 44 卷 (1991 年) [R. Alexy/R. Dreier/U. Neumann (Hg.), Rechts-und Sozialphilosophie in Deutschland heute, Archiv für Rechts-und Sozialphilosophie, Beiheft 44 (1991).]。

R. 阿列克西、R. 德莱尔编:《法律体系与实践理性:哥廷根 1991 年

8月国际法哲学与社会哲学协会第十五届世界大会论文集》,第1卷,《法哲学与社会哲学档案》丛书第51卷(1993年)[R. Alexy/R. Dreier (Hg.), Rechtssystem und praktische Vernunft. Verhandlungen des 15. Weltkongresses der Internationalen Vereinigung für Rechts-und Sozialphilosophie (IVR) in Göttingen, August 1991, Bd. 1, Archiv für Rechts-und Sozialphilosophie, Beiheft 51 (1993).]。

A. 阿尔尼奥、R. 阿列克西、G. 伯格霍尔兹编:《正义、道德和社会:亚历山大·佩岑尼克祝寿文集》,隆德1997年版[A.Aarnio/R. Alexy/G. Bergholtz (Hg.), Justice, Morality and Society. Festschrift für Aleksander Peczenik, Lund 1997.]。

R. 阿列克西、J. 劳克斯编:《基本法五十年:克里斯蒂安—阿尔布雷希特大学法学院暨基尔法学博士联合会会议》,巴登—巴登2000年版[R. Alexy/J. Laux (Hg.), 50 Jahre Grundgesetz. Tagung der Rechtswissenschaftlichen Fakultät der Christian-Albrechts-Universität und des Vereins Kieler Doctores Iuris e.V., Baden-Baden 2000.]。

R. 阿列克西、L. H. 迈耶尔、S. L. 鲍尔森、G. 施普伦格编:《新康德主义与法哲学》,巴登—巴登2002年版[R. Alexy/L. H. Meyer/S. L. Paulson/G. Sprenger (Hg.), Neukantianismus und Rechtsphilosophie, Baden-Baden 2002.]。

R. 阿列克西、H.-J. 柯赫、L. 库伦、H. 吕斯曼:《法律证立论原理》,巴登—巴登2003年版(R. Alexy/H.-J. Koch/L. Kuhlen/H. Rüßmann, Elemente einer juristischen Begründungslehre, Baden-Baden 2003.)。

R. 阿列克西编:《法律基础研究:基尔2004年9月23日至25日国际法哲学与社会哲学协会德国分会大会论文集》,《法哲学与社会哲学档案》丛书第104卷(2005年)[R. Alexy (Hg.), Juristische Grundlagenforschung. Tagung der Deutschen Sektion der Internationalen Vereinigung für Rechts-und Sozialphilosophie (IVR) vom 23. bis 25. September 2004 in Kiel, Archiv für Rechts-und Sozialphilosophie, Beiheft 104 (2005).]。

R. 阿列克西编：《整全性理解：论拉尔夫·德莱尔的法哲学》，图宾根 2005 年版［R. Alexy (Hg.), Integratives Verstehen. Zur Rechtsphilosophie Ralf Dreiers, Tübingen 2005.］。

P. 安德烈斯·伊巴伊兹、R. 阿列克西编：《法官与衡量论证》（西班牙文），墨西哥 2006 年版（P. Andrés Ibáñez/R. Alexy, Jueces y ponderación argumentativa, México 2006.）。

R. 阿列克西、A. 加西亚·菲格罗阿编：《法官与衡量论证》（西班牙文），瓦伦西亚 2007 年版（R. Alexy/A. García Figueroa, Star Trek y los derechos humanos, Valencia 2007.）。

四、论文

《实践论辩理论》，载 W. 厄尔缪勒编：《规范证立与规范实施：规范研讨资料汇编》，2 卷本，帕德博恩 1978 年版，第 22—58 页［Eine Theorie des praktischen Diskurses, in: W. Oelmüller (Hg.), Normenbegründung – Normendurchsetzung, Materialien zur Normendiskussion, Bd. 2, Paderborn 1978, S. 22-58.］。

《论法律原则的概念》，载《法的理论》杂志，丛书第 1 卷（1979 年），第 59—87 页［Zum Begriff des Rechtsprinzips, in: Rechtstheorie, Beiheft 1 (1979), S. 59-87.］。

《R. M. 黑尔的道德论证规则与 L. 内尔松的权衡法则》，载 P. 施罗德编：《理性、认识、伦理：纪念里奥纳尔德·内尔松逝世五十周年国际哲学研讨会论文集》，汉堡 1979 年版，第 95—122 页（R. M. Hares Regeln des moralischen Argumentierens und L. Nelsons Abwägungsgesetz, in: Vernunft, Erkenntnis, Sittlichkeit. Internationales philosophisches Symposion aus Anlaß des 50. Todestages von Leonard Nelson, hg. v. P. Schröder, Hamburg 1979, S. 95-122.）。

《阿尔尼奥、佩雷尔曼和维特根斯坦：对奥里斯·阿尔尼奥法律论证之合理性概念的若干评论》，载 A. 佩岑尼克、J. 乌西塔洛编：《关于法律推理的推理》,筏摩那/芬兰 1979 年版,第 121—137 页[Aarnio, Perelman und Wittgenstein. Einige Bemerkungen zu Aulis Aarnios Begriff der Rationalität der juristischen Argumentation, in: A. Peczenik/ J. Uusitalo (Hg.), Reasoning on Legal Reasoning, Vammala/Finnland 1979, S. 121-137.]。

《司法裁判的逻辑分析》,载《法哲学与社会哲学档案》,丛书第 14 卷(1980 年),第 181—212 页[Die logische Analyse juristischer Entscheidungen, in: Archiv für Rechts- und Sozialphilosophie, Beiheft NF 14 (1980), S. 181-212.]。

《目的论解释与制定法的约束力》,载《洛库默文录》杂志第 31 期(1980 年),第 143—151 页[Teleologische Auslegung und Gesetzesbindung, in: Loccumer Protokolle 31 (1980), S. 143-151.]。

《法律论证程序论的理念》,载《法的理论》杂志,丛书第 2 卷(1981 年),第 177—188 页[Die Idee einer prozeduralen Theorie der juristischen Argumentation, in: Rechtstheorie, Beiheft 2 (1981), S. 177-188.]。

《法律论证的基础》(与奥里斯·阿尔尼奥、A. 佩岑尼克合著),载《法的理论》杂志,第 12 期(1981 年),第 133—158 页(第一部分)、第 257—279 页(第二部分)、第 423—448 页(第三部分)。转载奥里斯·阿尔尼奥和尼尔·麦考密克编:《法律和法的理论、法学学派研究论文国际文库》,第 5 卷,第 1 部分("法律论证"),奥尔德斯霍特/香港/新加坡/悉尼 1992 年版,第 15—40 页、第 233—281 页[The Foundation of Legal Reasoning (zusammen mit A. Aarnio/A. Peczenik), in: Rechtstheorie 12 (1981), S. 133-158 (Teil I), S. 257-279 (Teil II), S. 423-448 (Teil III); wieder abgedruckt in: The International Library of Essays in Law & Legal Theory, Schools, Bd. 5.1: Legal Reasoning, hg. v. A. Aarnio/N. MacCormick, Aldershot/ Hongkong/ Singapur/ Sidney 1992, S. 15-40, 233-281.]。

《法律论证与实践理性》,载《哥廷根科学院年刊》(1982 年),第 29—32 页(Juristische Argumentation und praktische Vernunft, in:

Jahrbuch der Akademie der Wissenschaften in Göttingen 1982, S. 29-32.)。

《建筑法上之相邻保护的注意义务要求》,载《公共行政》(1984年),第 953—963 页(Das Gebot der Rücksichtnahme im baurechtlichen Nachbarschutz, in: DÖV 1984, S. 953-963.)。

《法律规则和法律原则》,载《法哲学与社会哲学档案》,丛书第 25 卷(1985 年),第 13—29 页〔Rechtsregeln und Rechtsprinzipien, in: Archiv für Rechts-und Sozialphilosophie, Beiheft NF 25 (1985), S. 13-29.〕。

《裁量错误》,载《法律家报》杂志,1986 年,第 701—716 页(Ermessensfehler, in: JZ 1986, S. 701-716.)。

《论辩理论与法律体系》(克罗地亚文),载《哲学杂志》第 20 期(1987 年),第 185—194 页〔Teorija diskursa i pravni sistem, in: Filozofska istrazivanja 20 (1987), S. 185-194.〕。

词条:《论证》《论证理论》,载《增补法律辞书》第 2、30 条,第 1—4 页〔Artikel: Argumentation, Argumentationstheorie, in: Ergänzbares Lexikon des Rechts, 2/30 (1987), S. 1-4.〕。

《法律体系和实践理性》,载《法的理论》杂志第 18 期(1987 年),第 405—419 页〔Rechtssystem und praktische Vernunft, in: Rechtstheorie 18 (1987), S. 405-419.〕。

《法律专家系统和法的理论》,载 H. 费德勒、F. 哈福特、R. 特劳恩缪勒编:《法律上的专家系统——对法的理论和计算机法的影响》,图宾根 1988 年版,第 67—74 页〔Legal Expert Systems and Legal Theory, in: H. Fiedler/F. Haft/R. Traunmüller (Hg.), Expert Systems in Law–Impacts on Legal Theory and Computer Law, Tübingen 1988, S. 67-74.〕。

《理性的法律体系的理念和结构》(法文),载《法哲学档案》第 33 期(1988 年),第 22—38 页〔Idée et structure d'un système du droit rationnel, in: Archives de philosophie du droit 33 (1988), S. 22-38.〕。

《法律体系、法律原则与实践理性》(西班牙文),载《义理》杂志第 5 期（1988 年），第 139—151 页 [Sistema jurídico, principios juricos y razón práctica, in: Doxa 5 (1988), S. 139-151.]。

《论辩理论的难题》，载《哲学研究杂志》，总 43 期（1989 年），第 81—93 页 [Probleme der Diskurstheorie, in: Zeitschrift für philosophische Forschung 43 (1989), S. 81-93.]。

《个人权利与集体福利》，载奥塔·魏因贝格编：《法哲学与立法国际年鉴》，第 1 卷（1989 年），第 49—70 页 [Individuelle Rechte und kollektive Güter, in: Internationales Jahrbuch für Rechtsphilosophie und Gesetzgebung, hg. v. O. Weinberger, Bd. 1 (1989), S. 49-70.]。

《经济伦理的概念和可行性》，载 F.U. 帕皮编：《经济伦理》（《基尔大学校刊》特刊丛书）基尔 1989 年版，第 9—12 页 [Begriff und Möglichkeit der Wirtschaftsethik, in: F. U. Pappi (Hg.), Wirtschaftsethik, Christiana Albertina Sonderheft, Kiel 1989, S. 9-20.]。

《关于法律实证主义的批评》，载《法哲学与社会哲学档案》，丛书第 37 卷（1990 年），第 9—26 页 [Zur Kritik des Rechtspositivismus, in: Archiv für Rechts- und Sozialphilosophie, Beiheft 37 (1990), S. 9-26.]。

《法律的证立、体系与融贯性》，载 O. 伯伦兹、M. 狄塞尔霍斯特、R. 德莱尔编：《法教义学和实践理性：庆祝弗朗茨·维亚克尔八十华诞学术研讨会》，哥廷根 1990 年版（《哥廷根科学院文献—历史学部第三组论文集》，第 181 号），第 95—107 页 [Juristische Begründung, System und Kohärenz, in: Rechtsdogmatik und praktische Vernunft, Symposion zum 80. Geburtstag von Franz Wieacker, hg. v. O. Behrends/M. Dießelhorst/R. Dreier, Göttingen 1990 (Abhandlungen der Akademie der Wissenschaften in Göttingen, Philologisch-Historische Klasse, 3. Folge, Nr. 181), S. 95-107.]。

《法理学的概念》（与拉尔夫·德莱尔合著），载《法理》杂志，第 3 期（1990 年），第 1—10 页 [The Concept of Jurisprudence (zusammen mit Ralf Dreier), in: Ratio Juris 3 (1990), S. 1-13.]。

《融贯性的概念及其对于论辩理性的意义》（与亚历山大·佩岑尼克

合著),载《法理》杂志,第 3 期(1990 年),第 130—147 页[The Concept of Coherence and Its Significance for Discursive Rationality (zusammen mit Aleksander Peczenik), in: Ratio Juris 3 (1990), S. 130-147.]。

《基本法的固有道德》,载 F. 比德林斯基、T. 迈耶尔—马利编:《法律伦理和法律实践》,萨尔茨堡大学科学基本问题国际研究中心出版物,丛书第 42 卷,因斯布鲁克 / 维也纳 1990 年,第 97—117 页[Die immanente Moral des Grundgesetzes, in: F. Bydlinski/T. Mayer-Maly (Hg.), Rechtsethik und Rechtspraxis, Veröffentlichungen des Internationalen Forschungszentrums für Grundfragen der Wissenschaften Salzburg, N. F. Bd. 42, Innsbruck/Wien 1990, S. 97-117.]。

《法律的论辩理性问题》,载《法哲学与社会哲学档案》,丛书第 42 卷(1990 年), 第 174—179 页[Problems of Discursive Rationality in Law, in: Archiv für Rechts- und Sozialphilosophie, Beiheft 42 (1990), S. 174-179.]。

《作为主观权利和客观规范的基本权利》,载《国家》杂志第 29 期(1990 年),第 49—68 页[Grundrechte als subjektive Rechte und als objektive Normen, in: Der Staat 29 (1990), S. 49-68.]。

《联邦德国的法律解释》(与拉尔夫·德莱尔合著),载 D. N. 麦考密克、R.S. 萨默斯编:《解释法律:一个比较研究》,奥尔德肖特 / 布鲁克菲尔德 / 香港 / 新加坡 / 悉尼 1991 年版,第 73—121 页[Statutory Interpretation in the Federal Republic of Germany (zusammen mit Ralf Dreier), in: D. N. MacCormick/R. S. Summers (Hg.), Interpreting Statutes, A Comparative Study, Aldershot/Brookfield/Hongkong/ Singapore/ Sydney 1991, S. 73-121.]。

《对若干批评者的回应》,载 R. 阿列克西:《法律论证理论》,法兰克福 1991 年第 2 版,第 399—435 页(Antwort auf einige Kritiker, in: R. Alexy, Theorie der juristischen Argumentation, 2. Aufl., Frankfurt/M. 1991, S. 399-435.)。

《1945年之后纳粹主义的思维方式继续在法学理论和司法活动中发生影响吗?》,载F. J. 塞克尔编:《纳粹主义的法律和法学》,巴登—巴登1992年版,第219—226页[Fortwirkungen nationalsozialistischer Denkweisen in Rechtslehre und Rechtsprechung nach 1945?, in; F. J. Säcker (Hg.), Recht und Rechtslehre im Nationalsozialismus, Baden-Baden 1992, S. 219-226.]。

《权利、法律推理和理性论辩》,载《法理》杂志,第5期(1992年),第143—152页[Rights, Legal Reasoning and Rational Discourse, in: Ratio Juris 5 (1992), S. 143-152.]。

《为非实证主义法概念辩护》,载W. 克拉维茨、G. H. 冯·赖特编:《公德,还是私德?——恩斯托·加佐恩·瓦尔德斯祝寿文集》,柏林1992年版,第85—108页[Zur Verteidigung eines nichtpositivistischen Rechtsbegriffs, in: Öffentliche oder private Moral? Festschrift für Ernesto Garzón Valdés, hg. v. W. Krawietz/G. H. v. Wright, Berlin 1992, S. 85-108.]。

《实践理性的论辩理论构想》,载R. 阿列克西、R. 德莱尔编:《法律体系与实践理性》,载《法哲学与社会哲学档案》,丛书第51卷(1993年),第11—29页[Eine diskurstheoretische Konzeption der praktischen Vernunft, in: R. Alexy/R. Dreier (Hg.), Rechtssystem und praktische Vernunft, Archiv für Rechts-und Sozialphilosophie, Beiheft 51 (1993), S. 11-29.]。

《规范证立与规范应用》,载A. 阿尔尼奥、S. L. 鲍尔森、O. 魏因伯格、G.H. 冯·赖特、D. 韦达克尔编:《法律规范和法律现实——W. 克拉维茨祝寿文集》,柏林1993年版,第3—17页(Normenbegründung und Normanwendung, in: Rechtsnorm und Rechtswirklichkeit. Festschrift für Werner Krawietz, hg. v. A. Aarnio/S. L. Paulson/O. Weinberger/G. H. v. Wright/D. Wyduckel, Berlin 1993, S. 3-17.)。

《瓦尔特·乌尔布里希特的法概念》,载J. 埃克特编:《1958年4月2—3日巴贝尔斯贝格会议》,巴登—巴登1993年版,第191—202页[Walter

Ulbrichts Rechtsbegriff, in J. Eckert (Hg.), Die Babelsberger Konferenz vom 2./3. April 1958, Baden-Baden 1993, S. 191-202.]。

《作为理性论辩的法律论证》，载《法哲学国际评论》第70期（1993年），第165—178页〔Legal Argumentation as Rational Discourse, in: Rivista internazionale di filosofia del diritto 70 (1993), S. 165-178.〕。

《奥塔·魏因伯格对法律理性之论辩理论诠释的批评》，载P. 柯勒、W. 克拉维茨、P. 斯特拉塞尔编：《制度和法律》，《法的理论》杂志丛书第14卷（1994年），第143—157页〔Ota Weinbergers Kritik der diskurstheoretischen Deutung juristischer Rationalität, in: P. Koller/W. Krawietz/P. Strasser (Hg.), Institution und Recht, Rechtstheorie, Beiheft 14 (1994), S. 143-157.〕。

《法的定义》，载W. 克拉维茨、N. 麦考密克、G. H. 冯·赖特编：《现代法律体系中的规定程式和规范理性——罗伯特·S. 萨默斯祝寿文集》，柏林1994年版，第101—107页（A Definition of Law, in: Prescriptive Formality and Normative Rationality in Modern Legal Systems. Festschrift für Robert S. Summers, hg. v. W. Krawietz/D. N. MacCormick/G. H. v. Wright, Berlin 1994, S. 101-107.）。

《于尔根·哈贝马斯法的程序范式中的基本权利与民主》，载《法理》杂志，第7期（1994年），第227—238页〔Basic Rights and Democracy in Jürgen Habermas's Procedural Paradigm of the Law, in: Ratio Juris 7 (1994), S. 227-238.〕。

《法律解释》，载R. 阿列克西：《法、理性、论辩：法哲学研究》，法兰克福1995年版，第71—92页（Juristische Interpretation, in: R. Alexy, Recht, Vernunft, Diskurs. Studien zur Rechtsphilosophie, Frankfurt/M. 1995, S. 71-92.）。

《论辩理论与人权》，载R. 阿列克西：《法、理性、论辩：法哲学研究》，法兰克福1995年版，第127—164页（Diskurstheorie und Menschenrechte, in: R. Alexy, Recht, Vernunft, Diskurs. Studien zur Rechtsphilosophie, Frankfurt/M. 1995, S. 127-164.）。

《于尔根·哈贝马斯的法律论辩理论》，载 R. 阿列克西：《法、理性、论辩：法哲学研究》，法兰克福 1995 年版，第 165—174 页（Jürgen Habermas 'Theorie des juristischen Diskurses, in: R. Alexy, Recht, Vernunft, Diskurs. Studien zur Rechtsphilosophie, Frankfurt/M. 1995, S. 165-174.）。

《法律、论辩与时间》，载《法哲学与社会哲学档案档案》，丛书第 64 卷（1995 年），第 101—110 页［Law, Discourse, and Time, in: Archiv für Rechts-und Sozialphilosophie, Beiheft 64 (1995), S. 101-110.］。

《基本法与论辩理论》，载 W. 布鲁格尔编：《从法哲学和社会理论的视角看基本法的合法性》，巴登—巴登 1996 年版，第 343—360 页［Grundgesetz und Diskurstheorie, in: W. Brugger (Hg.), Legitimation des Grundgesetzes aus Sicht von Rechtsphilosophie und Gesellschaftstheorie, Baden-Baden 1996, S. 343-360.］。

《约翰·罗尔斯的基本自由论》，载巴德·霍姆堡与 W. 辛施哲学学会编：《论政治自由主义理念：约翰·罗尔斯研讨》，法兰克福 1997 年版，第 263—303 页（John Rawls' Theorie der Grundfreiheiten, in: Zur Idee des politischen Liberalismus. John Rawls in der Diskussion, hg. v. der Philosophischen Gesellschaft Bad Homburg und W. Hinsch, Frankfurt/M. 1997, S. 263-303.）。

《布柳金对正确性论证的批评》，载 E. 加佐恩·瓦尔德斯、W. 克拉维茨、G. H. 冯·赖特、齐默尔灵编：《法与道德理论上的规范体系：卡洛斯·E. 阿尔库伦与欧根尼奥·布柳金祝寿文集》，柏林 1997 年版，第 235—250 页（Bulygins Kritik des Richtigkeitsarguments, in: Normative Systems in Legal and Moral Theory. Festschrift für Carlos E. Alchourrón und Eugenio Bulygin, hg. v. E. Garzón Valdés/W. Krawietz/G. H. v. Wright/R. Zimmerling, Berlin 1997, S. 235-250.）。

《卡洛斯·桑地亚哥·尼诺的人权证立》，载 B. 齐姆斯克、Th. 朗海德、H. 韦尔姆斯、G. 哈维尔卡特编：《国家哲学与法政策学：马汀·克里勒祝寿文集》，慕尼黑 1997 年版，第 187—217 页（Carlos Santiago Ninos Begründung der Menschenrechte, in: Staatsphilosophie und Rechtspolitik. Festschrift für Martin Kriele, hg. v. B. Ziemske/ Th. Langheid/H. Wilms/G. Haverkate, München 1997, S. 187-217.）。

《联邦德国的判例》（与拉尔夫·德莱尔合著），载 D. N. 麦考密克、R.S. 萨默斯编：《解释判例：一个比较研究》，奥尔德肖特/布鲁克菲尔德（美国）/新加坡/悉尼 1997 年版，第 17—64 页［Precedent in the Federal Republik of Germany (zusammen mit Ralf Dreier), in: D. N. MacCormick/R. S. Summers (Hg.), Interpreting Precedents. A Comparative Study, Aldershot/Brookfield USA/Singapore/Sydney 1997, S. 17-64.］。

《民主宪政国的基本权利》，载阿尔尼奥、R. 阿列克西、G. 伯格霍尔兹编：《正义、道德和社会：亚历山大·佩岑尼克祝寿文集》，隆德 1997 年版，第 27—42 页（Grundrechte im demokratischen Verfassungsstaat, in: Justice, Morality and Society. Festschrift für Aleksander Peczenik, hg. v. A. Aarnio/R. Alexy/G. Bergholtz, Lund 1997, S. 27-42.）。

《作为正确性的正义》（意大利文），载《实践理性》杂志第 9 期（1997 年），第 103—113 页［Giustizia come correttezza, in: Ragion pratica 9 (1997), S. 103-113.］。

词条：《法律的善恶权衡》《法律规范》《法律原则》，载 W. 柯夫、L. 贝克、P. 米卡特编：《生物伦理学词典》，居特斯洛 1998 年版，第 2 卷，第 181—182 页、第 777—779 页；第 3 卷，第 66—67 页（Artikel: Güter-und Übelabwägung, Rechtlich; Norm/Normen, Rechtlich; Prinzipien, Rechtlich, in: Lexikon der Bioethik, hg. v. W. Korff/L. Beck/ P. Mikat, Gütersloh 1998, Bd. 2, S. 181-182; S. 777-779; Bd. 3, S. 66-67.）。

《融贯性与论证，抑或真正的一对无标准的超级标准》，载 A. 阿尔尼奥、R. 阿列克西、A. 佩岑尼克、W. 拉宾诺维奇、J. 沃伦斯基编：《论法的融贯论》，隆德 1998 年版，第 41—49 页（Coherence and Argumentation or the Genuine Twin Criterialess Super Criterion, in: A. Aarnio/R. Alexy/A. Peczenik/W. Rabinowicz/J. Wolenski, On Coherence Theory of Law, Lund 1998, S. 41-49.）。

《民主宪政国的人权制度化》，载 S. 戈塞帕特、G. 洛曼编：《人权哲学》，法兰克福 1998 年版，第 244—264 页（Die Institutionalisierung der Menschenrechte im demokratischen Verfassungsstaat, in: S. Gosepath/G. Lohmann (Hg.), Philosophie der Menschenrechte, Frankfurt/M. 1998, S. 244-264.）。

《法与正确性》，载 M. D. A. 弗里曼编：《千禧年之末的法学理论》，牛津 1998 年版，第 205—221 页 [Law and Correctness, in: M. D. A. Freeman (Hg.), Legal Theory at the End of the Millennium, Oxford 1998 (Current Legal Problems 51 (1998)), S. 205-221.]。

《为拉德布鲁赫公式辩护》，载 D. 迪岑豪斯编：《再造法治：法律秩序的限度》，牛津/俄勒冈的波特兰 1999 年版，第 15—39 页 [A Defence of Radbruch's Formula, in: D. Dyzenhaus (Hg.), Recrafting the Rule of Law: The Limits of Legal Order, Oxford / Portland Oregon 1999, S. 15-39.]。

《我的法哲学：理性的制度化》，载 L. J. 维特根斯编：《法的哲学视角：我的法哲学》，多德雷赫特/波士顿/伦敦 1999 年版，第 23—45 页 [My Philosophy of Law: The Institutionalisation of Reason, in: L. J. Wintgens (Hg.), The Law in Philosophical Perspectives. My Philosophy of Law, Dordrecht/Boston/London 1999, S. 23-45.]。

《法的论辩理论札记》（与 K. 京特、R. 察齐克、R. 齐佩利乌斯的争论），载 P. 西勒、B. 凯勒编：《当代法哲学争论》，巴登—巴登 1999 年版，第 49—50 页、第 65—73 页 [Notizen zu einer Diskurstheorie des Rechts und (Diskussion mit K. Günther/R. Zaczyk/R. Zippelius) Rechtsdiskurs und Rechtssubjekt, in: P. Siller/B. Keller (Hg.), Rechtsphilosophische Kontroversen der Gegenwart, Baden-Baden 1999, S. 49-50, 65-73.]。

《民主宪政国家的基本权利：论人权、基本权利、民主与宪政之间的关系》(葡萄牙文),载《南里约格朗德联邦大学法学院评论》第6期(1999年),第203—214页(Direitos Fundamentais no Estado Constitucional Democrático. Para a relação entre direitos do homem, direitos fundamentais, democracia e jurisdição constitucional, in: Revista da Faculdade de Direito da Universidade Federal do Rio Grande do Sul 16 (1999), S. 203-214.)。

词条:《基本权利》,载H. J. 桑德屈勒编:《哲学百科词典》,汉堡1999年版,第1卷,第525—529页(Artikel: Grundrechte, in: Enzyklopädie Philosophie, hg. v. H. J. Sandkühler, Hamburg 1999, Bd. 1, S. 525-529.)。

《特殊情形命题》,载《法理》杂志第12期(1999年),第374—384页[The Special Case Thesis, in: Ratio Juris 12 (1999), S. 374-384.]。

《民主宪政国的基本权利概念与基本权利的实现》(葡萄牙文),载《南里约格朗德联邦大学法学院评论》第17期(1999年),第267—279页[Colisão de Direitos Fundamentais e Realização de Direitos Fundamentais no Estado de Direito Democrático, in: Revista da Faculdade de Direito da Universidade Federal do Rio Grande do Sul 17 (1999), S. 267-279.]。

《导论:基本法五十年》,载R. 阿列克西、J. 劳克斯编:《基本法五十年:克里斯蒂安—阿尔布雷希特大学法学院暨基尔法学博士联合会会议》,巴登—巴登2000年版,第9—13页[Einleitung: 50 Jahre Grundgesetz, in: R. Alexy/J. Laux (Hg.), 50 Jahre Grundgesetz. Tagung der Rechtswissenschaftlichen Fakultät der Christian-Albrechts-Universität und des Vereins Kieler Doctores Iuris e.V., Baden-Baden 2000, S. 9-13.]。

《论法律原则的结构》,载B. 施利歇尔、P. 柯勒、B.-C. 冯克编:《法的体系中的规则、原则和要素》,维也纳2000年版,第31—52页[Zur Struktur der Rechtsprinzipien, in: B. Schilcher/P. Koller/B.-C. Funk (Hg.), Regeln, Prinzipien und Elemente im System des Rechts, Wien

2000, S. 31-52.]。

《论法与道德之间的必然关系命题：布柳金的批评》，载《法理》杂志第 13 期（2000 年），第 138—147 页 [On the Thesis of a Necessary Connection between Law and Morality: Bulygin's Critique, in: Ratio Juris 13 (2000), S. 138-147.]。

《基本权利与地位》，载 S. L. 鲍尔森、M. 舒尔特编：《格奥尔格·耶律内克：生平与著作论集》，图宾根 2000 年，第 209—225 页 [Grundrecht und Status, in: S. L. Paulson/M. Schulte (Hg.), Georg Jellinek. Beiträge zu Leben und Werk, Tübingen 2000, S. 209-225.]。

《法律适用中的衡量》，载《东京明治学院大学法学院年刊》第 17 卷（2001 年），第 69—83 页 [Die Abwägung in der Rechtsanwendung, in: Jahresbericht des Institutes für Rechtswissenschaft an der Meiji Gakuin Universität Tokio 17 (2001), S. 69-83.]。

词条：《法与道德：欧洲大陆的视角》，载 N. J. 斯默塞尔、P. B. 巴特斯编：《国际社会科学与行为科学百科全书》，第 12 卷，阿姆斯特丹/巴黎/纽约/牛津/香农/新加坡/东京 2001 年版，第 8465—8469 页（Artikel: Law and Morality: A Continental-European Perspective, in: International Encyclopedia of the Social & Behavioral Sciences, hg. v. N. J. Smelser/P. B. Bates, Bd. 12, Amsterdam/Paris/New York/Oxford/Shannon/Singapur/Tokio 2001, S. 8465-8469.）。

《宪法权利与基本权利——宪法法院管辖权与专门法院管辖权》，载《德国国家法教师协会资料》第 61 期（2002 年），第 7—33 页 [Verfassungsrecht und einfaches Recht – Verfassungsgerichtsbarkeit und Fachgerichtsbarkeit, in: VVDStRL 61 (2002), S. 7-33.]。

《关于人权与基本权利在德国的发展》，载《基尔大学校刊》第 54 卷（2002 年），第 6—18 页 [Zur Entwicklung der Menschen-und Grundrechte in Deutschland, in: Christiana Albertina 54 (2002), S. 6-18.]。

《跋文》，载 R. 阿列克西：《基本权利论》（英文版），朱利安·里弗斯译，牛津 2002 年版，第 388—425 页（Postscript, in: R. Alexy, A

Theory of Constitutional Rights, übersetzt von Julian Rivers, Oxford 2002, S. 388-425.）。

《汉斯·凯尔森的相对先验性概念》，载 R. 阿列克西、L. H. 迈耶尔、S. L. 鲍尔森、G. 施普伦格编：《新康德主义与法哲学》，巴登—巴登 2002 年版，第 179—202 页［Hans Kelsens Begriff des relativen Apriori, in: R. Alexy/L. H. Meyer/S. L. Paulson/ G. Sprenger (Hg.), Neukantianismus und Rechtsphilosophie, Baden-Baden 2002, S. 179-202.］。

《基本权利、权衡与合理性》，载《解释术：法律诠释学年鉴》第 7 卷（2002 年），第 113125 页［Grundrechte, Abwägung und Rationalität, in: Ars Interpretandi. Yearbook of Legal Hermeneutics 7 (2002), S. 113-125.］。

《宪法权利中的合理性：8 个争论性评论》，载 M. 拉托雷、A. 斯帕达罗编：《法的合理性》（意大利文），都灵 2002 年版，第 143—150 页［Ragionevolezza im Verfassungsrecht. Acht Diskussionsbemerkungen, in: M. La Torre/A. Spadaro (Hg.), La ragionevolezza nel diritto, Turin 2002, S. 143-150.］。

《重量公式》，载 J. 杰克利、P. 克罗伊策、D. 罗伊特尔编：《于尔根·索南夏因纪念文集》，柏林 2003 年版，第 771—792 页（Die Gewichtsformel, in: Gedächtnisschrift für Jürgen Sonnenschein, hg. v. J. Jickeli/P. Kreutz/D. Reuter, Berlin 2003, S. 771-792.）。

《关于法的性质之论证的性质》（英文），载 L. H. 迈耶尔、S. L. 鲍尔森、T. W. 波格编：《权利、文化与法律：约瑟夫·拉兹的法哲学与政治哲学主题》（英文），牛津 2003 年版，第 3—16 页［The Nature of Arguments about the Nature of Law, in: L. H. Meyer/S. L. Paulson/T. W. Pogge (Hg.), Rights, Culture, and the Law. Themes from the Legal and Political Philosophy of Joseph Raz, Oxford 2003, S. 3-16.］。

《法哲学的性质》（英文），载《联合》第 7 卷（2003 年），第 63—75 页；《法理》2004 年第 17 卷，第 156—167 页；S. 科伊尔、

G. 巴夫拉科斯编:《法理学抑或法律科学? 有关法理论性质的辩论》(英文), 牛津/波特兰, 俄勒冈 2005 年版, 第 51—62 页; 布莱恩·H. 比克斯编:《法哲学: 哲学中的批判性概念》(英文), 第 1 卷, 伦敦/纽约 2006 年版, 第 21—32 页 [The Nature of Legal Philosophy, in: Associations 7 (2003), S. 63-75; Ratio Juris 17 (2004), S. 156-167; S. Coyle/G. Pavlakos (Hg.), Jurisprudence or Legal Science? A Debate about the Nature of Legal Theory, Oxford/Portland, Oregon 2005, S. 51-62; Brian H. Bix (Hg.), Philosophy of Law. Critical Concepts in Philosophy, Bd. 1, Lon-don/New York 2006, S. 21-32.]。

《论权衡与涵摄: 一个结构性比较》(英文), 载《法理》第 16 卷 (2003 年), 第 433—449 页 [On Balancing and Subsumption. A Structural Comparison, in: Ratio Juris 16 (2003), S. 433-449.]。

词条:《规范, 法律规范》, 载《历史和当代的宗教》, 第 6 卷, 图宾根 2003 年第 4 版, 第 387—388 页 (Artikel: Normen, II. Rechtlich, in: Religion in Geschichte und Gegenwart, 4. Aufl., Bd. 6, Tübingen 2003, S. 387-388.)。

《没有形而上学的人权?》, 载《德国哲学杂志》第 52 卷 (2004 年), 第 15—24 页 [Menschenrechte ohne Metaphysik? In:Deutsche Zeitschrift für Philosophie 52 (2004), S. 15-24.]。

《论辩理论与基本权利》(英文), 载 A. J. 梅内德斯、E. O. 埃里克森编:《通过论辩的基本权利: 论罗伯特·阿列克西的法理论, 欧洲理论视角》(英文), 奥斯陆 2004 年版, 第 35—51 页; A. J. 梅内德斯、E. O. 埃里克森编:《论辩的基本权利》(英文), 多德雷赫特 2006 年版, 第 15—29 页 [Discourse Theory and Fundamental Rights, in: A. J. Menéndez/E. O. Eriksen (Hg.), Fundamental Rights through Discourse. On Robert Alexy's Legal Theory. European and Theoretical Perspectives, Oslo 2004, S. 35-51; A. J. Menéndez/E. O. Eriksen (Hg.), Arguing Fundamental Rights, Dordrecht 2006, S. 15-29.]。

《阿图尔·考夫曼的法律获取理论》, 载《法哲学与社会哲学档案》,

丛书第 100 卷（2005 年），第 47—66 页 [Arthur Kaufmanns Theorie der Rechtsgewinnung, in: Archiv für Rechts-und Sozial-philosophie, Beiheft 100 (2005), S. 47-66.]。

《宪法权利与法律体系》（西班牙文），载罗伯特·阿列克西：《论辩理论与宪法权利》（西班牙文），墨西哥 2005 年版，第 71—88 页；同名英文译本，载 J. 纳格利乌斯编：《宪政——新的挑战》（英文），莱顿/波斯顿 2008 年版，第 3—15 页 [Los derechos constitutionales yel systema jurídico, in:R.Alexy,Teoría del discurso y derechos constitucionales, México 2005, S. 71-88 (Übersetzung ins Spanische von René González de la Vega) ; Englische Version: Constitutional Rights and Legal Systems, in: J. Nergelius (Hg.), Constitutionalism – New Challenges, Leiden/Boston 2008, S. 3-15.]。

《权衡，宪法审查和代表制》，载《国际宪法杂志》第 3 卷（2005 年），第 572—581 页 [Balancing, constitutional review, and representation, in: International Journal of Constitutional Law (I · CON) 3 (2005), S. 572-581.]。

《同意与意见分歧：某些导引性评论》（英文），载 M. 埃斯卡米拉、M. 萨维德拉编：《全球社会的法律与正义：国际法哲学与社会哲学协会第 22 届世界大会全席报告》（英文），格拉纳达 2005 年版，第 737—742 页 [Agreements and Disagreements. Some Introductory Remarks, in: M. Escamilla/M. Saavedra (Hg.), Law and Justice in a Global Society. Plenarvorträge des 22. Weltkongresses der Internationalen Vereinigung für Rechts- und Sozialphilosophie, Granada 2005, (Anales de la Cátedra Francisco Suárez 39 (2005)), S. 737-742.]。

《汉斯·凯尔森的宪法概念》，载 S. L. 鲍尔森、M. 斯托利斯编：《汉斯·凯尔森：20 世纪的宪法学家和法理论家》，图宾根 2005 年版，第 333—352 页 [Hans Kelsens Begriff der Verfassung, in: S. L. Paulson/M. Stolleis (Hg.), Hans Kelsen. Staatsrechtslehrer und Rechtstheoretiker des 20. Jahrhunderts, Tübingen 2005, S. 333-352.]。

《拉尔夫·德莱尔的康德法定义之解释》，载 R. 阿列克西编：《整全性理解：论拉尔夫·德莱尔的法哲学》，图宾根 2005 年版，第 95—109 页 [Ralf Dreiers Interpretation der Kantischen Rechtsdefinition, in: R. Alexy (Hg.), Integratives Verstehen. Zur Rechtsphilosophie Ralf Dreiers, Tübingen 2005, S. 95-109.]。

《论法的概念与性质》（英文），载《法与法律》，特刊，华沙 2006 年版，第 29—51 页（On the Concept and the Nature of Law, in: Ius et Lex. Sonderheft, Warschau 2006, S. 29-51.）。

《缺点的效力——行动者论证？有关德里克·比亚尔德丹·罗杰·布朗斯沃德之法作为一种道德判断的思想》（英文），载《法理》第 19 卷（2006 年），第 169—179 页 [Effects of Defects–Actionor Argument? Thoughts about Deryck Beyleveldand Roger Brownsword's Law as a Moral Judgement, in: Ratio Juris 19 (2006), S. 169-179.]。

《康德的实践法则概念》，载 O. 贝伦茨编：《圣经的法则概念：基于其世俗化的线索》，哥廷根 2006 年版（《哥廷根科学院文献—历史学部第三组论文集》，第 278 卷），第 197—216 页 [Kants Begriff des praktischen Gesetzes, in: O. Behrends (Hg.), Der biblische Gesetzesbegriff. Auf den Spuren seiner Säkularisierung, Göttingen 2006 (Abhandlungen der Akademie der Wissenschaften zu Göttingen, Philologisch-Historische Klasse, Dritte Folge, Bd. 278), S. 197-216.]。

《论两组并列：概念与性质，法与哲学：有关约瑟夫·拉兹"是否可能有一种法理论"的若干评论》（英文），载《法理》第 20 卷（2007 年），第 162—169 页 [On Two Juxtapositions: Concept and Nature, Law and Philosophy. Some Comments on Joseph Raz's, Can There Be a Theory of Law?, in: Ratio Juris 20 (2007), S. 162- 169.]。

《论基本保护权利的结构》，载扬 –R. 希克曼编：《基本权利的原则论：罗伯特·阿列克西基本权利理论研究》，巴登—巴登 2007 年版，第 105—121 页 [Zur Struktur der Grundrechte auf Schutz, in: Jan-R. Sieckmann (Hg.), Die Prinzipientheorie der Grundrechte. Studien zur

Grundrechtstheorie Robert Alexys, Baden-Baden 2007, S. 105-121.]。

《答复约瑟夫·拉兹》（英文），载 G. 巴夫拉科斯编：《法律、权利与论辩：罗伯特·阿列克西的法哲学》（英文），牛津/波特兰，俄勒冈 2007 年版，第 37—55 页 [An Answer to Joseph Raz, in: G. Pavlakos (Hg.), Law, Rights and Discourse. The Legal Philosophy of Robert Alexy, Oxford/Portland, Oregon 2007, S. 37-55.]。

《13 个回应》（英文），载 G. 巴夫拉科斯编：《法律、权利与论辩：罗伯特·阿列克西的法哲学》（英文），牛津/波特兰，俄勒冈 2007 年版，第 333—366 页 [Thirteen Replies, in: G. Pavlakos (Hg.), Law, Rights and Discourse. The Legal Philosophy of Robert Alexy, Oxford/Portland, Oregon 2007, S. 333-366.]。

《罗伯特·阿列克西》（英文），载 M. E. J. 尼尔森编：《法哲学：5 个问题》（英文），（自动印制）2007 年版，第 1—11 页 [Robert Alexy, in: M.E.J. Nielsen (Hg.), Legal Philosophy: 5 Questions, o. O. (Automatic Press) 2007, S. 1-11.]。

《数据与人权：人格双重标准的思想地位与概念》（西班牙文），载 R. 阿列克西、A. 加西亚·菲格罗阿编：《法官与衡量论证》（西班牙文），瓦伦西亚 2007 年版，第 85—100 页；重印，墨西哥 2012 年版 [Data y los derechos humanos. Mente positrónica y concepto dobletriádico de persona, in: R. Alexy/A. García Figueroa (Hg.), Star Trek y los derechos humanos, Valencia 2007, S. 85-100; Neudruck, Tirant lo Blanch, Mexiko 2012.]。

《一个回应》（英文），载《社会与法律研究》（英文）第 17 卷（2008 年），第 115—122 页 [A Reply, in: Social & Legal Studies 17 (2008), S. 115-122.]。

《阿尔夫·罗斯的权能概念》，载 A. 霍耶尔、H. 哈腾豪尔、R. 迈耶尔—茨、W. 舒伯特编：《尤尔恩·埃克特纪念文集》，巴登—巴登 2008 年版，第 43—64 页（Alf Ross' Begriff der Kompetenz, in: Gedächtnisschrift für Jörn Eckert, hg. v. A. Hoyer/H. Hattenhauer/R. Meyer-Pritzl/

W. Schubert, Baden-Baden 2008, S. 43-64.］）。

《论法的概念与性质》（英文），载《法理》第21卷（2008年），第281—299页［On the Concept and the Nature of Law, in: Ratio Juris 21 (2008), S. 281-299.］。

《我的法哲学》（西班牙文），载《民主法官》（西班牙文）第62卷（2008年），第49—51页［Mi filosofía del Derecho, in: Jueces para la Democracia 62 (2008), S. 49-51.］。

《法的双重性质理论的主要因素》，载《法哲学与社会哲学档案》第95卷（2009年），第151—166页［Hauptelemente einer Theorie der Doppelnatur des Rechts, in: Archiv für Rechts-und Sozialphilosophie 95 (2009), S. 151-166.］。

《基本权利的结构》，载L. 克雷里科、J.-R. 希克曼编：《基本权利、原则与论辩：罗伯特·阿列克西法理论研究》，巴登—巴登2009年版，第9—19页［Die Konstruktion der Grundrechte, in:L.Clérico/J.-R. Sieckmann(Hg.), Grundrechte, Prinzipien und Argumentation. Studien zur Rechtstheorie Robert Alexys, Baden- Baden 2009, S. 9-19.］。

《理想的应然》，载L. 克雷里科、J.-R. 希克曼编：《基本权利、原则与论辩：罗伯特·阿列克西法理论研究》，巴登—巴登2009年版，第21—38页［Ideales Sollen, in: L. Clérico/J.-R. Sieckmann (Hg.), Grundrechte, Prinzipien und Argumentation. Studien zur Rechtstheorie Robert Alexys, Baden-Baden 2009, S. 21-38.］。

《法的合理性》（英文），载G. 邦乔瓦尼、G. 萨托、C. 瓦伦蒂尼编：《合理性与法》（英文），多德雷赫特/海德堡/伦敦/纽约2009年版，第5—15页［The Reasonableness of Law, in: G.Bongiovanni/G.Sartor/C.Valentini (Hg.), Reasonableness and Law, Dordrecht/Heidelberg/London/New York 2009, S. 5-15.］。

《法的双重性质》（英文），载《国际法哲学与社会哲学协会第24届世界大会全席报告论文集》，北京2009年，第257—274页；另载《法理》第23卷（2010年），第167—182页［The Dual Nature of

Law, in: IVR 24th World Congress Papers Plenary Sessions, Peking 2009, S.257-274; Ratio Juris 23 (2010), S.167-182.]。

《二或三?》(英文),载马丁·博罗夫斯基编:《论法律原则的性质》(英文),《法哲学与社会哲学档案》丛书第 119 卷(2010 年),第 9—18 页 [Two or Three?, in: Martin Borowski (Hg.), On the Nature of Legal Principles, Archiv für Rechts- und Sozialphilosophie, Beiheft 119 (2010), S. 9-18.]。

《基本权利与比例性》,载 U. 施莱斯基、C. 厄恩斯特、S. E. 舒尔茨编:《社区、国家和欧洲的人的自由:埃德扎德·施密特—尤尔茨希祝寿文集》,海德堡 2011 年版,第 3—15 页 [Grundrechte und Verhältnismäßigkeit, in: Die Freiheit des Menschen in Kommune, Staat und Europa. Festschrift für Edzard Schmidt-Jortzig, hg. v. U. Schliesky/C. Ernst/S. E. Schulz, Heidelberg 2011, S. 3-15.]。

《规范性、形而上学与决定》(英文),载斯蒂法诺·伯蒂亚、G. 巴夫拉科斯编:《关于法的规范性新论集》(英文),牛津 2011 年版,第 219—228 页 [Normativity, Metaphysics and Decision, in: Stefano Bertea/G. Pavlakos (Hg.), New Essays on the Normativity of Law, Oxford 2011, S. 219-228.]。

《对我多年来对法律的思考如何发生了变化的反思》(英文),网址:http://www.tampereclub.org/wordpress/?p=9,第 1—17 页(Reflections on How my Thinking about Law Has Changed over the Years, http://www.tampereclub.org/wordpress/?p=9, S. 1-17.)。

《法、道德与人权的存在》(英文),载《法理》第 25 卷(2012 年),第 2—14 页 [Law, Morality, and the Existence of Human Rights, in: Ratio Juris 25 (2012), S. 2-14.]。

《评论与回应》(英文),载马蒂亚斯·克拉特编:《制度化的理性:罗伯特·阿列克西的法理学》(英文),牛津大学出版社,牛津 2012 年版,第 319—356 页 [Comments and Responses, in: Matthias Klatt (Hg.), Institutionalized Reason. The Jurisprudence of Robert Alexy,

《作为概念的权利和自由》(英文),载米歇尔·罗森菲尔德、安德拉斯·萨吉编:《牛津比较宪法指南》(英文),牛津大学出版社,牛津 2012 年版,第 283—297 页 [Rights and Liberties as Concepts, in: Michel Rosenfeld/András Sajó (Hg.), The Oxford Handbook of Comparative Constitutional Law, Oxford University Press, Oxford 2012, S. 283-297.]。

《实证主义与非实证主义之间?对欧根尼奥·布柳金的第三次回应》(英文),载乔迪·费雷尔·贝尔特、乔斯·胡安·莫雷索、迭戈·M.帕帕扬尼斯编:《中立性与法的理论》(英文),施普林格,多德雷赫特 2013 年版,第 225—238 页 [Between Positivism and Non-positivism? A Third Reply to Eugenio Bulygin, in: Jordi Ferrer Beltrán/José Juan Moreso/Diego M. Papayannis (Hg.), Neutrality and Theory of Law, Springer, Dordrecht 2013, S. 225-238.]。

《法的安定性与正确性》,载米歇尔·安德海登、莱纳·凯尔、斯特凡·凯斯特、扬·菲利普·舍费尔编:《宪法的前提:温弗里德·布鲁格纪念文集》,图宾根 2013 年版,第 49—61 页 [Rechtssicherheit und Richtigkeit, in: Michael Anderheiden/Rainer Keil/Stephan Kirste/Jan Philipp Schaefer (Hg.), Verfassungsvoraussetzungen. Gedächtnisschrift für Winfried Brugger, Tübingen 2013, S. 49-61.]。

《基本法规范的结构》,载伊诺·奥格斯伯格、塞巴斯蒂安·翁格尔编:《基础文本:基本法理论》,巴登—巴登 2012 年版,第 254—270 页 [Die Struktur der Grundrechtsnormen, in: Ino Augsberg/Sebastian Unger (Hg.), Basistexte: Grundrechtstheorie, Baden-Baden 2012, S. 254-270.]。

《人权的存在》(英文),载《法哲学与社会哲学档案》丛书第 136 卷 (2013 年),第 9—18 页 [The Existence of Human Rights, in: Archiv für Rechts-und Sozialphilosophie, Beiheft 136 (2013), S. 9-18.]。

《尤尔恩·易普森的基本权利结构》,载《国家》第 52 卷 (2013 年),

第 87—98 页 [Jörn Ipsens Konstruktion der Grundrechte: in: Der Staat 52 (2013), S. 87-98.]。

《汉斯·凯尔森的"应然"概念》,载《法理学》第 4 卷(2013 年),第 235—245 页 [Hans Kelsen's Concept of the 'Ought', in: Jurisprudence 4 (2013), S. 235-245.]。

《基本权利、民主与代表制》,载《法哲学杂志》(意大利语)第 4 卷(2015 年),第 23—35 页 [Constitutional Rights, Democracy, and Representation, in: Rivista di filosofia del diritto. Journal of Legal Philosophy 4 (2015), S. 23-35.]。

《法与道德:欧洲大陆视角》(英文),载詹姆斯·D. 怀特编:《社会行为科学国际百科》,第 13 卷,第 2 版,牛津 2015 年版,第 479—482 页 [Law and Morality: A Continental European Perspective, in: James D. Wright (Hg), International Encyclopedia of Social & Behavioral Sciences, 2. Aufl., Oxford 2015, Bd. 13, S. 479-482.]。

《有关法的理想维度以及约翰·菲尼斯的法哲学之若干反思》(英文),载《美国法理学杂志》第 58 卷(2013 年),第 97—110 页 [Some Reflections on the Ideal Dimension of Law and on the Legal Philosophy of John Finnis, in: The American Journal of Jurisprudence, 58 (2013), S. 97-110.]。

《形式原则:针对批评的若干回应》(英文),载《国际宪法杂志》第 12 卷(2014 年),第 511—524 页 [Formal principles: Some replies to critics, in: International Journal of Constitutional Law (I•CON) 12 (2014), S. 511-524.]。

《基本权利的非实证主义概念》,载 W. 厄威尔、U. 拉姆绍尔、M. 利泽、R. 鲁贝尔编:《方法—秩序—环境:汉斯—约阿希姆·柯赫祝寿文集》,柏林 2014 年版,第 15—27 页 [Ein nichtpositivistischer Begriff der Grundrechte, in: W. Ewer/U. Ramsauer/M. Reese/R. Rubel (Hg.), Methodik – Ordnung – Umwelt, Festschrift für Hans-Joachim Koch, Berlin 2014, S. 15-27.]。

《人的尊严与比例性》，载《公法档案》第 140 卷（2015 年），第 497—513 页［Menschenwürde und Verhältnismäßigkeit, in: AöR 140 (2015), S. 497-513.］。

《18 个关键词》，载马库斯·威拉舍克、于尔根·施托尔岑贝格、格尔奥格·摩尔、斯蒂法诺·巴钦编：《康德词典》，第 1-3 卷："公正"（1），柏林 2015 年版，第 296—297 页［18 Stichworte in Markus Willaschek/Jürgen Stolzenberg/Georg Mohr/Stefano Bacin (Hg.), Kant-Lexikon, Bd. I-III, Berlin 2015: Billigkeit I S. 296-7.］。

《宪法权利的绝对维度与相对维度》（英文），载《牛津法律研究杂志》第 36 卷（2015 年），第 1-17 页［The Absolute and the Relative Dimension of Constitutional Rights, in: Oxford Journal of Legal Studies 36 (2016), S. 1-17.］。

《法的不确定性与司法的合理性》，载彼得·柯勒、克里斯蒂安·希鲍姆编：《于尔根·哈贝马斯：〈在事实与规范之间〉》，德古意特出版社，柏林 2016 年版，第 85—97 页［Unbestimmtheit des Rechts und Rationalität der Rechtsprechung, in: Peter Koller/Christian Hiebaum (Hg.), Jürgen Habermas: Faktizität und Geltung, De Gruyter, Berlin 2016, S. 85-97.］。

《在实证主义与非实证主义之间的斯科特 J. 夏皮罗》（英文），载《法理学》第 7 卷（2016 年），第 299—306 页［Scott J. Shapiro between Positivism and Non-Positivism, in: Jurisprudence 7(2016), S. 299-306.］。

《法的现实维度与理想维度》（英文），载萨拉戈萨大学出版社编：《荣誉博士学位调查案》，萨拉戈萨 2016 年版，第 51—61 页［The Real and the Ideal Dimension of Law, in: Prensas de la Universidad de Zaragoza (Hg.), Acto de investidura del grado de doctor honoris causa, Saragossa 2016, S. 51-61.］。

《古斯塔夫·拉德布鲁赫的法概念》（葡萄牙文），载路易斯·阿方索·赫克编：《实在法与商谈法：宪法与普通法中的附属权利与基本权利》，阿雷格里港 2017 年版，第 25—40 页［O conceito de direito de Gustav Radbruch, in: Luís Afonso Heck (Hg.), Direito positivo e direito discursivo. Subsunção e ponderação no direito constitucional e ordinário, Porto Alegre 2017, S. 25-40.］。

《法的理想维度》（英文），载乔治·杜克、罗伯特·P.乔治编：《剑桥自然法学指南》，剑桥大学出版社，剑桥 2017 年版，第 314—341 页［The Ideal Dimension of Law, in: George Duke/Robert P. George (Hg), The Cambridge Companion to Natural Jurisprudence, Cambrigde University Press, Cambrigde 2017, S. 314-341.］。

《比例性与合理性》（英文），载维基·C.杰克逊、马克·图什奈特编：《比例性：新的前沿，新的挑战》，剑桥大学出版社，剑桥 2017 年版，第 13—29 页［Proportionality and Rationality, in: Vicki C. Jackson/Mark Tushnet (Hg.), Proportionality. New Frontiers, New Challenges, Cambrigde University Press, Cambrigde 2017, S. 13-29.］。

《理想的应然与最佳化》，载 F. 塞林格编：《法治国下的刑法：乌尔弗里德·诺伊曼祝寿文集》，海德堡 2017 年版，第 17—30 页［Ideales Sollen und Optimierung, in: F. Salinger (Hg.), Rechtsstaatliches Strafrecht, Festschrift für Ulfrid Neumann, Heidelberg 2017, S. 17-30.］。

五、书评

《H. J. 柯赫：〈行政法中的不确定法概念与自由衡量权〉，法兰克福 1979 年版》，载《法哲学与社会哲学档案》第 66 卷（1980 年），第 297—300 页［H. J. Koch, Unbestimmte Rechtsbegriffe und Ermessensermächtigungen im Verwaltungsrecht, Frankfurt/M. 1979, in: Archiv für Rechts-und Sozialphilosophie 66 (1980), S. 297-300.］。

《N. 麦考密克：〈法律推理与法律理论〉，牛津 1978 年版》，载《法的理论》杂志，第 11 卷（1980 年），第 120—128 页

[N. MacCormick, Legal Reasoning and Legal Theory, Oxford 1978, in: Rechtstheorie 11 (1980), S. 120-128.]。

《A. 考夫曼、W. 哈斯默尔:〈当代法哲学和法律理论导论〉,海德堡1985年第4版》,载《法律》杂志1988年卷,第168页[A. Kaufmann/W.Hassemer (Hg.), Einführung in Rechtsphilosophie und Rechtstheorie der Gegenwart, 4. Aufl., Heidelberg 1985, in: Jura 1988, S. 168.]。

《H. 德莱尔:〈基本权利的维度〉,汉诺威1993年版》,载《公法档案》第121期(1996年),第155—158页[H. Dreier, Dimensionen der Grundrechte, Hannover 1993, in: Archiv des öffentlichen Rechts 121 (1996), S. 155-158.]。

《H. 普拉肯:〈论证模型化的逻辑工具:法律上的可废止推理研究〉,多德雷赫特/波士顿/伦敦1997年版》,载《论辩》第14期(2000年),第66—72页[H.Prakken, Logical Tools for Modelling Argument. A Study of Defeasible Reasoning in Law, Dordrecht/Boston/London 1997, in: Argumentation 14 (2000), S. 66-72.]。

《C. 米勒斯:〈规范的可能性:论一种超越道德性和因果性的实践〉,柏林2015年版》,载《法律家报》2017年卷,第788—789页(C. Möllers, Die Möglichkeit der Normen. Über eine Praxis jenseits von Moralität und Kausalität, Berlin 2015, in: JZ 2017, S.788-789.)。

六、其他文章

《访谈:我的思维和研究从一开始就伴随着逻辑》,载《活页》杂志(1998年),第16—18页[Interview: Die Logik hat mein Denken und Studieren von Anfang an begleitet, in: Folium (1998), S. 16-18.]。

《罗伯特·阿列克西访谈:回答曼努埃尔·阿蒂恩扎的问题》,载《义理》杂志第24期(2001年),第671—687页[Entrevista a Robert Alexy. Antworten auf Fragen von Manuel Atienza, in: Doxa 24 (2001),

S. 671-687.]。

《罗伯特·阿列克西访谈:回答曼戴安娜·帕特丽夏·昆特罗的5个问题》,载《先例:法律年鉴》2003年卷,第89—93页(Cinco preguntas a Robert Alexy. Antworten auf fünf Fragen von Diana Patricia Quintero, in: Precedente. Anuario jurídico 2003, S. 89-93.)。

《想法报道》,载《哥廷根科学院年鉴》2003年卷,第326—331页(Vorstellungsbericht, in: Jahrbuch der Akademie der Wissenschaften zu Göttingen 2003, S. 326-331.)。

《罗伯特·阿列克西教授访谈:回答阿丽丝·沃尔夫的问题》,载《民法季刊》第16卷(2003年),第311—320页[Entrevista com o Prof. Robert Alexy. Antworten auf Fragen von Alice Wolf in Zusammenarbeit mit Antonio Maia, Margarida Lacombe, Cláudio de Souza Neto und Bruno Lewicki, in: Revista Trimestral de Direito Civil 16 (2003), S. 311-320.]。

《古斯塔夫·拉德布鲁赫(1878—1949)》,载《基尔大学校刊》第58卷(2004年),第47—51页[Gustav Radbruch (1878-1949), in: Christiana Albertina 58 (2004), S. 47-51.]。

《讣告:亚历山大·佩岑尼克(1937—2005)》,载《国际法哲学与社会哲学协会通讯》第35卷(2005年),第2—3页[Nachruf: Aleksander Peczenik (1937-2005), in: IVR Newsletter 35 (2005), S. 2-3.]。

《法与道德的分离:罗伯特·阿列克西与安德瑞·马默之间的论辩》主持人:卡尔·韦尔曼(英文),载M. 埃斯卡米拉、M. 萨维德拉编:《全球社会的法律与正义:国际法哲学与社会哲学协会第22届世界大会全席报告》(英文),格拉纳达2005年版,第769—793页[The Separation between Law and Morality. A Debate between Robert Alexy and Andrei Marmor. Chair: Carl Wellman, in: M. Escamilla/M. Saavedra (Hg.), Law and Justice in a Global Society. Plenarvorträge des 22. Weltkongresses der Internationalen Vereinigung für Rechts- und

Sozialphilosophie, Granada 2005 (Anales de la cátedra francisco suárez 39 (2005), S. 769-793.]。

《阿列克西简介》（葡萄牙文），路易斯·阿方索·赫克译，载 R. 阿列克西：《论辩性宪政》，阿雷格里港 2007 年版；阿雷格里港 2008 年第 2 版，第 9—17 页（Apresentação, übersetzt von Luís Afonso Heck, in: R. Alexy, Constitucionalismo Discursivo, Porto Alegre 2007; 2. Aufl., Porto Alegre 2008, S. 9-17.）。

《关于规则和原则：罗伯特·阿列克西访谈》（西班牙文），载《法律》2008 年 10 月 30 日，第 1 页（Sobre reglas y principios. Entrevista a Robert Alexy, in: La Ley, 30. Oktober 2008, S. 1.）。

《罗伯特·阿列克西访谈：回答约兰达·索莱达·提多·普卡的问题》（葡萄牙文），载《法律》2010 年 8 月 31 日，第 10—11 页（Entrevista a Robert Alexy: preguntas introductorias y dudas desde América Latina. Antworten auf Fragen von Juan Manuel Sosa Sacio und Yolanda Soledad Tito Puca, übersetzt von Jorge Alexander Portocarrero Quispe, in: La Ley, 31. August 2010, S. 10-11.）。

《德语世界的法哲学——"德语法学思想译丛"总序言》，张龑译，载《环球法律评论》，第 33 卷（2011 年），第 1 期，第 80—82 页〔Deutsche Rechtsphilosophie (Legal Philosophy in German Language Context: General Preface for Collected Translations of Legal Thoughts in German Language Context), Übersetzung ins Chinesische von Yan Zhang, in: Global Law Review 33 (2011), Nr. 1, S. 80-82.〕。

《拉尔夫·德莱尔八十寿辰》，载《法哲学与社会哲学档案》第 97 卷（2011 年），第 574—575 页〔Ralf Dreier zum 80. Geburtstag, in: Archiv für Rechts- und Sozialphilosophie 97 (2011), S. 574-575.〕。

《法的双重性质》，载《基尔大学校刊》第 72 卷（2011 年），第 82—85 页〔Die Doppelnatur des Rechts, in: Christiana Albertina 72 (2011), S. 82-85.〕。

《罗伯特·阿列克西教授谈哲学永远不可或缺：对佩德罗·普罗康问题

的7个回答》,载《文化》2011年5月24日(Filosofia permanecerá sempre indispensável, diz professor Robert Alexy. Sieben Antworten auf Fragen von Pedro Proscurcin Jr., Revision durch Augusto Valente, Deutsche Welle, Cultura 24.05.2011.)。

《对阿吉拉尔·德·奥利维拉和塔维索伊·戈麦斯·特里维萨诺的访谈》,载罗伯特·阿列克西:《法论辩理论》(西班牙文),里约热内卢2014年版,第359—370页[Entrevista a Aguiar de Oliveira e a Travessoni Gomes Trivisonno, in: Robert Alexy, Teoria Discursiva do Direito (übersetzt, herausgegeben und eingeleitet von Alexandre Travessoni Gomes Trivisonno), Editora Forense, Rio de Janeiro 2014, S. 359-370.]。

《法与正义:接受费德里科·佩里尼采访》,载《国家》第2卷(2014年),第125—164页[Colloquio su Princípii, Diritto e Giustizia. Interview durch Federico Pedrini, in: Lo Stato 2 (2014), S. 125-164.]。

《罗伯特·阿列克西:博士中的博士》,载《观察家报》,波哥大,哥伦比亚,2017年10月1日,第11页(Robert Alexy: Doctor de Doctores. Interview in: El Espectador, Bogotá, Kolumbien, 1. Oktober 2017, S. 11.)。

七、电子出版物

《数据与人权——正子脑和双皮三分人概念:"德国现代文学与传媒研究所以星际迷航为例探究大众文化系列讲座"》,基尔大学2000年2月8日(Data und die Menschenrechte - Positronisches Gehirn und doppeltriadischer Personenbegriff. Beitrag im Rahmen der „Ringvorlesung des Instituts für Neuere Deutsche Literatur und Medien zur Erforschung von Populärkultur am Beispiel von STAR TREK" vom 8. Februar 2000 an der Universität Kiel.)。

《基本法60年:一个成功的历史?在"民主的漫长之夜"会议上的演

讲》，2009 年 5 月 19 日在基尔大学大教室（Das Grundgesetz nach 60 Jahren. Eine Erfolgsgeschichte? Vortrag im Rahmen der Veranstaltung „ Die Lange Nacht der Demokratie" am 19. Mai 2009 im Audimax der Universität Kiel.）。

后　记

翻译罗伯特·阿列克西教授的《法律论证理论》这本书，可以说得益于许多机缘。1993年10月我在德国哥廷根大学进修法哲学和法社会学时，指导教师马尔特·狄塞霍斯特教授（Prof.Malte Dießelhorst，1928—2012）第一次晤面就把该书的英译本借与本人阅览。可以想见，当时我的感觉是何等的沮丧！由于国内有关德国法哲学的介绍几乎一片空白，在没有任何依凭和理论准备的情况下，奉读这样一本连篇充斥逻辑符号及冷僻词汇的书籍简直如坠迷雾之中，根本不知其所云何是。但另一方面，这恰好引起了我对阿列克西个人的兴趣（当然，这得感谢狄塞霍斯特教授的指点，是他不经意地将我领进德国乃至国际上目前最前沿的法学理论领域，这大概就是一位学问高深的导师"润物细无声"的指导风格罢）。阿列克西曾在哥廷根国际知名的法哲学教授拉尔夫·德莱尔（其曾于1991—1995年间担任国际法哲学与社会哲学协会［即IVR］的主席）门下求学，并因这本博士论文而一举成名，而我当时也主要选修德莱尔的课程。也许基于这一学缘关系，我直接写信给时任基尔大学公法与法哲学教授的阿列克西，就法律论证理论的一些基本问题向他讨教。阿列克西立即回复，表示愿意给予我研究上的帮助，并附上他多年的研究成果目录。后来，本人又得缘结识来自台湾地区的几位留学生（如陈爱娥、陈妙芬、黄耀宗、黄文琦诸博士）和德国的一些博士生（拉尔夫·德莱尔的助手），他们的评价和介绍使我对阿列克西的为人、为学有更为感性和形象的了解。

回国后，虽然有一段时间把精力用于整理法美学（这也是本人特别钟情的一个研究领域）的资料和翻译拉德布鲁赫的文献［参见本人所著《在法律的边缘》（法制出版社2000年6月版）以及两本译著：《法律智慧警句集》（拉德布鲁赫著，法制出版社2001年10月版），和《古斯塔夫·拉德布鲁赫传》（阿图尔·考夫曼著，法律出版社2004年1月版）］，但我始终割舍不下对阿列克西理论的兴趣。他那以建筑学般的精微分析与论辩本身透现出法美学和拉德布鲁赫一样的魅力及前两者所缺乏的分析哲学与现代逻辑证明形式，都令我颇感惊异和兴奋。其实，这正是我本人长期以来在学问方向选择上有所欠缺的东西（要知道，真正的学术是微宏并蓄、观析兼胜、推思融贯的）。于是，我决定翻译这本书。2001年10月再次去信给阿列克西教授谈及此事，他表示全力支持，并答应与法兰克福的苏尔坎普出版社联系版权事宜，后寄来有关其本人的论文及相关的评论近百万字的参考文献及简要的中文版序言。可以说，若没有阿列克西教授的襄助和鼓励，本书的中译本不能这么顺利地出版。在此首先向他衷心致以谢意。

总体上说，移译工作本身的进展颇为顺当，前后陆续用去不到一年的时间（事实上，从2002年3月正式动笔至8月底，译文初稿即告完成，2018年3月以后应商务印书馆的要求对2002年的译文又进行了个别语句和文字的修订)。但翻译所需的资料准备和对译本专门词汇的参酌时间较长,自1993年起我一直在收集和阅读本书所涉及的背景材料(如维特根斯坦、奥斯汀、黑尔、斯特劳森、哈贝马斯、佩雷尔曼的作品以及逻辑哲学、语言哲学、法教义学等方面的文献),这个过程使我对阿列克西作品的理解日渐充盈。当然,在移译过程中获益最多的还是1989年牛津大学出版社出版的拉什·阿德勒和尼尔·麦考密克的英译本和台湾大学法律系颜厥安教授的相关论文。在理解阿列克西的作品出现困惑混沌之处,阿德勒和麦考密克的翻译和颜博士的论述往往能够指点迷津,释惑解疑。另外,意大利罗马大学的张礼洪博士、我校的费安玲教授、华夏教授和程春明博士对所涉拉丁文、意大利文、法文、日文术语的翻译也给予了诸多的帮助。本书的若干部分已先期在郑永流教授主编的《法哲学与法社会学论丛》和葛洪义教授主编的《法律思维与法学方法》上发表,中央财经大学法律系的戚渊教授惠允该书作为其主持的教育部人文社科项目《法论证理论》的阶段性成果。

译者征得阿列克西教授的同意,将其所撰写的英译本序言译出置前,并将他本人迄今(截至2017年12月)所出版或发表的著作清单附于书后,以供读者进一步研究检索。然而,由于时间紧迫,本书1991年德文2版作者所附跋文("对若干批评者的回应",共46页)没有来得及翻译。这一部分只有留待将来予以补齐了。

熟悉德文版本的读者会发现,本译本参照英译本的做法,对德文本正文中的某些引文(通常是自成段落的较长引文）做了一些技术性的处理，这样可能会在段落结构的安排上与德文版稍有不同（有些引文以楷体显示兼有分行）。此外，译者根据不同的语境对本书的一些常用语采用了不同的译名，例如，"Argumentation"大多数情况下译为"论证"，极个别地方译作"论辩"；"Argument"大体上译作"论述"，有时译作"论证""论点"或"论据"；"Entscheidung"大多数场合译为"决定"，时而也译作"裁决"；"Behauptung"一般译为"主张"，特定语境下译为"断言（性）"。事实上，这些术语的用法殊难定夺，直至付梓前译者仍在通检整个译本的基本概念，以求通达原义、前后融贯顺畅。然心向虽高，终亦难遂人愿。阿列克西在序言里透露出对翻译本身的重视，期望译本不仅穿上"新装"而且应被注入"新生"，每念及此，唯感呵护其作品生命的使命沉重。在此方面，亦请方家不吝指教。学问只在点化中精进！因为所谓学问，贵在上学下问。心诚如此，绝非虚饰之辞。

2018年12月22日于中国政法大学风瀛斋

图书在版编目（CIP）数据

法律论证理论：作为法律证立理论的理性论辩理论/（德）罗伯特·阿列克西著；舒国滢译．—北京：商务印书馆，2019（2025.10重印）
ISBN 978-7-100-17387-2

Ⅰ.①法… Ⅱ.①罗… ②舒… Ⅲ.①法学—研究 Ⅳ.①D90

中国版本图书馆 CIP 数据核字（2019）第 084003 号

权利保留，侵权必究。

法律论证理论
——作为法律证立理论的理性论辩理论
〔德〕罗伯特·阿列克西　著
舒国滢　译

商　务　印　书　馆　出　版
（北京王府井大街36号　邮政编码100710）
商　务　印　书　馆　发　行
北京虎彩文化传播有限公司印刷
ISBN 978 - 7 - 100 - 17387 - 2

2019年9月第1版　　　开本 850×1168　1/32
2025年10月北京第4次印刷　　印张 15⅞

定价：78.00元